MADRID

HANS-PETER SIEBENHAAR

Die Seitenzahlen beziehen sich auf die entsprechenden Kartenausschnitte

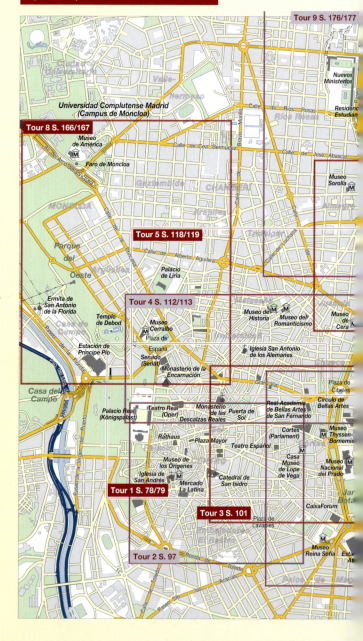

**Lesenswertes
Praktische Infos**

**Tour 1-3
Spaziergänge im Centro**

**Tour 4
Prachtboulevard Gran Vía**

**Tour 5
Malasaña und Chueca**

**Tour 6
Paseo del Arte -
Kunstspaziergänge in Retiro**

**Tour 7
Salamanca**

**Tour 8
Moncloa und Argüelles**

**Tour 9
Paseo de la
Castellana und El Viso**

Die Peripherie

Ausflüge in die Umgebung

Unterwegs mit Hans-Peter Siebenhaar

Liebe Leserin, lieber Leser,

„Madrid me mata!" – „Madrid bringt mich um!" – behaupten die Einwohner mit Augenzwinkern über ihre Stadt und möchten dennoch nirgendwo sonst auf der Welt leben. Als ich zum ersten Mal an einem späten Abend vom Bahnhof Atocha zur Plaza de Oriente schlenderte, kam ich aus dem Staunen nicht mehr heraus: mediterrane Lebenslust an allen Ecken und Enden – Madrid ist eben mehr als nur die spanische Hauptstadt. Es ist eine europäische Metropole mit einem ganz eigenen Charakter. „Madrid hat keinerlei Respekt vor sich selbst, spart sich großes Gehabe und schert sich nicht um ehrwürdige Steine oder Gedenktafeln. Madrid zu erleben, das hat nichts damit zu tun, das man sich groß auskennt, es heißt schlicht und einfach: auf die Straße gehen und herumlaufen", schrieb die Schriftstellerin Carmen Martín Gaite. Dieses Buch will daher einladen, auf eine Entdeckungsreise im Labyrinth der Gassen und Avenidas zu gehen. Die empfohlenen Spaziergänge sind als eine Hilfe zum Selberentdecken zu verstehen.

Madrid kenne ich seit den späten achtziger Jahren, als ich an der Unversidad Complutense studierte. Madrid hat sich verändert, ich habe mich verändert. Geblieben ist bis heute die Faszination für eine bunte und rebellische Metropole, die sich ständig neu erfindet – gerade in diesen wirtschaftlich schwierigen Zeiten in Spanien.

Buenas vacaciones en Madrid!

Impressum

Text und Recherche: Hans-Peter Siebenhaar **Lektorat:** Ute Fuchs, Silke Möller (Überarbeitung) **Redaktion:** Heike Dörr **Layout:** Dirk Thomsen **Karten:** Gábor Sztrecska, Hana Gundel, Judit Ladik, Michaela Nitzsche **Fotos:** → S. 9 **Covergestaltung:** Karl Serwotka **Covermotive:** oben: Palacio de Cristal © Fréderic Prochasson/fotolia.de, unten: Madrid City Skyline © jiawangkun/fotolia.de

2. KOMPLETT ÜBERARBEITETE UND AKTUALISIERTE AUFLAGE 2014

Inhalt

Madrid: Die Vorschau

„Mucho Madrid" – „vielfältiges Madrid"	10
Hauptstadt und Mittelpunkt Spaniens	10
Eldorado der Kunst	10
Kunst des Genießens	11
Madrid nach der Finanzkrise	11
Stadt der Nachtschwärmer	12
Grünes Madrid	12
Kinderfreundliches Madrid	13

Hintergründe & Infos

Stadtgeschichte 16
Stadtgründung und Reconquista	16
Los Reyes Católicos – der Aufstieg Madrids beginnt	17
Aufstieg und Fall Spaniens	17
Die Bourbonenherrschaft	19
Unruhige Zeiten	19
Die Restauration	20
Spanien in der Krise	21
Die Wurzeln des Spanischen Bürgerkriegs	21
Katastrophe Bürgerkrieg	22
Der Diktator	22
Endlich Demokratie	23
Die goldenen 1980er und 1990er	23
Das Ende der Ära González	24
Der Boom auf Pump unter Aznar	24
Der Bombenanschlag im März 2004	25
Zapatero und der Terror	25
Immobilienwahn und Ende des Wirtschaftsbooms	26
Die Ära von Austerität und Indignados unter Rajoy	26
Zeittafel Madrid	27

Anreise 30
Mit dem Flugzeug	30
Mit Auto und Motorrad	31
Mit der Bahn	32
Mit dem Bus	32

Unterwegs in Madrid 33
Mit der Metro und der Bahn	33
Mit dem Bus	35
Mit dem Taxi	36
Mit Auto, Motorrad & Co.	36

Übernachten 38
Luxushotels	38
Obere Preisklasse	40
Designhotels	41
Mittlere Preisklasse	42
Untere Preisklasse	44
Aparthotels	46
Jugendherbergen	46
Camping	47
Paradores	47

Essen und Trinken 49
Der kulinarische Tagesablauf	50
Essen gehen	50
Spanische Spezialitäten	53
Getränke	54

Kultur 56

Nachtleben 57

Inhalt

Wissenswertes von A bis Z	61
Adressen	61
Ärztliche Versorgung	61
Botschaften	62
Drogen	62
Einkaufen	62
Ermäßigungen	63
Feste und Veranstaltungen	63
Fundbüro	64
Gepäckaufbewahrung	64
Haustiere/Hunde	64
Information	66
Internet	66
Klima und Reisezeit	66
Kriminalität	67
Literatur	67
Polizei	69
Post	69
Rauchen	69
Sport	69
Stierkampf	70
Telefonieren	70
Wellness	71
Zeitungen	71

Stadttouren

		Seite	Karte
Spaziergänge im Centro		74	
Tour 1	Höhepunkte des Centro	76	78/79
Tour 2	Das Centro der Habsburger	93	97
Tour 3	Das Madrid der Banker und Dichter	100	101
Tour 4	Prachtboulevard Gran Vía	108	112/113
Tour 5	Malasaña und Chueca	116	118/119
Tour 6	Paseo del Arte – Kunstspaziergänge in Retiro	126	130/131
Tour 7	Salamanca	150	152/153
Tour 8	Moncloa und Argüelles	162	166/167
Tour 9	Paseo de la Castellana und El Viso	174	176/177
Die Peripherie		184	

Inhalt

Ausflüge

	Seite	Karte
Ausflüge in die Umgebung	192	201
Sierra de Guadarrama	194	
Monasterio de San Lorenzo de El Escorial (El Escorial)	194	197
Casita del Príncipe	199	
Casita del Infante	199	
Silla de Felipe II	199	
Valle de los Caídos	200	
Navacerrada	200	
Monasterio de Santa María de El Paular	200	
Manzanares el Real	202	
Segovia	205	208/209
La Granja de San Ildefonso	214	
Riofrío	216	
Toledo	217	225
Alcalá de Henares	228	233
Chinchón	235	
Aranjuez	238	241

Etwas Spanisch _____ 247

Register _____ 260

Zeichenerklärung für die Karten und Pläne

Inhalt

Alles im Kasten

Das goldene Jahrhundert (El Siglo de Oro)	18
Cocido madrileño – Eintopf in drei Gängen	50
Tapas & Co.	52
Pan blanco – knuspriges Weißbrot aus Kastilien	54
Das verkaufte Herz Madrids	76
Wachablösung vor dem Königspalast	84
Chocolate con churros	89
Markthalle San Miguel: Einkaufen als Vergnügen	92
El Rastro – der legendäre Flohmarkt rund um die Puerta de Toledo	94
Die Meile der Feinschmecker	99
Lope de Vega – der fleißige Volksdichter	105
Federico García Lorca – der Dichter der Republik	107
Die Movida – die jungen Wilden von Madrid	120
Lautes Madrid – die akustische Umweltverschmutzung	122
Pedro Almodóvar – vom Außenseiter zum Star	125
Las Meninas	134
Francisco de Goya – Maler für die Freiheit	135
Das Gedenken an 11-M	142
Guernica – ein Fanal gegen den Krieg	145
Madrid Río – die Hauptstadt entdeckt ihren Fluss wieder	169
Costa Castellana – die Strandcafés an der Verkehrsarterie	182
La Zarzuela: Königsschloss und Singspiel	187
Olivenernte	189
Segovia: Paradies für Feinschmecker	210
Real Fábrica de Cristales de La Granja – königliches Glas	216
El Greco und das Licht	222
Die Universität als humanistische Kaderschmiede	231
Anís de Chinchón: süß bis extra trocken	235

Was haben Sie entdeckt?

Haben Sie ein empfehlenswertes Restaurant gefunden, eine nette Tapa-Bar oder ein gemütliches Hostal entdeckt?
Wenn Sie Tipps, Anregungen oder Verbesserungsvorschläge zum Madrid-Buch haben, lassen Sie es uns bitte wissen. Wir freuen uns über jede Nachricht.

Schreiben Sie an: Hans-Peter Siebenhaar, Stichwort „Madrid" | c/o Michael Müller Verlag GmbH | Gerberei 19, D – 91054 Erlangen | hans-peter.siebenhaar@michael-mueller-verlag.de

Inhalt

Fotonachweis

Alle Fotos von Hans-Peter Siebenhaar, bis auf S. 12, 57, 65, 74, 143, 238, 244, 255 (Archivo Fotográfico de Turespaña:) und S. 1, 13, 25, 38, 63, 68, 129, 135, 136, 147, 157, 173, 174, 180, 196, 204 (Dirk Thomsen)

Über den Autor

Dr. Hans-Peter Siebenhaar, Jahrgang 1962, lebt als Südosteuropa-Korrespondent des Handelsblatts in Wien. Studium neben Erlangen und Kalamazoo (USA) an der Universität Complutense in Madrid. Die spanische Hauptstadt ist dem Reisejournalisten seit über zwei Jahrzehnten zur zweiten Heimat geworden. Lieblingscafés: an warmen Tagen die am Paseo del Pintor Rosales und an kalten Tagen das im Círculo de Bellas Artes. Zum Tapas-Essen zum Mercado San Miguel. Lieblingsausflugsort: Aranjuez.

Ein Wort zum Selbstverständnis: Die Recherchen entstanden gemäß dem Kodex des Deutschen Presserates. Es gab keine finanzielle oder sonstige materielle Unterstützung von staatlichen oder privaten Stellen. Alle Informationen wurden von mir unabhängig gesammelt. Das ist mir wichtig. Sollten Sie Neues und Spannendes in dieser wunderbaren Stadt entdeckt haben, schreiben Sie mir unbedingt.

Madrid: Die Vorschau

„Mucho Madrid" – „vielfältiges Madrid"

Madrid ist eine europäische Metropole mit vielen Gesichtern. Sie besitzt eine Anziehungskraft, die nicht allein ereignisreicher Geschichte oder prächtigen Baudenkmälern, sondern auch dem besonderen Charakter seiner Bewohner entspringt. Madrid ist wild und ungebärdig, multikulturell, aufgeregt und aufregend. „Madrid me mata" – „Madrid bringt mich um", behaupten die Einheimischen angesichts der erschöpfenden Lebenslust in der spanischen Hauptstadt, die seit Jahrzehnten Intellektuelle, Bonvivants und Neugierige aus aller Welt anzieht.

Hauptstadt und Mittelpunkt Spaniens

Wie die Spinne im Netz sitzt Madrid in der Mitte Spaniens. Strahlenförmig laufen die wichtigsten Fernstraßen und Bahnlinien auf die Landeshauptstadt zu. Mit Parlament, Senat und Ministerien ist sie aber nicht nur das politische Zentrum Spaniens. Hier spielt auch ökonomisch die Musik. In Madrid haben die meisten großen Unternehmen und Banken ihren Sitz.

So ist Madrid auch die spanische Mode- und Design-Hochburg. Nirgendwo gibt es mehr Möglichkeiten zum Einkaufen. Stets ist man auf der Suche nach dem Neuesten vom Neuen. Im Gegensatz zu anderen Metropolen beherrschen in Madrid noch nicht überall die Ladenketten den Einzelhandel. Für die gut gekleideten Madrileños gehört ein Schaufensterbummel zu den beliebtesten Freizeitbeschäftigungen. Am Abend herrscht auf den Boulevards wie der Calle Serrano oder der Calle Princesa drangvolle Enge.

Eldorado der Kunst

Madrid ist ein wahres Eldorado für Kunstinteressierte. Dutzende von Museen und noch mehr Galerien hat die Stadt zu bieten. Der absolute Höhepunkt ist seit Jahrhunderten der Prado. Vom berühmten Architekten Rafael

„Wie die Spinne im Netz"

Moneo eindrucksvoll erweitert, verbergen sich in diesem Kunst-Palacio unschätzbare Meisterwerke von El Greco über Velázquez bis hin zu Goya. Schräg gegenüber geht es etwas moderner zu: Im Thyssen-Bornemisza-Museum hängen neben alten Meistern auch moderne Klassiker wie van Gogh, Cézanne, Kandinsky oder Warhol. Wenige Meter weiter ein wahrer Publikumsmagnet – das Kunstzentrum Reina Sofía. Die meisten Besucher kommen wegen Pablo Picassos Meisterwerk „Guernica". Seit 2009 verstärkt auch noch das architektonisch reizvolle Caixa Forum die Kunstpromenade. In dem spektakulär umgebauten E-Werk gibt es moderne Kunst zum Nulltarif.

Kunst des Genießens

Hochwertige mediterrane Küche macht Madrid zu einem Paradies für Feinschmecker. Ein Garant für die Qualität der Restaurants sind die exzellenten Produkte. Bei einem Spaziergang durch eine der vielen Markthallen erlebt man eine unglaubliche Vielfalt an Fisch, Fleisch, Gemüse und Obst. Gutes Essen besitzt für die Madrileños seit jeher einen hohen Stellenwert.

Übrigens, die spanische Küche an sich ist nicht existent. Vielmehr gibt es eine Vielzahl von Regionalküchen: Galicier präsentieren Krustentiere und Fisch mit Albariño-Wein, Asturianer servieren deftige Eintopfgerichte und Sidra, Kastilier offerieren Lamm und Spanferkel aus dem Ofen, und die Basken – die größten Feinschmecker Spaniens – geben sich innovativ und raffiniert bei Meeresfrüchten, Fisch und Fleisch ... In Madrid sind all diese Regionalküchen präsent. „Qué aproveche!" – Mahlzeit!

Madrid nach der Finanzkrise

Im hellen Licht des Tages präsentiert sich Madrid als moderne, arbeitsame Metropole. Überall tost der Verkehr und wimmeln die Massen. Bankenpaläste und Verwaltungs-Prunkbauten überbieten sich gegenseitig. Das ungehemmte Wirtschaftswachstum zwischen

Madrid: Die Vorschau

1980 und 2008 hat Spuren hinterlassen. Auch Madrid ist unglaublich schnell gewachsen. Keine andere Region Spaniens ist so dicht besiedelt. Die Wirtschaftskrise hat diese Entwicklung jäh gestoppt. Die Armut ist heute nicht nur in den Randbereichen der Stadt sichtbar, Hunderttausende suchen derzeit Arbeit, viele Restaurants und Bars mussten mangels Gästen schließen. Die soziale Not ist sichtbar für denjenigen, der genau hinsieht.

Das Leben in Madrid ist trotzdem sündhaft teuer. Die Mieten sind für spanische Verhältnisse noch immer astronomisch hoch. Viele der über drei Millionen Einwohner leben auf beengtem Raum.

Stadt der Nachtschwärmer

Das Madrider Nachtleben ist legendär. Erst nach Sonnenuntergang erwacht die Stadt so richtig. Selbst die Älteren gehen erst zwischen 22 und 23 Uhr zum Abendessen. Und bei jungen Leuten gilt es als bieder, am Wochenende vor Mitternacht vor die Tür zu gehen. Die beliebtesten Ausgehviertel sind immer noch die Altstadtgassen um die Plaza Santa Ana und die Calle Huertas unweit der Puerta del Sol, die legendäre Malasaña (Alonso Martínez und Plaza Dos de Mayo), das Alternativ-Viertel Chueca und die Gassen rund um die Plaza de España. Doch auch in der Nachtszene ist mittlerweile die Krise angekommen. Es wird weniger ausgegangen und weniger konsumiert als in den Jahren des Wirtschaftsbooms. Abendliches Fernsehen ist halt billiger als eine Tapas-Tour durch die Altstadt.

Grünes Madrid

Auch wenn der Stadtplan scheinbar nur wenige Parks ausweist – in Madrid herrscht kein Mangel an Grünflächen und Ausflugsmöglichkeiten. Traditionell ist der zentral gelegene Parque del Retiro die grüne Oase Madrids. Spektakulär ist auch Madrids neuester Park ent-

„Erst nach Sonnenuntergang erwacht Madrid"

lang des Flusses Manzanares, gleich unterhalb des Königspalastes. Die Stadtautobahn wurde in einen Tunnel verbannt und entlang der früher so unwirtlichen Gegend entstand für rund vier Milliarden Euro ein kilometerlanger Park „Rio Madrid". Gleich hinter dem Uferpark beginnt der riesige Park Casa de Campo. Das ehemalige königliche Jagdgebiet am westlichen Ufer des Manzanares ist heute ein Naherholungsgebiet mit fast 1800 Hektar (!) Fläche. Nach Einbruch der Dunkelheit ist der weitläufige Park allerdings fest in der Hand von Prostituierten. Vom Parque del Oeste (Stadtviertel Moncloa) ist dieses Waldgebiet auf originelle Weise erreichbar: Eine kleine Seilbahn (mit schönen Ausblicken) verbindet die beiden Parks in zehn Minuten.

Kinderfreundliches Madrid

Kinder sind in Spanien Könige. Deshalb ist das Angebot für die Kleinen in Madrid überraschend groß. Ein Klassiker ist der weitläufige Parque de Atracciones im Naherholungsgebiet Casa de Campo. Der Freizeitpark mit atemberaubenden Fahrgeschäften ist leicht mit der Metro zu erreichen. Gleich nebenan liegt der Madrider Zoo mit seinem beliebten Delfinarium. Hoch im Kurs stehen auch das Planetarium und das IMAX-Kino im Parque Tierno Galván im Süden Madrids. Lohnenswert ist außerdem das Museo de Ciencias Naturales (naturwissenschaftliches Museum). Die sehenswerte Ausstellung umfasst auch ökologische Themen und interessante Sonderschauen, die auch für Kinder und Jugendlichen gut aufbereitet sind.

Ein bisweilen bizarr-schauriges Erlebnis ist das Museo de Cera (Wachsfigurenmuseum) in der Südwestecke der Plaza Colón. Auch ein bisschen Landeskunde gibt es: Man kann hier die königliche Familie Spaniens „hautnah" erleben. Daneben sind noch zahlreiche Prominente in Wachs zu bestaunen.

Barocke Fassadenmalerei an der Plaza Mayor

Hintergründe & Infos

Stadtgeschichte	→ S. 16	Kultur	→ S. 56
Anreise	→ S. 30	Nachtleben	→ S. 57
Unterwegs in Madrid	→ S. 33	Wissenswertes von A bis Z	→ S. 61
Übernachten	→ S. 38		
Essen und Trinken	→ S. 49		

König Carlos III. bewacht hoch zu Ross die Puerta del Sol

Stadtgeschichte

Madrid ist für spanische Verhältnisse eine junge Stadt. Ihre Wurzeln gehen auf die Zeit zurück, als Spanien unter maurischer Herrschaft stand. Im Laufe der Reconquista wurde die Stadt jedoch von christlichen Herrschern eingenommen, und Madrid stieg bald zur Hauptstadt Spaniens auf. Die Geschichte der Stadt war von da an eng verknüpft mit der Geschichte des Landes.

Stadtgründung und Reconquista

Um 860 gründete Muhammad I. (852–886), der Emir von Córdoba, auf einer Anhöhe über dem Fluss Manzanares die Stadt Mayrit mit einer Befestigungsanlage, einem Alcázar. Sie sollte als nördlicher Vorposten zum Schutz des Königreichs Toledo gegen die christlichen Rückeroberer dienen

Die sog. Reconquista., die Rückeroberungsbewegung der Christen, rückte aber unaufhaltsam vor, und 1083 gelang es, die Mauren aus Madrid zu vertreiben. Alfonso VI. fand – so will es die Legende wissen – unter den Trümmern der arabischen Befestigungsanlage (rund um den heutigen Königspalast) eine Marienfigur. Sie soll der kastilischen Krone bei der Rückeroberung geholfen haben. Die Figur wurde Almudena genannt und ist heute die Schutzheilige der Stadt. Die neue Kathedrale neben dem Königspalast trägt ihren Namen. Die Bedeutung der Stadt nahm nun stetig zu: 1202 wurden ihr von Alfonso VIII. die sog. *fueros* verliehen, städtische Sonderrechte. Zu Beginn des 14. Jh. versammelte Fernando IV. von Kastilien die Cortes (so heißt noch heute das Parlament) zum ersten Mal in Madrid.

Los Reyes Católicos – der Aufstieg Madrids beginnt

Durch die Heirat von Fernando II. von Aragón und Isabel I. von Kastilien 1469 wurden die beiden rivalisierenden Königreiche Kastilien und Aragón vereinigt. Sie trat 1474, er 1479 die Thronfolge an. Das so entstandene Doppelreich war in Wahrheit vor allem durch die Personen der beiden Herrscher verbunden; außer der 1478 wieder eingesetzten Inquisition gab es im innenpolitischen Aufbau keine gemeinsamen Autoritäten. Dennoch kann von nun an von „Spanien" gesprochen werden. 1477 zogen die „Reyes Católicos", die katholischen Könige, in Madrid ein, woraufhin zahlreiche neue Gebäude entstanden (z. B. das Kloster San Jerónimo beim Prado, Häuser wie Cisneros und Lujanes bei der Plaza Mayor und Teile des Klosters Las Descalzas Reales bei der Puerta del Sol).

Gewinner der Vereinigung war vor allem Kastilien, das zum absoluten Machtzentrum des Landes aufstieg. Das Königspaar machte sich schnell daran, seinen Einfluss auf den bislang so rebellischen Adel und das wohlhabende Bürgertum zu sichern, die Macht der Cortes einzuschränken und eine straffe Verwaltung einzurichten. Das Königshaus musste wieder alleiniger Herrscher, das Reich befriedet werden. Der katholische Glaube wurde als Instrument zur Einigung des spanischen Volks eingesetzt, eine Idee, die über Jahrhunderte die Politik des Landes bestimmen sollte. Zunächst traf es die Juden, die unter Zwangstaufen und der Inquisition litten. Ab 1481 dann begannen die katholischen Könige mit dem endgültigen Abschluss der Reconquista.

1492 wurde dabei zu einem entscheidenden Jahr der spanischen Geschichte und damit auch der Geschichte Madrids: Mit Granada fiel nach zehnjährigem Kampf die letzte islamische Bastion in Spanien; und ein Genueser in kastilischen Diensten entdeckte Amerika. Christoph Kolumbus, in Spanien Cristóbal Colón genannt, öffnete dem Land die Tür zu den Schätzen der Neuen Welt.

Aufstieg und Fall Spaniens

1516 trat der 16-jährige Habsburger Carlos I. die Thronfolge an. Zusätzlich zu Spanien, dessen gewaltige Kolonien in Amerika und Besitzungen im Mittelmeer brachte ihm seine habsburgische Herkunft die Herrschaft über Burgund, die Niederlande und Österreich ein. 1519 wurde Karl zum deutschen König gewählt, 1530 vom Papst zum Kaiser Karl V. gekrönt. Seine vielfältigen Verpflichtungen ließen ihm nur wenig Zeit, Spanien zu regieren, das jedoch bei seiner Frau Isabel von Portugal (Heirat 1526) und dem effizienten Verwaltungssystem der Rätekammern *(consejos)* in guten Händen war. Um 1522 schlug Carlos I. den Aufstand der kastilischen Städte nieder. Der Absolutismus wurde zur Regierungsform und Madrid zur „Kaiserlichen und Gekrönten Stadt". In die Regierungszeit Carlos' I. fällt die weitere Ausdehnung der Kolonien, aus denen sich unvorstellbare Reichtümer über das Land ergossen.

Die Regierungszeit (1556–1598) von Karls Sohn und Nachfolger Felipe II. sah sowohl den absoluten Höhepunkt als auch den Beginn des rasanten Falls des spanischen Weltreichs. 1561 bestimmte er das inzwischen 25.000 Einwohner zählende Madrid zur Hauptstadt. Der Alcázar, die alte arabische Festung, wurde zum politischen Mittelpunkt. Umfangreiche Bautätigkeiten bestimmten die Regierungszeit Felipes: Unweit des Klosters San Jerónimo wurde Buen Retiro (der heutige Stadtpark) angelegt, es entstand Madrids

Das goldene Jahrhundert (El Siglo de Oro)

So sehr Spanien auch militärisch, wirtschaftlich und politisch in Krisen gestürzt wurde, seine kulturelle Blüte dauerte an und erreichte im 16. und 17. Jh. ihren Höhepunkt. Das „goldene Jahrhundert" Spaniens wurde geprägt durch Mystiker wie die heilige Teresa von Ávila und Ignatius von Loyola, den Gründer des Jesuitenordens, durch Literaten wie Miguel de Cervantes („Don Quijote", erdacht im Gefängnis von Sevilla) und den Bühnenautor Calderón de la Barca, durch Maler wie El Greco und Velázquez. Letzterer, Hofmaler des Königs und mit vollem Namen Diego Velázquez de Silva (1599–1660), war der berühmteste Vertreter der Malerschule von Sevilla, der wohl herausragendsten Künstlergruppierung Spaniens in jener Epoche.

berühmtester Platz, die Plaza Mayor, und das Kloster Las Descalzas Reales wurde fertiggestellt.

Felipe II. regierte, anders als sein Vater, das Reich von Spanien aus. Sein Augenmerk galt vor allem dem Erhalt der Macht der katholischen Kirche – in den Zeiten des sich verbreitenden Protestantismus ein problematischer und auch teurer Wunsch. Zunächst hatte es noch gut ausgesehen für den katholischen König: 1571 markierte der Sieg in der Seeschlacht von Lepanto einen bedeutenden Erfolg gegen die Türken. Als Felipe sich 1580 auch Portugal nebst dessen überseeischen Besitzungen sichern konnte, stand Spanien auf der Höhe seiner Macht. Allerdings war sie bereits im Bröckeln begriffen: Schon die Kriege Karls hatten mehr Geld verschlungen, als die Kolonien liefern konnten, unter Felipe stieg die Staatsverschuldung nochmals, gleichzeitig die Inflation.

Dann erhob sich im Kampf um die Niederlande ein neuer Gegner – England. Das protestantische Königreich unterstützte die Aufständischen offen. Felipes Antwort sollte ein vernichtender Schlag werden, entwickelte sich aber zum Fiasko. Die „unbesiegbare Armada", Spaniens gewaltige Flotte, wurde 1588 von den wendigeren englischen Schiffen vernichtend geschlagen – Spaniens Niedergang als Seemacht hatte begonnen, der Protestantismus triumphiert.

Felipes Nachfolger zeigten sich als Abfolge unfähiger und schwacher Regenten, die die Regierungsgeschäfte Günstlingen überließen. Felipe III. brüskierte Madrid und verlegte 1601–1606 seinen Regierungssitz nach Valladolid in Kastilien-León. Ein bronzenes Reiterbild auf der Plaza Mayor, die er umbauen ließ, erinnert an ihn.

Im 16. und 17. Jh. bestimmte das Siglo de Oro, das goldene Zeitalter, die Stadt. In Madrid leben und arbeiten Schriftsteller wie Cervantes, Calderón, Lope de Vega und Quevedo, Maler wie Velázquez und Zurbarán. Gleichzeitig jagte auf nationaler Ebene eine politische Katastrophe die nächste. 1609 wurden unter Felipe III. Hunderttausende bisher verbliebener Mauren ausgewiesen; ein schwerer Aderlass für das ohnehin durch Auswanderung und Pest von Bevölkerungsrückgang betroffene Land. Sein Nachfolger Felipe IV. engagierte sich ab 1621 im Dreißigjährigen Krieg mit dem Ergebnis des zeitweiligen Verlusts Kataloniens an Frankreich und des Abfalls von Portugal (1640). 1648 musste das mittlerweile fast bankrotte Reich die Unabhängigkeit der Niederlande akzeptieren, 1659 im Pyrenäenfrieden Roussillon und Teile der Cerdaña an Frankreich abtreten. Die Kette der Niederlagen setzte sich fort in Krie-

Miguel de Cervantes, Dichter des Siglo de Oro, vor seiner Erfindung Don Quijote

gen gegen das aufstrebende Frankreich, die weitere Territorialverluste nach sich zogen. Mit dem Tod des schwachen Königs Carlos II. endete 1700 die habsburgische Linie – das einst so glanzvolle Spanien war am Boden.

Die Bourbonenherrschaft

Carlos II. war kinderlos gestorben, hatte aber den französischen Bourbonen Philippe d'Anjou als Nachfolger bestimmt; die österreichische Habsburger Linie sah das jedoch anders. Ab 1701 setzte der Spanische Erbfolgekrieg ein, in den halb Europa verwickelt war. In Spanien wurde er zudem zum Bürgerkrieg zwischen Kastilien auf Seiten Frankreichs und Aragón sowie Katalonien auf Seiten Österreichs. Erst der Frieden von Utrecht ließ 1713 den Bourbonen als Felipe V. den Thron besteigen; Spanien musste jedoch die italienischen und verbliebenen niederländischen Besitzungen abtreten.

Die nächsten Jahrzehnte sahen Spanien als Verbündeten Frankreichs und unter reformfreudigen Herrschern, die ihre Nähe zum aufgeklärten Absolutismus Frankreichs nicht verleugneten. Die Französische Revolution jedoch brachte wieder Unruhe, vor allem in den Kolonien. Ab 1788 ließ einer der Nachfolger Felipes, der unfähige Carlos IV., Spanien von seinem Günstling Manuel de Godoy regieren, der das Land prompt erneut in verschiedene Kriege manövrierte. Der Höhepunkt des Desasters jener Jahre wurde mit der verheerenden Niederlage in der Seeschlacht von Trafalgar (1805) gegen England erreicht. Gleichzeitig entstand unter den Bourbonen eine moderne Verwaltung, die versuchte, Spanien nach französischem Vorbild zu regieren.

Unruhige Zeiten

Einen Volksaufstand gegen Godoy nahm Napoleon Bonaparte 1808 zum Anlass, in Spanien einzumarschieren und Carlos und dessen Sohn und Nachfolger Fernando VI. zum Herrschaftsverzicht zu zwingen. Ziel der Übung war die Inthronisierung seines Bruders Joseph Bonaparte und damit die völlige Unterwerfung Spaniens unter Frankreich.

Am 2. Mai 1808 („Dos de Mayo", zweiter Mai) kam es in Madrid zum Aufstand gegen die Besatzer – ein Datum, das jedes Kind in Madrid kennt. Die französischen Truppen reagierten mit brutaler Gewalt. In Moncloa fanden am darauffolgenden Tag Massenerschießungen statt, die Goya in seinem weltberühmten Gemälde „Los fusilamientos en la montaña del Príncipe Pío" (heute im Prado zu sehen) festhielt.

Die Spanier bewiesen – für die Franzosen wohl überraschend – Sinn für nationale Identität: Der Volksaufstand weitete sich zum Spanischen Unabhängigkeitskrieg aus, der mangels militärischer Stärke in Guerillamanier geführt wurde. In der Endphase von England unterstützt, konnten sich die Spanier nach sechs Jahren Besatzung durchsetzen. Es half ihnen wenig; die Folgezeit brachte dem Land nur weitere Kriege und innenpolitisches Chaos.

1814 kehrte Fernando IV. aus dem Exil auf den Thron nach Madrid zurück. Er zeigte sich wenig dankbar für die Unterstützung seines Volkes und hob die von den Cortes in Cádiz ausgearbeitete Verfassung sofort auf. Fernando, zuvor noch „El Deseado" (der Ersehnte) geheißen, regierte totalitär, unterstützt von der wieder eingesetzten Inquisition und reaktionären Gefolgsleuten. Es folgten Aufstände, die nur mit Hilfe französischer Truppen unterdrückt werden konnten.

Nach Fernandos Tod begannen Jahrzehnte noch größerer Unruhen. Sieben Jahre (1833–1840) dauerte der sog. Erste Karlistenkrieg zwischen den Anhängern seiner unmündigen Tochter Isabel II. und den konservativen Kräften, die seinen Bruder Don Carlos favorisierten. Er mündete in eine Militärherrschaft unter General Espartero, der sich aber auch nur drei Jahre halten konnte.

Der ab 1843 mit 14 Jahren als Regentin eingesetzten Isabel war ebenfalls nicht viel mehr Glück beschieden. Sie wurde zum Spielball konservativer wie liberaler Kräfte, über 30 Regierungen wechselten in ihrer Amtszeit einander ab. Gleichzeitig warf sich Spanien erneut in riskante Kriegsabenteuer (ein Konflikt, der meist als Zweiter Karlistenkrieg bezeichnet wird, entbrennt in Katalonien). 1868 wurde Isabel gestürzt. Auf eine Interimsregierung folgte 1873/74 die Erste Spanische Republik, die aber binnen Kurzem an innerer Zerrissenheit scheiterte. Der folgende Dritte Karlistenkrieg (1873–1876) erschütterte das Land von Neuem.

Die Restauration

Als Restauration gilt in Spanien die Zeit von 1875 bis 1917, wobei der Name etwas irreführend ist: Restauriert wurde dabei nicht im Sinne von Wiederherstellung der konservativen politischen Ordnung, sondern man versuchte, die politischen und sozialen Konflikte in der spanischen Gesellschaft zu lösen. Zur Ruhe kam Spanien jedoch nicht. Die politischen Krisen häuften sich erneut.

Alfonso XII., Sohn Isabels und 1874 zum König ausgerufen, gelang es, die Karlistenkriege zu beenden und Spanien eine relativ ruhige Zeit zu bescheren. Unter ihm und später unter seiner Witwe María Cristina (ab 1885) wechselten sich die konservative und die liberale Partei nach festgelegten Phasen in der Regierung ab. Die Katastrophen des Kuba-Aufstands (1895) und besonders des folgenden Amerikanisch-Spanischen Kriegs (1898) konnten dennoch nicht verhindert werden. Anschließend hatte Spanien nicht nur seine Flotte, sondern auch die Philippinen, Kuba und Puerto Rico verloren und damit den Traum vom Weltreich endgültig begraben müssen. Alfonso XIII., der Sohn und Nachfolger María Cristinas, suchte sein Heil in der Expansion und griff Marokko an.

Die Madrider Hauptpost: imposante Architektur aus der Zeit der Restauration

Spanien in der Krise

Spanien war Anfang des 20. Jh. von großer politischer Instabilität gekennzeichnet, auch wenn die Neutralität im Ersten Weltkrieg einen gewissen wirtschaftlichen Aufschwung ermöglichte. Die sozialen Missstände verschärften sich durch die Industrialisierung. Militärische Misserfolge in Marokko führten 1917 zu einer Staatskrise, die auch eine immer schnellere Abfolge von Kabinetten nicht zu lösen vermochte. Die Rufe konservativer Kreise nach dem „starken Mann" wurden lauter – und sie verhallten nicht ungehört. 1923 putschte General Primo de Rivera mit dem Einverständnis von König Alfonso XIII. und errichtete eine Militärdiktatur. Zwar gelang es ihm, den Krieg mit Marokko zu beenden, doch stolperte auch er über innenpolitische Schwierigkeiten. Seine zaghaften Reformansätze scheiterten schnell am Widerstand linker wie auch rechter Kreise. Als die Weltwirtschaftskrise die Probleme des Landes nochmals verschärfte, trat er im Januar 1930 freiwillig zurück.

Die Wurzeln des Spanischen Bürgerkriegs

Die Zweite Republik, im April 1931 ausgerufen, versuchte mit einer Politik weitreichender Reformen, die wirtschaftlichen und gesellschaftlichen Probleme Spaniens zu lösen, scheiterte jedoch am Widerstand konservativer Kreise in Wirtschaft, Militär und katholischer Kirche. Gleichzeitig kam es zu antiklerikalen Ausschreitungen der Linken. König Alfonso XIII. war bereits 1931, nach dem Wahlsieg der Republikaner, ins Exil nach Paris und später nach Rom gegangen. 1933 gründete José Antonio Primo de Rivera, Sohn des Ex-Diktators, die Falange Española, eine rechtsextreme Partei, deren Programm während des Bürgerkriegs und danach eine prägende Rolle spielen sollte; gleichzeitig musste sich die Regierung zahlreicher Aufstände anarchistisch gefärbter Gewerkschaften erwehren.

Zwischen 1934 und 1936 schlitterte Spanien von einer politischen Krise in die nächste. Den Rechtsruck nach den

Parlamentswahlen vom Oktober 1934 quittierten die Gewerkschaften mit Generalstreiks. Auch nach dem Wahlsieg der Volksfront im Mai 1936 beruhigte sich die Lage nicht, verschärfte sich sogar noch. Streiks paralysierten das Land, die Rechte antwortete mit Mord, die Linke zahlte mit gleicher Münze zurück – Spanien im Chaos. Die Ermordung des rechten Abgeordneten Calvo Sotelo am 13. Juli 1936 wurde zum Auslöser eines Militärputsches, der in den Spanischen Bürgerkrieg mündete.

Katastrophe Bürgerkrieg

Bis heute ist der Spanische Bürgerkrieg (1936–39), dem über eine halbe Million Menschen zum Opfer fielen, ein Trauma für das Land, zumindest für ältere Menschen. „Bürgerkrieg" ist eigentlich nicht der richtige Ausdruck für diesen dreijährigen Kampf: Auf der einen, der letztlich siegreichen Seite der Nationalisten, stand eine Clique von gut ausgerüsteten, antidemokratischen Militärs, auf der anderen, der Seite der demokratischen Republikaner, der Großteil der Bevölkerung.

Ab dem 28. Juli flogen Truppenverbände aus Spanisch-Marokko nach Südspanien ein; den Oberbefehl hatte General Franco. Italien, Portugal und Deutschland unterstützten den faschistischen Putsch; die berüchtigte deutsche Flugzeugstaffel „Legion Condor" bombte unter anderen das baskische Städtchen Guernica in Schutt und Asche, eine Schandtat, die von Pablo Picasso im gleichnamigen Gemälde verewigt wurde. Die Republikaner erhielten dagegen nur sehr bescheidene Hilfe von Russland, Frankreich und Mexiko.

Eine der entscheidenden Schlachten des Spanischen Bürgerkriegs wurde in der Hauptstadt geführt: Im Sommer 1938 begann der blutige Kampf um Madrid. Die faschistischen Truppen eroberten von Norden her das politische und wirtschaftliche Zentrum des Landes. Insbesondere die Ciudad Universitaria war hart umkämpft. Der republikanischen Regierung blieb nichts anderes übrig, als aus Madrid in das noch sichere Valencia zu flüchten. Die Schlacht am Ebro (25.7.–16.11.1938) markierte den endgültigen Sieg der Faschisten. Am 26. Januar 1939 schließlich nahmen Francos Truppen Barcelona ein und am 28. März 1939 Madrid.

Der Diktator

Francos großer Triumphbogen im Madrider Stadtviertel Moncloa steht noch immer. Neonazis pilgern auch weiterhin alljährlich zur gigantischen Krypta im Valle de los Caídos. Madrid und Kastilien gehen eher gelassen mit dem Diktator um.

Geboren am 4.12.1892 in der galicischen Hafenstadt El Ferrol, wurde der „Caudillo" (Anführer) zum spanischen Alptraum des 20. Jh. Grundlagen seines diktatorischen Regimes waren die Unterstützung durch Militär, katholische Kirche und Falange, absolute Autorität des Staates und Unterdrückung aller abweichenden Auffassungen. Demokratische Ansätze wurden durch passende Gesetze nur vorgetäuscht, jedoch nie verwirklicht. Staatsform war eine „Monarchie ohne König", die allein dem Staatsführer Franco das Recht zugestand, seinen – dann königlichen – Nachfolger zu ernennen.

Während des Zweiten Weltkriegs blieb Spanien neutral; versuchsweise Annäherungen an Hitler-Deutschland wurden durch wirtschaftlichen Druck der Alliierten erstickt. Nach dem Krieg zunächst politisch isoliert, wurde Spanien im diplomatischen Verkehr bald wieder halbwegs salonfähig. 1959 befürwortete Adenauer vergeblich die Aufnahme des Landes in die NATO.

Innenpolitisch hielt die harte Linie an. Ab den 1960ern mehrten sich Proteste,

Unruhen und Terroranschläge der baskischen Befreiungsbewegung ETA. In Madrid zogen die Studenten durch die Straßen und forderten Freiheit und Demokratie. Am 20. November 1975 starb Franco – und in ganz Spanien knallten die Sektkorken.

Endlich Demokratie

Francos Nachfolger wurde der von ihm selbst erwählte und heute noch amtierende König Juan Carlos I., ein Bourbone. Zunächst zaghaft, dann tatkräftig mit Hilfe des von ihm ernannten Ministerpräsidenten Adolfo Suárez bereitete Juan Carlos in Madrid die Demokratie vor. 1977 fanden die ersten demokratischen Wahlen seit über 40 Jahren statt; die von Suárez geführte und später aufgelöste UCD (Mitte-rechts-Partei) ging als Sieger hervor.

Am 23. Februar 1981 hielt Spanien nochmals den Atem an: Ein gewisser Colonel Tejero versuchte im Parlament mit gezogener Pistole einen Militärputsch durchzusetzen. Doch König Juan Carlos lehnte jede Unterstützung ab. Die Armee hörte auf sein Wort, und Spaniens junge Demokratie war gerettet.

Das Kunstzentrum Reina Sofia: Monument des demokratischen Spaniens

Die goldenen 1980er und 1990er

1982 wurde Spanien Mitglied der NATO. Im selben Jahr übernahm erstmals die sozialistische Partei PSOE (Partido Socialista del Obrero Español) die Regierung, geführt von dem Andalusier Felipe González. Anfang 1986 trat Spanien der EU bei, die Parlamentswahlen im Juni sahen erneut die PSOE als strahlenden Sieger. Es waren Jahre der lustvollen Befreiung von Moralvorstellungen, die eine unheilige Allianz von Kirche und Staatsgewalt über mehr als vierzig Jahre hinweg diktiert hatte. Und es waren Jahre des Booms, in denen Spaniens Wirtschaft jährlich um fast 5 % wuchs, die Aktienkurse erreichten Rekordhöhen.

Unter der Führung des allseits verehrten Felipe González errichtete die PSOE einen Sozialstaat moderner Prägung mit Arbeitslosenunterstützung und staatlichem Gesundheits- und Rentensystem. Umsonst waren diese Erfolge nicht zu haben, drastische Einschnitte nötig. Vor allem die Stahlindustrie und die Werften, staatlich geführte Dinosaurier, die nur Verluste produzierten, mussten abgebaut werden. Zehntausende Arbeitsplätze verschwanden, die Arbeitslosigkeit, vom Wirtschaftsboom ohnehin kaum gemildert, stieg weiter. Das Vertrauen in die PSOE sank, doch reichte es bei den Wahlen von 1989 erneut zur Mehrheit, wenn auch nur knapp.

1992 sollte Spaniens großes Jahr werden: die 500-Jahr-Feier der Entdeckung Amerikas, die Olympischen Spiele in Barcelona, die Weltausstellung Expo in Sevilla, Madrid die Kulturhauptstadt Europas. Auf die großen Feiern folgten Ernüchterung und Stagnation. In der Euphorie hatte mancher vergessen, dass die Arbeitslosigkeit mit landesweit über 20 % damals den europäischen Spitzenwert darstellte und das Defizit im Staatshaushalt Rekordhöhe erreicht hatte. Trotz aller Schwierigkeiten gelang es der PSOE bei den Wahlen von 1993 noch einmal, stärkste Partei zu werden, doch verfügte sie über keine absolute Mehrheit mehr. Unterstützung erhielt Felipe González von zwei Regionalparteien, der Baskischen Nationalistischen Partei und der konservativen katalanischen Convergencia i Unio, die ihn zum Ministerpräsidenten wählten.

Das Ende der Ära González

Schon bald nach den Wahlen von 1993 erschütterte eine Krise nach der anderen die labile Regierung, vor allem eine Serie nach und nach ruchbar gewordener Skandale: So hatten weite Teile der PSOE-Regierung die öffentlichen Kassen anscheinend als Selbstbedienungsladen betrachtet. Der Chef der Notenbank hatte Insiderwissen zur Börsenspekulation genutzt, war binnen weniger Monate mehrfacher Millionär geworden. Auch der Wirtschaftsminister, so hieß es, hätte durch *pelotazo*, die Weitergabe von wertvollen Informationen gegen Bargeld, seinen Anteil erhalten. Doch sollte es für die Sozialisten noch schlimmer kommen. War bisher nur von Korruption die Rede, erreichten die Skandale noch ganz andere Dimensionen: Die geheimen „Antiterroristischen Befreiungstruppen" (GAL, Grupos Antiterroristas de Liberación), die während der 1980er-Jahre in der Manier von Todesschwadronen vermeintliche ETA-Mitglieder in Südfrankreich überfielen und ermordeten, waren offensichtlich von höchsten staatlichen Stellen gelenkt worden. Im Juni 1995 schließlich folgte der bis dato letzte Schock für die mittlerweile an skandalöse Enthüllungen schon fast gewöhnte spanische Bevölkerung: Von 1984 bis 1991 hatte der Geheimdienst CESID ohne richterliche Verfügung Privatgespräche von Prominenten und Politikern abgehört. Nicht einmal König Juan Carlos war verschont geblieben ...

Der Boom auf Pump unter Aznar

Die vorgezogenen Parlamentswahlen Anfang März 1996 brachten der Volkspartei Partido Popular unter ihrem früher etwas blass wirkenden Vorsitzenden José María Aznar nicht den glorreichen Sieg, den so mancher prophezeit hatte. Zwar erreichte die PP mit knapp 39 % der Stimmen die Mehrheit, doch erzielte sie gegenüber der PSOE gerade mal einen Vorsprung von 1,4 %.

Die wirtschaftliche Situation Spaniens verbesserte sich unter Aznar scheinbar erheblich: Die Inflationsrate pendelte sich auf einem sehr niedrigen Niveau ein, das Wirtschaftswachstum erreichte Spitzenwerte in der Europäischen Union. Vor allem gelang es Aznar in den 1990er-Jahren, die damals noch immer hohe Arbeitslosigkeit deutlich zu verringern. Die Kehrseite der konservativen Politik war auf den Straßen Madrids zu sehen: Die Zahl der Bettler, die sich nur teilweise aus Drogensüchtigen und Profis rekrutierten, hatte sich sichtbar erhöht. Der Wirtschaftsaufschwung war teuer erkauft, denn es war ein Boom auf Pump. Spanien verschuldete sich bis unter die Halskrause.

Die Parlamentswahlen vom März 2000 sahen dennoch nur einen Sieger: Die PP unter José María Aznar erreichte überraschend 44,5 % der Stimmen und damit die absolute Mehrheit. Es zählt schließlich zu Aznars Verdiensten, aus der zerstrittenen rechten Volkspartei eine einigermaßen liberale, weltoffene Bewegung gemacht zu haben, die den Geruch des Franquismus längst losgeworden ist.

Der Bombenanschlag im März 2004

Der Anschlag vom 11. März 2004 auf den Madrider Bahnhof Atocha veränderte alles. Er forderte 191 Menschenleben, hinzu kamen rund 2000 Verletzte. Unter den Opfern waren vor allem Ausländer und Spanier aus den Arbeitervororten. Nachdem die konservative Regierung kurz vor den spanischen Parlamentswahlen die baskische Separatistenorganisation ETA für den furchtbaren Anschlag verantwortlich gemacht hatte, kam es zu spontanen Demonstrationen vor der Parteizentrale der Partido Popular. Mit dem Versuch, den Verdacht auf die ETA zu lenken, wollte Aznar die Spanier hinter sich versammeln. Doch die Mehrheit durchschaute den Trick. Für den Anschlag waren islamistische Terroristen verantwortlich. Völlig überraschend gewann darauf die PSOE mit ihrem Spitzenkandidaten José Luis Rodríguez Zapatero die Parlamentswahlen am 14. März 2004. Die Spanier nahmen es Aznar auch übel, dass er Spanien an der Seite der USA in den Irak-Krieg geführt und die Gefahr des islamistischen Terrors nicht ernst genug genommen hatte. Sein Nachfolger Zapatero ordnete den sofortigen Rückzug der spanischen Truppen aus dem Irak an.

Zapatero und der Terror

Die neu gewählte Regierung unter dem Sozialisten Zapatero versuchte – auch als Antwort auf den Terror –

Bahnhof Atocha

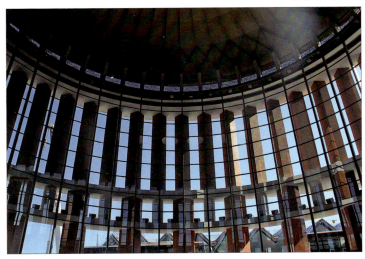

Integrationsprobleme zu lösen und das soziale Netz auszubauen. Das größte innenpolitische Problem aber stellte die baskische Terrororganisation ETA dar, das bekamen die Madrilenen zu spüren. Immer wieder explodierten Bomben der baskischen Separatisten im Zentrum Madrids. 2007 schob Zapatero den neuen Unabhängigkeitsbestrebungen im Baskenland aber einen klaren Riegel vor: Die Idee des damaligen baskischen Regionalpräsidenten Juan José Ibarretxe, ein Referendum über die Zukunft des Baskenlandes abzuhalten, lehnte er als verfassungswidrig ab.

Im Vergleich zu seiner ersten Amtszeit setzte Zapatero nach den Parlamentswahlen 2008 in der Auseinandersetzung mit der ETA auf eine harte Linie. Die ETA wiederum ließ die Muskeln spielen und verübte 2008 eine Reihe von Anschlägen an den Stränden Nordspaniens. Auch 2009 explodierten wieder Bomben. Doch am Ende stellte die Separatistenorganisation ihren bewaffneten Kampf ein. Insbesondere die Hauptstadt Madrid, immer wieder Ziel von Anschlägen, atmete auf.

Immobilienwahn und Ende des Wirtschaftsbooms

Die ETA ist Geschichte. Die Menschen beschäftigt nun schon seit Jahren die schwere Wirtschaftskrise. Das Desaster an den internationalen Finanzmärkten in den Jahren 2008/09 hat in Spanien tiefe Spuren hinterlassen. Die Immobilienblase platzte. Viele Immobilienunternehmen, darunter auch einige börsennotierte Konzerne in Madrid, gerieten ins Wanken oder gar in die Insolvenz. Aktien von Boomunternehmen wurden plötzlich nahezu wertlos. Banken mussten verstaatlicht werden, um einen Zusammenbruch des spanischen Finanzmarktes zu verhindern. Die Arbeitslosigkeit, insbesondere die Jugendarbeitslosigkeit, bewegte sich auf europäischem Rekordniveau. Angesichts der wachsenden wirtschaftlichen Schwierigkeiten fand die sozialistische Regierung unter Zapatero immer weniger politischen Zuspruch.

Die Ära von Austerität und Indignados unter Rajoy

Der politische Wechsel Ende 2011 zur konservativen Partido Popular war deshalb keine Überraschung mehr. Kurz vor Weihnachten 2011 wurde der gebürtige Galicier Mariano Rajoy zum neuen Regierungschef gewählt. Er wählte mit Unterstützung der EU-Kommission eine Politik der Austerität. Mit harten Sparmaßnahmen bei Bildung, Infrastruktur und Förderpolitik will er zurück auf den Wachstumspfad finden. Die spanische Wirtschaft schrumpfte jedoch zunächst unter Rajoy. Erst seit 2014 gibt es wieder einen Hoffnungsschimmer in Form eines leichten Wachstums. Das gewaltige Haushaltsloch hängt Spanien aber wie ein Mühlstein um den Hals. Der Schuldenberg besitzt mit über 900 Milliarden Euro im Jahr 2013 gigantische Dimensionen. Die Arbeitslosigkeit gerade bei den Jüngeren verzeichnet Spitzenwerte jenseits der 20 %. Immer wieder kommt es zu Demonstrationen gegen die Sparpolitik und Korruption der Regierung Rajoy. Die „Indignados", die Entwürdigten, besetzen zentrale Plätze Madrids wie die Puerta del Sol, um gegen die drastischen Einsparungen zu protestieren. Trotz mehrerer Korruptionsskandale traten konservative Politiker wie Rajoy aber nicht zurück. Das verbittert weite Teile der Bevölkerung. Gerade die gut Ausgebildeten suchen sich heute verstärkt Arbeit im Ausland. Beliebte Auswanderungsziele sind Großbritannien und die USA.

Zeittafel Madrid

Um 860	Muhammad I. (852–886) gründet die befestigte Stadt Mayrit auf einer Anhöhe über dem Fluss Manzanares.
1083	Die Mauren werden aus Madrid vertrieben. Alfonso VI. findet unter den Trümmern der arabischen Befestigungsanlage eine Marienfigur, die Almudena. Sie ist heute die Schutzheilige der Stadt.
1202	Alfonso VIII. verleiht Madrid die sog. fueros, städtische Sonderrechte.
1369–1379	Enrique II. von Kastilien regiert. Ein Brand zerstört Madrid.
1390–1406	Die Madrider Festung wird wieder aufgebaut.
1454–1474	Enrique IV. von Kastilien heiratet in Madrid Juana von Portugal.
1469	Die rivalisierenden Königreiche Kastilien und Aragón werden durch die Heirat von Fernando II. von Aragón mit Isabel I. von Kastilien vereinigt.
1477	Fernando II. und Isabel I. ziehen in Madrid ein. Zahlreiche Gebäude entstehen, z. B. das Kloster San Jerónimo (beim Prado), Häuser wie Cisneros und Lujanes (bei der Plaza Mayor) und Teile des Klosters Descalzas Reales (bei der Puerta del Sol).
Um 1522	Der Habsburger König Carlos I. (Karl V.) schlägt den Aufstand der kastilischen Städte nieder. Der Absolutismus wird zur Regierungsform, und Madrid wird der Ehrentitel „Kaiserliche und Gekrönte Stadt" verliehen.
1561	König Felipe II. ernennt das 25.000 Einwohner zählende Madrid zur Hauptstadt. Umfangreiche Bautätigkeiten bestimmen seine Regierungszeit: Es entstehen z. B. Buen Retiro (der heutige Stadtpark), die Plaza Mayor und das Kloster Las Descalzas Reales.
1601–1606	Felipe III. verlegt seinen Regierungssitz nach Valladolid.
1734	Der Alcázar von Madrid brennt an Weihnachten ab.
1759–1788	Carlos III. modernisiert Madrid. Es entstehen nicht nur Straßenbeleuchtung und Kanalisation, sondern auch der Palacio Real (Königspalast) auf dem Gelände des zerstörten Alcázar. Zahlreiche spätbarocke Gebäude werden errichtet, die noch heute das Bild Madrids bestimmen: Prado, Kunstakademie San Fernando, Casa des Correas an der Puerta del Sol.
1798	Goya malt die Fresken in der Kapelle San Antonio de la Florida.
1808	Die Franzosen besetzen Madrid.
2. Mai 1808	Dos de Mayo – blutig niedergeschlagener Aufstand der Madrider Bürger gegen die französischen Besatzer.
1808–1813	Joseph I. Bonaparte, Bruder Napoleons, wird zum König Spaniens gekrönt. Er lässt die Plaza de Oriente vor dem Königsschloss errichten.
1813–1833	Die Bourbonen kehren mit Fernando VII. auf den spanischen Thron zurück. Die 1812 beschlossene liberale Verfassung wird außer Kraft gesetzt und die Inquisition wieder eingeführt. Die Puerta de Toledo wird zur Erinnerung an den Einzug Fernandos VII. gebaut.
1819	Der Prado wird eröffnet.

1833–1868	Thronstreitigkeiten zwischen den Kindern von Fernando VII., Isabel und Carlos, bestimmen das politische Leben (Karlistenkriege). Schließlich wird eine liberale Verfassung in Kraft gesetzt. Isabel II. lässt den noch heute nach ihr benannten Kanal bauen, der die Hauptstadt mit Wasser aus dem Guadarrama-Gebirge versorgt.
1850	Die Oper (Teatro Real) wird eröffnet.
1868	Isabel II. wird gestürzt.
1874–1885	Der Sohn Isabels, Alfonso XII., kommt mit Hilfe des Militärs an die Macht. Die Industrialisierung erfasst die spanische Hauptstadt: Straßenbahnen, elektrische Beleuchtung, Telefonnetz … Riesige Eisenkonstruktionen entstehen, die noch heute genutzt werden, z. B. der Palacio de Velázquez und der Palacio de Cristal im Retiro-Park sowie die Estación del Norte.
1910	Unter Alfonso XIII. entsteht der Prachtboulevard Gran Vía. Auch das gewaltige Postgebäude (Palacio de Comunicaciones) an der Plaza de Cibeles wird gebaut.
1919	Die erste Metro fährt in Madrid.
1923	Die spanische Monarchie hält sich mit Hilfe der Militärdiktatur unter Miguel Primo de Rivera an der Macht.
1929	An der Gran Vía entsteht Europas erster Wolkenkratzer, der Hauptsitz der Telefónica.
1931	Die Zweite Republik wird ausgerufen. Alfonso XIII. geht nach Portugal ins Exil.
1936	Der Spanische Bürgerkrieg beginnt. General Franco und andere Offiziere putschen am 18. Juli in Spanisch-Marokko gegen die Republik. Am 25. Juli beginnt die Schlacht um Madrid.
1939	Am 1. April marschieren die faschistischen Truppen unter General Franco in Madrid ein.
1975	Nach dem Tod des Diktators Franco wird die Monarchie wieder eingeführt. Juan Carlos de Borbón, ein Enkel von Alfonso XIII., wird spanischer König.
1977	Spanien kehrt zur Demokratie zurück. Die ersten freien und demokratischen Wahlen finden statt.
1978	Am 6. Dezember (heute ein Feiertag) wird über die neue Verfassung abgestimmt. Zustimmung zur parlamentarischen Monarchie.
1981	Rechtsgerichtete Angehörige der Guardia Civil stürmen die Cortes. König Juan Carlos kann einen Putsch jedoch verhindern.
1983	Madrid wird autonome Region.
1992	Madrid ist Kulturhauptstadt Europas.
1996	Aznar gewinnt die vorgezogenen Parlamentswahlen.
2000	Bombenanschlag der ETA auf ein Kaufhaus an der Puerta del Sol.
2004	Islamistischer Terroranschlag am 11. März auf Vorortzüge im Madrider Bahnhof Atocha; 191 Menschen sterben. Es kommt am 14. März zur Abwahl der konservativen Regierung. Die Sozialisten unter der Führung von José Luis Rodríguez Zapatero gewinnen die politische Macht zurück. Regierungschef Zapatero gewinnt die Parlamentswahlen. Die sozialistische Partei PSOE verfehlt knapp die absolute Mehr-

Gegen die Sparpolitik der konservativen Regierung ist der Protest groß

heit. Zapatero bildet mit Unterstützung einer Reihe von Regionalparteien seine neue Regierung.

2008	Die spanischen Sozialisten unter Zapatero gewinnen knapp die Parlamentswahlen.
2009	Die Finanzkrise trifft Spanien mit voller Wucht. Die Arbeitslosigkeit steigt auf über 19 %.
2010	Zapatero kürzt wegen der Euro-Krise die Sozialleistungen. Spanien wird Fußballweltmeister.
2011	Bei vorgezogenen Wahlen erreicht Marian Rajoy (Partido Popular) die absolute Mehrheit. Wie sein Amtsvorgänger setzt er auf ein rigoroses Sparprogramm. Die Arbeitslosigkeit steigt.
2012	Premier Rajoy verschärft seinen Sparkurs wegen der deutlich gestiegenen Zinsen für spanische Anleihen. Es kommt in Madrid zu Massenprotesten. Am 19. Februar gehen mehr als eine halbe Million Bürger auf die Straßen, um gegen die Austeritätspolitik der konservativen Regierung zu protestieren.
2013	Die Partido Popular und Regierungschef Rajoy geraten wegen immer neuer Korruptionsvorwürfe schwer in die Kritik. Madrid treibt unter der konservativen Bürgermeisterin Ana Botella – Ehefrau des früheren Premiers José Maria Aznar – trotz gewaltiger Verschuldung seine Kandidatur für die Olympischen Sommerspiele 2020 voran. Doch das IOC entscheidet sich schließlich gegen Madrid.
2014	Die spanische Wirtschaft gewinnt allmählich wieder an Fahrt. Das spürt auch die Dienstleistungsmetropole Madrid. Doch die Jugendarbeitslosigkeit bleibt auf europäischem Rekordniveau. Die Korruption unter den Konservativen blüht weiter. Prinzessin Cristina wird wegen Geldwäsche und Steuerbetrug angeklagt.

Der Flughafen Barajas

Anreise

Madrid ist oft mehrmals täglich mit dem Flugzeug erreichbar. Von jeder größeren Stadt in Mitteleuropa gibt es Direktflüge, und längst steht die spanische Hauptstadt auch auf den Flugplänen von Billig-Airlines. Die Alternative per Bahn gestaltet sich leider meist teuer und umständlich, immerhin sind von Frankfurt/M. mindestens 22 Stunden Zugfahrt trotz TGV und AVE zu bewältigen. Und das eigene Fahrzeug behindert vor Ort mehr, als es nützt, ganz zu schweigen von der langen Fahrtzeit und von hohen Maut- und Spritkosten.

Mit dem Flugzeug

Die preisgünstigen Angebote der **Linienfluggesellschaften** sind aufgrund von Kapazitätsbeschränkungen und hoher Nachfrage zu Hauptreisezeiten wie Ostern schnell ausgebucht. Man sollte sich also rechtzeitig um ein Ticket bemühen. Besonders gute Angebote gibt es meistens zwischen Januar und Ostern sowie im Hochsommer. Linienflüge mit Lufthansa oder Iberia sind angesichts der gestiegenen Energiepreise nur noch selten unter 200 € zu haben. Eine Alternative sind **Billig-Fluglinien** – ein genauer Preisvergleich lohnt sich. Seit 2014 fliegt auch die spanische Fluglinie Air Europa direkt Frankfurt und München an.

Der **internationale Madrider Flughafen Barajas** ist 13 km vom Zentrum entfernt. Er zählt zu den größten Airports in Europa. Im Ankunftsgebäude befindet sich eine Zweigstelle des Fremdenverkehrsamts. Der Airport Barajas besteht aus vier Terminals (T1–T4), die auch auf dem Flugticket jeweils vermerkt sind. Seit 2006 gibt es den futuristischen Terminal 4, der ausschließlich von der spanischen Fluglinie Iberia benutzt wird. Das außergewöhnliche Gebäude wurde von dem britischen Architekten Richard Rogers geschaffen. Zwischen Zentrum und Flughafen verkehren sowohl die **Metro** (Linie 8) als auch **Busse**. Mit der Metro sind es vom Airport nur 25 Minuten bis ins Zentrum Madrids, zum Beispiel zur Station Colón. Die Metro fährt alle 20 Minuten zwischen 6 und 1.30 Uhr. Für das U-Bahn-Ticket vom und zum Flughafen wird unabhängig von der Tageszeit ein Zuschlag erhoben.

Flughafen-Information: 902353570 oder 902404704, www.aena.es.

Verbindungen vom/zum Flughafen

Metro: Die einfachste, bequemste und oft sogar schnellste Möglichkeit. Die U-Bahn-Linie 8 verbindet den Flughafen (Aeropuerto) mit der Station Mar de Cristal. Dort umsteigen auf die Linie 4, die bis ins Zentrum Madrids (Haltestelle: Colón) in ca. 25 Min. fährt.

In umgekehrter Richtung ist zu beachten, dass die Linie 8 **zwei Flughafen-Haltestellen** bedient. Die erste Station heißt „Aeropuerto T1, T2, T3". Von hier erreicht man die Terminals 1, 2 und 3, wo alle Airlines außer Iberia abfliegen. Nach einer weiteren Station namens Barajas (es handelt sich um das Stadtviertel, nicht den Flughafen!) kommt die Endstation Aeropuerto T4. Diese Haltestelle wurde für den 2006 fertiggestellten Terminal 4 eingerichtet. Dort fliegt nur die spanische Fluglinie Iberia ab. Erkundigen Sie sich deshalb genau, an welchem Terminal ihr Abflug ist. Denn die Wege zwischen den einzelnen Terminals sind lang. Die Fahrt zum Flughafen kostet inklusive dem oben erwähnten Zuschlag 2,90 €.

Taxi: Die Taxifahrt vom Flughafen in die Stadt kostet seit 2014 pauschal 30 € (tarifa plana). Mit dieser Maßnahme möchte man verhindern, dass der ein oder andere Fahrer überhöhte Preise verlangt, was in der Vergangenheit immer mal wieder passierte. Die Fahrt zwischen Flughafen und Zentrum dauert bei normalem Verkehr rund eine Stunde.

Bus: Eine Alternative zum Taxi ist der Flughafenbus in die Innenstadt. Er fährt von den Terminals 1 und 2 alle 20 Min. ab und bringt seine Fahrgäste zur zentral gelegenen Plaza de Colón. Auf dem Weg gibt es mehrere Haltestellen mit Metrostationen, beispielsweise Canillejas oder Avenida de América. Von dort kann man sich dann auch ein Taxi nehmen. Die Endhaltestelle befindet sich an der Plaza de Colón (im Tiefgeschoss, zwischen Paseo Recoletos und Castellana). In einem kleinen Kiosk werden die Tickets verkauft. Hier gibt es auch eine Autovermietung und Hotelinformationen. Der Flughafenbus fährt mehrmals stündlich, sonntags seltener. Preis: 2,40 € (einfach).

Außerdem gibt es reguläre Stadtbusse, die alle vier Terminals anfahren: Die Busse der Linien 200 und 204 fahren ungefähr alle 10 Min. (von 5.36 bis 1.30 Uhr) zum Busbahnhof Avenida de América.

Mit Auto und Motorrad

Die lange Anreise mit Auto oder Motorrad (von Frankfurt/M. rund 19 Std.) führt in aller Regel über Barcelona. Die katalanische Metropole ist mit Madrid über eine sehr gut ausgebaute Autobahn verbunden. Allerdings wird bisweilen der Großraum um Madrid zur Geduldsprobe. Vor allem in den Morgenstunden und am Abend stauen sich die Autos auf den Stadtautobahnen.

In Madrid selbst kann sich das eigene Fahrzeug – insbesondere das Auto – als wahrer Klotz am Bein erweisen. Denn Parkplätze sind nicht nur in der verwinkelten Altstadt, sondern auch in

Wohn- und Geschäftsvierteln wie Salamanca oder Moncloa äußerst rar. Vor ein paar Jahren wurden zudem Parkuhren aufgestellt. Tausende von Kontrolleuren spazieren seitdem durch Madrids Straßen, um das Parkticket zu überprüfen ...

Mit der Bahn

Die Bahn ist eine unattraktive Anreisevariante. Die Tickets sind in der Regel sehr viel teurer als die fürs Flugzeug, und man kann getrost einen Tag Bahnfahrt kalkulieren. Beispielsweise dauert eine Bahnreise von Berlin nach Madrid mindestens 22 Stunden. Ein entsprechendes Bahnticket 2. Klasse von Berlin über Köln und Paris nach Madrid kostet zudem hin und zurück 680 € (mit Schlafwagen), nur mit Sitzplatz 560 €.

Eine Bahnfahrt über Paris bringt noch ein anderes Problem mit sich. Die Züge aus Deutschland treffen an den Bahnhöfen Gare de l'Est oder Gare du Nord ein. Die Züge nach Spanien starten aber an den Bahnhöfen Gare d'Austerlitz oder Montparnasse (dort nur die Hochgeschwindigkeitszüge TGV). Man muss also mit Sack und Pack per Metro oder Taxi quer durch Paris, um den Anschlusszug zu nehmen.

Es gibt zwei Haupteinreisebahnhöfe nach Spanien: Port Bou am Mittelmeer (Katalonien) und Irún am Atlantik (Baskenland).

Mit dem Bus

Die Busse der „Europäischen Fernlinienverkehre" (Eurolines) verbinden Madrid rund ums Jahr mit vielen Städten Deutschlands. Ansprechpartner in Deutschland ist meist die Deutsche Touring/Eurolines. Der Bahnfahrt gegenüber kann die Busreise den Vorteil ins Feld führen, preiswerter zu sein: Von Frankfurt/M. zahlt man regulär 228 € hin und zurück, Studenten und Kinder kommen in den Genuss von Rabatten.

Die Busse sind durchaus komfortabel ausgestattet, die reine Erholung ist eine Busfahrt von meist 26 Stunden (Frankfurt/M. – Madrid) und mehr aber natürlich ebenso wenig wie die Anfahrt per Bahn oder Auto. Zielbusbahnhof ist in der Regel die zentral gelegene Estación del Sur in Madrid in der Avenida Méndez Alvaro 83. Von dort gibt es eine Metroverbindung zu allen wichtigen Zielen der Stadt.

Information/Buchung: Deutsche Touring (Zentrale Frankfurt), Am Römerhof 17, ✆ 069/7903501, www.touring.de.

Bahnhof Chamartín – hier fahren die Züge in Richtung Norden ab

Unterwegs in Madrid

In Madrid kann man getrost auf ein eigenes Fahrzeug verzichten, denn in den letzten Jahren wurde der öffentliche Nahverkehr vorbildlich ausgebaut. Auch zu entfernten Ausflugszielen wie Aranjuez, Toledo, Alcalá de Henares, El Escorial oder Segovia gibt es sehr gute Verbindungen mit S-Bahn, AVE (spanischer ICE), Regionalzügen oder Bus.

Mit der Metro und der Bahn

Das Streckennetz der **Metro** in Madrid ist exzellent. Die modernen und in der Regel sauberen Züge verbinden alle für Madrid-Besucher interessanten Stadtteile und Ziele sehr gut und meist schnell miteinander. Selbst ins Umland wie in die Universitätsstadt Alcalá de Henares, Aranjuez oder El Escorial fahren **S-Bahnen** (Cercanías) häufig und zuverlässig. Die S-Bahnen sind direkt an das U-Bahn-Netz angeschlossen. Die Metro von Madrid gilt als die größte und leistungsfähigste auf der Iberischen Halbinsel. Die mittlerweile zwölf U-Bahn-Linien sind mit unterschiedlichen Farben klar gekennzeichnet. Die wichtigsten Linien sind die Nummern 1, 2 und 3. Die Linie 2 verbindet Moncloa im Norden der Innenstadt (dort gibt es auch einen wichtigen Busbahnhof) mit Madrids berühmtestem Platz Puerta del Sol in der Altstadt. Die Puerta del Sol ist eine der wichtigsten Metrostationen. Von hier kann der Besucher fast in alle Richtungen fahren.

Die **U-Bahnen** fahren von 6 Uhr morgens bis 1.30 Uhr nachts. Zehnertickets (12,20 €), die sowohl für die Metro als auch für die Busse im Zentrum gelten, bringen gegenüber der Einzelfahrt (1,50 € für fünf Stationen, 2 € für bis zu neun Stationen) eine deutliche Ersparnis!

Schnell und preiswert durch die Stadt

Übrigens ein Einzelticket für eine Fahrt im gesamten U-Bahn-Netz kostet 3 €, und das Zehner-Ticket 18,30 €. Madrid-Besucher, die viel mit der

Metro unterwegs sind, können mit dem **Touristenticket** (*abono turístico*) jede Menge Geld sparen: Für die Innenstadt (Zone A) gibt es mehrere Zeitkarten mit verschiedener Gültigkeitsdauer: von einem Tag (8,40 €) bis zu einer Woche (35,40 €). Kinder unter elf Jahren zahlen nur die Hälfte. Wer auch in die nähere Umgebung wie Toledo, Alcalá oder San Lorenzo de Escorial reisen möchte, für den lohnt sich ein Touristenticket der Zone T. Es kostet ungefähr doppelt so viel wie der *abono turístico* der Zone A. Doch bei hoher Mobilität ist der Zusatzpreis schnell wieder reingefahren. Tickets gibt es an Zeitungskiosken sowie an jeder U-Bahn-Station an den Schaltern vor den Sperren. Dort sind auch kostenlose Pläne (Plano de Metro) erhältlich. Infos und Pläne zur Metro außerdem auf www.metromadrid.es.

Die **S-Bahnen** (Cercanías) sind interessant für Ausflüge in die Umgebung, wie nach El Escorial (Linie C 8a), nach Alcalá de Henares (C 2) und nach Aranjuez (C 3). Hauptabfahrtsbahnhof ist Atocha. Die S-Bahnen, die Richtung Norden fahren, halten auch am Paseo de Recoletos (Plaza de Colón), bei den Nuevos Ministerios und am Bahnhof Chamartín. Die S-Bahnen verkehren in der Regel alle 20 Minuten.

Information: Auskünfte über Verbindungen mit der U- und S-Bahn gibt es bei **Metro Madrid**, ✆ 902444403917, www.metromadrid.es.

Weiter entfernte Ziele wie Segovia oder Toledo steuert die spanische Staatsbahn **Renfe** (Red Nacional de los Ferrocarriles Españoles) schnell und effektiv an. Sie verbindet von Madrid aus alle wichtigen Städte der Region miteinander. Der Service galt früher als nicht besonders gut, die Züge als veraltet. Doch das hat sich mittlerweile geändert. Seit 2008 kommt man mit dem ICE-ähnlichen Schnellzug AVE beispielsweise von Madrid in weniger als einer Stunde nach Segovia.

Madrid besitzt zwei Hauptbahnhöfe, Atocha und Chamartín (je nach Herkunfts- bzw. Zielort). Das System ist etwas kompliziert, man sollte sich vor dem Fahrkartenkauf nach seinem Abfahrts- bzw. Ankunftsbahnhof erkundigen. Die beiden Bahnhöfe sind miteinander durch U- und S-Bahnen verbunden.

Information: Auskünfte über innerspanische Verbindungen bzw. Ausflüge von Madrid aus erhält man bei Renfe, ✆ 902240202, www.renfe.es.

Bahnhöfe: Estación Chamartín: Avenida Pío XII, weit im Norden der Stadt; Metro: Chamartín. Wichtigster Bahnhof, an dem die meisten Linien starten, enden oder vorbeikommen. Alles Nötige ist geboten: Infostelle, Geldwechsel, Post, Telefon, Autovermietung, Schließfächer …

Estación Atocha: Plaza del Emperador Carlos V, nahe Südwestecke Retiro-Park; Metro: Atocha-Renfe, nicht Atocha! In den 1990er-Jahren vorbildlich renoviert, das Angebot an Fahrzielen hat sich erweitert. Hier fahren die superschnellen AVE-Züge nach Segovia, Sevilla oder Barcelona ab. Ein Genuss sind die Wartezeiten im Atocha-Bahnhof. Eine riesige Halle mit botanischem Garten erfreut den Fahrgast. Durch den von islamistischen Terroristen verübten Anschlag vom 11. März 2004 hat der Bahnhof traurige Berühmtheit erlangt.

Mit dem Bus

In Madrid und Umgebung ist der Bus ein wichtiges öffentliches Verkehrsmittel. Preisgünstig und leicht können selbst entlegene Stadtviertel oder Ortschaften im Umland gut erreicht werden. Das Liniengeflecht der Stadtbusgesellschaft EMT ist auf den ersten Blick wegen der Vielzahl an Buslinien ein wenig unübersichtlich, nach einer Eingewöhnungsphase kommt man aber gut zurecht. Informationskioske mit Fahrkartenverkauf gibt es an der Puerta del Sol, der Plaza Callao und der Plaza Cibeles.

Die Stadtbusse verkehren von 6 bis 24 Uhr, einige Nachtbusse („Buho") ab Puerta del Sol und Plaza Cibeles die ganze Nacht lang. Die „Circular"-Linie fährt im Kreis ums Zentrum, Haltestellen sind dabei unter anderem Atocha und Plaza España. Einzeltickets (beim Fahrer zu kaufen) kosten 1 €, Zehnertickets („Bonobus") 6,70 € (nur an Zeitungskiosken, nicht beim Fahrer erhältlich). Preis- und Fahrplanauskünfte unter ✆ 915803590.

Im Doppeldecker durch Madrid

Um sich einen ersten Überblick zu verschaffen, lohnt sich eine Rundfahrt in den bequemen Doppeldecker-Bussen, die an der Puerta del Sol abfahren. Die roten Gefährte haben ein offenes oberes Deck und bieten somit völlig neue Perspektiven. Es gibt zwei Routen: Die beliebteste umfasst nicht nur die zentralen Sehenswürdigkeiten wie Plaza Mayor, Palacio Real, Prado und Atocha, sondern auch das Salamanca-Viertel und die Gran Vía bis hin zum Bernabeu-Stadion (Real Madrid). Abfahrten alle 10 bis 20 Minuten von Palacio Real oder dem Prado. Preis für einen Tag: 17,50 €, Jugendliche bis 16 Jahre 9 €. Die Tickets können im Internet gekauft werden oder auch direkt im Bus. Infos unter www.gomadrid.com.

Die Busse sind in der Regel ausgesprochen pünktlich. Dennoch lassen sich manchmal angesichts der angespannten Verkehrssituation in Madrid Verspätungen nicht vermeiden.

Madrids Hauptbusbahnhof ist die Estación Sur de Autobuses. Hier halten die Überland- und Fernbusse. Die Abfahrtsstellen einiger kleinerer Gesellschaften liegen über die Stadt verstreut. Falls Sitzplatznummern bei Fernbussen ausgegeben werden, sollte man sich an diese halten.

Busgesellschaften/Busbahnhöfe: Alsa: An der Plaza Elíptica fahren die Busse der Firma Alsa nach Toledo. Intercambiador de Plaza Elíptica bei der gleichnamigen Metro-Station. An der Avenida de América 34 (bei der gleichnamigen Metrostation) fahren die Busse nach Alcalá de Henares ab. ✆ 902422242.

La Veloz: Avenida Mediterraneo 49 (Metro: Conde de Casal). Busse nach Chinchón. ✆ 914097602.

La Sepulvedana: Intercambiador de Principe Pío (Metro: Principe Pío). Hier fahren die Busse nach Segovia, La Granja oder Ávila ab. ℡ 918577149.

Herranz: Calle de la Princesa, Abfahrt in der Metrostation Moncloa. Busse nach El Escorial und zu sonstigen Zielen in der Sierra Guadarrama. ℡ 918969028.

Mit dem offenen Fahrzeug durch Madrid für kleines Geld

Mit dem Taxi

Taxifahren in Madrid ist noch relativ preiswert. Seit der Wirtschaftskrise sind die Schlangen der Taxis lang geworden, weil viele Madrilenen sich die Fahrt nicht mehr leisten können. Die Fahrt vom Flughafen in die Innenstadt kostet seit 2014 pauschal 30 € (tarifa plana). Ziele außerhalb der Stadtautobahn M-30 kosten seitdem 20 €. Damit will die Madrider Stadtregierung den Missbrauch durch kriminelle Taxifahrer verhindern. Es kam immer wieder vor, dass gerade Touristen vorsätzlich betrogen wurden. Wer sich übers Ohr gehauen fühlt, sollte sich die Taxinummer, die an jedem Fahrzeug befestigt ist, notieren und auch den Weg zur Polizei nicht scheuen.

> **Behindertengerechte Taxis**: Behinderte können die sog. Eurotaxis in Anspruch nehmen. Infos unter ℡ 915404503.

Mit Auto, Motorrad & Co.

In Madrid selbst lässt man das Auto am besten stehen und benutzt die öffentlichen Verkehrsmittel.

Das Straßennetz im Großraum Madrid ist in gutem bis sehr gutem Zustand. Viele Schnellstraßen, Autobahnen und Umgehungen wurden in den letzten Jahren gebaut oder erweitert. Mittlerweile ist die spanische Hauptstadt von mehreren **Autobahngürteln** umzingelt. Viele **Autovías** (autobahnähnliche Schnellstraßen), aber auch manche Autobahnen wie die M-30 oder M-40 rund um Madrid sind kostenlos, beispielsweise die Schnellstraßen nach Toledo, Aranjuez, Alcalá de Henares und El Escorial. Wer jedoch nach Segovia fährt, muss den gebührenpflichtigen Tunnel durch das Guadarrama-Gebirge durchqueren. Wer sich das Geld sparen möchte, verlässt bereits in Villalba die Autobahn und nimmt die gut ausgebaute, reizvolle Landstraße über den Navacerrada-Pass. Das dauert ein bisschen länger als die Tunnelstrecke, ist dafür aber viel schöner.

Das optimale Verkehrsmittel für Madrid und sein Umland ist ein **Motorrad**: keine Parkprobleme, kurvige Sträßchen durch Gebirgsregionen … Auf der Bankenmeile Castellana ist ein Harley- oder BMW-Fahrer mit Anzug und Krawatte keine Seltenheit. Das Image des Motorradlers ist in Spanien positiv. Aber: Anders als die meisten Pkws sind Motorräder durchaus diebstahlgefährdet – eine gute Kette in Verbindung mit Teilkasko bringt Sicherheit.

> Bei einem **Unfall** (*accidente*) wählt man am besten den **Polizeinotruf**: landesweit ℡ **091**.
>
> Die **Pannenhilfe** (*auxilio en carretera*) ist spanienweit unter ℡ 915933333 erreichbar. Die blau-gelben Fahrzeuge des spanischen Automobilklubs RACE sind oft auf den Straßen Madrids zu sehen.

Parken

Die Stadt Madrid hat seit einigen Jahren das Verteilen von Strafzetteln für Falschparken als lukrative Einnahmequelle entdeckt. Vor allem in der Altstadt, im Salamanca-Viertel und in Argüelles neigt die Stadtpolizei dazu, relativ schnell den Abschleppdienst zu verständigen. Am besten, man lässt seinen Wagen in den großen **Parkhäusern**, wie zum Beispiel an der Plaza del Colón (Paseos Recoletos/Castellana), Plaza de Oriente, Plaza de España (Ende Gran Vía) und Plaza Mayor. Gleich mehrere finden sich auch an der Calle Velázquez nördlich des Retiro-Parks. Umsonst kann man übrigens in der Ciudad Universitaria parken. Vor allem an Wochenenden und in den Semesterferien herrscht hier kein Parkplatzmangel. Von dort lassen sich mit der Metro alle wichtigen Viertel schnell erreichen (Metrostation: Ciudad Universitaria).

Mietwagen

In Verbindung mit der Anreise per Flugzeug ist ein Mietwagen die komfortabelste Art, die Umgebung von Madrid zu bereisen. Im Vergleich zu anderen europäischen Ländern sind Mietautos in Spanien ein relativ billiges Vergnügen. Im Madrider Flughafen Barajas gibt es direkt bei der Ankunft im internationalen Terminal zahlreiche Vermietungsbüros, die bis in die späte Nacht geöffnet haben. Oft ist es jedoch günstiger, den Wagen bereits vor Reiseantritt im Internet oder über eine Reiseagentur zu buchen. Die großen Verleihfirmen sind auch in den Bahnhöfen Chamartín und Atocha sowie im Zentrum rund um die Gran Vía vertreten.

Fahrrad

Fahrradfahren war in Madrid über Jahrzehnte unüblich. Doch das hat sich geändert. Gerade in wirtschaftlich schwierigen Zeiten entdecken immer mehr Madrilenen das Zweirad als preiswertes und auch noch schnelles Fortbewegungsmittel im Großstadtdschungel. Populär sind mittlerweile insbesondere Elektrofahrräder, die es gestatten, das hügelige Madrid leichter zu bewältigen.

Fahrradverleih: Urbanmovil.com in der Calle Mayor 78 mitten in der Altstadt vermietet Fahrräder, aber auch Elektrofahrräder. Reservierung unter ✆ 915427771 oder ✆ 687-535443 (mobil), info@urbanmovil.com, www.urbanmovil.com.

Motorradverleih: Das Motorrad besitzt in Madrid angesichts des chronischen Parkplatzmangels viele Anhänger, aber auch für Ausflüge nach Segovia, Aranjuez oder El Escorial bietet es sich an. Hier zwei gute Adressen:

Espana en Moto, Bahnhof Chamartín, ✆ 917321293, www.espanaenmoto.com.

Moto&Go, Infanta Isabel 23, ✆ 914349648, www.motoandgo.es.

Auf dem Elektroroller durch Madrid

Eine besonders vergnügliche Art, die spanische Hauptstadt kennenzulernen, bietet der Elektroroller, der auch unter der Marke Segway bekannt ist. Der Fahrer steht dabei auf einer kleinen Plattform und steuert das Gefährt über eine Lenksäule. Die Roller sind vor allem für verwinkelte Innenstädte wie die von Madrid eine interessante Fortbewegungsmöglichkeit. Urbanmovil.com bietet rund einstündige Touren (auch in Deutsch und Englisch) mit dem Elektroroller durch die Altstadt an. Die Teilnehmer bekommen eine Einweisung, wie man sich auf zwei Rädern einigermaßen sicher fortbewegen kann. Infos und Reservierung unter www.urbanmovil.com.

Luxusherberge Palace – gegenüber vom Parlament

Übernachten

Die Hotellerie in Madrid erfüllt jeden Wunsch. Die Skala reicht vom einfachen Hostal bis zum Luxushotel aus der Belle Époque. Vor der Wirtschaftskrise sind zudem zahlreiche Designhotels entstanden. Grundsätzlich ist die spanische Hauptstadt in Sachen Übernachtung im Vergleich zu anderen Metropolen ein vergleichsweise preiswertes Ziel. Vor allem am Wochenende, an Feiertagen oder im Sommer gibt es gute Angebote.

Keine andere Stadt Spaniens bietet mehr Übernachtungsmöglichkeiten als Madrid. Die Herbergen waren früher vorwiegend auf Geschäftsreisende eingestellt. Das hat sich seit der Wirtschafts- und Finanzkrise geändert.

Viele Hotels bieten mittlerweile oft überraschend preiswerte Wochenendtarife an. Im Internet kann man solche Angebote mühelos abrufen. Der Preisnachlass und auch die Termine sind höchst unterschiedlich. Grundsätzlich gilt: Im Juli und August gibt es bei der Quartiersuche keine Probleme. Vor allem im August, wenn ganz Spanien im Urlaub ist, ist Madrid nahezu menschenleer. Die Zimmerpreise erreichen dann ihren Jahrestiefststand. Allerdings ist in San Lorenzo de El Escorial oder in Segovia genau das Gegenteil der Fall.

> Übernachtungsmöglichkeiten in der Umgebung von Madrid finden Sie unter „Ausflüge in die Umgebung" in den jeweiligen Ortskapiteln.

Luxushotels

***** **Hotel Ritz** 10 → Karte S. 130/131, weißer Hotelpalast gegenüber vom Prado, dessen Bau persönlich von César Ritz und dem spanischen König Alfonso XIII. überwacht

Übernachten 39

wurde. Als das Ritz 1910 seine Pforten öffnete, waren die Gäste begeistert. Daran hat sich bis heute nichts geändert. Die diskrete Eleganz und die unschlagbare Lage bescheren dem Ritz noch heute eine ungebrochene Popularität. Es ist der Klassiker unter den Madrider Hotels. Allerdings ist der Service längst nicht immer perfekt. Und das teure Restaurant ist eher mittelmäßig. Doch noch immer feiert die Madrider Oberschicht im Ritz Hochzeiten und Silvester. DZ ab 315 €. Im Internet lassen sich die Zimmer vor allem im Sommer für weitaus weniger Geld mieten. Plaza de la Lealtad 5 (Metro: Atocha), ✆ 917016767, ℻ 917016776, www.ritzmadrid.com.

***** **Eurostars Madrid Tower Hotel** ◧ → Karte S. 176/177, spektakuläres Luxushotel im schwarzen Wolkenkratzer Torre Sacyr Vallehermoso der spanischen Architekten Carlos Rubio Carvajal und Enrique Álvarez Sala Walter. Die dunkle, wenig funktionale Inneneinrichtung der über 400 Zimmer ist allerdings gewöhnungsbedürftig. Dafür entschädigt der Ausblick über Madrid. Im 31. Stock gibt e s ein sündhaft teueres Restaurant, das vor allem Geschäftsleute anspricht. Die Bar, die ebenfalls durch Rekordpreise von sich reden macht, ist leider im Untergeschoss untergebracht. Angebote gibt es bereits ab 125 € ohne Frühstück. Paseo de la Castellana 261 (Metro: Begoña), ✆ 913342700, ℻ 913342701, www.eurostarmadridtower.com.

>>> **Mein Tipp:** Hotel Palacio de Tepa ◧ → Karte S. 78/79, es gibt kaum einen Palast mitten in der Altstadt, in dem es sich komfortabler wohnen lässt. Der neoklassizistische Palast aus dem Jahr 1808 im Literatenviertel wurde 2010 in ein Luxushotel umgewandelt und bietet schlichte, elegante Zimmer. Wer es gemütlich haben möchte, fragt nach den Zimmern unterm Dach mit einer mächtigen, schrägen Holzdecke. Sehr gutes Frühstück und netter Service. Das Hotel verfügt auch über eine angenehme Tapas-Bar. DZ ab 180 €. Calle San Sebastian 2 (Metro: Antón Martín), ✆ 913896490. «

>>> **Mein Tipp:** Hotel Único ◧ → Karte S. 152/153, in einer feinen Flaniermeile des Einkaufsviertels Salamanca liegt dieser Palast aus dem 19. Jh., der zu einem Luxushotel mit 44 Doppelzimmern umgebaut wurde. Nehmen Sie unbedingt ein Zimmer zum Innenhof, denn zur Straßenseite kann es laut werden. Die Inneneinrichtung ist in schönen Weiß-, Grau- und Schwarztönen gehalten. Eine elegante Treppe mit Marmormosaiken führt zu den Zimmern. Berühmt wurde das Hotel durch das *Feinschmeckerlokal von Ramón Freixa*, der in der Hauptstadt viele Liebhaber hat. Seine Küche ist mit zwei Michelin-Sternen ausgezeichnet. Schöner Designgarten. DZ ab 186 €. Claudio Coello 67 (Metro: Serrano), ✆ 917810173, www.unicohotelmadrid.com. «

***** **Hotel Villa Real** ◧ → Karte S. 130/131, Nobelhotel gegenüber dem spanischen Parlament, den Cortes. Es ist wohl weniger berühmt als seine prominenten Nachbarn Ritz und Palace, aber was Komfort und Ausstattung angeht, fehlt es hier an nichts. Viele Zimmer sind mit Antiquitäten möbliert, die Bäder sind aus Marmor. Dieses Belle-Époque-Hotel mit seiner freundlichen Atmosphäre liegt ideal: Zu den berühmten Museen, aber auch zum Ausgehviertel Huertas sind es nur ein paar Schritte. Viele Politiker und Intellektuelle sind unter den Gästen. Die stilvollen Zimmer sind mit zahlreichen Details ausgestattet, einige sogar mit Balkon (am besten im obersten Geschoss) und tollem Blick auf den Paseo del Prado. DZ ab 150 €. Plaza de las Cortes 10 (Metro: Sevilla oder Atocha), ✆ 914203767, ℻ 914202547, www.derbyhotels.com. «

>>> **Mein Tipp:** ***** **Casa de Madrid** ◧ → Karte S. 78/79, eines der außergewöhnlichsten Hotels in Madrid ist die Residenz zwischen dem Prado-Museum und dem Retiro-Park. Das luxuriöse Hotel im 2. Stock eines historischen Gebäudes (erbaut um 1800) verfügt über sieben romantisch eingerichtete Zimmer mit stilvollen Möbeln, die von der Künstlerin Marta Medina gestaltet wurden. Eine gemütliche Bibliothek lädt zum Ausruhen nach einem anstrengenden Museumsbesuch ein. Das Hotel gehört dem Club „Amigos de la Casa de Madrid". Um zu übernachten, muss der Gast einen einmaligen Mitgliedsbeitrag (10 €) zahlen. Die Übernachtungen gibt es ab 95 €. Calle Arieta 2 (Metro: Atocha), ✆ 915595791, www.casademadrid.com. «

***** **Hotel Westin Palace** ◧ → Karte S. 130/131, für viele das schönste Hotel der Stadt. Wenn es eine Konkurrenz für das Ritz gibt, so ist es das Palace. Das bereits 1912 errichtete Gebäude mit seinen 440 Zimmern gehört mittlerweile der amerikanischen Hotelkette Westin. An modernem Komfort und auch an Glanz der Belle Époque (14 m hohe Kristallkuppel) fehlt es hier nicht. Die Zimmer sind nostalgisch mit Stilmöbeln eingerichtet. Der Luxus hat natürlich seinen Preis. DZ ab 240 €, Preis für Suiten auf Anfrage. Auf der Homepage gibt es aber immer wieder gute Angebote. Plaza de las Cortes 7 (Metro: Sevilla oder Atocha), ✆ 913608000, ℡ 913608100, www.westinpalace madrid.com.

***** **Hotel Adler** 34 → Karte S. 152/153, nach außen hin schlicht. Dem klassizistischen Haus an der Ecke Velázquez/Goya traut der Gast auf den ersten Blick nicht den diskreten Luxus der Inneneinrichtung zu. Hier ist alles edel, fein und unaufgeregt. Mit nur 45 Zimmern ist das Adler auch die kleinste der Luxusherbergen. Hier setzt man auf persönlichen Service. DZ ab 192 €. Calle de Velázquez 33 (Metro: Goya), ✆ 914263220, ℡ 914263221, www.adlermadrid.com.

***** **Hotel Wellington** 47 → Karte S. 152/153, eines der wenigen Hotels in Madrid mit eigenem Swimmingpool. Es ist nach dem bekannten britischen Herzog benannt, der die Spanier in ihrem Unabhängigkeitskampf gegen die Franzosen unterstützte. Einst wurde das 1952 eröffnet Hotel vor allem von berühmten Stierkämpfern geschätzt, die in der nahen Arena Las Ventas ihr Geld verdienten. Neben den normalen Zimmern gibt es noch 25 Luxussuiten. Bekannt ist das Wellington für sein japanisches Restaurant „Kabuki Wellington". Die Küche von Oriol Balaguer zählt zu den besten der Stadt. DZ ab 150 €. Calle de Velázquez 8 (Metro: Velázquez), ✆ 915754400, ℡ 915764164, www.hotel-wellington.com.

***** **Hotel Orfila** 7 → Karte S. 118/119, kleiner Stadtpalast unweit der Castellana. Wer in diesem Luxushotel absteigt, braucht den großen Auftritt nicht. Es liegt in einer ruhigen Wohnstraße, die auf vielen Touristenstadtplänen nicht einmal eingezeichnet ist. Im Inneren der Nobelherberge, die Mitglied des exklusiven Hotelzirkels Relais & Châteaux ist, herrscht aristokratische Noblesse. Kein cooles Design, sondern elegante Salonmöbel beherrschen das Interieur. Achtung: Im August bleibt das Hotel geschlossen. DZ ab 238 €. Calle de Orfila 6 (Metro: Alonso Martínez), ✆ 917027770, ℡ 917027772, www.hotelorfila.com.

***** **Hotel Villa Magna** 1 → Karte S. 118/119, ein Klotz an der Castellana, der von außen eigentlich nicht gerade einladend aussieht. Doch tatsächlich verbirgt sich hinter der nüchternen Fassade ein elegantes Haus der luxuriösen Hyatt-Hotelkette, das nicht nur über geschmackvolle Zimmer verfügt, sondern auch über einen exzellenten Service. Es zählt zur Spitzengruppe der Madrider Hotellerie. DZ ab 320 € (im Sommer und an Wochenenden Spezialtarife). Paseo de la Castellana 22 (Metro: Colón), ✆ 915871234, ℡ 914312286, www.hotelvilla magna.com.

Obere Preisklasse

**** **AC Recoletos** 50 → Karte S. 152/153, elegantes Hotel in einer kleinen Seitenstraße der Calle Serrano im Salamanca-Viertel. Zur Puerta de Alcalá sind es nur wenige Meter. Die Zimmer sind stilvoll und effektiv eingerichtet. Die Zimmer zur Straße sind relativ klein, und auch wegen des Verkehrslärms lohnt sich ein Zimmer zum Innenhof. Reichhaltiges Frühstück im Untergeschoss. Nettes Personal. DZ ab 140 €. Calle de Recoletos 18 (Metro: Retiro), ✆ 914361382, ℡ 914361383, www.mariott.com.

》》 **Mein Tipp:** **** Hotel Palacio San Martín 5 → Karte S. 78/79, Hotel mit Belle-Époque-Ambiente. Es liegt zentral (gleich neben dem Kloster Descalzas Reales), aber dennoch relativ ruhig. Hinter der Backsteinfassade verbirgt sich eine gemütlich-elegante Herberge mit schönem Patio und freundlichem Service. DZ ab 98 €. Plaza de San Martín 5 (Metro: Ópera), ✆ 917015000, ℡ 917015010, sanmartin@intur.com, www. intur.com. 《《

**** **Hotel Liabeny** 1 → Karte S. 101, in der Calle Salud, einer der wenigen einigermaßen ruhigen Straßen im Zentrum rund um die Puerta del Sol. Die Calle Salud führt von der Plaza del Carmen zur Gran Vía. Das Hotel bietet 222 komfortable, in ruhigen Tönen eingerichtete Zimmer mit Bad und Aircondition. Fragen Sie nach Discountangeboten. DZ ab 90 €. Calle de la Salud 3 (Metro: Sol), ✆ 915319000, ℡ 915327421, info@hotelliabeny.com, www.liabeny.es.

》》 **Mein Tipp:** **** Hotel Santo Domingo 9 → Karte S. 112/113, nobler, aus zwei Teilen bestehender Stadtpalast mitten in der Altstadt, nur wenige Schritte von der Oper. Auch wenn die Straße nicht zu den schönsten zählt, das Hotel genügt selbst überdurchschnittlichen Ansprüchen. Es ist mit echten Antiquitäten und Gemälden aus dem 19. Jh. ausgestattet. Viel Stammpublikum, auch Tenor Plácido Domingo nächtigt bisweilen hier. Am preiswertesten die Zimmer der Kategorie Smart Economy, die allerdings bisweilen im gewöhnungsbedürften Lila gestrichen sind. Das Bett ist dort nur 1,90 Meter lang! Restaurant mit Wintergarten als Bar. 119 Zimmer. DZ ab 122 €. Plaza de Santo Domingo 13 (Metro: Santo Domingo), ℡ 915479800, ℻ 915475995, www.hotelsantodomingo.es. «

**** Hotel Nacional 15 → Karte S. 130/131, am Paseo del Prado. Die Belle-Époque-Fassade mit dem mächtigen blauen NH-Zeichen ist nicht zu übersehen. Das 1920 errichtete Hotel (im Erdgeschoss ein McDonald's) wird bei Touristen vor allem wegen seiner Lage geschätzt (der Prado ist schräg gegenüber). Der Verkehrslärm wird dafür in Kauf genommen, die modernen, in ruhigen Farben eingerichteten Zimmer sind mit Aircondition, Fernsehen und Minibar ausgerüstet und haben teilweise einen schönen Ausblick Das Hotel verfügt über einen Wäschedienst. DZ ab 139 €. Auch auf Last-Minute-Angebote achten. Paseo del Prado 48 (Metro: Atocha), ℡ 914296629, ℻ 913691564, www.nh-hotels.com.

*** Hotel Sur 18 → Karte S. 130/131, praktisches Stadthotel der NH-Gruppe, gegenüber dem Atocha-Bahnhof. Es wird von Geschäftsleuten und Kunstreisenden gleichermaßen geschätzt. Die Zimmer sind geschmackvoll und modern eingerichtet. Das Hotel liegt an viel befahrenen Paseo de la Infanta Isabel. Wer sich eine Ruhepause gönnen möchte: Zum Retiro-Park sind es nur wenige Meter. DZ ab 129 €. Paseo de la Infanta Isabel 9 (Metro: Renfe Atocha), ℡ 91399400, ℻ 914670996, www.nh-hotels.com.

**** Hotel AC Cuzco 9 → Karte S. 176/177, Business-Hotel der noblen AC-Kette, wegen seiner praktischen Lage und seiner angenehmen Ausstattung auch bei Touristen beliebt. Die Architektur der Herberge ist allerdings schmucklos. Wie bei allen AC-Hotels sind die Getränke gratis. Das ist gerade im oft heißen Madrid ein unschätzbarer Vorteil. An Wochenenden und in der Ferienzeit gibt es das DZ bereits ab 139 €. Die aktuellen Preise sind über die Homepage abzufragen. Paseo de la Castellana 133 (Metro: Cuzco), ℡ 915560600, ℻ 915560372, www.mariott.com.

**** Gran Hotel Velázquez 18 → Karte S. 152/153, am breiten Boulevard Velázquez im Herzen des Viertels Salamanca. Ein Mittelklassehotel, das vor allem bei spanischen Touristen beliebt ist. Die Zimmer sind klassisch eingerichtet und verfügen über große Fenster. Leider sind die Doppelbetten nur 1,50 Meter breit. Verlangen sie daher nach zwei Einzelbetten mit einer Breite von jeweils 1,20 Meter (Doble Ejecutiva). Zu Franco-Zeiten stiegen hier gerne die Toreros von der nahen Stierkampfarena Las Ventas ab. DZ ab 148 € (nach Sonderangeboten fragen). Calle de Velázquez 62 (Metro: Velázquez), ℡ 915752800, ℻ 915752809, velazquez@chh.es, www.chh.es.

**** Hotel Husa Moncloa 17 → Karte S. 166/167, populäres Stadthotel der oberen Mittelklasse beim Boulevard Princesa (beim Kaufhaus El Corte Inglés). Freundliche Zimmer in schlichter Eleganz. Viel Licht. Das Hotel liegt nicht im Zentrum, aber über die Metro ist alles leicht erreichbar. DZ ab 120 €. Calle de Serrano Jover 1, (Metro: Argüelles), ℡ 915424582, ℻ 915427169.

Designhotels

**** Hotel Vincci Centrum 4 → Karte S. 101, cooles Designhotel in einem Haus aus dem 19. Jh., die 88 Zimmer sind in dunklem Holz gehalten und mit moderner Kunst an den Wänden ausgestattet. Junges Publikum, etwas dunkle Rezeption und Lounge. DZ 129 €. Calle de Cedaceros 4 (Metro: Sevilla), ℡ 913694720, ℻ 915224515, www.vinccihoteles.com.

»> Mein Tipp: ***** Hotel Puerta America, die Lage abseits vom Zentrum in Richtung Flughafen ist nicht so anziehend. Doch wer eine durchdesignte Herberge abseits des Mainstreams sucht, ist hier genau richtig. Bei der Einrichtung sind berühmte Architekten wie Zaha Hadid oder Jean Nouvel an die Grenzen gegangen. Wer genügend Kleingeld besitzt, kann sich eine der grandiosen Suiten mit tollem Blick von Nouvel leisten. Die Sommerterrasse mit Panorama-Blick gilt als angesagte Cocktailbar an heißen Tagen. Gute, extravagante Küche im Restaurant „Lágrimas negras". DZ ab 100 €. Avenida América 41 (Metro: Cartagena), ℡ 917445400. www.hotel-silken.com. «

***** AC Palacio de Retiro 3 → Karte S. 130/131, 2004 eröffnet, direkt am Retiro-Park gelegen. Der weiße Prachtbau in der Nähe der Börse zieht vor allem

Geschäftsleute an. Hinter der imposanten Fassade des Belle-Époque-Hauses verbirgt sich ein modernes Hotel mit viel Stuck und dunklen Möbeln. Die Einrichtung ist nicht jedermanns Geschmack, bei den Spaniern kommt die Nobelherberge aber bestens an. Das Hotel verfügt über einen Abholdienst für den Flughafen. DZ ab 204 €. Calle de Alfonso XII 14 (Metro: Retiro oder Banco de España), ☎ 916237460, ℻ 915237461, www.mariott.com.

≫ Mein Tipp: **** Gran Hotel Reina Victoria 34 → Karte S. 78/79, direkt an der Plaza Santa Ana gelegen. Eines der schönsten Hotels der Altstadt, ein unter Denkmalschutz gestellter, schneeweißer Klassiker mit Türmchen und Säulen. Früher logierten hier gerne die Toreros, später Rockmusiker, heute vor allem ausländische Touristen, die cooles Design schätzen. Absolut lohnenswert ist die Lounge Penthouse Bar auf der Dachterrasse. Von der Tapas-Bar bietet sich ein imposanter Blick über die Dächer der Altstadt. Ein DZ mit Bad kommt allerdings auch auf rund 175 €. Nach Angeboten online sehen. Plaza Santa Ana 14 (Metro: Sol), ☎ 917016000, ℻ 915220307, www.mebymelia.com. ≪

**** Hotel Vincci SoMa 36 → Karte S. 152/153, das frühere Bauza, eines der ersten Designhotels in Madrid, gehört zum französischen Möbelhersteller Habitat und heute zur Hotelgruppe Vincci. Trotz der Lage am lauten Boulevard Goya sind die Zimmer zum Innenhof ruhig, bekommen allerdings wenig Sonne. Die minimalistische, lebensfrohe Einrichtung lockt vor allem jüngeres Publikum an. Manche Zimmer sind sehr klein. Regulärer Service, exzellentes Frühstück. DZ ab 150 €. Über das Internet gibt es aber zahlreiche Angebote. Calle de Goya 79 (Metro: Goya), ☎ 914357545, ℻ 914310943, www.vinccihoteles.com.

Mittlere Preisklasse

*** Hotel Regina 3 → Karte S. 101, gepflegtes Haus mitten im historischen Bankenviertel an der berühmten Calle de Alcalá. Unschlagbar ist noch immer die Lage – nur ein paar Schritte von der Puerta del Sol und neben dem Kasino von Madrid. Deshalb existiert das Hotel auch bereits seit 1918. Modern und in hellen Farben eingerichtet, mit schöner Lobby. DZ ab 70 €, lohnenswert sind die originell designten Superior-Zimmer. Calle de Alcalá 19 (Metro: Sevilla), ☎ 915214725, ℻ 915224088, www.hotelreginamadrid.com.

*** Hotel El Prado 5 → Karte S. 101, nüchterne Backsteinfassade, die Zimmer sind es jedoch nicht. Sie sind hell und in grünen sowie violetten Tönen eingerichtet. Einige Zimmer haben einen Balkon. Lohnenswert sind die bunten Superior-Zimmer, deren Design von der spanischen Weinkultur beeinflusst ist. Alle Gäste haben kostenlosen Internetzugang. Ausgesprochen gute Lage. Das Hotel gehört heute zur französischen Hotelkette Ibis. DZ ab 199 €. Calle del Prado 11 (Metro: Sol), ☎ 913690234, ℻ 914292829, www.pradohotel.com.

≫ Mein Tipp: *** Hotel Carlos V 8 → Karte S. 78/79, in der Nachbarschaft des Klosters Descalzas Reales, nur ein paar Schritte vom Callao-Platz. Abends tauchen die Scheinwerfer die Fassade des Best-Western-Hotels in mattes Hellbraun. Das renovierte Haus hat einen nostalgischen Charme, die Zimmer sind klassisch und in hellen Brauntönen eingerichtet, der Frühstücksraum besitzt noch ein wenig Belle-Époque-Atmosphäre. Gäste haben zudem kostenlosen Internetzugang. DZ ab 102 € (Sonderangebote auf der Homepage). Calle del Maestro Vitoria 5 (Metro: Sol), ☎ 915314100, ℻ 915313761, www.hotelcarlosv.com. ≪

*** Hotel Moderno 13 → Karte S. 78/79, ein sympathisches, professionell geführtes Mittelklassehotel im Herzen der Altstadt. Die Lage in der Fußgängerzone nur ein paar Schritte von der Puerta del Sol ist ideal. Die mit dunklen Holzmöbeln klassisch eingerichteten Zimmer besitzen große Fenster. Viele Stammgäste sorgen für eine gute Auslastung in der bereits 1850 errichteten Herberge. Deshalb ist es empfehlenswert, hier zu reservieren. DZ ab 102 €. Calle del Arenal 2 (Metro: Sol), ☎ 915310900, ℻ 915313550, www.hotel-moderno.com.

*** Hotel Tryp Washington 5 → Karte S. 112/113, ein Klassiker der gehobenen Mittelklasse, direkt an der Gran Vía. Ganzjährig geöffnet, 120 helle und freundliche Zimmer. Tiefgarage um die Ecke. DZ mit Bad ab 180 €. Gran Vía 72 (Metro: Callao), ☎ 915417227, ℻ 91545199, www.solmelia.com.

*** Hotel Tryp Rex 8 → Karte S. 112/113, zwischen der Plaza Callao und der Plaza de España. Das Hotel verfügt über 145 Zim-

Mittlere Preisklasse

mer, die alle TV und Klimaanlage besitzen. Die Zimmer sind klassisch-konservativ mit Holzmöbeln eingerichtet. DZ ab 89 €. Gran Vía 43 (Metro: Callao oder Plaza de España), ✆ 915474800, 🖷 915471238, www.hrex.com.

*** **Petit Palace Puerta del Sol** 17 → Karte S. 78/79, gut geführtes, renoviertes Mittelklassehotel hinter historischer Granitfassade in idealer Lage. Zur Puerta del Sol sind es nur wenige Schritte. Teilweise haben die Zimmer sogar Blick auf den berühmten Platz. Die 2004 eröffnete Herberge liegt in der Fußgängerzone der Altstadt. Es kann aber trotzdem am Abend laut sein. Internet gratis. DZ werktags ab 80 €. Calle del Arenal 4 (Metro: Sol), ✆ 915210542, 🖷 915210561, www.hthoteles.com.

**** **Petit Palace Posada del Peine** 28 → Karte S. 78/79, Eckhaus in der Nähe der Plaza Mayor mitten in der Altstadt. Mit seinen Ornamenten und Friesen ein wirkliches Schmuckstück und relativ ruhig gelegen. Die Herberge wurde bereits 1610 errichtet und ist nach Angaben der Betreiber das älteste Hotel in Madrid. Hinter der renovierten Fassade verbirgt sich heute ein gepflegtes Hotel, dessen Zimmer über türgroße Fenster verfügen. DZ ab 90 €. Calle Postas 14 (Metro: Sol), ✆ 915238151, 🖷 915232993, www.hthoteles.com.

*** **Hotel Casón del Tormes** 21 → Karte S. 166/167, solides Mittelklassehotel in einer Parallelstraße zur Gran Vía, große Lobby mit roten Sofas, die hellen Zimmer sind mit dunklen Holzmöbeln eingerichtet. Aufmerksames Personal, nur 150 m von der Plaza de España (Tiefgarage) entfernt, gutes Preis-Leistungs-Verhältnis. DZ ab 92 €. Calle del Río 7 (Metro: Plaza de España), ✆ 915419746, 🖷 915411852, www.hotelcasondeltormes.com.

*** **Hostal Don Diego** 24 → Karte S. 152/153, sympathische Pension im fünften Stock am noblen, aber auch lauten Boulevard Velázquez. Seit Jahrzehnten eines der wenigen relativ preiswerten Häuser im Viertel Salamanca. Die gepflegte Pension mit vielen Langzeitgästen befindet sich im Rückgebäude eines hübschen Stadthauses und ist daher ziemlich ruhig. Die puristisch eingerichteten Zimmer mit Parkettboden haben jedoch keine tolle Aussicht. Aufzug vorhanden. DZ mit Bad ab 58 €. Calle de Velázquez 45 (Metro: Velázquez), ✆ 914350760, 🖷 914314263, www.hostaldondiego.com.

*** **Hotel Lagasca** 20 → Karte S.152/153, Herberge der Hotelkette NH, mitten im Viertel Salamanca und dennoch ruhig. Die Zimmer mit Parkett und modernen Möbeln besitzen alle eine Klimaanlage und wurden 2007 renoviert. DZ ab 130 €. Calle de Lagasca 64 (Metro: Serrano), ✆ 915754606, 🖷 915751694, www.nh-hoteles.com.

**** **Hotel Sanvy** 31 → Karte S. 152/153, ein NH-Hotel (141 Zimmer) ebenfalls mitten im Stadtteil Salamanca. Hinter der schmucklosen Ziegelsteinfassade verbirgt sich ein helles, angenehmes Hotel mit viel Komfort an Madrids beliebter Einkaufsstraße Goya. Gutes Restaurant mit navarresischer Küche. DZ ab 110 € je nach Nachfrage. Calle de Goya 3 (Metro: Serrano), ✆ 915760800, 🖷 915752443, www.nh-hoteles.com.

*** **Hotel Argüelles** 2 → Karte S. 166/167, 75 Zimmer großes Hotel der NH-Gruppe, das vor allem werktags bei Geschäftsleuten beliebt ist. Die Lage abseits der großen Boulevards ist ein Vorteil, denn in der Umgebung des sympathischen Hotels kann man das typische Leben in einem Madrider Stadtteil kennenlernen. Die Zimmer sind modern und komfortabel ausgestattet, differieren jedoch sehr stark in der Größe (manche der zum Innenhof gelegenen sind klein und auch relativ dunkel). Gutes Frühstück, freundliche Rezeption. DZ regulär ab 76 €. Calle de Vallehermoso 65 (Metro: Quevedo), ✆ 915939777, 🖷 915942739, www.nh-hoteles.com.

*** **Hotel T3 Tirol** 11 → Karte S. 166/167, seit Jahrzehnten bekanntes Mittelklassehotel, umfassende Renovierung hat stattgefunden. Die Zimmer sind gemütlich in Rot und Hellbeige gehalten. Außergewöhnlich: Es gibt eigene Kinderzimmer sowie ein gut ausgestattetes Spielzimmer. Viele Stammgäste schätzen das Tirol, das nur wenige Schritte vom Boulevard Princesa entfernt liegt. DZ bereits ab 60 €. Calle del Marqués de Urquijo 4 (Metro: Argüelles), ✆ 915481900, 🖷 915413958, www.t3tirol.com.

*** **Hotel Alberto Aguilera** 12 → Karte S. 166/167, ein komfortables, geschmackvoll eingerichtetes Stadthotel der NH-Gruppe an den viel befahrenen Boulevard Alberto Aguilera. Die 153 Zimmer des roten Backsteingebäudes sind auf dem neuesten Stand (Aircondition, Föhn, Pay-TV). Vor allem von Geschäftsleuten und am Wochenende von jungen Paaren wird dieses neue Hotel in Argüelles sehr geschätzt. Nette

44 Übernachten

Rezeption. DZ ab 80 €. Preiswerte Wochenendtarife. Calle de Alberto Aguilera 18 (Metro: Argüelles), ✆ 914460900, ✆ 914460904, www.nh-hotels.com.

*** **Hotel Zurbano** 10 → Karte S. 176/177 Hotel der spanischen NH-Kette im noblen Botschaftsviertel, unweit der deutschen Vertretung und des Goethe-Instituts. Hier lässt es sich komfortabel übernachten. Die in unmittelbarer Nachbarschaft zur Castellana gelegene Herberge wird vor allem von Geschäftsleuten geschätzt. DZ ab 60 €. Calle de Zurbano 79–81 (Metro: Rubén Darío), ✆ 914415500, ✆ 914413224, www.nh-hotels.com.

Untere Preisklasse

* **Hostal Plaza D'Ort** 37 → Karte S. 78/79, neben dem Hostal Persal, ein einfaches, sehr beliebtes Hostal (drei Stockwerke) mit sauberen Zimmern, die alle über Bad und TV verfügen. Manche Zimmer sind allerdings sehr klein und im gewöhnungsbedürftigen Gelb gestrichen. Es werden auch Apartments für bis zu sechs Personen vermietet. Die Lage an der Plaza del Ángel ist ideal für alle, die ihre Nächte lieber in den benachbarten Bars oder Musikcafés verbringen als in den Hotelzimmer. DZ ab 70 €. Plaza del Ángel 13 (Metro: Sol), ✆ 914299041, ✆ 914201297, www.plazadort.com.

»» Mein Tipp: ** **Hostal Persal** 35 → Karte S. 78/79, 77-Zimmer-Hotel in einem Gebäude aus dem späten 19. Jh. mitten im Ausgehviertel der Altstadt. Eine solch großzügige Rezeption mit Sitzecke erwartet der Gast bei einem derart preiswerten Hostal nicht. Das Hotel verfügt über eine angenehme, schön designte Bibliothek. Die Zimmer mit braunen Holzmöbeln sind allerdings meist klein, dafür sauber und funktional mit großen Fenstern zum Platz. Die Stammgäste loben die Freundlichkeit des Personals. Cafetería und kostenloses Internet. Frühstück bis 11 Uhr. Viele junge Stammgäste. DZ ab 59 €. Plaza del Ángel 12 (Metro: Sol), ✆ 913694643, ✆ 913691952, www.hostalpersal.com. **«««**

** **Hostal Cervantes** 10 → Karte S. 101, moderne Pension in der gleichnamigen Straße (beim Museo Lope de Vega) im zweiten Stock. Lisardo López Alonso vermietet saubere Zimmer mit kleinen Fernsehern. Auch Wohnzimmer für Gäste vorhanden. Sehr ruhig, jedoch wenig Licht. Zimmer mit Dusche und Klimaanlage ab 60 €. Calle de Cervantes 34 (Metro: Antón Martín), ✆ 914292745, www.hostal-cervantes.com.

** **Hostal Perla Asturiana** 6 → Karte S. 101, an einem kleinen Platz nur wenig östlich der Plaza Mayor. Nostalgisch-schöne Herberge im ersten Stock mit 30 Zimmern (im EG Touristenladen), die von vergangenen großen Zeiten träumt. Gepflegte, 2004 renovierte Zimmer, die manchmal in Apricot gestrichen sind. DZ mit Bad ab 60 €. Plaza de Santa Cruz 3 (Metro: Sol), ✆ 913664600, ✆ 913664608, www.perlaasturiana.com.

* **Hostal Cruz Sol** 31 → Karte S. 78/79, beliebte Unterkunft im zweiten und dritten Stock eines renovierten Altstadthauses mit überdurchschnittlichem Ambiente. Zimmer schön möbliert, der Kachelboden spendet Kühle, es gibt einen freundlichen Aufenthaltsraum. Die Eckzimmer haben sogar zwei bodentiefe Fenster. Alle 17 Zimmer verfügen über Klimaanlage, Fernseher und Zentralheizung. („Günstiger Preis, man wird gut und freundlich bedient", Lesertipp von Ursula Urech, Zürich). DZ mit Bad ab 56 €. Plaza de Santa Cruz 6 (Metro: Sol oder Tirso de Molina), ✆ 915327197, www.hostalcruzsol.com.

»» Mein Tipp: **Hostal Los Amigos** 3 → Karte S. 78/79, nur 50 m von der Oper entfernt. Der Name ist Programm: Hier herrscht eine lockere, unkomplizierte Atmosphäre. Viele junge Gäste aus der ganzen Welt. Das von jungen Frauen geführte Hostal gleicht eher einer Jugendherberge als einem Hotel. Die Zimmer mit Parkettboden haben zweistöckige, gelb lackierte Metallbetten. Wer lieber zu zweit schlafen möchte: Es gibt auch Doppelzimmer. Alle Zimmer sind hell und sehr sauber. Das für Madrid exzellente Preis-Leistungs-Verhältnis macht das Hostal im vierten Stock eines klassizistischen Gebäudes zu einer begehrten Adresse vor allem für Rucksacktouristen. DZ ab 45 €. Calle de Campomanes 6 (Metro: Ópera), ✆ 915471707, ✆ 915599745, www.losamigoshostel.com. **«««**

* **Hostal Los Perales** 12 → Karte S. 118/119 eines von vielen 1-Stern-Hostels unter dieser Adresse mitten im Ausgehviertel Malasaña; die Zimmer von Ambrosia Rodríguez sind sehr einfach und preisgünstig. Eine Herberge für Nachtschwärmer. DZ mit Bad etwa 36 €. Calle de la Palma 61 (erster Stock links; Metro: Tribunal), ✆ 915227191, ✆ 915414345, www.hostalperales.com.

Untere Preisklasse 45

** Hotel Mediodia 17 → Karte S. 130/131, neben dem Kunstmuseum Reina Sofía und gegenüber vom Bahnhof Atocha. Das 1914 erbaute Mediodia verbreitet noch Belle-Époque-Atmosphäre. Bei dieser zentralen Lage sollte man allerdings nicht allzu viel Ruhe erwarten. Am ruhigsten sind die Zimmer nach hinten raus. Die vorderen zum Bahnhof haben raumhohe Fenster und bieten einen schönen Blick. Funktional eingerichtet. DZ ab 69 €. Plaza del Emperador Carlos V 8 (Metro: Atocha), ✆ 915273060, 🖳 915307008, www.mediodiahotel.com.

* Hostal Fernández 16 → Karte S. 130/131, ein Domizil für Kunstliebhaber mit kleinem Budget; das Hostal liegt am großen Platz vor dem Museum Reina Sofía und ist in einem rosa Gebäude im ersten Stock untergebracht. Obwohl es auf dem Platz keinen Verkehrslärm gibt, ist es ziemlich laut. Kleine Zimmer, aber mit Klimaanlage und Fernseher. Wifi gratis. DZ ab 45 €. Calle de Sánchez Bustillo 3 (Metro: Atocha), ✆ 915308111, www.hostalfernandez.com.

》》 Mein Tipp: * Hotel Salamanca 8 → Karte S. 152/153, in der Ortega y Gasset, der vornehmsten Straße in Madrid. An der Luxus-Einkaufsmeile kann der Gast dennoch preiswert übernachten. Das Hostal, seit mehr als 75 Jahren in Familienbesitz, hat nur 16 Zimmer, die aber freundlich und geschmackvoll eingerichtet sind. Es wird heute von zwei Schwestern in zweiter Generation geführt. DZ mit Bad 45 €. Calle de José Ortega y Gasset 89 (dritter Stock; Metro: Manuel Becerra), ✆ 914024046, 🖳 914019601, www.hostalsalamanca.com. 《《

** Hostal Moncloa 6 → Karte S. 166/167, mitten im Ausgehviertel von Moncloa. Vor allem von jungen Leuten wegen der Lage sehr geschätzt. Nebenan residierte einst der chilenische Poet Pablo Neruda. Saubere, einfache Zimmer in einem 1950 erbauten Haus. Nette Rezeption. DZ mit Bad 45 €. Calle Hilarion Eslava 16 (Metro: Moncloa), ✆/🖳 915449195, www.hostalmoncloa.com.

** Hotel Artico 1 → Karte S. 166/167, Hotel für Anspruchslose in Moncloa. Relativ ruhig. Alle Zimmer mit Aircondition und Bad und farblich angenehm eingerichtet. Um die Ecke Cafetería zum Frühstücken. Nur zwölf Zimmer. DZ 55 €. Calle de Gaztambide 57 (Eingang Calle de Donoso Cortés 69, Metro: Moncloa), ✆ 915431512, www.hostalartico.com.

An preiswerten Unterkünften fehlt es nicht in Madrid

** Hostal Montaloya 15 → Karte S. 101, im Herzen der Altstadt an der schönen, aber auch lauten Plaza Tirso de Molina. Die Herberge ist gepflegt und freundlich. Die Zimmer sind mit hellbraunen Holzmöbeln eingerichtet und mit Klimaanlage ausgerüstet, aber oft klein. DZ ab 45 €. Plaza Tirso de Molina 20 (Metro: Tirso de Molina), ✆ 913600305, 🖳 913691152, hostalmontaloya.com.

** Hotel Plaza Mayor 7 → Karte S. 101, angenehmes und komfortables, erst 1998 eröffnetes Haus mit rosa Fassade. Nicht nur die Lage (ein Katzensprung von der Plaza Mayor entfernt), sondern auch die Ausstattung mit viel Kunst besticht. Die 20 Zimmer sind zwar nicht groß, aber mit Geschmack eingerichtet. Bad, TV und Klimaanlage vorhanden. Außerdem rustikale Cafetería Santa Cruz. DZ ab 54 €. Calle Atocha 2 (Metro: Sol oder Tirso de Molina), ✆ 913600606, 🖳 913600610, www.h-plazamayor.com.

Aparthotels

Espahotel Gran Vía ◧ → Karte S. 112/113 zweifellos eines der bequemsten Häuser an der Gran Vía; unweit der Plaza de España. Schon der marmorne Eingang verrät, dass man auf Stil Wert legt. Die kleinen Apartments sind mit schönen blauen Möbeln ausgestattet; moderne Bäder. In der Bar werden Frühstück und Snacks von 7.30 bis 23 Uhr serviert. Es gibt auch behindertengerechte Apartments. Studio ab 80 €, Suiten ab 105 €. Achtung: Die Preise schwanken sehr je nach Jahreszeit. Gran Vía 65 (Metro: Plaza de España), ✆ 915413170, ✉ 915417370, www.espahotel.es.

*** **Aparthotel Tribunal** ◧ → Karte S. 118/ 119, eine ideale Unterkunft für alle, die ihren Aufenthalt mitten im historischen Madrid in unmittelbarer Nähe zu den Ausgehvierteln Malasaña und Chueca verbringen möchten. Das gegenüber dem Stadtmuseum bei der Metrostation Tribunal gelegene moderne Backsteinhaus bietet in seinen 96 Apartments (25–50 m²) durchaus Komfort. Schon die blitzblanke Rezeption ist einladend. Die Zimmer (Schlaf- und Wohnzimmer) sind teils im Stil der 1980er-Jahre eingerichtet, aber mit Parkettboden ausgestattet. Eine Kitchenette ermöglicht die Selbstversorgung. Die Apartments besitzen Airconditon, Telefon und TV. Ruhig gelegen. DZ ab 54 €, Familienzimmer 108 €. Im Hochsommer und am Wochenende nach Angeboten fragen. Calle de San Vicente Ferrer 1 (Metro: Tribunal), ✆ 915221455, ✉ 915234230, www.hotel-tribunal.com.

»» Mein Tipp: Aparto-Hotel Rosales ◧ → Karte S. 166/167, zwischen dem Einkaufsboulevard Princesa und der vornehmen Spazier-Chaussee Rosales an einer viel befahrenen Straße. Hinter der eher schmucklosen Fassade verbirgt sich ein geschmackvoll eingerichtetes, gepflegtes Aparthotel (viel Marmor und Granit), das für längere Aufenthalte ideal ist. Die kleinen Wohnungen mit Klimaanlage sind mit einem Wohnzimmer, einem Schlafzimmer und einem schönen Bad ausgestattet. Es dominieren Holz und die Farbe Rot. Garage vorhanden. Die preiswerte Cafetería La Galera mit leckeren Croissants und gutem Kaffee wird auch in der Nachbarschaft sehr geschätzt. Das gleichnamige Restaurant bietet preiswerte Mittagsmenüs. Die Preise für die Apartments sind je nach Größe, Aufenthaltsdauer und Jahreszeit sehr unterschiedlich, ab 86 € für die Minisuite. Aktuelle Preise im Internet. Calle del Marqués de Urquijo 23 (Metro: Argüelles), ✆ 915420351, ✉ 915597870, www.apartohotel-rosales.com. ««

*** **Aparthotel Espahotel** ◧ → Karte S. 166/ 167, unübertroffene Lage. Direkt vor der Tür dieses Mittelklasse-Aparthotels an der Plaza de España tobt das Leben. Deshalb ist die Herberge auch schnell ausgebucht. Die elegant ausgestatteten Studios haben eine kleine Küche und sind überraschend geräumig. Das Frühstück ist eher bescheiden. Studios für eine Pers. 95 €, für zwei Pers. 110 €. Die größeren Suiten sind ab 140 € zu haben. Wer für eine Woche bucht, bekommt Rabatt. Plaza de España 7 (Metro: Plaza de España), ✆ 915428585, ✉ 915484380, www.espahotel.es.

Jugendherbergen

In Madrid gibt es nur wenige Jugendherbergen. Eine Übernachtung kostet um die 12 €, für unter 26-Jährige meist weniger als 10 €, ein Jugendherbergsausweis wird nicht benötigt. Eine preiswerte Alternative ist das private Hostal Los Amigos (→ S. 44).

Albergue Juvenil San Fermín, beliebte Jugendherberge im Süden Madrids (Stadtteil San Fermín). Das Hotel liegt per Metro rund 15 Minuten vom historischen Zentrum entfernt (Linie 3 bis zur Station San Fermín). Die Herberge auch mit dem Atocha-Bus vom gleichnamigen Bahnhof erreichbar (Buslinien 85, 86, 59). Das Gebäude gleicht von außen einer Pyramide aus Beton und Glas. Innen dominieren die Farben Gelb und Blau. Die Einrichtung ist funktional. Jedes Zimmer verfügt über ein eigenes Bad mit Dusche, WC, Waschbecken und Föhn. Einfaches Frühstück. Freundliches Personal, das gerne auch Infos zu Madrid gibt. Die Jugendherberge liegt in einem ruhigen Viertel, ganz in der Nähe gibt es jedoch preiswerte Kneipen. 60 Zimmer, auch größere Zimmer mit bis zu acht Betten. Preis im Mehrbettzimmer 14 €, über 26 J. dann 18 €. DZ 40 €. Avenida de los Fueros 36 (Metro: San Fermín), ✆ 917920897, ✉ 917924724, www.san-fermin.org.

Albergue Juvenil Santa Cruz de Marcenado, Jugendherberge im nördlichen Teil des Zentrums südlich der Calle de Alberto Aguile-

Innen prachtvoller: Aparthotel Rosales

ra; modern und halbwegs zentral. Reservierung ratsam. Übernachtung im Mehrbettzimmer ab 22 €. Calle de Santa Cruz de Marcenado 28 (Metro: Argüelles), ✆ 915474532, ✉ 915481196, www.hihostels.com.

Camping

In Madrid und Umgebung gibt es nur sehr wenige Camping-Möglichkeiten. Die sehr heißen Sommer und die kalten Winter sind nicht gerade optimale Voraussetzungen für einen Campingurlaub. Zum Stadtgebiet Madrids (ca. 12 km außerhalb des Zentrums) gehört:

Osuna, im Nordosten der Stadt neben dem Parque El Capricho. Schattiges Gelände, manchmal laut durch Flughafen, Eisenbahn und Straße. Kleine Bar, Einkaufsmöglichkeit, Geschäfte auch im relativ nahen Vorort Canillejas. Ganzjährig geöffnet. Zu erreichen mit Metrolinie 5 nach Canillejas, dann auf der Fußgängerbrücke über die Autobahn, nach dem Parkplatz rechts, dann noch 800 m bis zum rechter Hand liegenden Platz. Per Pkw schwer zu finden, da in dem Gebiet viele neue Straßen gebaut wurden: auf der Stadtautobahn A 2 Richtung Madrid-Barajas, Ausfahrt bei km 8, Richtung Barajas-Pueblo. Preis für zwei Erwachsene mit Auto rund 22 €. Calle Jardines de Aranjuez, ✆ 917410510, ✉ 913206365, www.campingosuna.com.

Paradores

Paradores sind einer staatlichen Hotelkette angeschlossene Betriebe, die jeweils drei oder vier, in seltenen Fällen auch fünf Sterne aufweisen. Kennzeichnend für Paradores sind ihre schöne Lage und/oder die Unterbringung in klassischen und stilvollen Gemäuern wie umgebauten Klöstern oder Burgen. Daran und an der sonstigen Ausstattung gemessen, sind Paradores tatsächlich recht preiswert. Der Richtwert liegt bei 100–180 € fürs Doppelzimmer, je nach Betrieb und Saison. Doch es gibt auch zahlreiche Angebote.

Leider gibt es in Madrid selbst keinen Parador. Aber in der Umgebung: Die beste Wahl ist der 2009 fertiggestellte Parador in **Alcalá de Henares.** Er liegt im Herzen der berühmten Universitätsstadt. Der Bahnhof für die Nahverkehrszüge (Cercanías) ist zu Fuß erreichbar. Nach Madrid ist es eine halbe Stunde mit öffentlichen Verkehrsmitteln.

Wer es naturnah möchte, sollte sich auf den Weg nach **La Granja** (bei Segovia) machen. Dort wurde ebenfalls 2008 ein Gebäude im ehemaligen königlichen Sommersitz nach jahrlanger Restaurierungsarbeit fertig gestellt. In La Granja ist ein Mietauto empfehlenswert. Nach Madrid ist es eine gute Stunde per Auto oder Bus. In **Toledo** gibt es ein populäres Haus mit beeindruckender Aussicht, das 2009 für neun Millionen Euro renoviert und mit Designermöbeln stilvoll ausgestattet wurde. In **Chinchón** dient ein umgebautes Kloster als Parador. Nur in **Segovia** handelt es sich um ein vergleichsweise modernes, einfallsloses Gebäude, das aber mit einem tollen Panorama für die unschöne Architektur entschädigt.

Information/Reservierung: Auf www.paradores.de; bei einer Online-Buchung muss eine Kreditkarte als Garantie angegeben werden. Umbuchungen und Stornierungen sind in der Regel problemlos auch kurzfristig möglich.

Übernachtungs-Tipps

Das **Unterkunftsverzeichnis** von Madrid und Umgebung ist bei der spanischen Tourismusorganisation in Deutschland, Österreich und der Schweiz zu haben. Das umfangreiche Heft listet auch preiswerte Pensionen auf. Achtung: Die angegebenen Preise sind die offiziellen Zimmerpreise. Gerade im mittleren und hochpreisigen Bereich gibt es aber je nach Nachfrage interessante Sonderangebote.

Preise müssen an gut sichtbarer Stelle ausgehängt sein; mehr als die aufgeführten Preise darf nicht verlangt werden. Die Mehrwertsteuer IVA (7 %) ist nur selten inklusive (*incluido*), sondern wird oft erst beim Erstellen der Rechnung aufgeschlagen. Die in diesem Buch genannten Preise beziehen sich auf die Übernachtung im Doppelzimmer (DZ) und auf die reguläre Hochsaison. Sie beinhalten die Mehrwertsteuer und orientieren sich an den offiziellen Angaben, was nicht ausschließt, dass mancher Pensionswirt oder Hotelier in der Nebensaison mit sich handeln lässt oder sogar von sich aus weniger fordert. Bei besonderen Ereignissen wie Messen und bekannten Festen ist in Madrid dagegen oft mit erhöhten Preisen zu rechnen!

Das **Frühstück** ist bei individueller Buchung nicht im Zimmerpreis enthalten. Die meisten Spanier ziehen es nämlich vor, um die Ecke in einer Bar zu frühstücken. Das ist meistens preiswerter und leckerer als in Hotels.

Singles haben es nicht leicht in Spanien, denn nicht jeder Beherbergungsbetrieb verfügt über Einzelzimmer (EZ). Wo vorhanden, muss man mit etwa 70 % des Doppelzimmerpreises rechnen. Ob Doppelzimmer verbilligt als Einzelzimmer abgegeben werden, steht im Ermessen des Hoteliers – gelegentlich ist auch der volle Preis zu zahlen.

Doppelzimmer: Meist sind das sog. *dobles*, worunter man zwei Einzelbetten zu verstehen hat. Paare werden *matrimonios* („Ehe-Zimmer") vorziehen, mit Doppelbett oder französischem Bett.

Zusatzbetten dürfen im Doppelzimmer den Preis um nicht mehr als 35 %, im Einzelzimmer um nicht mehr als 60 % erhöhen.

Beschwerden: Jeder Beherbergungsbetrieb muss Beschwerdeformulare („Hojas de Reclamación") zur Verfügung stellen; meist verhilft schon die Frage danach zur gütlichen Einigung. Die Drohung mit dem Gang zur Tourismusbehörde (Oficina del Turismo) zieht auch fast immer; andernfalls sollte man sich keineswegs scheuen, sie auch auszuführen.

Das Auge isst mit

Essen und Trinken

Die Küche Spaniens zählt zu den weltweit führenden. Davon kann man sich in der Hauptstadt täglich aufs Neue überzeugen, obwohl in der Krise das Geld nicht mehr so locker sitzt. Die Madrider Küche pflegt einerseits die gesunde mediterrane Tradition, ist andererseits aber offen für kulinarische Innovationen. Mit der Molekularküche hat sie global Furore gemacht, auch wenn die Mode bereits wieder abebbt.

Von einer „spanischen Küche" zu sprechen, ist eigentlich falsch. Das Land hat zahlreiche Regionalküchen hervorgebracht. In Madrid sind sie alle vertreten. Das höchste Prestige besitzt die baskische Küche mit ihren exzellenten Fischgerichten und ihrer Innovationsfähigkeit. Für Fisch sind auch die Köche Galiciens berühmt, darüber hinaus schätzt man ihre Krustentiere (Hummer, Langusten …). Aus Asturien stammen Eintopfgerichte wie Fabada asturiana, und aus Kastilien kommen Spanferkel und Lamm. Nicht zu vergessen natürlich die Paella aus Valencia, die – wenn sie gut gemacht ist – nicht unbedingt preiswert ist.

In den Tapas-Bars reihen sich hinter der Glasvitrine die köstlichsten Leckereien von Pulpo (Tintenfisch) über Chorizo (spanische Salamiwurst) bis Patatas bravas (frittierte Kartoffelwürfel in pikanter Soße). Die feinen Adressen der spanischen Metropole bieten wahre Koch-Kunstwerke an, von elegantem Servicepersonal im Frack serviert. In den Cafés erlebt man traditionelle Kaffeehauskultur und kann einer guten Tasse Schokolade mit Churros frönen.

Der kulinarische Tagesablauf

Desayuno (Frühstück): Die Spanier, die sich Zeit für Mittag- und Abendessen nehmen, lieben das schnelle Frühstück. Ein Milchkaffee (Café con leche) und ein Croissant oder auch ein Stück Süßgebäck reichen den meisten Madrileños völlig aus. Entsprechend gestaltet sich meist das Frühstück in Hotels, das kaum von Ausländern besucht wird: Zwei Brötchen, Butter, Marmelade, das war's. Oft geht man besser in die nächste Bar, meist muss das Frühstück im Hotel ohnehin extra gebucht werden und ist nicht inklusive. Spanische Frühstücksspezialitäten sind *tostadas*, geröstetes und gebuttertes Weißbrot, sowie *churros con chocolate*, leckeres Schmalzgebäck mit sehr süßer flüssiger Schokolade – besonders sonntags beliebt.

Comida (Mittagessen): In Madrid beginnt das Mittagessen keinesfalls vor 14 Uhr, meist sogar erst um 15 Uhr oder noch später. Das bis dahin zwangsläufig auftretende Loch im Magen wird zwischendurch mit leckeren Kleinigkeiten, den *tapas*, gestopft. Traditionell besteht bereits das Mittagessen aus mehreren Gängen – zum Verdauen bietet die nachmittägliche Siesta ja Gelegenheit genug.

Cena (Abendessen): In Madrid wird das Abendessen, die wichtigste Mahlzeit des Tages, nach Möglichkeit regelrecht zelebriert. Zum Abendessen braucht man nicht vor 21 Uhr anzutreten. Die meisten Hauptstädter fangen kaum vor 22 Uhr an und retten sich deshalb am späten Nachmittag gern noch mit einem Imbiss (*merienda*) oder am frühen Abend mit diversen Tapas über die Runden.

Essen gehen

Der Bauch der Madrider Altstadt befindet sich rund um die Gasse Cava Baja. Hier geben sich Spaniens Berühmtheiten sowie Studenten die Klinke in die Hand. Zudem laden südlich der Plaza Mayor und im benachbarten Habsburgerviertel traditionsreiche Restaurants, innovative Neueröffnungen und anspruchsvolle Tapas-Bars zum Schlemmen ein. Die Viertel Salamanca, Retiro und entlang der Castellana beherbergen spannende Restaurants, die auch gehobenen Ansprüchen gerecht werden. Übrigens gibt es nirgendwo in Spanien eine größere Auswahl an Fisch und Krustentieren, obwohl Madrid weit weg von der Küste liegt. Die Nachfrage auch in wirtschaftlich schwierigen Zeiten schafft das in Europa einmalige Angebot.

Das Essen in der spanischen Hauptstadt ist im europäischen Vergleich preiswert. Mittags gibt es in einfachen bis leicht gehobenen Restaurants oft günstige **Tagesmenüs**, ein sog. *menú*

Cocido madrileño – Eintopf in drei Gängen

In den kalten Wintermonaten hat der Cocido madrileño (eine Art Eintopf) Hochkonjunktur. Das Leib- und Magengericht der Hauptstädter ist eine herzhafte Angelegenheit. Der Eintopf wird als dreigängige Mahlzeit gereicht (auch Cocido completo genannt), die in einem Keramiktopf zubereitet wird. Als Vorspeise genießt man deftige Brühe mit Nudeln. Danach kommen Kichererbsen, Karotten, Lauch, Weißkohl und anderes Gemüse auf den Teller. Und zuletzt Huhn, Speck, aber auch Chorizo (Paprikawurst) oder Morcillo (Blutwurst). Jedes Lokal hat sein eigenes Rezept. Probieren lohnt sich.

Paradiesische Zustände für Foodies

del día. Das bietet zu Preisen ab 12 € zwar keine kulinarischen Höhenflüge, im Normalfall aber natürliche mediterrane Kost inklusive einem Viertel Weiß- oder Rotwein und Kaffee. Die Getränke – allen voran Wasser und Wein – sind fast überall außergewöhnlich preiswert. Selbst in anspruchsvollen Restaurants werden Wasser und Wein zu vernünftigen Preisen angeboten. Ohnehin gibt es das gute Madrider Leitungswasser gratis in jedem Lokal.

Noch ein Hinweis: In Spanien ist es absolut unüblich und ausgesprochen unhöflich, sich zu Fremden an den Tisch zu setzen. Auch wenn das Restaurant knallvoll und ein großer Tisch nur von einer einzelnen Person belegt ist: Zu fragen, ob man Platz nehmen kann, oder sehnsüchtig auf die freien Stühle zu starren, gilt als überaus unkultiviert. Etwas anderes ist es, wenn der Ober einen zu dem Tisch geleitet bzw. dessen „Inhaber" seinerseits den Platz anbietet.

Und wenn's ans Zahlen geht – die **Rechnung** verlangt man mit „La cuenta, por favor" oder „Me cobra, por favor"; noch höflicher ist „La cuenta, cuando pueda". Der Umgang mit der spanischen Mehrwertsteuer IVA wird unterschiedlich gehandhabt. Meist sind die auf der Karte angegebenen Preise inklusive; vor allem in teureren Restaurants werden die 7 % jedoch manchmal auch erst beim Zahlen auf den Gesamtbetrag aufgeschlagen. In Spanien ist getrenntes Zahlen übrigens absolut unüblich. Einer am Tisch begleicht die Rechnung, und die anderen geben ihm ihren Anteil oder übernehmen die nächste Runde. Was das **Trinkgeld** betrifft: Die übliche 5-bis-10-Prozent-Regelung wird in Spanien nicht so eng gesehen; meist rundet man einfach auf oder lässt noch einige Münzen auf dem Tisch liegen. Dem Kellner direkt das Trinkgeld in die Hand zu drücken, gilt als arrogant.

Bars

Die Bar ist in Spanien eine Institution. Hier trifft man Nachbarn auf einen Plausch, isst einen kleinen Happen oder stillt einfach seinen Durst. Eine Bar ist allerdings kein Ort, an dem man ganze

> **Tapas & Co.**
> Tapas sind leckere Kleinigkeiten aller Art: Oliven, ein Häppchen Schinken, frittierte Fischchen, ein Stück Tortilla – die Auswahl ist bestechend. Früher wurden sie oft gratis zum Getränk serviert, doch ist diese Praxis selten geworden. Ein Rundgang durch mehrere Bars mit zwei Tapas hier, einer Tapa dort, ist eine bei Spaniern beliebte Alternative zum kompletten Essen. Preisgünstiger ist sie nicht unbedingt: Einfache Tapas wie Oliven oder Kartoffeln mit scharfer Soße kosten etwa 2 €; wer sich auf Meeresgetier kapriziert, kann auch schon mal einen Zehner loswerden – schließlich sind Tapas nur als Aperitif und nicht als Abendessen im Stehen gedacht. Eine **Ración** ist eine Art „Über-Tapa", nämlich eine ganze Portion vom Gleichen, wie zum Beispiel eine Schinkenplatte. **Bocadillos** sind belegte Weißbrote ohne Butter, etwa in der Art von Baguettes: ideal für den sättigenden Imbiss zwischendurch und nur in den einfacheren Bars zu haben. Die Auswahl ist ähnlich breit wie bei Tapas, der Belag reicht von Wurst und Schinken über Käse bis hin zu Sardellen und Tortilla.

Abende verbringt. Die Madrileños wechseln am Abend mehrmals das Lokal. Bars in Madrid haben viele Gesichter: *Bodegas* sind urige Weinschänken auf der untersten Stufe der Preisskala, *cervecerías* ihr etwas teureres Pendant, in dem vornehmlich Bier getrunken wird. *Tascas* und *tabernas* sind weitere Namen für einfache Kneipen.

Cafés

Fast alle berühmten Kaffeehäuser Madrids sind im Centro zu finden. Auch wenn die Kultur der *tertulias,* der Intellektuellen-Diskutierklubs, vorüber ist, die Lokalitäten haben sich erhalten. Im Café de Oriente oder im Círculo de Bellas Artes führt man allerdings durchaus noch politische und gesellschaftliche Debatten bei einer Tasse heißer Schokolade oder einem Glas Rueda-Weißwein. Mit den Cafés in Mitteleuropa haben diese oft noblen Häuser wenig gemein – kein Kaffee-und-Kuchen-Ambiente.

Cafeterías

Madrid ist voller Cafeterías. Meist geht es dort hektisch und laut zu. In manchen Cafeterías gibt es auch preiswerte und gute sog. *platos combinados* (Kombigerichte): beispielsweise Chorizo oder Serrano-Schinken mit Spiegelei, Tomate und Reis. Vor allem Gäste aus der Nachbarschaft und Leute mit wenig Zeit nehmen dieses Angebot in Anspruch.

Restaurantes

Restaurantes sind der richtige Ort für ein ausgedehntes Mahl. Ein komplettes Essen besteht mindestens aus Vorspeise, Hauptgericht und Nachspeise. Oft gibt es Menüs, die nach dem Angebot auf dem Markt zusammengestellt sind.

Bar-Restaurantes

Bar-Restaurantes sind ein meist recht preiswertes Mittelding zwischen Bar und Restaurant, als Restaurant aber oft nicht zu erkennen: Der Comedor, der „Speiseraum", versteckt sich dann irgendwo hinter einer Seitentür oder ist gar durch die Küche zu erreichen. Bar-Restaurantes sind der richtige Ort für *raciones*. Falls man am Tresen essen kann, so fällt das immer etwas preisgünstiger aus als am Tisch.

Marisquerías

Diese Lokale servieren vorwiegend Fisch und Meeresfrüchte *(mariscos),* in

Spargel und Pimientos sind populäre Spezialitäten

Madrid ein nicht gerade preiswertes Vergnügen.

Spanische Spezialitäten

Vorspeisen (Entradas) und Salate (Ensaladas): Zu den beliebtesten Vorspeisen zählen in Spanien die *entremeses variados,* eine Art gemischter Teller, unter anderem mit mehreren Wurstsorten. Auch Salate *(ensaladas)* sind beliebt, Suppen *(sopas)* werden eher im Winter gegessen.

Eiergerichte (Platos de huevo): *Tortillas* sind einer der spanischen Klassiker überhaupt und werden als Vorspeise wie als Hauptgericht gegessen. Das Omelett aus Kartoffeln und Eiern wird oft wie ein Kuchenstück serviert. Es kann kalt und warm gegessen werden.

Reisgerichte (Arroces): Reisgerichte, weltberühmt die *paella,* haben ihren Ursprung in der Levante (Valencia, Murcia). Eigentlich gehören in eine klassische Paella Muscheln, Krustentiere und Fische sowie Safran. Doch in vielen Madrider Restaurants wird auf das teure Gewürz verzichtet. Stattdessen wird eine Farbmischung *(colorante)* beigemischt, die der Paella die hellgelbe Farbe gibt.

Fleischgerichte (Platos de carne): Rindfleisch steht in Madrid und Kastilien hoch im Kurs, aber auch Lamm, Zicklein, Kaninchen und Huhn. Nicht besonders beliebt als Hauptgericht ist Schwein. Schweinefleisch findet sich aber in zahlreichen höchst delikaten Würsten und Schinken wieder; die besten Schinken *(jamón serrano)* kommen aus Andalusien (Provinz Huelva), Kastilien (Salamanca) und der Extremadura.

Fisch (Pescado) und Meeresfrüchte (Mariscos): In Madrid ist das Meer weit, und dennoch sind die Hauptstädter Fischliebhaber. Besuchen Sie einen der Märkte – Sie werden staunen über die Vielfalt und außergewöhnliche Qualität des Fisches dort. In Restaurants wird deshalb eine große Vielfalt an Fischgerichten angeboten. Besonders beliebt ist *merluza,* meist mit „Seehecht" übersetzt, eine Schellfischart; preiswerter hingegen ist der *bacalao,* der Kabeljau.

Desserts (Postres): In Madrid werden natürliche Produkte geschätzt. Das heißt, viele Restaurants bieten als

Pan blanco – knuspriges Weißbrot aus Kastilien

Die meisten *panaderías* in Madrid und Kastilien sind eher schmucklos. Doch vom zweckmäßigen Ambiente sollte man sich nicht täuschen lassen. Denn die Weißbrot-Spezialitäten sind nicht nur knusprig und stets frisch (auch an Sonntagen), sondern schmecken vor allem lecker. Die meisten Kunden kaufen klassisches Stangenweißbrot, ein sog. *baguette*, traditionell auch *pistola* oder *barra de pan* genannt. Empfehlenswert ist jedoch das kastilische *pan blanco*. Das sind runde Brotlaibe, in deren Oberfläche ein meist quadratisches Muster geritzt wird. Zusammen mit Chorizo oder Jamón ist dieses Brot ein echter Genuss. Übrigens: Die Madrileños essen zu fast allen Gerichten Brot. Es wird in den Bars und Restaurants kostenlos und großzügig gereicht.

Nachspeise schlichtweg Obst je nach Jahreszeit, ein Glas frisch gepressten Orangensaft oder einen Naturjoghurt an. Bei kreativen Restaurants sind jedoch die Desserts oft wahre Kunstwerke. Lassen Sie sich überraschen!

Getränke

Alkoholisches

Der **Wein** gehört zu Spanien wie die Sonne. Die meisten Restaurants verfügen über eine gute Weinauswahl zu oft erstaunlich niedrigen Preisen. Viele Einzelhandelsgeschäfte in Madrid sind bestückt mit bisweilen exzellenten Tropfen, besonders in der Altstadt sowie in den Stadtvierteln Salamanca und Argüelles. In Madrid und Kastilien werden insbesondere die Rotweine aus dem nordspanischen Anbaugebiet Ribera del Duero geschätzt. Spitzenweingüter wie Vega Sicilia, Pesquera oder Valduero haben den Wein weltweit berühmt gemacht. Auch im Süden der Comunidad de Madrid – rund um Chinchón und Colmenar Viejo – wird Wein angebaut. In der Regel handelt es sich hier eher um einfache Landweine, die jedoch gut zur dortigen rustikalen Küche passen. Bei den Weißweinen steht das nordspanische Anbaugebiet Rueda bei Valladolid hoch im Kurs. Als Aperitif eignet sich der trockene Sherry aus dem andalusischen Jerez de la Frontera.

Spanische Qualitätsweine sind an der Herkunftsbezeichnung D. O. (Denominación de Orígen) zu erkennen. Rund 40 Weinbaugebiete sind durch eine D. O. herkunftsgeschützt – Sherry bereits seit 1933. Auch die einfacheren Hausweine *(vino de la casa, vino de mesa* oder *vino del país)* ohne Qualitätsbezeichnung sind in aller Regel durchaus trinkbar. Rotwein heißt *vino tinto*, Weißwein *vino blanco*, Rosé *vino rosado*. Wer ihn trocken liebt, frage nach *vino seco*.

Sidra, der Apfelwein aus Nordspanien (vor allem Asturien), wird in Madrid häufig angeboten. Beim Einschenken wird die Flasche möglichst hoch über das Glas gehalten: keine reine Show, sondern dazu gedacht, die Sidra zum Schäumen zu bringen.

Bier (Cerveza) hat in Spanien dem Wein schon seit längerer Zeit den Rang abgelaufen. Allerdings verdrängen die großen Konzerne mit ihren internationalen Massenprodukten wie Carlsberg oder Heineken immer mehr kleinere Anbieter ... Ein Glas vom Fass bestellt man mit „Una caña", eine Flasche *(botella)* schlicht mit „Una cerveza".

Starke alkoholische Getränke werden in Spanien meistens nach dem Abend-

Getränke

Die meisten Cervecerías bieten nicht nur Bier vom Fass, sondern auch gute Weine und leckere Tapas

essen eingenommen. In Madrid erfreut sich der Chinchón aus der gleichnamigen Stadt hoher Popularität. Wer Pastis oder Ouzo mag, sollte diesen Anisschnaps mal probieren. Er wird allerdings in der Regel pur getrunken, also ohne Wasser. Geschätzt werden aber auch Brandy aus Andalusien, Trester und Obstbrände aus Galicien sowie schottischer Whisky.

Brandy, fälschlicherweise, aber geschmacklich relativ treffend auch als „coñac" bezeichnet, ist ein Weinbrand, dessen beste Sorten aus Andalusien kommen. Dort reifen sie in alten Sherry-Fässern, was ihnen den speziellen Geschmack und die besondere Färbung verleiht. Sangría, die angeblich so typisch spanische Mischung aus Rotwein, Brandy, Orangen- oder Pfirsichsaft und Zucker wird von Spaniern selbst nur selten getrunken. Wenn überhaupt, dann im Sommer. Übrigens: Schlechte Sangría hinterlässt am nächsten Tag starke Kopfschmerzen. Die Sammelbezeichnung für alle Arten von Schnaps ist Aguardientes, entstanden aus der Verschmelzung der Wörter *agua* und *ardiente* („brennendes Wasser").

Alkoholfreies

Wer von **Kaffee** spricht, meint in Madrid immer etwas in der Art des italienischen Espressos. Man unterscheidet Café solo (= schwarz), Café cortado (= mit ganz wenig Milch), Café con leche (= ein Tässchen Espresso mit ganz viel warmer Milch, optimal fürs Frühstück) und Café carajillo (= Café solo mit Schuss, wahlweise mit Brandy, Anisschnaps oder anderen Alkoholika). **Tee** *(té)* wird in Spanien nicht besonders häufig getrunken und ist oft nur als Beuteltee erhältlich. Eine Ausnahme bilden die Teestuben (Teterías) wie zum Beispiel das Café Embassy (→ S. 159) im Madrider Nobelviertel Salamanca. In Spanien ist **Chocolate** eine ganz unglaublich dickflüssige Schokolade, kein Kakao! Allein schon fast sättigend, wird sie zum Frühstück meist mit dem üppigen Schmalzgebäck *churros* serviert.

Etwas Besonderes ist eine **Horchata de chufa:** Diese süße Erdmandelmilch kommt aus der Region Valencia, ist aber überall in Madrid erhältlich. Sie muss frisch hergestellt sein, industriell produzierte Horchata schmeckt mäßig.

An **Erfrischungsgetränken** ist das übliche internationale Angebot erhältlich. Etwas Besonderes sind die *granizados,* eine Art halbflüssiges Wassereis, meist in den Geschmacksrichtungen *limón* (Zitrone) oder *café* angeboten. Säfte, *zumos* genannt, gibt es in vielen Madrider Bars frisch gepresst – und oft gar nicht teuer.

Kultur

Madrid ist das unbestrittene kulturelle Zentrum in Spanien. Egal ob Musik, Theater, Oper, Ausstellung oder Freiluftveranstaltung – das Angebot ist schier unerschöpflich.

Der Klassiker ist die prächtige Madrider Oper, offiziell Teatro Real de Madrid genannt. Karten können online auf www.teatro-real.com gekauft werden. Die besten klassischen Konzerte gibt es in der Madrider Philharmonie, dem Auditorio Nacional de Música, am Rande des Einkaufsviertels Salamanca (Karten auf www.auditorionacional.mcu.es) und im Teatro Monumental in der Calle de Atocha 65. Dort spielt regelmäßig das Rundfunkorchester des spanischen Fernsehens. Anspruchsvolles Theater gibt es im Teatro Albéniz (Calle de la Paz 11), im Teatro Madrid (Avenida de la Ilustración) und im neoklassizistischen Teatro Espanol (Calle del Príncipe 25). Die besten Zarzuelas (die für Spanien typische Form des Musiktheaters, ähnlich einer Operette) werden im Teatro de la Zarzuela in der Altstadt (Calle de Jovellanos 4) inszeniert. Rock und Jazz gibt es in dem alten Kinopalast Galileo Galilei in der Calle de Galileo 100 sowie in den beiden Jazzcafés Clamores (Calle de Alburquerque 14) und Café Central (Plaza del Ángel 10), wenige Schritte von der Plaza de Santa Ana in der Altstadt.

Fußballkultur

Wer dem Fußball frönt, muss sich in Madrid zwischen den Klubs Real Madrid und Atlético de Madrid entscheiden. Die Königlichen spielen im Bernabeu-Stadion im Norden der Stadt, Atlético spielt im kleinen Stadion Vicente Calderón.

Matadero Madrid – Kultur im Schlachthof

Der frühere Schlachthof (span. Matadero) im Viertel Legazpi wurde zu einem stimmungsvollen Kulturzentrum umgebaut, das sich zum wahren Publikumsmagnet entwickelt hat. Der mittlerweile hochmoderne Komplex auf 150.000 m² bietet Musik- und Theateraufführungen an. Geöffnet Di–Fr 16–22 Uhr, Sa/So 11–22 Uhr. Paseo de la Chopera 14 (Metro: Legazpi), www.mataderomadrid.com.

Wer sich über aktuelle Ausstellungen, Konzerte oder Opern- und Theateraufführungen informieren möchte, ist bei Internetportalen wie www.esmadrid.com oder www.descubremadrid.com gut aufgehoben. Leider sind die Angebote nur in englischer Sprache verfügbar.

Karten für alle großen Kulturveranstaltungen sind beim Kaufhaus El Corte Inglés, dem Medienladen Fnac und natürlich im Internet zu bekommen.

Nachtleben

Die Wirtschaftskrise hat dem legendären Nachtleben von Madrid geschadet. Es gibt zwar noch immer stilvolle Bars, schräge Lounges und lauten Underground, doch die Leichtigkeit früherer Jahre ist angesichts des knappen Geldes verschwunden. Seit dem rasanten Anstieg der Arbeitslosigkeit bleibt mancher Stuhl leer.

Trotzdem gilt noch immer: Madrid schläft nie. Vor 23 Uhr geht das Nachtleben erst gar nicht los. Vor allem am Wochenende kehren die Nachtschwärmer erst nach Hause zurück, wenn die Pensionäre bereits zum Frühstückskaffee aufbrechen. Die Auswahl ist riesengroß. Zum Ausgehen eignen sich mehrere Viertel. Der

Das Teatro Espanol blickt auf eine lange Geschichte zurück

Klassiker ist die Altstadt rund um die Calle Huertas und die mit Bars und Cafés übersäte Plaza Santa Ana. Etwas gesetzter geht es im benachbarten Altstadtviertel Barrio de los Austrias rund um die Cava Baja und die Plaza de los Carros zu. Wer den Underground schätzt, sollte nach Lavapiés aufbrechen. Das Altstadtviertel rund um die Plaza de Lavapiés hat sich durch den Zuzug vieler Immigranten stark gewandelt. Hier gibt es orientalische Cafés, chinesische Restaurants und lateinamerikanische Tanzbars.

Eine traditionelle Hochburg des Nachtlebens ist das Altstadtviertel Malasaña. Dort spielt sich alles rund um die Plaza Dos de Mayo, insbesondere in den Straßen Velarde, Palma, San Vicente Ferrer und Espíritu Santo ab. Hier ist die alternative Kultur zu Hause. Das Nachbarviertel Chueca zieht vor allem Schwule und Lesben an, aber auch viele Heterosexuelle schätzen die Gassen rund um die Plaza Chueca wegen ihrer schrägen Bars. Wer überdimensionierte Musik- und Discopaläste liebt, ist im angesagten Nachtlokal Kapital unweit des Bahnhofs Atocha richtig.

Die ganz Jungen unter 20 Jahren gehen vor allem im Studentenviertel Moncloa aus. Hier gibt es preiswerte Bars und Diskotheken. Stylish geht es in den Nachtlokalen rund um den Paseo de la Habana im Norden Madrids, im Schatten des Business-Zentrums zu.

Eine Auswahl an guten Adressen des Madrider Nachtlebens finden Sie hier:

Cafés

Café La Palma 9 → Karte S. 118/119, ein Klassiker. In diesem Café in Malasaña (nur ein paar Schritte von der Plaza Dos de Mayo) trifft sich die alternative Szene. Das Publikum schätzt hier die Copas und die Konzerte. Vorstellungen beginnen ab 22 Uhr. Die Bar ist täglich 16–3.30 Uhr geöffnet. Calle de la Palma 62 (Metro: Noviciado).

Café Figueroa 21 → Karte S. 118/119, in einem gelb angestrichenen Haus im Stadtteil Chueca, dem Zentrum der Schwulenbewegung. Das Café ist ein Klassiker und seit Jahrzehnten ein fester Bestandteil der Homosexuellenszene. Jung und Alt trifft sich hier. Mo–Sa ab 12 Uhr, So ab 16 Uhr. Calle de Augusto Figueroa 17 (Metro: Chueca).

Café Central 38 → Karte S. 78/79, schönes Jugendstilcafé im Zentrum an der Plaza del Ángel, nahe der Plaza de Santa Ana. Beliebter Intellektuellentreff. Abends gibt es seit über drei Jahrzehnten anspruchsvollen Live-Jazz (teilweise prominente Musiker), dann Aufschlag aufs erste Getränk. Geöffnet bis 2.30 Uhr. Plaza del Ángel 10 (Metro: Puerta del Sol, Tirso de Molina oder Antón Martín).

Café Cine Doré 11 → Karte S. 97, im Zentrum, 1922/23 im Jugendstil erbaut, ein Treffpunkt für Cineasten. Es ist eine Außenstelle der spanischen Kinothek. Nach dem Kinobesuch bleiben viele in diesem außergewöhnlichen Café hängen. Junges Publikum. Mo geschlossen. Geöffnet ab 17 Uhr. Santa Isabel 3/Pasaje de Doré (Metro: Antón Martín).

Bars

》》 Mein Tipp: Viva Madrid 33 → Karte S. 78/79, populäres, prominentes Lokal in der Altstadt, dessen mit Azulejos geschmückte Außenfassade ein beliebtes Fotomotiv ist. Laute Musik und viele schöne Menschen finden sich in dem 1856 gegründeten Lokal ein. Nicht vor 23 Uhr kommen. Wenn im sparsam eingerichteten Inneren unter einem opulenten Kronleuchter kein Platz zu finden ist, wird der Cocktail eben auf der Straße getrunken. Calle de Manuel Fernández y González 7 (Metro: Sol und Antón Martín). 《《

La Vía Lactea 23 → Karte S. 118/119, Lokal in Malasaña, in dem die Movida ihren Anfang genommen haben soll. In den 1980er-Jahren war es ein Treffpunkt der schrillen Pop-, Theater-, Design- und Autorenszene. Noch heute ist es fester Bestandteil des Madrider Nachtlebens. Täglich ab 19.30 Uhr. Calle de Velarde 18 (Metro: Tribunal).

Honky Tonk 2 → Karte S. 118/119, nach einem Song der Rolling Stones benannte Bar nördlich der Metrostation Alonso Martínez. Sie bietet Livemusik (im Keller), aber auch Humoristen-Auftritte, wird vor allem von Intellektuellen geschätzt. Interessante Atmosphäre auf zwei Etagen, vor allem nach Mitternacht. Täglich ab 21.30 bis 5.30 Uhr. Calle de Covarrubias 24 (Metro: Alonso Martínez).

»» Mein Tipp: Los Gabrieles 27 → Karte S. 78/79, die über 100 Jahre alte Bar im Centro im andalusischen Stil. Sie ist weit über Madrid hinaus berühmt, einst war die Weinschenke ein Treffpunkt für Flamencosänger, Stierkämpfer, Literaten und Generäle. In den wilden 1980er-Jahren traf sich hier die Movida zu einem Drink. Heute beherrscht ein buntes Publikum die Szenerie. Es lässt sich nicht von der makabren Dekoration abschrecken: Kachelbilder mit trinkenden Skeletten. Stammgäste schätzen den Jerez Fino. Calle de Echegaray 17 (Metro: Sol und Antón Martín). **««**

Cuevas de Sésamo 24 → Karte S. 78/79, eine Taberna im Zentrum in einer Seitenstraße der Plaza de Santa Ana, die schon zu Hemingways Zeiten berühmt war. Auch Truman Capote war Stammgast. Linksintellektuelles Publikum. Calle del Príncipe 7, (Metro: Sevilla).

»» Mein Tipp: Museo Chicote 15 → Karte S. 112/113, an der Gran Vía. Das Museo Chicote ist keine Nachtbar, sondern eine Legende. Als die Art-déco-Bar 1931 ihre Pforten öffnete, war sie schnell der Treffpunkt der Reichen, Schönen und Klugen. Perico Chicote, der ehemalige Barmann des Madrider Luxushotels Ritz und leidenschaftlicher Sammler von Alkoholika-Flaschen, zählte zu seinen Gästen Luis Buñuel, Sophia Loren, Orson Welles, Frank Sinatra … und den unvermeidlichen Ernest Hemingway. Die Bar ist noch heute ein beliebter Treffpunkt. Die (teuren) Cocktails gehören zu den besten der Stadt. Nicht vor Mitternacht kommen. Täglich bis 3 Uhr, am Wochenende bis 4 Uhr geöffnet. So geschlossen. Gran Vía 12 (Metro: Gran Vía). **««**

Moby Dick 12 → Karte S. 176/177, ein Klassiker des Madrider Nachtlebens beim Paseo de la Castellana, hier gibt es Livekonzerte mehrmals die Woche. Das Moby Dick ist eine Kombination aus Diskothek und Bar mit einer beliebten Terrasse im Sommer. Es wird Eintritt verlangt. Avenida del Brasil 5 (Metro: Santiago de Bernabéu).

Irish Rover 11 → Karte S. 176/177, einer der populärsten der in Madrid so beliebten Irish Pubs, nahe dem Paseo de la Castellana. Interessante Live-Auftritte. Täglich bis 4 Uhr, am Wochenende bis 5 Uhr. Avenida del Brasil 7 (Metro: Santiago de Bernabéu).

Palma 3 13 → Karte S. 118/119, beliebter Treffpunkt am früheren Abend im Malasaña-Viertel, Calle de la Palma 3 (Metro: Tribunal).

Polyester, Avantgardebar im Stadtviertel Malasaña, nicht vor 23 Uhr kommen. Es wird gerne Punk und Indie Pop gespielt. Travesía de San Mateo 10 (Metro: Tribunal).

Revolver 1 → Karte S. 78/79, DJs mit Kultcharakter, bisweilen sind die Türsteher wählerisch. Ein spannender Ort für Liebhaber spanischer Musik. An der Gran Vía in der Calle de Silva 6 (Metro: Gran Vía).

Tupperware 14 → Karte S. 118/119, eine der originellsten Bars im Malasaña-Viertel, hier feiert der Kitsch, außergewöhnliche Musik. Calle Corredera Alta de San Pablo 26 (Metro: Tribunal).

Marmo Bar, cool place to be, im Hotel Silken Puerta América außerhalb des Zentrums. Die mit tropischen Hölzern ausgestattete Nachtbar im 13. Stock des Hotels ist ein Magnet an heißen Sommerabenden. Avenida de América 41 (Metro: Cartagena), www.hoteles-silken.com.

El Cock 17 → Karte S. 112/113, 1921 gegründete Bar nahe der Gran Vía, einst über eine Geheimtür mit der Nachtbar Chicote verbunden. Doch das ist längst Vergangenheit. Heute ist das Cock eine etwas elitäre, aber bei Intellektuellen sehr beliebte Cocktailbar im Stil eines englischen Landhauses. Einst gehörte der in Madrid gestorbene Maler Francis Bacon zu den Gästen. Ab Mitternacht wird's hier richtig voll. Mo–Fr bis 3 Uhr, Sa/So bis 3.30 Uhr geöffnet. Calle de la Reina 16 (Metro: Gran Vía).

Del Diego 14 → Karte S. 112/113, in einer Parallelstraße der Gran Vía. Ein früherer Kellner und Maître des Chicote, Fernando del Diego, präsentiert hier seine Cocktails. Und die gehören zu den Besten Madrids. Die Spezialität der modernen Art-déco-Bar ist das Wodka-Mixgetränk – wie könnte es anders sein – namens Del Diego. Hier trifft sich das intellektuelle Madrid nach Mitternacht. Bekannte Schauspieler, Schriftsteller und Journalisten zählen zu den Stammkunden von Diego und seinen beiden Söhnen David und Fernando. Lässig-freundliche Atmosphäre. Originelle Toiletten. Ab und zu dient die Bar auch als Filmkulisse, oder Autoren wie Francisco Umbral stellen ihr neuestes Werk vor. Täglich bis 3 Uhr, sonntags geschlossen. Calle de la Reina 12 (Metro: Gran Vía).

Naturbier 9 → Karte S. 101, Bar an einem der beliebtesten Altstadt-Plätze. Bierkenner sind dort genau richtig, denn: nomen est omen. Das in einem alten Kloster untergebrachte Lokal hat zwei Etagen, im hinteren Teil der schlauchartigen Bar stehen die Braukessel. Zweimal wöchentlich wird hier eigenes, unfiltriertes Bier hergestellt. Zum kühl servierten Gerstensaft gibt es leckere Tapas. Naturbier ist bei Spaniern und Ausländern gleichermaßen beliebt. Die Tapas sind eher konventionell. Plaza de Santa Ana 9 (Metro: Sol).

Diskotheken

Palacio Gaviria 18 → Karte S. 78/79, alter Palast von 1846 im Centro, ein Klassiker unter den Diskotheken der Hauptstadt. Noch heute überzeugt das historische Interieur mit großen Spiegeln und einer wunderschönen Decke. Musikalisch geben hier Salsa, Disco, Techno und Dancefloor den Ton an. Viele ausländische Gäste schätzen den Tanzpalast. Täglich 23–6 Uhr. Calle del Arenal 9 (Metro: Sol).

Joy Madrid 20 → Karte S. 78/79, der Klassiker in der Madrider Altstadt, höchst unterschiedliches Publikum, täglich bis 6 Uhr geöffnet. Calle del Arenal 11 (Metro: Sol).

Kapital 14 → Karte S. 130/131, Mega-Disco im Viertel Retiro, auf sechs Stockwerken darf getanzt und gesungen werden, große Auswahl an Gin, ab Mitternacht bis 6 Uhr früh. Calle de Atocha 125 (Metro: Atocha).

La Terraza del Urban 7 → Karte S. 130/131, im Nobelhotel Urban im Zentrum. In der siebten Etage befindet sich diese Dachterrasse mit tollem Blick über die Altstadt. Bis 4 Uhr morgens geöffnet. Schickes Publikum, die Preise sind gesalzen: Getränke erst ab 10 €. Carrera de San Jerónimo 34 (Metro: Sol).

》》》 Mein Tipp: Pacha 8 → Karte S. 118/119, Madrids berühmteste Diskothek, das Logo – zwei knallrote Kirschen – kennt jedes Kind in Madrid. Seit Jahrzehnten ist es der Treffpunkt der Schönen und Berühmten. Für alle Techno-Freaks ist das Pacha im Viertel Malasaña ein Muss. Der Eintritt ist relativ teuer, dafür aber inklusive Getränk. Die Diskothek öffnet am Freitag und Samstag bereits um 18.30 Uhr für das ganz junge Publikum. Aber erst ab 0.30 Uhr ist richtig der Bär los, bis 6 Uhr geöffnet. Selbst wer keine Lust auf Tanzen hat, sollte dem ehemaligen Theater einen Besuch abstatten. Allein das Art-déco-Gebäude ist ein Erlebnis, die Fassade ist noch im Originalzustand erhalten. Calle de Barcélo 11 (Metro: Tribunal). 《《《

Musiklokale

Corral de la Morería 40 → Karte S. 78/79, im Zentrum, von Einheimischen gerne die „Kathedrale des Flamenco" genannt, besteht seit 1956, guter Tanz und gute Küche, täglich geöffnet. Calle de la Morería 17 (Metro: Ópera).

Bogui Jazz Club 20 → Karte S. 118/119, Mekka für Jazzliebhaber im Schwulenviertel Chueca, nie vor 22 Uhr kommen. Calle Barquillo 29 (Metro: Chueca).

Casa Patas 14 → Karte S. 101, Restaurant mit authentischen Flamencoaufführungen. Selbst internationale Stars wie Joaquín Cortés werden hier gesichtet. Casa Patas ist ein Klassiker in der Altstadt, der bei Einheimischen und Besuchern seit vielen Jahren hoch im Kurs steht. Während der Woche geht's um 22.30 Uhr los, Fr und Sa bereits um 21 Uhr. So geschlossen. Calle de los Cañizares 18 (Metro: Antón Martín).

》》》 Mein Tipp: Clamores 5 → Karte S. 152/153 Jazzklub im Untergeschoss bei der Metrostation Bilbao, fester Bestandteil der Madrider Jazzszene. An den Wänden stimmen die Fotos der Jazzgrößen auf das meist exzellente Musikprogramm ein. Konzerte Di–Sa jeweils ab 22 Uhr. Kein Eintritt, aber Aufschlag auf die Getränke. Calle de Alburquerque 14 (Metro: Bilbao). 《《《

》》》 Mein Tipp: Café de Chinitas 11 → Karte S. 112/113, Café-Restaurant in der Nähe des Senats, eine der berühmtesten Flamencobühnen Madrids. Der andalusische Tanz in all seinen Varianten wird hier gepflegt. Die Vorstellungen beginnen nicht vor 22 Uhr. Für eine Eintrittskarte mit Getränk sollte man rund 50 € einplanen. Die Höhe des Eintrittspreises ist stark abhängig von der Prominenz der Gruppen. Schon 1850 existierte hier ein Musikcafé, das heutige Lokal wurde aber erst 1969 gegründet. Das Publikum sitzt an kleinen Tischen um die halbkreisförmige Bühne. So geschlossen. Calle de Torija 7 (Metro: Santo Domingo oder Plaza de España), ✆ 915595135, www.chinitas.com. 《《《

Das Fahrrad dient nur zu Werbezwecken

Wissenswertes von A bis Z

Adressen

Die Privatsphäre ist in Spanien wichtig. Deshalb weisen Klingelschilder an Haustüren kaum jemals Namen auf, sondern sind entweder mit Buchstaben beschriftet oder – häufiger – mit der Angabe des Stockwerks und der Lage der Wohnungstür. Dann steht „d" für *derecha* (rechts); „c" für *centro* (Mitte); „i" für *izquierda* (links). Die Adresse „Avenida de España 23, 1, d" ist also in der Hausnummer 23 im ersten Stock zu finden, rechte Tür.

Wichtige Abkürzungen: Av. oder Avda. = Avenida (Allee); C. = Calle (Straße); Crta. = Carretera (Landstraße); Pl. = Plaza (Platz); Po. = Paseo (Promenade); s/n = sin número (ohne Hausnummer).

Ärztliche Versorgung

Eine ärztliche Behandlung ist in Spanien durch die Europäische Krankenversicherungskarte (European Health Insurance Card, EHIC) gedeckt. Sie ist beim Arzt bzw. beim Besuch der medizinischen Zentren (Centro Sanitario de la Seguridad Social) in Madrid vorzulegen. Für Arzneimittel muss ein Kostenanteil bezahlt werden; zahnärztliche Behandlungen sind kostenpflichtig, nur Notfälle sind durch die Versicherung abgedeckt. Empfehlenswert ist der Abschluss einer privaten Auslandskrankenversicherung, da diese ggf. auch einen Krankenrücktransport und zudem auch eine private Behandlung in Madrid einschließt.

Spanienweiter Notruf: ☏ 112.

ADAC-Notruf: ☏ 0049/89/222222.

ADAC-Telefonarzt: ☏ 0049/89/76762244.

Ambulanz: ☏ 092 oder ☏ 915222222 (Rotes Kreuz).

Notfallapotheken: ☏ 098.

Wissenswertes von A bis Z

Ärzte/Krankenhäuser: Hospital Universitario La Paz, Paseo de la Castellana 261 (Metro: Vírgen de Begona), ✆ 917277000; Hospital General Universitario Gregorio Maranon, Calle del Doctor Esquerdo 46 (Metro: O'Donnell), ✆ 915868000; Notfallklinik Ciudad Sanitaria La Paz, Paseo de la Castellana 261, ✆ 917342600.

Apotheken: Es gibt im Zentrum mehrere Apotheken, die 24 Stunden geöffnet haben.

Botschaften

Die diplomatischen Vertretungen sind Ansprechpartner im akuten Notfall. Allzu viel praktische Hilfestellung sollte man sich allerdings nicht erwarten. Immerhin gibt es aber Ersatz bei Diebstahl von Reisepapieren oder beim Verlust aller Geldmittel ein Ticket nach Hause. Selbstverständlich sind alle Auslagen zurückzuzahlen.

Deutsche Botschaft: Calle de Fortuny 8, ✆ 915579000.

Österreichische Botschaft: Paseo de la Castellana 91, ✆ 915565315, für Notfälle an Feiertagen und an Wochenenden: ✆ 670-519572 (mobil).

Schweizer Botschaft: Calle Núñez de Balboa 35, ✆ 914363960.

Drogen

Die Drogenszene in Madrid ist seit Jahrzehnten ein Problem. Nicht nur im Ausgehviertel Malasaña oder in der Altstadt trifft man immer wieder auf Abhängige. Vor allem in Schulen und Universitäten, Bars und Diskotheken sind Dealer präsent. Spanien zählt zu den europäischen Ländern mit liberalen Drogengesetzen. Der Besitz kleiner Mengen zum Eigenverbrauch ist nicht strafbar, Drogenkonsum in der Öffentlichkeit hingegen ist es, ebenso wie der Handel.

Einkaufen

Madrid ist ein Einkaufsparadies. Hier findet jeder sein Ambiente. Edel, teuer und exklusiv geht es im Stadtviertel Salamanca zwischen den Boulevards Serrano und Velázquez zu. Alternative und trendige Läden abseits der üblichen Ladenketten finden sich in Chueca-Salesas nördlich der Gran Vía rund um die verkehrsberuhigte Straße Hortaleza, die Calle Fuencarral und den Platz Chueca. Alternative Mode und originelle Läden gibt es vor allem im benachbarten Viertel Malasana ebenfalls nördlich der Gran Via, rund um die malerische Plaza Dos de Mayo. In der Altstadt im Dreieck Sol, Plaza de España und Plaza de Oriente gibt es trotz der wachsenden Zahl von Ladenketten immer noch viele alteingesessene Läden mit einer treuen Kundschaft. Das Angebot reicht vom Kerzen- und Hutfachhandel bis zum Flamencomodeausstatter.

Die Läden sind in der Regel von 9 oder 10 bis 13.30 oder 14 Uhr sowie von 17 bis 20.30 Uhr geöffnet. Vor allem größere Shops entlang großer Straßen wie Gran Vía, Princesa und Serrano haben durchgehend geöffnet.

Lebensmittel kaufen die Madrilenen bevorzugt in **Markthallen**. Fast nirgends werden angesichts der Hitze im Sommer und der Kälte im Winter Lebensmittel unter freiem Himmel verkauft. Die Madrider Markthallen sind ein Paradies für Feinschmecker, zum Beispiel der Mercado San Miguel (→ S. 93) in einem Jugendstilgebäude bei der Plaza Mayor: Fleisch, Fisch, Brot, Käse, Wurst und Schinken gibt es hier in reicher Auswahl, ebenso saisonales Obst und Gemüse, teilweise zu niedrigen Preisen. Geöffnet sind die meisten Märkte von Montag bis Samstag, im Gegensatz zu anderen Geschäften aber in der Regel nur bis etwa 13.30 oder 14 Uhr. Legendär ist der **Flohmarkt** El Rastro (→ S. 94) am Sonntagvormittag rund um die Puerta de Toledo.

> Konkrete Einkaufsadressen finden Sie in den jeweiligen Spaziergangs- bzw. Stadtteilkapiteln unter „Praktische Infos".

Estancos, kenntlich an dem braunen Schild mit der orangefarbenen Aufschrift „Tabacos", sind immer noch eine Institution in Spanien, obwohl Zigarettenautomaten diesen kleinen Tabakläden arg zu schaffen machen. Doch gibt es in den Estancos nicht nur Zigaretten, Zigarren und Tabak in breiter Auswahl, Feuerzeuge und anderes Raucherzubehör: Hier sind ebenso Postkarten und Briefmarken erhältlich, auch Telefonkarten und Zehnertickets für Metro und Stadtbusse.

Ein riesiges **Factory-Outlet** befindet sich im nördlichen Vorort Las Rozas. In einem künstlichen Bilderbuchstädtchen verteilen sich die Läden internationaler Marken wie Loewe, Carolina Herrera, Bally oder Burberry. Anfahrt mit eigenem Fahrzeug über die Autobahn A 6, Ausfahrt 19, oder per Bus Nr. 625 und 628 ab Busbahnhof Moncloa. Geöffnet ist es täglich mindestens bis 21 Uhr, Infos auf www.lasrozasvillage.com.

Ermäßigungen

Wer Madrid intensiv erleben will, für den lohnt sich die **Madrid Card**. Sie ermöglicht beispielsweise kostenlosen Zugang zu den 40 wichtigsten Museen der Stadt sowie freie Fahrt mit der Teleférico und den Besichtigungsbussen (Bus Turístico). Auch in zahlreichen Nachtlokalen gibt es damit ein Freigetränk. Außerdem gewähren einige Läden und Restaurants Preisnachlässe. Die Madrid Card kostet für einen Tag 45 €, für zwei Tage 55 € und für drei Tage 65 €. Erhältlich ist sie bei allen Touristeninformationsstellen und online auf www.madridcard.com. Wer sie im Internet kauft, erhält Rabatt.

Für Kunstbegeisterte empfiehlt sich der **Abono Paseo del Arte**, ein Kombiticket für die Museen Prado, Thyssen-Bornemisza und Reina Sofía. Es kostet 24,80 €, gilt ein Jahr lang und ist in allen drei Museen erhältlich.

Immer chic: Calle de Serrano

Feste und Veranstaltungen

Madrid ist eine Stadt der *fiestas*. Jeder Stadtteil hat seinen eigenen Schutzpatron. Eine Reise in die spanische Hauptstadt ohne die Teilnahme an einem dieser vor Lebensfreude überschäumenden Feste wäre einfach nicht komplett. Die ursprünglich religiös motivierten Feste sind heute eher profan: Wein, Tanz, Musik ... Das wichtigste und größte Fest in Madrid ist – um den 15. Mai – dem Schutzpatron der Stadt, San Isidro, gewidmet. Dem frommen Mann aus dem 12. Jh. wird mit zahlreichen Veranstaltungen gedacht. Höhepunkte sind zweifellos die Stierkämpfe (*corridas*) in der berühmten Arena Las Ventas. Zu Ehren von San Isidro finden neben dem

Volksfest auf der San-Isidro-Wiese auch zahlreiche Kulturveranstaltungen wie Theater, Konzerte etc. statt.

Darüber hinaus gibt es viele kleinere Feste in Madrid und Umgebung. Hier eine Auswahl:

Februar

Karneval: Eines vorweg – Madrid ist keine Faschingshochburg. Richtig karnevalistisch geht es nur im Schwulenviertel Chueca zu. Dort gibt es den schrillsten Umzug.

Höhepunkt des Madrider Karnevals ist am Faschingsdienstag der Entierro de la Sardina, die Beerdigung der Sardine. Dabei wird eine Sardine aus Pappe in ihrem Sarg durch die Straßen getragen.

Mai

Die **Fiesta del Dos de Mayo** am 2. Mai erinnert an das Massaker der französischen Truppen im Madrider Stadtteil Moncloa während des Unabhängigkeitskrieges von 1808. Das Fest findet unter anderem auf der Plaza del Dos de Mayo im Viertel Malasaña und auf der Plaza de las Comendadores statt.

Die Feierlichkeiten zu Ehren des Madrider Schutzpatrons **San Isidro** Mitte Mai sind die wichtigsten der spanischen Hauptstadt. Eine Woche lang finden zahlreiche kulturelle und religiöse Veranstaltungen statt, außerdem steht San Isidro für die wichtigsten **Stierkämpfe** des Jahres. In die Arena Las Ventas kommen dann Aficionados aus ganz Spanien, um die besten Toreros der Welt zu sehen.

Juni

Im Stadtteil Moncloa findet vom 9. bis 13. Juni ein Fest zu Ehren des Heiligen **San Antonio de la Florida** bei den beiden gleichnamigen Kapellen statt. Es ist eines der lustigsten und urigsten Feste Madrids; rund um die ehemalige Einsiedelei des Heiligen (beim Bahnhof Príncipe Pío) fließen dann Sidra und Wein in Strömen.

Ende Juni organisiert die Stadt die vielfältigen **Los Veranos de la Villa**. An verschiedenen Veranstaltungsorten in Madrid finden Theater- und Filmvorstellungen, Konzerte und Ballett statt. Auch viele ausländische Künstler von Rang werden dazu eingeladen.

Oktober

Im Oktober lockt die **Fiesta de Otoño** – das Herbstfest – die Hauptstadtbewohner vom Sommerurlaub in die Kulturveranstaltungen wie Theater, Tanz, Konzerte, Lesungen.

Vom 8. bis 12. Oktober wird **El Pilar** begangen und damit die Schutzheilige der beiden Madrider Stadtteile Salamanca und Pilar geehrt.

Dezember/Januar

Weihnachtsmarkt auf der Plaza Mayor im Dezember. Hier kauft der Hauptstädter seinen Christbaum und spaziert mit seinen Kindern zur Krippe. Die eindrucksvollste Krippe steht jedoch in El Escorial. Dort wird das biblische Geschehen mit Puppen und Kamelen in Lebensgröße nachgestellt.

Silvester ist die Puerta del Sol der Ort zum Feiern. Ganz Spanien guckt dann auf diesen Altstadtplatz und lauscht den Glockentönen, die den Jahreswechsel einläuten. Dann wird es richtig eng auf dem Platz ...

Durch die Altstadt von Madrid wird am 6. Januar für Kinder ein **Umzug zu Ehren der Heiligen Drei Könige** (*cabalgata de los reyes*) veranstaltet.

Fundbüro

Das Fundbüro („Objetos Perdidos") befindet sich im Rathaus (Plaza Legazpi 7, ✆ 915884346). Auch bei Diebstahl hier mal nachfragen: „Anständige" Diebe werfen Pass, Schlüssel etc. in den nächsten Briefkasten. Weitere Fundbüros separat für die jeweiligen Nahverkehrsmittel, Adressen bei den dortigen Infostellen.

Gepäckaufbewahrung

In allen vier Terminals des Flughafens Barajas befindet sich eine Gepäckaufbewahrung. Schließfächer gibt es außerdem an den großen Bahnhöfen Atocha und Chamartín. Natürlich kann man sein Gepäck auch kostenlos im Hotel aufbewahren lassen, nachdem man ausgecheckt hat.

Haustiere/Hunde

Ein ernst gemeinter Rat: Lassen Sie Ihren Hund nach Möglichkeit zu Hause. Die Mehrzahl der Hotels akzeptiert keine

Hunde. An vielen Türen von Restaurants ist ebenfalls das Schild „Perros No" zu lesen. Fast alle öffentlichen Verkehrsmittel sind für Haustiere tabu.

Information

Das spanische Fremdenverkehrsamt bietet auf **www.tourspain.es** ein breites Informationsangebot zu Madrid auf Deutsch. Dort findet man zum Beispiel aktuelle Preise der Hotels in Madrid und Umgebung. Außerdem gibt es zahlreiche nützliche Links, etwa zum öffentlichen Nahverkehr, zu Institutionen, Medien etc.

Informationsbüros des spanischen Fremdenverkehrsamts

In Deutschland: 10707 Berlin, Litzenburgerstr. 99, ✆ 030/8826036, ✆ 8826543, berlin@tourspain.es.

40237 Düsseldorf, Grafenberger Allee 100 (im „Kutscherhaus"), ✆ 0211/6803981, dusseldorf@tourspain.es.

60323 Frankfurt/Main, Myliusstr. 14, ✆ 069/725033, frankfurt@tourspain.de.

In Österreich: 1010 Wien, Walfischgasse 8, ✆ 01/5129580, viena@tourspain.es.

In der Schweiz: 8008 Zürich, Seefeldstr. 19, ✆ 01/2527930, zurich@tourspain.es.

Touristeninformationsbüros in Madrid

Oficina Municipal de Turismo, Plaza Mayor 27 (Metro: Sol), ✆ 915881636, www.esmadrid.com. Die städtische Info-Stelle ist in einem großzügigen Büro untergebracht. Das Personal ist freundlich und geduldig. Auch persönliche Tipps werden hier gegeben. Es gibt kostenlosen Internetzugang, daher geht es in den Räumlichkeiten in der Hochsaison schon mal eng zu. Täglich 9.30–20.30 Uhr.

Außerdem gibt es weitere Zweigstellen an folgenden Punkten, die alle täglich von 9.30-20.30 Uhr geöffnet haben:

Zweigstelle Colón: im Untergeschoss zwischen Paseo de la Castellana/Calle Goya.

Zweigstelle Plaza de Cibeles: gegenüber von der Bushaltestelle, Ecke Paseo del Prado.

Zweigstelle Paseo del Arte: in der Straße Santa Isabel bei der Glorieta de Carlos V.

Zweigstelle Aeropuerto Barajas: im Terminal 4 von Iberia.

Außerdem betreibt die **Communidad de Madrid** – also das Bundesland – noch eine Reihe von Tourist-Infos, die auch über El Escorial oder Alcala de Henares informieren. Hauptstelle ist das Büro in der Straße Duque de Medinaceli 2 (gegenüber vom Hotel Palace, nur ein paar Schritte vom Parlament), geöffnet Mo–Sa. 8–15 Uhr, So 9–14 Uhr, ✆ 914294951, turismo@madrid.org, www.turismomadrid.es. Zweigstellen gibt es im Terminal 1 und 4 des Madrider Flughafen, in den Bahnhöfen von Chamartín und Atocha sowie an der Plaza de la Independia.

> Das Info-Magazin **Guía del Ocio** erscheint wöchentlich und ist für etwa 1 € an jedem Kiosk erhältlich. Exzellente Tipps zu Veranstaltungen, Nachtleben, Restaurants etc. Es erscheint zwar auf Spanisch, hat aber auch Texte in Englisch.

Internet

Internetcafés sind in Madrid weitgehend verschwunden. Denn viele Cafés, Hotels und Restaurants bieten längst drahtlose Internetverbindungen an (auf Spanisch „Zona WiFi" genannt). Meistens ist der Service sogar gratis. UMTS-Karten funktionieren übrigens in Madrid exzellent. Nur auf dem Land, insbesondere im Norden außerhalb von Madrid, wird es mit drahtlosen Verbindungen schwieriger.

Klima und Reisezeit

In Madrid herrscht Kontinentalklima. Die Sommer sind sehr heiß und trocken, die Winter eiskalt. Aufgrund der Höhenlage kann es jedoch auch in Sommernächten empfindlich frisch werden, bis weit ins Frühjahr hinein und schon im frühen Herbst ist mit Nachtfrost zu rechnen. Dennoch sind Frühjahr und Herbst gute Reisezeiten; der Sommer ist wegen der extrem hohen Temperaturen weniger geeignet. Außerdem: Wer die Stadt in voller Aktivität erleben möchte, sollte nach Möglichkeit nicht im Juli

Madrid (667 m)

	Ø Lufttemperatur (Min./Max. in °C)		Ø Niederschlag (in mm), Ø Tage mit Niederschlag ≧ 1 mm	
Jan.	2,6	9,7	37	6
Febr.	3,7	12,0	35	6
März	5,6	15,7	26	5
April	7,2	17,5	47	7
Mai	10,7	21,4	52	8
Juni	15,1	26,9	25	4
Juli	18,4	31,2	15	2
Aug.	18,2	30,7	10	2
Sept.	15,0	26,0	28	3
Okt.	10,2	19,0	49	6
Nov.	6,0	13,4	56	6
Dez.	3,8	10,1	56	7
Jahr	9,7	19,4	436	63

Daten: Agencia Estatal de Meteorología (España)

oder August kommen. Madrid ist dann im Urlaub, viele Museen, Bars, Restaurants und Geschäfte haben geschlossen. Die Hitze macht einen Aufenthalt zur Qual. Darüber können auch nicht die Billigpreise in den Hotels hinweghelfen.

Kriminalität

Madrid ist trotz der Wirtschaftskrise eine sichere Stadt. Die Kriminalitätsrate ist nicht höher als in anderen europäischen Metropolen. Auf Nachtspaziergänge durch einsame Parks wie Retiro oder Parque del Oeste sollte man verzichten. Und das riesige Freizeitareal Casa de Campo ist nach Einbruch der Dunkelheit in fester Hand der Prostitution. In sozial schwachen Stadtvierteln wie in Lavapiés und im Underground-Viertel Malasaña, spät abends auch auf der Gran Vía oder in Chueca sollte man Vorsicht walten lassen. Durch Drogenabhängige und die damit verbundene Kleinkriminalität kommt es immer wieder zu Straftaten.

Vor allem in überfüllten Bussen und Metrowaggons oder im Straßengedränge versuchen Taschendiebe ihr Glück. Die Puerta del Sol, Gran Vía, Plaza de Oriente und Plaza Callao im Zentrum gelten als beliebte Reviere. Übrigens, in der Madrider Metro wird Sicherheit großgeschrieben. Private Sicherheitskräfte und Tausende von Videokameras überwachen das gesamte U-Bahn-System. Dennoch ist es empfehlenswert für alleinreisende Frauen, stets in gut besetzte Wagen einzusteigen. Am späten Abend ist es außerdem bequemer und dazu noch preiswert, sich mit dem Taxi durch Madrid fahren zu lassen.

Literatur

Die Bücher zum Thema Spanien und Madrid könnten ohne Weiteres eine mittlere öffentliche Bibliothek füllen. Hier deshalb nur eine kleine, sicher subjektive Auswahl.

Belletristik und Reportagen

Rafael Chirbes: **Der Fall von Madrid**. Heyne. Der Roman ist ein Bestseller in Spanien. Das Buch beschreibt einen einzigen Tag im Leben der Familie Ricart, nämlich den Tag, an dem der Diktator Franco stirbt. Ein unbedingt lesenswertes Epos, das viel über die spanische Gesellschaft erzählt.

Paul Ingendaay: **Die Nacht von Madrid**. Piper-Verlag. Der seit vielen Jahren in Madrid lebende Autor hat 2013 mit diesem Erzählungsband ein spannendes Buch über das allgegenwärtige Verbrechen geschrieben. Virtuose Literatur vor Madrider Kulisse.

Andreas Drouve: **Madrid**. Insel-Verlag. Ein literarisches Reisebuch, das sich mit großer Sachkunde auf den Spuren von Federico Garcia Lorca, Salvador Dalí, Ernest Hemingway oder Cees Noteboom durch die spanische Hauptstadt begibt. Ein Lesevergnügen nicht nur für Insider.

Peter Burghardt: **Die Metropole der langen Nächte – Madrider Eigenheiten**. Picus. Der Korrespondent der Süddeutschen Zeitung hat ein amüsantes Vademekum über die spanische Hauptstadt geschrieben. Eine kluge, kenntnisreiche Einführung der anderen Art.

Manuel Vázquez Montalbán: **Undercover in Madrid**. Piper. Lesenswerter Krimi des spanischen Kultautors. Während einer Literaturpreisverleihung in einem Madrider Luxushotel wird der Stifter, ein zwielichtiger Finanzhai, ins Reich der Toten geschickt. Und das, obwohl er Privatdetektiv Pepe Carvalho zu seinem Schutz engagiert hatte …

Rolf Neuhaus, Jesús Serrano: **Madrid. Zeitreise in die spanische Literaturmetropole**. Klett-Cotta. Eine exzellent recherchierte und dazu noch gut geschriebene Einführung zu Madrid und seinen Dichtern – von Lope de Vega bis Javier Marías. Unverzichtbar für Literaturfreunde.

Marco Thomas Bosshard, Juan-Manuel García Serrano (Hg.): **Madrid. Eine literarische Einladung**. Wagenbach. Der literarische Sammelband zur Hauptstadt ist lohnenswert, die kleinen Geschichten erzählen auf 141 Seiten viel über Madrid und seine Menschen Ende des 20. Jh.

Camilo José Cela: **Der Bienenkorb**. Piper. Der Literaturnobelpreisträger von 1989 und Verfasser eines „Wörterbuchs der Obszönitäten" ist bekannt für surrealistisch inspirierte Texte und vulgäre Sprache. „Der Bienenkorb" ist sein berühmtestes Werk und dreht sich um das Personal und die Gäste eines Madrider Cafés zur Zeit des Zweiten Weltkrieges.

Miguel de Cervantes: **Don Quijote**. Reclam. Zweideutiger Klassiker über die Lebensphilosophie eines Hidalgo und den Kampf gegen Windmühlen. In der Altstadt von Madrid kann man sich auf die Spuren Cervantes' machen. Dort liegt der Dichter auch begraben.

Ernest Hemingway: **Tod am Nachmittag**; **Gefährlicher Sommer** (beide zum Stierkampf); **Wem die Stunde schlägt** (Bürgerkriegsepos); **Fiesta** (Angeln und Trinken anlässlich San Fermín, Liebesleid eines Kriegsgeschädigten). Rororo. Hemingway ist wohl der berühmteste aller ausländischen Spanienfans. Alle Titel sind von tiefer Kenntnis des Landes geprägt und im perfekten Papa-Stil verfasst.

Marion Trutter: **Culinaria España. Spanische Spezialitäten**. Könemann. Der schwere Leinenband ist ein wahres Schmuckstück. Exzellente Fotos und kenntnisreiche Texte stellen die spanischen Regionalküchen vor. Madrid und Umgebung mit Spezialitäten wie dem Cocido, Churros, dem Anis aus Chinchón etc. kommen dabei nicht zu kurz. Optisch und inhaltlich ein lohnenswertes Kochbuch für alle Liebhaber der spanischen Küche.

Lesende Statue im Bahnhof Atocha

Polizei

In jedem Viertel gibt es Polizeistationen, oft sind sie jedoch komplett überlaufen. Lange Schlangen bis zur Straße sind keine Seltenheit. Wer ein Problem hat, muss in der Regel Geduld und Gelassenheit mitbringen.

Polizei/Notfälle: ✆ 112; Policía Nacional (Staatliche Polizei): ✆ 091; Policía Municipal (Städtische Polizei): ✆ 092; Guardia Civil (Verkehrspolizei): ✆ 914577700.

> Wer eine individuelle Betreuung aus psychologischen, sprachlichen oder rechtlichen Gründen braucht, dem hilft der **Servicio de Atención al Turista Extranjero (SATE)**. Untergebracht ist das SATE-Büro im Polizeirevier in der Calle de Leganitos 19 (ganz in der Nähe der Plaza de España), ✆ 915487985.

Post

Das eindrucksvolle Hauptpostamt (Correos) von Madrid an der Plaza de Cibeles gibt einen Eindruck von der aktuellen Bedeutung. Heute dient nur noch ein kleiner Teil des gewaltigen Gebäudes als Postamt. Um Briefmarken (*sellos*) zu kaufen, muss man sich ohnehin nicht auf die Post bemühen, zu erhalten sind sie auch in Tabakläden, den Estancos. Die Gebühren für Briefe und Postkarten ändern sich oft, sind aber im Vergleich zu denen in Deutschland niedrig.

Rauchen

Spanien hat zuletzt 2011 sein Anti-Tabak-Gesetz verschärft. So darf in Restaurants und öffentlichen Räumen nicht mehr geraucht werden. Im Freien darf sogar vor Hospitälern, Schulen und Kindergärten keine Zigarette angesteckt werden. Auf Flughäfen und Bahnhöfen wurden die Raucherzonen abgeschafft.

Sport

Madrid ist eine sportbegeisterte Stadt. Was den Zuschauersport betrifft: **Fußball** (*fútbol*) ist die bei Weitem populärste Sportart Spaniens, wie jeder Barbesucher schnell herausgefunden haben wird. Ein Spiel in einem der großen Stadien zu erleben, ist sicher noch beeindruckender, zumal die Atmosphäre dort zwar leidenschaftlich, aber nie verbissen ist. Zu den Zuschauern zählen auch erstaunlich viele Frauen. Die beiden Klubs der Hauptstadt, Real Madrid und Atlético Madrid, gehören zu den besten Fußballvereinen Spaniens. Man kann aber auch selbst aktiv werden in der Hauptstadt und ihrer Umgebung.

Bergsteigen/Wandern: In allen Bergregionen der Umgebung, wie dem Guadarrama-Gebirge, gibt es gute Wandermöglichkeiten. Schutzhütten und markierte Wege sind allerdings nicht gerade im Übermaß vorhanden, die vor Ort erhältlichen Karten meist veraltet.

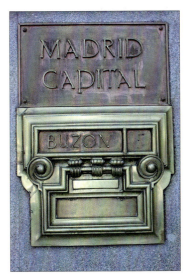

Briefkasten am Madrider Hauptpostamt

Eislaufen: In Spanien sind Wintersportarten besonders in. Dazu zählt auch Schlittschuhlaufen. Auf einer kleinen Bahn im Bahnhof Chamartín ziehen vor allem Kinder und Jugendliche ihre Bahnen. Auch Schlittschuhverleih.

Golf: Golf ist in Spanien ein Volkssport. Es gibt allein in der Comunidad Madrid 27 Golfplätze. Davon sind vier öffentlich: Club de Golf Olivar de la Hinojosa, Club de Campo Villa de Madrid, Club Las Rejas Golf im nördlichen Vorort Majadahonda und Golf Park Entertainment in der Vorortstadt Alcobendas. Dachverband ist die Real Federación Española de Golf, Calle del Capitán Haya 9.

Reiten: In der Umgebung von Madrid gibt es zahlreiche Reiterhöfe, vor allem Richtung Villalba. Dachverband ist die Federación Española de Hípica, Calle del Monte Esquinza 8.

Skifahren: Rund um das Bergdorf Navacerrada (→ S. 200) gibt es mehrere Lifte. Leider sind die Schneeverhältnisse unberechenbar. Am meisten Schnee liegt im Januar und Februar. Viel Sonne ist garantiert. Ausrüstung kann man oft vor Ort leihen.

Stierkampf

Die weltberühmte Arena Las Ventas – unweit des Einkaufsboulevards Goya – ist die Kathedrale des Madrider Stierkampfes. Was die Zuschauergunst betrifft, ist der Stierkampf zwar längst vom Fußball überholt worden, dabei aber trotzdem sehr populär geblieben. Las Ventas zieht noch immer Tausende an.

Die *corrida de toros* (wörtlich „Lauf der Stiere" = Stierkampf) ist Gegenstand zahlreicher Diskussionen im In- und Ausland. Wie man dazu steht, muss jeder für sich selbst entscheiden. Die Saison beginnt in Madrid im März und endet im Oktober. Den Höhepunkt bilden die Wettkämpfe zu Ehren des Madrider Stadtheiligen San Isidro im Mai. Wenn der Torero Manuel Jesús, genannt El Cid, wie zuletzt 2008 in Las Ventas bei den San-Isidro-Wettkämpfen triumphiert, spricht die halbe Stadt darüber.

Die Preisspanne bei den Eintrittskarten ist recht weit. Ein wichtiges Kriterium unter vielen ist, inwieweit die Plätze der Sonne ausgesetzt sind: *sol* (Sonne), *sol y sombra* (Sonne und Schatten, also teils, teils – nur manchmal angeboten) und *sombra* (Schatten) sind die Kategorien. Die Zuschauerränge nennen sich *gradas*. Wer möglichst günstig davonkommen will, wählt mithin *gradas sol* und zahlt dafür je nach Renommee der Matadore etwa 30–50 €. Von dort sieht man alles, jedoch aus einem gewissen, fürs erste Mal sicher günstigen Abstand. Am preiswertesten unter den Corridas sind die sog. Novilladas, bei denen hoffnungsvolle Nachwuchsmatadore ihr Debüt gegen Jungstiere ableisten. Allerdings können solche Veranstaltungen auch leicht zu einer Schlächterei ausarten, nämlich dann, wenn ein noch unerfahrener Matador den Stier beim Todesstoß wieder und wieder nicht richtig trifft. Bei Spitzenmatadoren bleibt man dagegen in aller Regel von einem solchen Anblick verschont.

An der Rückseite der Arena von Las Ventas ist ein Stierkampfmuseum (→ S. 186) untergebracht. Die Madrider Tageszeitungen berichten ausführlich über die Corridas im Sportteil. Dort gibt es auch die entsprechenden Programmhinweise. Plakate informieren an Litfaßsäulen und in Bars über die anstehenden Kämpfe.

Telefonieren

Telefonkarten, beispielsweise des spanischen Marktführers Telefónica, gibt es an jedem Kiosk. Auch wenn sie wegen der gesunkenen Mobilfunktarife aus der Mode gekommen sind. Das Mobilfunknetz im Großraum Madrid ist nahezu lückenlos und ermöglicht problemloses Telefonieren und Surfen im Internet. In der Gastronomie und Hotellerie ist kostenloses WLAN weit verbreitet. **Die Vorwahl von Madrid lautet 91.** Diese muss immer mitgewählt werden, also

Zeitungen und vieles mehr erhält man z.B. an Estancos

auch innerhalb von Madrid. Bei den im Buch angegebenen Telefonnummern ist deshalb die 91 jeweils bereits enthalten, ebenso anderslautende Vorwahlen von Orten in der Umgebung. Spanische Mobiltelefonnummern haben in der Regel eine dreistellige Vorwahl, die mit 6 beginnt.

Von Spanien aus wählt man für internationale Gespräche immer zuerst die Ländervorwahl: nach Deutschland 0049, nach Österreich 0043 und in die Schweiz 0041. Immer gilt: die Null der Ortsvorwahl anschließend weglassen. Will man **nach Spanien** telefonieren, wählt man aus Deutschland, Österreich und der Schweiz die Ländervorwahl 0034.

Wellness

Madrid ist nicht gerade mit Spas verwöhnt. Zweifellos der originellste Wellness-Tempel ist das andalusische Hammam in der Altstadt (Atocha 14, → S. 106/107). Weitere gute Wellness-Adressen sind: Auditorium Spa (Suero de Quinones 22, Metro: Prosperidad), Balne Vital (Arregui y Aruej 11, Metro: Pacifico) und Wellsport Club (Avenida Doctor Federico Rubio y Gai 59, Metro: Francos Rodriguez). Über eine schöne Wellnessabteilung verfügen außerdem folgende Hotels: AC Santo Mauro, Silken Puerta America, Villa Magna und Wellington. Massagen und Anwendungen sind in der Regel preiswerter als in Deutschland.

Zeitungen

Deutschsprachige Zeitungen und Zeitschriften sind überall im Zentrum an Kiosken erhältlich. Eine gute Auswahl hat in der Regel auch das Kaufhaus El Corte Inglés. In Madrid geben die beiden Tageszeitungen El País (linksliberal, www.elpais.es) und El Mundo (konservativ, www.elmundo.es) den Ton an. Die beiden Blätter verfügen über einen ausführlichen Veranstaltungsteil zu Theater, Kino, Konzerten und Ausstellungen. Spanische Manager lesen die Wirtschaftsblätter Expansión und Cinco Días.

Skulptur des kolumbianischen Künstlers Botero auf der Plaza de Colon

Tour 1	Höhepunke des Centro	→ S. 76
Tour 2	Das Centro der Habsburger	→ S. 93
Tour 3	Das Madrid der Banker und Dichter	→ S. 100
Tour 4	Prachtboulevard Gran Vía	→ S. 108
Tour 5	Malasaña und Chueca	→ S. 116

Stadttouren

Tour 6	Paseo del Arte – Kunstspaziergänge in Retiro	→ S. 126
Tour 7	Salamanca	→ S. 150
Tour 8	Moncloa und Argüelles	→ S. 162
Tour 9	Paseo de la Castellana und El Viso	→ S. 174
Die Peripherie		→ S. 184

Licht- und Wasserspiele auf der Plaza del Sol

Spaziergänge im Centro

Quirlige Gassen, kuriose Geschäfte, extravagante Nachtlokale, traditionsreiche Tapas-Bars sowie Kirchen, Paläste und Klöster an jeder Ecke – das historische Zentrum ist ein Eldorado. Mittlerweile sind manche der wichtigen Altstadtstraßen Fußgängerzonen, wie zum Beispiel die Calle Arenal oder die Calle Huertas. Hier gibt es Freiluftaufführungen von Musikern, Schauspielern und Zauberern.

Als Centro bezeichnet man das verwinkelte Stadtviertel zwischen der Plaza de Oriente im Westen, dem Paseo del Prado und Atocha im Osten, dem Boulevard Gran Vía im Norden und der Puerta de Toledo im Süden. Es sind nicht in erster Linie die traditionsreichen Kirchen, intakten Klöster und prächtigen Paläste, die den Reiz des Zentrums ausmachen. Vielmehr sind es die versteckten Plätze und die kleinen Läden, die man links und rechts der Wege entdecken kann. „Auf die Straße gehen und herumlaufen", dieser Appell der Madrider Schriftstellerin Carmen Martín Gaite gilt gerade für Madrids historisches Zentrum.

Das Centro ist flächenmäßig sehr groß und dadurch recht heterogen. Die drei hier vorgeschlagenen Spaziergänge führen durch ganz unterschiedliche Teile des Zentrums. Der erste Spaziergang deckt die Glanzpunkte Madrids ab, wie die Puerta del Sol, die Plaza Mayor und den Palacio Real. Der zweite führt durch das Habsburgerviertel. Der dritte Spaziergang macht den Besucher mit dem ökonomischen und kulturellen Herzen der Stadt bekannt. Die Route führt vorbei an den Bankenpalästen in der mächtigen Calle de Alcalá bis hin zum verwinkelten Literatenviertel.

Tour 1–3: Spaziergänge im Centro

Das Centro wirkt alles andere als museal. Die Häuser sind oft schon seit Generationen von den gleichen Familien bewohnt, in den Läden und Bars kennt man sich seit Jahrzehnten, und ein kleiner Verkehrsstau in der Gasse wird zu einem Gespräch aus dem Autofenster heraus genutzt … Auch wenn mittlerweile gerade junge Familien in die grünen Vororte Madrids gezogen sind, sind die Viertel zwischen Atocha und Puerta del Sol intakt. In den letzten Jahren hat die Stadtregierung zumindest Teile der Altstadt vor dem Verfall gerettet. Doch die Sanierungsarbeiten kommen nur langsam voran. Ein schlüssiges Verkehrskonzept fehlt aus Sicht der Bewohner noch immer. Es gibt aber auch Erfolge: Die beliebte Ausgehstraße Huertas, wichtigste Achse im Literatenviertel von Madrid, wurde restauriert und für den Verkehr gesperrt.

Vor allem Liebhaber der spanischen Küche kommen im Centro auf ihre Kosten. Ein Erlebnis ist der Besuch einer der Markthallen: Hier türmen sich Seehecht, Kabeljau, Tintenfische und Muscheln auf fein geriebenem Eis, Äpfel und Orangen sind zu kleinen Pyramiden getürmt, und der Metzger präsentiert seine Milchlämmer aus dem kastilischen Hochland …

Die meisten Traditionslokale der Stadt sind im Centro zu Hause. Es gibt viele Möglichkeiten, einen kulinarischen Tag im Centro zu verbringen. Unser Vorschlag: Ein Frühstück auf der Plaza Mayor, ein Mittagessen in einer der innovativen Tavernen im Barrio de los Austrias, danach eine Siesta in den Jardines de Sabatini beim Königspalast, ein abendlicher Aperitif an der Plaza de Oriente, ein Abendessen in einem der urigen Restaurants der Cava Baja (gleich hinter der Plaza Mayor) und ab Mitternacht ein Besuch einer der vielen Bars oder eines der Nachtcafés rund um die Plaza Santa Ana und Las Huertas.

Tour 1: Höhepunke des Centro

Ohne den Königspalast an der fein herausgeputzten Plaza de Oriente gesehen zu haben, darf niemand Madrid verlassen. An dem verkehrsfreien Platz, heute ein Mekka der Flaneure und spielenden Kinder, wurde Geschichte gemacht: Könige ausgepfiffen, Diktatoren gefeiert und der EU-Beitritt besiegelt.

Nirgendwo sonst finden sich auf so engem Raum so viele spektakuläre Sehenswürdigkeiten wie in diesem Teil des Centro zwischen Puerta del Sol und Plaza del Oriente. Die Puerta del Sol mit dem berühmten Kilometer „0" ist seit Jahrhunderten ein Verkehrsknotenpunkt. Hier trifft sich halb Madrid zu einem Einkaufsbummel oder Spaziergang. Auch die imposant-strenge Plaza Mayor hat ihren Reiz und ist zudem verkehrsberuhigt, und die verwinkelte Klosteranlage Monasterio de las Descalzas Reales ist ebenso beeindruckend wie die malerische Plaza de la Villa mit dem Rathaus. Ein absolutes Highlight auf diesem Spaziergang ist jedoch der Palacio Real. Der eindrucksvolle Königspalast entstand ab 1738. Als Wohnsitz der Königsfamilie dient der barocke Prunkbau jedoch nicht mehr, sondern wird in erster Linie für Staatsempfänge und andere offizielle Anlässe genutzt.

Von der Puerta del Sol zum Königspalast und den Sabatini-Gärten

Puerta del Sol

Ausgangspunkt dieser Tour ist die Puerta del Sol. Der zentrale Platz Madrids und zugleich Spaniens geographisches Zentrum wird von Einheimischen kurz „Sol" genannt. Ihren Namen erhielt die ovale Plaza von dem bereits im 16. Jh. abgerissenen Stadttor, das zur aufgehenden Sonne nach Osten gerichtet war.

Das verkaufte Herz Madrids

Die Puerta del Sol ist nicht irgendein Platz. Sie ist das Herz Madrids, vielleicht des ganzen Landes. Schließlich markiert der Platz den Nullpunkt Spaniens. Umso größer war 2013 deshalb die Aufregung, als der Name der Metrostation Sol an den britischen Telekomkonzern Vodafone verkauft wurde. Plötzlich war nur noch von „Vodafone Sol" die Rede. Was die Stadtväter als pfiffige Idee zum Abbau der horrenden Schulden der Stadt sahen, verstanden die Madrilenen als Ausverkauf. Denn der Platz war billig. Vodafone zahlt Madrid für die Namensänderung schlappe drei Millionen Euro für drei Jahre. Dabei steigen täglich in der zentralen Metrostation mehr als 120.000 Fahrgäste um oder aus. Während die spanischen Zeitungen aus Rücksicht auf den Anzeigenkunden Vodafone kaum über die Entrüstung berichteten, tobte im Internet die Volksseele. Schließlich war es ausgerechnet die Puerta del Sol, wo die „indignados", die Empörten, ihre weltweit beachteten Demonstrationen abhielten. Damals noch ohne den Sponsor Vodafone.

Der Bär – „El Oso" – Wappentier Madrids

Viele Geschichten könnte der Platz erzählen: Am 2. Mai 1808 begann hier der blutige Widerstand gegen die französischen Besatzer, 1912 wurde Spaniens Regierungschef Canalejas von einem Anarchisten niedergestreckt, und 1931 wurde vom Balkon des Gebäudes der heutigen Provinzregierung die Zweite Republik ausgerufen, die keinen langen Bestand haben sollte.

Heute ist die laute Puerta del Sol der Verkehrsknotenpunkt der Altstadt. Nicht nur bedeutende Straßen wie die Alcalá und die Mayor laufen hier zusammen, auch die wichtigsten Metrolinien kreuzen sich hier. Die Puerta del Sol ist zudem der Kilometer null: Hier beginnen die sechs größten Fernstraßen, die in alle Landesteile führen – der Kilometerstein „0" an der Südseite des Platzes symbolisiert ihren Ausgangspunkt.

Die Puerta del Sol ist bis heute einer der lebendigsten Plätze der Stadt und zugleich eine Bühne für die Madrileños: Lotterieverkäufer wollen ihre Lose an den Mann bringen, Kunden mit vollen Einkaufstüten aus dem nahen Kaufhaus El Corte Inglés rufen nach einem Taxi, und die Zeitungsleser diskutieren über die Nachrichten des Tages ... Mucho Madrid eben.

Ihren größten Auftritt hat die Puerta del Sol alljährlich an Silvester: Schon Tage vorher beherrschen die riesigen Container und Aufbauten der Fernsehstationen den Platz. Am Abend des 31. Dezember versammeln sich die Spanier mit Weintrauben in der Hand vor dem Fernseher. Längst haben die Kameras den Glockenturm der Casa de Correos, heute Sitz der Regionalregierung, im Visier. Pünktlich um 24 Uhr ertönt zwölf Mal der Glockenschlag. Zum Rhythmus der Schläge werden dann die einzelnen Trauben verzehrt, pro Schlag eine Traube. Gar keine so einfache Sache, stellen Millionen von Spaniern immer wieder fest. Viele Madrileños lassen es sich aber nicht nehmen, selbst auf der Puerta del Sol dabei zu sein. Zehntausende feiern dort, bis die ersten Sonnenstrahlen auf den berühmten Platz fallen.

Am Rand des Platzes, an der Einmündung der Calle Carmen, steht das bronzene Wahrzeichen der Stadt: ein aufgerichteter Bär, der an einem Erdbeerbaum knabbert. Oso y Madroño, Bär und Erdbeerbaum, zieren das Madrider Stadtwappen und sind ein beliebtes Fotomotiv.

Metro: Sol.

Iglesia de San Ginés

Wir verlassen die Puerta del Sol in Richtung Calle del Arenal. Die einst wichtige Verkehrsachse der Altstadt ist seit 2008 eine Fußgängerzone. Schon nach wenigen Schritten treffen wir auf der linken Seite auf die sehenswerte Kirche San Ginés. (Dahinter verbirgt sich die berühmte Chocolatería San Ginés, → S. 90.) Eine breite Treppe in der Calle Arenal 13 führt hinauf zu dieser bekannten und beliebten Altstadtkirche. Das Gotteshaus mit seiner schlichten Fassade und den Eingangsarkaden (schönes Kieselmosaik im Fußboden) wurde ursprünglich Mitte des 17. Jh. Errichtet und im 18. sowie 19. Jh. Nach einem verheerenden Brand im Jahr 1824 maßgeblich verändert und erweitert.

Geöffnet 9–13 Uhr und 18–20 Uhr. Calle del Arenal 13 (Metro: Sol).

Monasterio de las Descalzas Reales

Direkt gegenüber der Kirche führt die Gasse San Martín in nördliche Richtung leicht bergauf zu einem der sehenswertesten Museen der Hauptstadt: zum Monasterio de las Descalzas Reales. Das Kloster ist schon von fern an seiner schlichten Backstein-Fassade zu erkennen. Es steht an der gleichnamigen Plaza nördlich der Puerta del Sol in Richtung Gran Vía – mitten im Einkaufsviertel. Das „Kloster der königlichen Barfüßerinnen" wurde von den Architekten Antonio Sillero und später Juan Bautista de Toledo errichtet. Der für Töchter aus Adelsfamilien gegründete Konvent ist eines der wenigen Madrider Baudenkmäler aus dem 16. Jh. Die heutige Inneneinrichtung datiert jedoch aus dem 18. Jh., verantwortlicher Architekt war Diego de Villanueva. Vor einigen Jahren wurde das Renaissance-Kloster umfassend renoviert und ist seitdem wieder zugänglich. Die Tochter des spanischen Königs Carlos I. alias Karl V., Prinzessin Juana de Austria, die früh verwitwet nach Madrid zurückkam, stiftete den Orden. Aus Spenden ihrer Verwandten stammen eine hochrangige Gemäldesammlung (Murillo, Zurbarán, Tizian, Brueghel d. Ä. etc.), prächtige Gobelins (nach Vorlagen von

Rubens) und Skulpturen (u. a. von Cristo Yacente).

Das Kloster ist Di–Sa 10–14 und 16–18.30 Uhr zu besichtigen, So 10–15 Uhr. Eintritt 7 €, Rentner/Studenten 4 €. Mittwoch- und Donnerstagnachmittag Eintritt frei. Plaza de las Descalzas Reales 3 (Metro: Ópera).

Plaza Mayor

Wenn wir das Kloster verlassen, wenden wir uns nach links, laufen dann in nördlicher Richtung ein Stück um das Gebäude herum und stoßen auf die wichtige Einkaufsstraße Calle de Preciados mit einer Filiale des Medienkaufhauses Fnac und des Branchenprimus El Corte Inglés. Man biegt in die Preciados rechts ab und läuft auf ihr bis zur Puerta del Sol zurück. Wir überqueren den Platz, stoßen auf die Calle Mayor und folgen ihr nach rechts. Nach wenigen Metern führt dann eine schmale Gasse (Fußgängerzone) links zur Plaza Mayor, dem eindrucksvollsten Platz Madrids. Das mächtige, in sich geschlossene Geviert mit Ausmaßen von 120 x 90 m geht auf Pläne des Escorial-Architekten Juan de Herrera von 1590 zurück. Auch das auffälligste Gebäude, die **Casa de la Panadería**, ein ehemaliges Backhaus an der Nordseite, stammt von ihm. Nach den Bränden von 1631, 1672 und 1790 erhielt der Platz 1790 seine heutige Gestalt. Es war der Architekt

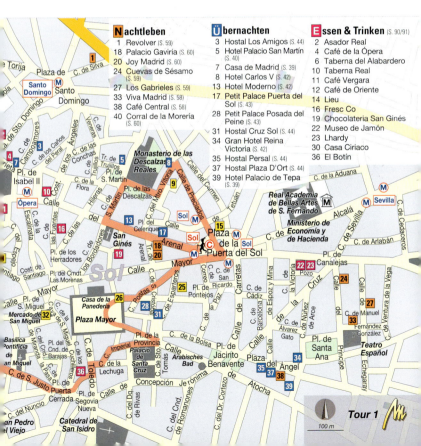

Nachtleben
1 Revolver (S. 59)
18 Palacio Gaviria (S. 60)
20 Joy Madrid (S. 60)
24 Cuevas de Sésamo (S. 59)
27 Los Gabrieles (S. 59)
33 Viva Madrid (S. 58)
38 Café Central (S. 58)
40 Corral de la Morería (S. 60)

Übernachten
3 Hostal Los Amigos (S. 44)
5 Hotel Palacio San Martín (S. 40)
7 Casa de Madrid (S. 39)
8 Hotel Carlos V (S. 42)
13 Hotel Moderno (S. 42)
17 Petit Palace Puerta del Sol (S. 43)
28 Petit Palace Posada del Peine (S. 43)
31 Hostal Cruz Sol (S. 44)
34 Gran Hotel Reina Victoria (S. 42)
35 Hostal Persal (S. 44)
37 Hostal Plaza D'Ort (S. 44)
39 Hotel Palacio de Tepa (S. 39)

Essen & Trinken (S. 90/91)
2 Asador Real
4 Café de la Ópera
6 Taberna del Alabardero
10 Taberna Real
11 Café Vergara
12 Café de Oriente
14 Lieu
16 Fresc Co
19 Chocolateria San Ginés
22 Museo de Jamón
23 Lhardy
30 Casa Ciriaco
36 El Botín

Tour 1

Juan de Villanueva, Baumeister des Prado, der sämtliche Häuser, die den Platz umgeben, auf die gleiche Höhe brachte und so dem ehemaligen Marktplatz seine geschlossene Form gab. Als Hauptplatz Madrids ist die Plaza Mayor mittlerweile allerdings von der lauten Puerta del Sol abgelöst worden.

In ihrer langen Geschichte sah die Plaza Mayor die Ausrufung von Königen, Seligsprechungen, Turniere und Stierkämpfe, aber auch Schnelltribunale der Inquisition und öffentliche Hinrichtungen: 1620 wurde der Stadtpatron San Isidro hier seliggesprochen, 1621 König Felipe IV. zum König ausgerufen, und noch im gleichen Jahr rollte der Kopf eines Ministers über das Pflaster. Heute ist die Plaza Mayor mit ihren nostalgischen Läden fein herausgeputzt. Man trifft sich in den Cafés unter den Arkaden und am bereits von Lope de Vega verspotteten Reiterstandbild von Felipe III. oder sieht den Porträtisten und Hobbymalern bei ihrer Arbeit zu. Zu Fiesta-Zeiten finden auf der Plaza oft Gratiskonzerte statt, und jeden Sonntag treffen sich dort die Briefmarken- und Münzsammler. Im Dezember wird auf der Plaza Mayor der traditionelle Madrider Weihnachtsmarkt abgehalten.

Da Autos und Mopeds den Platz nicht passieren dürfen, ist die Plaza Mayor mit ihren Arkadengängen auch ein idealer Ort für ein ruhiges Frühstück unter freiem Himmel. In den Cafés auf der Westseite kann man am Morgen die ersten Sonnenstrahlen genießen und bei einem *café con leche* Energie für einen Spaziergang durch das Centro tan-

Plaza Mayor – Treffpunkt seit über 400 Jahren

ken. Wer übrigens zur Casa de la Panadería blickt, soll nicht glauben, dass die farbenprächtigen Wandmalereien so schön die Jahrhunderte überdauert haben. Das „barocke" Fresko pinselte der Madrider Maler Carlos Franco Rubio erst 1992 – als Madrid als Kulturhauptstadt Europas fungierte – an die Hauptfassade.

Metro: Sol.

Palacio de Santa Cruz

Wir verlassen die Plaza Mayor in südöstliche Richtung. Eine Gasse führt von dort Richtung Calle de Atocha. Bereits nach wenigen Metern treffen wir auf die wenig ansehnliche Plaza de la Provincia, die vom dafür umso ansehnlicheren Palacio de Santa Cruz beherrscht wird. Der zwischen 1629 und 1643 erbaute Palast gilt als Musterbeispiel der Habsburger Architektur. In Zeiten der Inquisition wurde das Gebäude auch als Gefängnis genutzt, denn auf der nahen Plaza Mayor fanden die spektakulären Schauprozesse (*autos de fé*) statt. Bereits seit 1901 dient das mächtige Gebäude aus rotem Ziegelstein und mit einem eindrucksvollen Portal als Sitz des spanischen Außenministeriums. Aus diesem Grund ist der Palast nicht zugänglich.

Plaza de la Provincia 1 (Metro: Sol oder Tirso de Molina).

Basílica Pontificia de San Miguel

Vom Palacio de Santa Cruz laufen wir leicht bergab in südwestliche Richtung über die Calle Imperial in die Calle Toledo. Diese überqueren wir in Richtung Plaza de Puerta Cerrada. Von der Westseite dieses verkehrsumtosten Platzes biegen wir in die eher ruhige Calle San Justo, die eine weitgehend unbekannte Sehenswürdigkeit der Altstadt beherbergt: die Pontifikalkirche San Miguel. Das barocke Gotteshaus wurde in der ersten Hälfte des 18. Jh. Errichtet. Doch es sind nicht die sehenswerten Fresken, die viele fromme Katholiken anlocken. San Miguel ist *der* Treffpunkt des ultrakonservativen Opus Dei. Das Kirchengebäude ist zudem Sitz der Nuntiatur des Vatikans. Gegründet wurde das „Werk Gottes" von Josemaría Escrivá de Balaguer, dessen Statue links vom Eingang steht. Noch heute kommen viele Gläubige hierher, um ihre Gebete an den 1975 verstorbenen Priester zu richten.

Geöffnet täglich 10.30–12.45 Uhr und 18–20.30 Uhr. Calle de San Justo 4 (Metro: Sol oder Tirso de Molina).

Plaza de la Villa

Wenn wir die Kirche verlassen, halten wir uns rechts. Aus der Calle San Justo wird nach wenigen Schritten die Calle

Sacramento. An dieser Stelle biegen wir nach rechts in die Gasse Cordón ab, die direkt zum Madrider Rathausplatz führt. Die Plaza de la Villa, an der leider viel befahrenen Prachtstraße Calle Mayor gelegen, ist der älteste Platz der Stadt. Das wuchtige Rathaus – die **Casa de la Villa** – im Herrera-Stil entstand zwischen 1586 und 1696. Es ist verbunden mit der platereksen **Casa de Cisneros,** dem Amtssitz des Bürgermeisters. Gegenüber vom Rathaus wurde die **Torre de los Lujanes** errichtet. Hier setzte im 16. Jh. Karl V. den französischen König Franz I. fest. Die Plaza de la Villa wird häufig für offizielle Feiern genutzt und ist deshalb prachtvoll mit Pflanzen und Blumen geschmückt.
Metro: Ópera.

Iglesia de San Nicolás

Vom Rathausplatz biegen wir links in die Calle Mayor, es geht leicht bergab. Bald zweigt rechts die Gasse San Nicolás ab, die zu der versteckten gleichnamigen Kirche führt, San Nicolás aus dem 12. Jh. Von dem ursprünglichen Bau ist nur der Backsteinturm im Mudéjar-Stil erhalten. Es wird vermutet, dass es sich dabei um das Relikt eines ehemaligen Minaretts handelt. Auch die Hufeisenbögen am Choreingang und die Stuckdekoration entsprechen dem Mudéjar-Stil. Der Altaraufsatz stammt übrigens von Juan de Herrera. Der Architekt und Erbauer des Escorial wurde hier vorübergehend beigesetzt. Selbst in den Sommermonaten ist San Nicolás eine kühle Oase der Ruhe. Hier lohnt es sich zu verweilen. Aber zu unserem endgültigen Ziel, der Plaza de Oriente mit dem Königspalast, ist es nicht mehr weit.

Geöffnet täglich von 8.30–9.30 Uhr und 18.30–20.30 Uhr. Calle de San Nicolás 6 (Metro: Sol oder Ópera).

Rund um die Plaza de Oriente

Wir laufen auf der Gasse San Nicolás Richtung Norden. Die in der Regel wenig befahrene Straße führt zuerst zur

Die Oper von Madrid an der Plaza de Oriente: ein Haus mit Weltniveau

Plaza de Ramales mit dem berühmten Denkmal für den Maler Diego Velázquez. Von der Plaza de Ramales ist die weiter unten gelegene, 100 m entfernte Plaza de Oriente bereits zu sehen. Die kopfsteingepflasterte Straße Lepanto führt uns bergab zu diesem stattlichen Platz. Dort lädt ein Kinderspielplatz (Jardines Lepanto) zum Verweilen ein. Wer Durst hat, kann im Café de Oriente an der Ecke Calle Lepanto/Plaza de Oriente einen kühlen Aperitif zu sich nehmen. Der Name der Plaza de Oriente („Platz des Ostens") bezieht sich auf die Lage des schmucken Platzes an der Ostseite des Palacio Real. An dem eleganten, halbrunden Platz um das Reiterstandbild von Felipe IV. stehen das 1818 begonnene Opernhaus Teatro Real und außerdem eine ganze Reihe von Statuen spanischer Herrscher. Heute ist die Plaza de Oriente, nachdem sie vor ein paar Jahren für den Autoverkehr gesperrt wurde, ein populärer, vornehmer Treffpunkt für die Madrileños. Somit haben sich die Hoffnungen des französischen Statthalters Joseph Bonaparte schließlich doch erfüllt, der mit der Gründung des Platzes einen repräsentativen städtischen Raum schaffen wollte, welcher die Eleganz des Palacio Real noch unterstreicht.

Metro: Ópera.

Teatro Real (Opernhaus)

Das Madrider Opernhaus an der Plaza de Oriente erstrahlt seit 1997 wieder im alten Glanz. Das mehrfach veränderte Gebäude, das im November 1850 erstmals seine Pforten öffnete, wurde von Antonio López Aguado, einem Schüler des Prado-Architekten Juan de Villanueva, geplant. Nach jahrzehntelangem Stillstand diente es ab 1966 als Konzerthaus, und seit der aufwendigen Renovierung in den 1990er-Jahren wird es wieder als prachtvolle Oper genutzt. Hier singt alles, was Rang und Namen in der Opernwelt hat: Plácido Domingo, Anna Netrebko, Rolando Villazón …

Die Oper kann besichtigt werden, Tickets dafür sind im Foyer erhältlich, dort kann man sich auch nach Preisen und den aktuellen Besichtigungsterminen erkundigen. In der Regel ist die Oper Mo–Fr 10.30–13 Uhr, Sa/So 11–13.30 Uhr geöffnet. Dienstag geschlossen. Eintritt 5 €, ermäßigt 3 €. Wer einmal eine Oper erleben möchte, muss nicht unbedingt tief in die Tasche greifen. Karten gibt es bereits ab 30 €. Für exzellente Plätze sollte man allerdings mit über 100 € rechnen. Karten unter ✆ 902244848 oder www.teatro-real.com. Plaza de Oriente (Metro: Ópera).

Monasterio de la Encarnación

Wir verlassen das Teatro Real in nördliche Richtung und überqueren die Plaza de Oriente. Unmittelbar dahinter steht das stimmungsvolle Augustinerinnenkloster Monasterio de la Encarnación. Es wurde im Auftrag der Frau von Felipe III., Margarethe von Österreich, zu Beginn des 17. Jh. Errichtet. Nach einem verheerenden Brand wurde die Kirche 1767 von Ventura Rodríguez wiederaufgebaut und innen komplett im Stil des Klassizismus neu ausgestattet. Seit den 1960er-Jahren ist ein Teil des Konvents der Öffentlichkeit zugänglich. Neben Einrichtungsgegenständen und zahlreichen Reliquien zieht vor allem die Gemäldesammlung (Madrider Meister des 17. Jh. Wie Pereda, Carducho etc.) Besucher an. Das Kloster samt Kreuzgang und spätbarocker Kirche mit eindrucksvollen Fresken (im Reliquiensaal zudem eine Kassettendecke von Carducho) ist nur im Rahmen einer Führung (auf Spanisch, Englisch oder Französisch) zu besichtigen. Gleich im ersten Saal (links vom Eingang) hängen die Porträts von Felipe III. und Margarethe von Österreich.

Di–Sa 10–14 und 16–18.30 Uhr, So 10–15 Uhr, Mo geschlossen. Eintritt 7 €, ermäßigt 4 €, Mittwoch und Donnerstagnachmittag gratis. Es gibt auch ein Kombiticket mit dem Monasterio de las Descalzas Reales für 10 €, ermäßigt für 45 €, das zwei Tage gültig ist. Plaza de la Encarnación 1 (Metro: Ópera).

Palacio Real (Königspalast)

Nach einem Besuch des Konvents wenden wir uns wieder in Richtung Plaza de Oriente und laufen an der Hauptfassade des angrenzenden Palacio Real entlang Richtung Süden. Der Eingang zum Palast befindet sich an der für den Straßenverkehr untertunnelten Calle de Bailén gegenüber der Kathedrale Almudena. Der aus hellgrauem Granit und weißem Kalkstein erbaute Herrscherpalast an der schmucken Plaza de Oriente im Westen des historischen Zentrums entstand ab 1738. In dem Gebäude wurde über Jahrhunderte Geschichte geschrieben. Hier protestierten im 18. Jh. die Spanier gegen die französischen Besatzer, im 20. Jh. Nutzte der faschistische Diktator Franco gerne die imperiale Kulisse für seine nationalistischen Auftritte, und schließlich wurde hier 1986 auch die Beitrittserklärung des demokratischen Spaniens zur Europäischen Union feierlich unterzeichnet.

Spaniens König Juan Carlos wohnt allerdings nicht in diesem weitläufigen, überdimensionierten Stadtschloss, sondern im kleinen, eher bescheidenen Landschlösschen La Zarzuela nordwestlich von Madrid. Der im klassischen Barock erbaute Palacio Real ist jedoch keineswegs nur ein Museum, sondern wird häufig von der Regierung und der Königsfamilie für wichtige Anlässe genutzt. Galadiners mit der königlichen Familie und dem Regierungskabinett etwa finden im Königspalast statt.

Anstelle des heutigen Palastes stand hier einst ein Alcázar (9. Jh.). Spaniens Könige benutzten ab dem 11. Jh. Zeitweise diese arabische Festung und bauten sie nach ihren Bedürfnissen um. Nachdem Felipe II. Madrid zur Hauptstadt seines Imperiums gemacht hatte, wurde der Alcázar stark vergrößert. Berühmte Architekten wie Juan de Herrera oder Juan Bautista de Toledo planten die Erweiterungen. Durch einen verheerenden Brand wurde der Alcázar 1734 endgültig zerstört, die wertvolle Sammlung an Gemälden und Möbeln fiel den Flammen zum Opfer. Die Katastrophe war gleichzeitig die einmalige Chance für einen Neubau nach den damaligen Bedürfnissen und dem Zeitgeschmack. Felipe V. beauftragte den italienischen Architekten Felippo Juvara mit dem Neubau. Nach dessen Tod übernahm sein Schüler Giovanni Bat-

Wachablösung vor dem Königspalast

Wenn die königliche Leibgarde jeden ersten Mittwoch im Monat in ihren blitzblanken Paradeuniformen hoch zu Ross vor dem Palacio Real zur Ablösung der Wachen anrückt, ist ihr viel Aufmerksamkeit sicher. Denn die historische Wachablösung auf der Plaza de la Armería ist ein malerisches Fotomotiv für Einheimische und Madrid-Besucher. Die Leibgarde trägt hierfür Uniformen aus der Zeit der Könige Alfonso XII. und Alfonso XIII. Insgesamt treten 429 Soldaten mit 105 Pferden auf. Die Zeremonie beginnt auf der Plaza de la Armería jeweils mittwochs um 12 Uhr und dauert rund 40 Minuten. Der Eintritt ist frei. Einfacher zu beobachten ist die Wachablösung vor der Puerta del Príncipe. Sie findet jeden Mittwoch zwischen 11 und 14 Uhr statt. Achtung: Die Wachablösung macht in den Monaten Juli, August und September wegen der hohen Temperaturen mal Ferien. Auch wenn der Palacio Real am ersten Mittwoch im Monat für staatliche Zwecke genutzt wird, wird auf die pittoreske Wachablösung verzichtet.

Infos unter ℅ 917278519 oder www.patrimonionacional.es.

Palacio Real (Königspalast)

tista Sacchetti die Arbeiten. Im Jahr 1764 schließlich bezog Carlos III. als erster spanischer König das nach Versailler Muster erbaute Schloss.

Mit Ausnahme der französischen Besatzungszeit diente der Palacio Real bis zur Flucht von Alfonso XIII. im Jahr 1931 als königliche Residenz. Der festungsartige Palast ist von riesigen Ausmaßen und zählt rund 2000 Zimmer. Das Innere quillt vor Luxus und Schätzen geradezu über. Zu den Höhepunkten zählen die prunkvollen Räume Carlos' III., die riesige Sammlung prächtiger Gobelins und die zahlreichen Gemälde bedeutender Künstler von Hieronymus Bosch bis Goya. Die Biblioteca Real, eine der größten Bibliotheken der Welt, ist im Erdgeschoss zu finden, ebenso die nostalgische Apotheke Real Oficina de Farmacia. Erstere ist leider nicht zu besichtigen. Sie besteht aus verschiedenen Sälen aus der Zeit von Carlos III. bis Alfonso XII. Lediglich Wissenschaftler haben hier für wenige Stunden Zutritt. Die königliche Waffenkammer, die Armería Real, ist in einem Anbau untergebracht.

Seit 1950 ist der Palast der Öffentlichkeit zugänglich, wenn auch nur in Teilbereichen. Viele Räume wie zum Beispiel die Gemächer von der Königin María Luisa und Carlos IV. werden von der spanischen Königsfamilie bei offiziellen Anlässen genutzt und können daher nicht besucht werden. Für eine ausführliche Besichtigung des Palasts sollte man rund drei Stunden einplanen.

> **Fotografieren** ist im Königspalast strikt untersagt. Viele Aufseher achten peinlichst genau darauf, dass dieses Verbot eingehalten wird.

La Plaza de Armas: Den Königspalast betritt man über die Südseite. Der von Sacchetti und dem Madrider Architekten Ventura Rodriguez konzipierte Paradeplatz (*patio de honor*) hat vor allem eine repräsentative Funktion.

Vorhalle und Haupttreppe: In der großen Vorhalle präsentiert sich Carlos II. in einer Mauernische als römischer General. Ins Obergeschoss gelangt man über eine imposante, von Sabatini konzipierte Zwillingstreppe. Im Zentrum steht das eindrucksvolle Gemälde von Corrado Giaquinto mit dem Titel „Die Religion im Schutze Spaniens".

Salón de Alabarderos: Der Saal der Leibgarde wird beherrscht vom meisterhaften Fresko des Venezianers Giovanni Battista Tiepolo, das die Vergöttlichung des Äneas zum Thema hat.

Salón de Columnas: Den einstigen Festsaal von Carlos III. beherrscht heute ein Deckenfresko von Corrado Giaquinto (1762/63). Es zeigt allegorisch, wie die Sonne die Naturkräfte in Bewegung setzt. In diesem Saal wurde am 12. Juni 1986 von König Juan Carlos I. die EU-Beitrittsurkunde Spaniens feierlich unterzeichnet. Beachtenswert sind auch die wertvollen Gobelins und Bronzefiguren wie der Diskuswerfer und Neptun. Übrigens: Die große Statue von Carlos I. ist nur eine Kopie. Das Original des Künstlers Leone Leoni steht heute im Prado.

Salón del Trono: Einer der Höhepunkte der Palastbesichtigung ist zweifellos der mit rotem Samt ausgestattete Thronsaal, der aus der Zeit Carlos' III. vom Ende des 18. Jh. Stammt und mit seiner gesamten Dekoration erhalten ist. Tiepolo verewigte das spanische Imperium meisterhaft in einem farbenkräftigen Deckengemälde mit dem Titel „Die Verherrlichung der spanischen Monarchie". Personifiziert werden hier beispielsweise die amerikanischen Provinzen und spanischen Regionen dargestellt. Vier vergoldete Bronzelöwen von Matteo Bonicelli (1651) bewachen die beiden Thronsessel, über denen das

Wappen der spanischen Krone prangt. Der auch Handkuss-Saal genannte Raum spielte früher eine wichtige Rolle. Hier sollte der Größe und der Macht der spanischen Monarchie ästhetisch Ausdruck verliehen werden. Hier gewährte der König seine Audienzen. Nach seinem Tod wurde er im Thronsaal aufgebahrt.

Gasparini-Säle: Aufwendig und luxuriös sind die Privaträume von Carlos III. ausgestattet. Der kleine Gasparini-Saal (*saleta de Gasparini*) – benannt nach dem neapolitanischen Maler Mattheo Gasparini – ist durch ein Deckengemälde („Die Apotheose des Trajan") des Hofmalers Anton Raphael Mengs (1728–1778) verziert, ebenso die Antecámara (Vorsaal) von Carlos III. Dort widmete sich Mengs der Vergöttlichung des Herkules. Beachtenswert sind außerdem die Porträts von Carlos IV. als Jäger und seiner Gemahlin María Luisa de Parma als *maja*. Der eigentliche Gasparini-Saal, wo sich der König ankleidete, aber auch Audienzen gab, ist verschwenderisch mit Rokoko-Seidenbezügen an Wänden und Möbeln ausgestattet. Der aufwendig gearbeitete Marmorboden, aber auch die Rokoko-Dekoration lassen die Atmosphäre in der zweiten Hälfte des 18. Jh. Lebendig werden.

Tranvía de Carlos III: Bei *tranvías* handelt es sich um Zwischenräume, die größere Säle miteinander verbinden. Dieses Zimmer – im Zustand des Jahres 1880 erhalten – beherbergt das Goya-Gemälde „Die Wildschweinjagd".

Salón de Carlos III: Am 13. Dezember 1788 starb in diesem Salon der spanische König, der wie kaum ein anderer Bourbone das Stadtbild Madrids entscheidend geprägt hat. Das Deckengemälde zeigt die Stiftung des Ordens Karls III. und stammt von Vicente López und das imperiale Porträt von Carlos II. von Mariano Salvador Maella. Die Einrichtung mit dem Mobiliar aus goldverziertem, weißem Holz, die heute in diesem Saal zu sehen ist, wurde von Fernando VII. in der ersten Hälfte des 18. Jh. Erworben.

Gabinete de Porcelana: Animiert von seiner aus Sachsen stammenden Frau Amalia, gründete Carlos III. die Real Fábrica del Buen Retiro. Ein Beispiel spanischer Porzellankunst enthält dieser schmale, aber sehr eindrucksvolle Salon, der zwischen 1765 und 1771 entstand.

Saleta Amarilla: Dieser kleine Salon – gelber Saal genannt – hat seinen Namen von der gelben Seide, die den Raum schmückt. Fernando VII. diente der Raum als Schlafzimmer. Das Fresko „Juno in ihrem Wagen" stammt von Tiepolo. Besonders beachtenswert sind die französischen Möbel, die aus der Zeit des Übergangs vom Louis-XVI.-Stil zum Empire-Stil stammen.

Comedor de Gala: Der lang gestreckte Gala-Speisesaal ist einer der Höhepunkte jeder Besichtigung. 140 Personen finden an dieser Tafel Platz. Die Sitzordnung war früher sorgfältig nach Rang festgelegt. Je näher am König man platziert wurde, desto größer war die Bedeutung des Gastes oder die ihm gewährte Gunst. Dieser aufwendig mit Brüsseler Gobelins, chinesischem Porzellan und silbernen Kandelabern ausgestattete Saal beherbergt auch Fresken von Mengs und seinen Schülern. Der gewaltige Tisch ist übrigens ein großes Kunstwerk. Es ist ein wertvolles Möbel, das zerlegt werden kann, um den Saal gegebenenfalls auch für einen Ball oder Empfang zu nutzen.

Sala Plateresca: Das ehemalige erste Vorzimmer der Königin zeigt in verschiedenen Vitrinen historische Münzen sowie Gegenstände der Tischdekoration. Ein besonderes Schmuckstück ist ein prächtiger Tafelaufsatz aus Florenz, auch Dessert genannt. Er besteht aus vergoldeter Bronze, Marmor und Emaille und wurde 1778 von Luigi Vala-

Palacio Real (Königspalast)

Ausblick auf die Kathedrale Almudena und den Königspalast

dier geschaffen. Unter Alfonso XIII. wurde der Saal für Kinoaufführungen genutzt. Weiteres königliches Silbergeschirr wird in den beiden anschließenden Salas de la Plata (Tafelsilberkabinett) gezeigt.

Schlosskapelle: Eine Galerie mit schönem Blick auf die Plaza de Armas und die Almudena-Kathedrale führt zur Schlosskapelle, die von Sacchetti und Ventura Rodriguez erbaut wurde. Beachtenswert ist das Altarbild von Ramón Bayeu, gefertigt nach einem verlorenen Original von Luca Giordano und einer Zeichnung von Mengs.

Privatgemächer der Königin María Luisa: Die Möbel stammen aus der Zeit von Fernando VII. Beachtenswert sind der Rundtisch aus Bronze und Malachit sowie Porträts von Monarchen, darunter Maria Amalia von Sachsen, die dritte Frau von Fernando VII. In diesem Raum sind auch Streichinstrumente von Antonio Stradivari (1664–1736) aus dem norditalienischen Cremona zu sehen. Stradivari hatte die Instrumente für Carlos IV. angefertigt.

Billardzimmer: Der spanische König Alfonso XII. beschloss 1879, sich ein mit Nussbaumholz vertäfeltes Billardzimmer einzurichten. 1881 wurde das Zimmer nach viktorianischem Vorbild fertiggestellt.

Salón Japonés: Direkt neben dem Billardzimmer liegt der japanische Salon. Das neoklassizistische Kabinett mit seinen Porzellantafeln und dem mit orientalischen Motiven bestickten Seidentaft ist ein wahres Schmuckstück. Der von Alfonso XII. als Rauchsalon genutzte Raum wurde bei der Bombardierung durch die Franco-Truppen im Jahr 1939 schwer beschädigt und konnte erst 1993 wieder hergestellt werden.

Gabinete de Escayola: Das Stuckaturenkabinett der Königin María Luisa begeistert trotz seiner kleinen Abmessungen durch seine neoklassizistische Ausstattung, die von Francesco Sabatini geplant und den Stuckateuren Brilli 1791 geschaffen wurde.

Gabinete de Maderas Finas: Das Edelholzkabinett von Königin María Luisa wurde unter der Aufsicht von

Gasparini mit Möbeln im Rokoko-Stil ausgestattet.

Real Farmacia: Die über die Plaza de Armas erreichbare königliche Apotheke im Barockstil war bereits von Felipe II. gegründet worden. Mit der Einrichtung aus dem 18. und 19. Jh. Werden vergangene Zeiten der Pharmazie wieder lebendig.

Real Armería: Die königliche Waffensammlung, die auch unabhängig vom Königspalast gegen Eintritt besucht werden kann, zählt zu den wichtigsten in Europa. Auf zwei Stockwerken werden Waffen und Rüstungen gezeigt. Besonders beachtenswert ist die Rüstung von Carlos V. aus dem Jahr 1550, die im Untergeschoss zu sehen ist. Das heutige Gebäude auf der Westseite des Paradeplatzes wurde erst ab 1897 als Ausstellungsraum genutzt, obwohl die Sammlung bereits seit mehreren Jahrhunderten besteht.

Die Besichtigung des **Königspalasts** ist sowohl individuell als auch im Rahmen einer Führung möglich. Im Sommer an allen Tagen 10–20 Uhr (bei Staatsakten geschlossen), im Winter Mo–Sa 10–18 Uhr. Eintritt 10 €, Rentner/Studenten 5 €, Besuch mit Führung 17 €. Kinder unter 5 J. frei, Lehrer haben gegen Vorlage eines Ausweises freien Eintritt. Mi und Do von 15–18 Uhr sowie von April bis September von 17–20 Uhr ist der Eintritt generell frei. Calle de Bailén (Metro: Ópera). Tipp: Vermeiden Sie Wochenenden oder Brückentage, denn dann sind die Warteschlangen oft mehrere Hundert Meter lang.

Achtung: Bei staatlichen Anlässen kann der Königspalast auch kurzfristig für die Öffentlichkeit gesperrt werden. Infos unter ✆ 914548800.

Catedral de Santa María la Real de la Almudena

Der „Waffenkammerplatz" (Plaza de la Armería) trennt den Königspalast vom weiter südlich gelegenen Komplex der Kathedrale Almudena. Von den Einheimischen wird sie schlicht Almudena genannt. Die neugotische und neoromanische Kathedrale mit ihrer neoklassizistischen Außenfassade wurde 1883 begonnen, der Bau 1940 eingestellt und schließlich unter dem Architekten Fernando Chueca zu einem glücklichen Ende gebracht. 1993 konnte die Almudena-Kathedrale von Papst Johannes Paul II. bei seiner vierten Spanien-Reise eingeweiht werden. Sie ist die wichtigste Kirche Madrids. Der spanische Thronfolger Felipe – mit vollem Namen *Felipe Juan Pablo y Alfonso de Todos los Santos de Borbón y Grecia* – heiratete im Mai 2004 bei strömendem Regen die spanische Fernsehmoderatorin Letizia Ortiz in der Almudena.

Die Meinungen über den kunterbunten Baustil des Gotteshauses gehen auseinander. Denn die willkürliche Mischung von Kunststilen, von der Romanik über Gotik und Klassizismus bis hin zu Pop-Art, ist nicht jedermanns Geschmack. Die neuen Deckenmalereien im Stil der Pop-Art des spanischen Künstlers Kiko Argüello beispielsweise finden keine allgemeine Zustimmung.

Angesichts des heutigen Neubaus kann man sich kaum vorstellen, dass die Almudena eine der ältesten Kirchen der spanischen Hauptstadt ist. Ihr ältester Vorläufer stammt aus dem 9. Jh.

Immer wieder wird das 102 m lange Gotteshaus, das vor allem durch seine gewaltigen Dimensionen besticht, für offizielle Anlässe genutzt. 2004 für die Trauerfeierlichkeiten für die Opfer des Terror-Anschlages vom 11. März 2004 im Madrider Bahnhof Atocha. Die Almudena war aber des Öfteren auch Schauplatz von Protestaktionen. So trat dort im Jahr 2000 eine Gruppe von Exil-Chilenen in einen (letztlich vergeblichen) Hungerstreik, um gegen die damalige Freilassung des mittlerweile gestorbenen chilenischen Ex-Diktators Augusto Pinochet durch die britischen Behörden zu protestieren und damit seine Rückkehr in die südamerikanische Heimat zu verhindern.

Man kann übrigens gegen Eintritt in die Kuppel der Almudena steigen. Bei klarem Wetter lohnt es sich, die Aussicht ist dann hervorragend.

Ein Besuch der Almudena ist kostenlos. Sie ist in der Regel 10–20 Uhr geöffnet. Nur während der Messen wird gebeten, auf eine Besichtigung zu verzichten. Die Krypta ist Mo und Mi geschlossen. Das Kirchenmuseum hat nur bis 14.30 Uhr offen. So geschlossen. Die Kuppel kann nur mit einer Eintrittskarte für das Museum bestiegen werden. Ticket für 6 €, Stud./Rentner 4 €. Die Kirchenleitung legt Wert darauf, dass die Besucher gerade in den Sommermonaten nicht in bein-, schulter- oder bauchfreier Kleidung die Kathedrale betreten. Am Eingang gibt es einen kleinen Laden, der Postkarten und Bücher zur Almudena verkauft. Calle de Bailén (Metro: Ópera).

Arabische Mauern

Von der Kathedrale läuft man zunächst die Calle de Bailén entlang Richtung Süden und trifft dann nach wenigen Metern auf die Calle Mayor. Hier biegt man nach rechts ab. Die Calle Mayor geht hier in die Cuesta de la Vega über. Madrid wurde einst von den Arabern gegründet. Unter dem Kalifen Abd al Rahman III. wurden im 10. Jh. erste Befestigungen angelegt. Einer der wenigen Überreste aus dieser Zeit befindet sich südlich der Almudena in dem (meist verschlossenen) Parque del Emir Mohamed I. Dort sind die ehemaligen Stadtmauern zu besichtigen.

Metro: Ópera.

Jardines de Sabatini

Wir laufen wieder zurück auf die Calle de Bailén und spazieren an der Almudena vorbei in nördliche Richtung. Nach der Überquerung der Plaza de Oriente entdecken wir auf der linken Seite einen schönen Park, die Sabatini-Gärten. Zu dem auf einer Terrasse unterhalb der Straße angelegten Park am Nordende des Königspalastes führt an der Calle Bailén eine schöne Treppe hinab.

Der Barock-Garten mit seinen fein säuberlich geschnittenen Buchsbäumchen und Zypressen entstand auf dem Grundstück der ehemaligen Reitställe des Palastes. Der rund 2,5 Hektar große Park ist eine beliebte Oase und ein ideales Plätzchen für eine Siesta. Er wurde von dem italienischen Architekten Francesco Sabatini entworfen. Von hier bietet sich ein schöner Blick auf den riesigen Park Casa de Campo. Der Blick reicht bis zum Guadarrama-Gebirge, dessen Gipfel selbst im Frühjahr noch mit Schnee bedeckt sind.

Calle de Bailén (Metro: Ópera).

Chocolate con churros

In der Madrider Altstadt wird die für die spanische Hauptstadt typische Frühstückstradition noch hochgehalten: *chocolate con churros*. Die heiße, dickflüssige Schokolade (kein Kakao) wird in großen Tassen serviert. Dazu gibt es *churros*. Hierbei handelt es sich um ein Gebäck, das lediglich aus Mehl, Kartoffelstärke und Wasser besteht. Mit einer sternförmigen Spritztülle wird der ungesüßte Teig zu Schleifen geformt und in siedendes Öl getaucht. Churros müssen frisch und heiß gegessen werden – man tunkt sie in die heiße Schokolade ein und genießt …

Praktische Infos

→ Karte S. 78/79

Essen & Trinken

»› Mein Tipp: Chocolatería San Ginés [19], historisches Café mit der besten Schokolade Madrids. Mit seinen Marmortischchen ist es eine traditionelle nächtliche bzw. morgendliche Anlaufstelle, besonders in der kalten Jahreszeit. Die *churros y chocolate* haben in Madrid seit Jahrzehnten Kultstatus. Vor allem zwischen Mitternacht und 8 Uhr morgens ist das Café proppenvoll. Zu finden ist es im Pasadizo de San Ginés bei der gleichnamigen Kirche an der Calle Arenal nahe Puerta del Sol und Plaza Mayor (Metro: Puerta del Sol). **‹‹‹**

Café de Oriente [12], das schönste Straßencafé im Centro. Im Winter lassen sich die Gäste in den Belle-Époque-Räumen – darunter viele Schauspieler, Schriftsteller und Journalisten – von den livrierten Kellnern mit heißer Schokolade aufwärmen. Im Sommer kommen die Gäste aus der ganzen Welt, um von der Terrasse den schönen Blick auf den Palacio Real zu genießen. Die Speisekarte des Cafés ist klein. Gute Weine aus Kastilien. Die Preise sind niedriger, als man annehmen würde. Plaza de Oriente 2 (Metro: Opera).

Casa Lieu [14], in einer Seitenstraße der Plaza de Oriente, gleich um die Ecke des Königspalastes, gibt es ein Restaurant, das einem kulinarischen Paradies ähnelt. Daniele Scelza zaubert dort am Herd. Der gebürtige Venezulaner versteht sein Handwerk. Der gut gelaunte Küchenchef hatte mit Starköchen wie Ramón Freixa gearbeitet. Seine Frau Marielena sorgt für den unaufdringlichen Service im Restaurant, das durch seine Eleganz und Schlichtheit besticht. Exzellentes Preis-Leistungs-Verhältnis. Menüs ab 29 €. Calle Amnistia 10 (Metro: Opera), ☎ 915417481, www.lieu.es.

Café Vergara [11], an der viel befahrenen Calle Vergara. Heiße Schokolade in historischem Ambiente. Hinter dem holzvertäfelten Eingang verbirgt sich ein angenehmes Café für Plaudereien. Relativ preiswerter Mittagstisch. Vergara 1 (Metro: Opera).

Taberna del Alabardero [6], berühmte Tapas-Bar bei der Oper, die auf eine lange Tradition zurückblickt. Früher war sie ein Treffpunkt für *tertulias*. Die vielen Prominentenfotos an den Wänden dokumentieren das Publikum. Sehr gutes Essen, und angesichts der Qualität des Service sind die Preise angemessen. Im Sommer kann man auch draußen sitzen. Calle de Felipe V 6 (Metro: Opera).

> **Achtung:** Die meisten Restaurants in der Altstadt haben am Sonntag geschlossen. Es gibt nur wenige Ausnahmen.

Das gesungene Abendessen verspricht das **Café de la Ópera** [4] in der viel befahrenen Straße Arrieta (an der Oper). Die Kellner bzw. Sänger brillieren mit Klassikern aus Zarzuela, Opern und Musicals. Seit mittlerweile über zehn Jahren versetzt das Café de la Opera seine internationalen Gäste in Entzücken. Denn hier in dem saalartigen Café gehen Musik und Gastronomie eine wunderbare Liaison ein. Jeden Abend ab 21.30 Uhr. Reservieren! Calle de Arrieta 6 (Metro: Opera), ☎ 9154226382, www.elcafedelaopera.com.

El Botín [36], Traditionslokal mit vernünftigen Preisen. Das Botín, das sich gerne als das älteste Restaurant der Welt bezeichnen lässt, pflegt die reine Lehre der kastilischen Küche. Gebratenes Spanferkel (*cochinillo*) und Lamm zählen zu den Spezialitäten des beliebten Restaurants. Bisweilen berühmte Gäste aus dem spanischen Königshaus. Nette Bedienung, Reservierung empfehlenswert. Südlich der Plaza Mayor, Chuchilleros 17 (Metro: Sol), ☎ 913664217.

Taberna Real [10], Tapas-Bar, ein beliebter Treffpunkt bei einem Bummel durch die Calle Arenal. Die baskische Besitzerfamilie ist bekannt für ihre leckeren Tapas. Das mit schönen Fliesen gestaltete Lokal verfügt auch über ein Restaurant im ersten Stock. Menüs ab 25 €. Der Service ist eher rustikal. An der Ecke zur Calle del Arenal, Plaza Isabel II 8 (Metro: Opera).

Fresc Co [16], frische mediterrane Küche zum Sonderpreis. Hier wird jeder satt. Für 10 € kann man sich am Buffet so viel holen, wie man möchte. Vor allem die Pasta ist beliebt. Selbstbedienung. Junges Publikum. Calle de las Fuentes 12 (Metro: Ópera).

Casa Ciriaco 30, 1906 gegründete Taverne im kastilischen Stil, für Madrileños eine *tasca típica*. Sie zählt zu den traditionellsten Adressen des Centro. Das in der viel befahrenen Calle Mayor beheimatete Lokal war schon das Lieblingslokal des Malers Ignacio Zuloaga. Noch heute kommen Prominente. Einst war das Restaurant bekannt für seine *tertulias*; Gäste aus dem Kulturleben und dem Showbusiness versammelten sich hier. Doch die Zeiten sind vorbei. Geblieben ist die gute Hausmannskost zu vernünftigen Preisen. Mittagsmenüs ab 15 €. Mi geschlossen. Calle Mayor 84 (Metro: Sol).

Lhardy 23, in der lauten Carrera de San Jerónimo, unweit des Parlaments. Eine gastronomische Institution. Seine Ursprünge reichen bis in die erste Hälfte des 19. Jh. zurück. Heute hat das Lhardy eine nostalgisch-elegante Atmosphäre. Wer das Erdgeschoss betritt, wird von den alten Regalen und Holzvitrinen begeistert sein. Hier kann man eine der beliebten warmen Suppen probieren oder mit Sandwiches und Kroketten den Hunger bekämpfen. Alle Produkte sind von erstklassiger Qualität. Das Restaurant, das vor allem von Politikern geschätzt wird, ist allerdings ein teures Vergnügen. Berühmt ist hier das Leibgericht der Madrilenen: Cocido. So geschlossen. Carrera de San Jerónimo 8 (Metro Sol).

Asador Real 2, gepflegtes Restaurant bei der Oper an der Plaza Isabel II. Es hat sich mit großem Erfolg der kastilischen Küche verschrieben. Die Gäste lieben vor allem das Milchlamm (*cordero lechal*) und das Lamm aus dem Ofen sowie die Fischgerichte. Gute Weine. Plaza Isabel II/Ecke Escalinata (Metro: Opera).

Museo de Jamón 22, das Schinken-Museum, bei Einheimischen und Touristen gleichermaßen beliebt. Von der Decke hängen gewaltige Schinkenkeulen, die Appetit machen. Schinken in unterschiedlicher Qualität als Tapa, als Bocadillo ... Preiswert und gut. Calle San Jerónimo 6 (Metro: Sol).

Einkaufen

Das historische Zentrum zwischen Sol und Palacio Real ist ein kleines Einkaufsparadies. Zwischen Gran Vía und Puerta del Sol finden sich die großen Kettenläden wie El Corte Inglés oder Fnac, die bei den Madrileños hoch im Kurs stehen. Spaziert man abseits der kleinen Fußgängerzone – vor allem im Dreieck Plaza de Oriente, Plaza Mayor und Puerta del Sol –, entdeckt man viele faszinierende Läden mit ausgefallenen Waren. Uralte Handwerksläden, Musikinstrumenten-Sammlungen, Antikes und Antiquiertes, Feinschmecker-Paradiese ... Einige empfehlenswerte Läden im Centro sind:

Lhardy - feine Küche zwischen Puerta de Sol und Parlament

Maty 9 Für Flamencofans führt kein Weg an dem bereits 1943 gegründeten Traditionsladen vorbei. Hier gibt es alles, was das Flamencoherz begehrt. Die bunten Kleider für den andalusischen Tanz sind eine wahre Farbenpracht. Übrigens verkauft Maty auch Ballettschuhe aus eigener Fertigung. Der Laden liegt in einer Seitenstraße der Calle Arenal: Calle Maestro Victoria 7 (Metro: Sol).

Casa Yustas 26 Das 1894 gegründete Traditionsgeschäft an der Plaza Mayor verkauft Schwerter und Helme, aber auch Geschenkartikel von bekannten Marken wie Lladro. Lohnenswert ist die Hutabteilung. Hier gibt es vom klassischen Borsalino bis zum Panama-Hut jede Kopfbedeckung für den Mann. Plaza Mayor 30 (Metro: Sol).

El Angel 25 Sakrale Kunst steht im Mittelpunkt dieses Traditionsladens, der bereits 1867 gegründet wurde: Kreuze, Figuren etc. Calle de Esparteros 3 (Metro: Sol).

El Corte Inglés 15 In das Mega-Kaufhaus an der Puerta del Sol gehen die Madrileños nicht nur zum Einkaufen, sondern auch zum Spazierengehen. Das auf mehrere Gebäude verteilte Kaufhaus lässt keine Wünsche unerfüllt. Direkt an der Plaza trifft man auf die Buchhandlung, die neben deutschsprachigen Reisebüchern zu Madrid und Kastilien auch zahlreiche Wanderkarten verkauft. El Corte Inglés verfügt in der Regel über hochwertige Produkte. Doch auch der gute Service und die nette Beratung machen den Erfolg dieser Kaufhauskette aus. Preciados 3 (Metro: Sol).

El Flamenco Vive 21 Das in der Calle Conde de Lemos 7 (Metro: Opera) zwischen Opera und Plaza Mayor gelegene Geschäft bietet alles für den Flamenco-Liebhaber: natürlich Gitarren, aber auch Schuhe, Kleidung, Noten, Videos, Fotos und jede Menge Flamenco-Musik. Verkauf auch übers Internet: www.elflamencovive.es.

Casa Lara 29 Das Material Kork – ein traditioneller Rohstoff der Iberischen Halbinsel – lässt sich vielfältig einsetzen. Was man aus Kork alles machen kann, zeigt dieser Laden in der Calle Mayor 82 (Metro: Opera): Figuren, Krippen, Burgen etc. Ein Paradies für Freunde des Korks.

Mercado de San Miguel 32 Die schön renovierte frühere Markthalle ist ein Highlight. Hier kann geschlemmt werden. Die Stände bieten die ganze Vielfalt spanischer Küche in bester Qualität (→ Kasten).

Markthalle San Miguel: Einkaufen als Vergnügen

Viele Jahre war der Mercado de San Miguel an der gleichnamigen Plaza (nur wenige Schritte von der Plaza Mayor) fast vergessen. Die reich verzierte, von 1913 bis 1916 errichtete Jugendstil-Eisenkonstruktion rostete vor sich hin,

und die Kunden wurden von Jahr zu Jahr weniger. Das hat sich mittlerweile geändert. Seit der Renovierung erstrahlt die Markthalle in neuem Glanz. Ein Spaziergang durch die Ladengassen lohnt sich. Das Angebot an frischem Fisch, Obst, Gemüse, Fleisch und Würsten zählt zum Besten der Stadt. Leider hat sich der Mercado San Miguel zuletzt vor allem zu einer Gastronomiehalle entwickelt. Heute ist die Markthalle ein durchaus spektakulärer Treffpunkt für anspruchsvolle Tapas-Liebhaber.

San Isidro beherbergt die Gebeine der Stadtheiligen

Tour 2: Das Centro der Habsburger

Den Habsburgern hat Madrid seinen Aufstieg und seine Bedeutung zu verdanken. Als Felipe II. Madrid 1561 zur Hauptstadt seines Imperiums machte, hatte der kastilische Ort gerade mal 20.000 Einwohner. Das sollte sich schnell ändern. Im 16. und 17. Jh. erlebte Madrid einen schnellen Aufschwung. Die Habsburger hinterließen zahlreiche Spuren, die Plaza Mayor ist nur ein Beispiel. Dieser Spaziergang soll durch einen versteckten Teil des alten Madrids der Habsburger führen, durch das Barrio de los Austrias abseits der berühmten Plaza Mayor und Puerta del Sol.

In den vergangenen Jahren entwickelte sich das von den Madrilenen Barrio de los Austrias genannte habsburgische Viertel südlich der Plaza Mayor zu einer beliebten Wohngegend. Die Stadtregierung investierte viel Geld, um die jahrhundertealten Häuser und Monumente zu retten. Heute sind berühmte Kirchen wie San Andrés oder San Francisco el Grande wieder in ihrem ursprünglichen Zustand hergestellt. Auch viele Wohnhäuser sind wieder hergerichtet worden. Durch groß angelegte Verkehrsberuhigungsmaßnahmen sind heute vor allem die kleineren Gassen wie beispielsweise die schöne Calle Nuncio vom Autoverkehr weitgehend befreit.

Die Habsburger Karl V. und sein Sohn Felipe II. haben Madrid geprägt und in vielen Teilen der Altstadt wie an der Puerta del Sol, der Plaza de la Villa oder der Plaza Mayor bedeutende Paläste und Klöster hinterlassen. Der folgende Spaziergang durch den bislang wenig bekannten Teil des habsburgischen Madrids lohnt sich vor allem am Sonntag (dann aber am besten gegen 8 oder 9 Uhr früh losgehen), denn er führt über den Rastro, den berühmten Madrider Flohmarkt.

El Rastro – der legendäre Flohmarkt rund um die Puerta de Toledo

Viele halten das Schlendern über den Rastro für eines der schönsten Erlebnisse in Madrid. Andere leiden unter den unübersehbaren Menschenmassen, die sich stundenlang durch die engen Gassen des Barrio Bajo schieben. Der am Sonntagvormittag stattfindende Flohmarkt im Dreieck Calle de Toledo, Calle de Embajadores und Ronda de Toledo ist keinesfalls eine Touristenattraktion. Die vielen privaten, aber auch professionellen Händler leben von ihrer einheimischen Kundschaft. Egal ob Schraubenzieher, Barockspiegel oder kastilisches Ölbild – auf dem Rastro bleibt kein Wunsch unerfüllt. Die Zeiten, in denen dort wertvolle Antiquitäten für ein Butterbrot verkauft wurden, sind allerdings längst vorbei. Heute werden auf dem Rastro eher Dinge des alltäglichen Lebens, aber auch viele Kuriositäten gehandelt, Kostbarkeiten aus längst vergangenen Zeiten sind dagegen rar geworden. Auch nach Briefmarken und Münzen sucht man hier meist vergeblich. Die Sammler treffen sich sonntags auf der nahen Plaza Mayor. Übrigens, der Rastro ist traditionell ein Eldorado für Taschendiebe!

Von der Puerta de Toledo zur Plaza de Lavapiés

Puerta de Toledo

Ausgangspunkt der Tour ist die Puerta de Toledo. Sie liegt am südlichen Ende der Altstadt und ist leider vom Verkehr umtost, aber leicht per Metro zu erreichen (Linie 5). Die Puerta de Toledo ist neben der Puerta de Alcalá das einzige erhaltene historische Stadttor Madrids. Sie wurde vom Architekten Pedro de Ribera unter König Felipe V. zwischen 1718 und 1732 errichtet. Die Puerta de Toledo machte in den 1980er-Jahren Schlagzeilen, als hier ein gleichnamiges, avantgardistisches Einkaufszentrum für Antiquitäten entstand. Doch über dem architektonischen Schmuckstück kreiste bald der Pleitegeier. Heute existieren die Läden nicht mehr.

Metro: Puerta de Toledo.

Basílica de San Francisco el Grande

Von der Puerta de Toledo laufen wir Richtung Nordwesten entlang der Gran Vía de San Francisco. Die Straße ist Teil des Altstadtrings und nicht besonders schön. Doch es ist der kürzeste Weg zu einer der schönsten Kirchen Madrids, der Basílica de San Francisco el Grande an der gleichnamigen Plaza am Ende der Straße. Das mächtige Gotteshaus hat seinen Namen – el Grande – zu Recht. Eine Kuppel mit einem Durchmesser von 33 m besitzt die klassizistische Kirche, die von dem Architekten Francesco Sabatini 1785 fertiggestellt wurde. San Francisco hat eine bewegte Vergangenheit: So machte der Statthalter Napoleons in Spanien, Joseph Bonaparte, die Kirche zum Versammlungsort der Cortes. Ende des 19. Jh. wurde aus dem prominenten Gebäude der Panteón Nacional. Beispielsweise sind Architekten wie Juan de Villanueva oder Ventura Rodriguez hier beigesetzt. Wer die Kirche betritt, wird erstaunt sein, wie wenig das Tageslicht den Rundbau mit seinen Kapellen erleuchtet. Schade, denn die Seitenaltäre sind wahre Meisterwerke. Darunter auch eines von Francisco de Goya, „Die Predigt des Hl. Bernhard". Außerdem verfügt die Franziskaner-Kirche über eine wertvolle Ge-

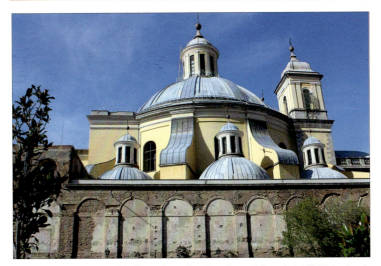

Die Kuppel von San Francisco el Grande ist 33 Meter hoch

mäldesammlung (Zurbarán, Cano) in der Sakristei.

Am südlichen Ende der Kirche lädt ein neuer Park zum Verweilen ein. Von der Terrasse bietet sich ein schöner Blick ins Umland von Madrid. Leider sind aber auch die Sünden des Baubooms der vergangenen Jahre sichtbar: In der Peripherie der Hauptstadt prägt einfallslose Hochhausarchitektur die Landschaft.

Das Gotteshaus ist Di–Fr 11–12.30 und 16–18.30 Uhr und Sa. 11–13.30 zu besichtigen. Eintritt 3 €, Studenten/Rentner 2 €. Plaza de San Francisco (Metro: Puerta de Toledo).

Casa de San Isidro/ Museo de los Orígenes

Wir überqueren die Plaza de San Francisco und biegen in die gegenüberliegende ruhige Carrera de San Francisco ein. Sie führt schon nach wenigen Hundert Metern zur Plaza Humilladero. Wenige Schritte von dort liegt die verkehrsberuhigte Plaza San Andrés mit der gleichnamigen Kirche. Doch bevor wir das monumentale Bauwerk besichtigen, lohnt sich ein Abstecher zur Casa de San Isidro. Der Stadtpalast, der unmittelbar an die Kirche San Andrés angrenzt, ist eines der schönsten Beispiele für die Architektur der Habsburger in Madrid. Er war einst Sitz der Herzöge von Paredes, vorher lebte und starb hier der gleichnamige Stadtheilige, daher der Name. Heute ist in dem Palast aus Ziegelstein und hellgrauem Granit ein Museum untergebracht, das sich der Archäologie und Stadtgeschichte widmet (Museo de los Orígenes). Die Dauerausstellung zeigt die Entwicklung Madrids bis zu seiner Ernennung zur Hauptstadt des spanischen Königreichs. Interessant ist das Modell von Madrid aus dem Jahr 1656. Ein Gang durch das historische Gebäude mit dem berühmten Pozo de los Milagros (Wunderbrunnen) lohnt sich. Der Innenhof ist ein schöner, stiller Ort zum Verweilen.

Di–Fr 9.30–20 Uhr, Sa/So 10–14 Uhr. Mo geschlossen. Eintritt frei. Plaza de San Andrés 2 (Metro: La Latina).

Tour 2: Das Centro der Habsburger

Kirche San Andrés: Von den Schäden im Bürgerkrieg ist nichts mehr zu sehen

Iglesia de San Andrés

Eine der eindrucksvollsten und schönsten Kirchen der Altstadt steht an der Plaza de San Andrés. Das aus roten Ziegelsteinen und Granit errichtete Gebäude bildet mit der gotischen Capilla del Obispo einen Baukörper. San Andrés wurde im Bürgerkrieg 1936 schwer beschädigt, ist aber nach jahrelangen Restaurierungsarbeiten seit 1999 wieder in einem tadellosen Zustand. Im Mittelalter war ein Vorgängerbau die Grablege des Madrider Stadtpatrons Isidro. Nach dessen Heiligsprechung wurde die Kirche in der zweiten Hälfte des 17. Jh. umgebaut. Von der wertvollen Ausstattung aus dieser Zeit blieb aber nur wenig erhalten.

Plaza de San Andrés (Metro: Latina).

Iglesia de San Pedro el Viejo

Wir setzen unseren Spaziergang fort und laufen um die Kirche herum. Am nördlichen Ende öffnet sich die zur Calle de Segovia hin abfallende Plaza de la Paja. Sie zählt zu den schönsten Altstadtplätzen. Hier und in den umliegenden Gassen haben sich zahlreiche Restaurants und Tapas-Bars niedergelassen. Die Plaza de la Paja ist auch Spielplatz und Treffpunkt des Stadtviertels. Wir verlassen den Platz über die nördlich davon gelegene Gasse Calle Anglona (Fußgängerzone), die bald in die Calle del Nunico übergeht. Dort treffen wir auf die berühmte Altstadt-Kirche San Pedro el Viejo. Die mächtige Kirche mit ihrem quadratischen Backsteinturm aus dem 14. Jh. wird noch heute von den Gläubigen des Stadtviertels genutzt. Das Entstehungsdatum der Kirche ist unbekannt. Erstmals wurde sie zu Beginn des 13. Jh. erwähnt. Große Teile des Gotteshauses wurden erst im 17. Jh. errichtet. Deshalb ist die Kirche architektonisch eine Kombination aus Mudejar-Stil, Gotik und Barock.

Calle del Nuncio (Metro: Sol).

Mercado La Latina

Beim Verlassen der Kirche halten wir uns am Haupteingang links und laufen nun auf der malerischen Gasse Nuncio nach Nordosten bis zu ihrem Ende. Sie trifft auf die viel befahrene Plaza Cerrada. Dort halten wir uns rechts und biegen in die Calle de la Cava Baja ein. Sie endet an der Plaza Humilladero, die wir bereits vom Besuch der Casa San Isidro kennen. Hier biegen wir links ab und stehen vor der ein hässlichen Markthalle La Latina. Doch von der in die Jahre gekommenen Betonarchitektur darf man sich nicht abschrecken lassen. Denn der Mercado ist wegen seines eindrucksvollen Fisch-, Fleisch- und Gemüseangebots einen Besuch wert. Auch wenn in den vergangenen Jahren einige Stände wegen der geringeren Nachfrage schließen mussten, kann man hier am Vormittag noch das wahre Madrid entdecken.

Metro: La Latina.

Catedral de San Isidro

Wir verlassen den Mercado La Latina nach Osten in Richtung Calle de Toledo und halten uns dort links. Schon nach wenigen Schritten stehen wir vor der Kathedrale San Isidro, die dem Stadtheiligen Madrids geweiht ist. Die 1622 von den Architekten Pedro Sánchez, Juan de Haro und Francisco Bautista erbaute Barockkathedrale beherbergt auch die Gebeine des Heiligen. An das Gotteshaus, in das nur wenig Tageslicht dringt, grenzt das Instituto de San Isidro an, eine Schule, die unter den Jesuiten große Berühmtheit erlangte. Zu den Schülern gehörten so bekannte Schriftsteller wie Calderón de la Barca, Lope de Vega und Francisco Gómez de Quevedo.

Calle de Toledo (Metro: La Latina).

Plaza de Tirso de Molina

Beim Verlassen der Kathedrale halten wir uns rechts. Nach wenigen Metern treffen wir auf die Calle de la Colegiata. Hier gehen wir noch mal nach rechts und stoßen auf den beschaulichen Platz Tirso de Molina mit der gleichnamigen Metrostation. Hier kann man in einer der Tapas-Bars eine Pause einlegen. Die Plaza wurde in den vergangenen Jahren restauriert und ist ein beliebter Treffpunkt.

Metro: Tirso de Molina.

Plaza de Lavapiés

Über die südlich gelegene Calle Jesús y María, die später in die Calle de Lavapiés übergeht, verlassen wir die malerische

Plaza. Unser Ziel ist die Plaza Lavapiés am Ende der Straße. Hier ist Madrid arm. Die Glitzerwelt der noblen Einkaufsmeilen im Viertel Salamanca ist Lichtjahre entfernt. Einwanderer aus Lateinamerika, Asien und Osteuropa tummeln sich hier. Vor allem Asiaten haben in den vergangenen Jahren viele Billigläden im Viertel Lavapiés aufgemacht. Früher war die Plaza Lavapiés eine Hochburg für Kleinkriminalität. Doch die Lage hat sich in den vergangenen Jahren verbessert. Die häufige Präsenz der Polizei sorgt dafür, dass sich Bürger und Besucher wieder sicherer fühlen.

Metro: Lavapiés.

Teatro Valle-Inclán

Wir spazieren über die Plaza Lavapiés und stoßen am Ende unseres Spaziergangs auf die Moderne. Moderne Architektur in der Madrider Altstadt ist eine heikle Angelegenheit. Das 2006 erbaute Theater an der Plaza de Lavapiés, zwischen den Straßen Argumosa und Valencia, ist ein positives Beispiel dafür, dass die Moderne im historischen Ambiente gelingen kann. Die beiden Architekten Ignacio García Pedrosa und Angela García de Paredes schufen für gerade mal zwölf Millionen Euro einen transparenten Kubus, der nach dem galicischen Autor Ramón María del Valle-Inclán benannt ist. Dieser gilt als James Joyce Spaniens. Valle-Inclán (1866–1936), der Dichter mit dem extrem langen Bart und der Nickelbrille, ist in Deutschland nur wenig bekannt. In Spanien besitzt er aber eine treue Fangemeinde, denn seine ironische Respektlosigkeit gegenüber den Herrschenden ist zeitlos. Das Theater, das ausschließlich spanische Produktionen zeigt, hat sich auf die Moderne spezialisiert. Es ist außerhalb von Aufführungen nicht zu besichtigen.

Plaza de Lavapiés (Metro: Lavapiés).

Praktische Infos → Karte S. 97

Essen & Trinken

Restaurant Orixe **7**, hier wird die kreative Küche Galiciens gepflegt. Doch nicht immer gelingt alles. Leckere Empanada. Kleine Portionen. Viele Fischgerichte und eine große Auswahl an galicischen Weinen. Die Toiletten des modern eingerichteten Lokals sind eine Überraschung. Mittlere Preisklasse. Calle de la Cava Baja 17 (Metro: Sol).

El Estragon **3**, wer bei allen seinen Speisen auf Fleisch verzichten möchte, ist in diesem Lokal an der malerischen Plaza de la Paja gut aufgehoben. Es gibt vegetarische kastilische Küche zu vernünftigen Preisen. Bisweilen aber schwankt die Küchenleistung. Die Mittagsmenüs sind mit 15 € für die Qualität preiswert. Viele Stammgäste. Plaza de la Paja 10 (Metro: La Latina).

»» Mein Tipp: Vinoteca Maestro de la Villa **2**, Dutzende von Weinen in den Regalen dieses gemütlich-eleganten Restaurants verlocken dazu, Neuheiten unter den iberischen Rebsäften zu probieren – eine Vielfalt, über die selbst Fachleute staunen! Das L-förmige Lokal unterhalb der Plaza Mayor (beim Arco de los Chuchilleros) hat nicht nur gute Tapas (leckere *pimiento de Padron*), sondern auch leckere Menüs zu vernünftigen Preisen. Die Vinoteca pflegt die leckere baskisch-riojanische Regionalküche. Im Sommer auch zum Draußensitzen. Cava de San Miguel 8 (Metro: Sol). **«««**

Almendro 13 **9**, bevor die Tapas-Bar öffnet, bilden sich bereits Schlangen an der Eingangstür. Zu den Spezialitäten gehören deftige Gerichte wie *huevo roto* oder *pisto roto*. Calle del Almendro 13 (Metro: La Latina).

Taberna de Lucio **10**, gegenüber dem berühmten Casa Lucio gibt es eine volkstümliche Ausgabe des berühmten Lokals. Klassische Madrider Küche zu annehmbaren Preisen. Essen im fensterlosen Untergeschoss ist allerdings Geschmackssache. Hier geht es eng und laut zu. In der Mittagszeit fast immer überfüllt. Calle de la Cava Baja 30.

El Schotis **6**, ein Beispiel dafür, dass die Cava Baja nach wie vor eine der interessantesten

Die Meile der Feinschmecker

Am Morgen sieht die schmale Altstadtgasse Cava Baja wie viele andere Straßen im Habsburgerviertel aus. Auffällig sind vielleicht die vielen Lieferwagen, die vor manchen Altstadt-Häusern stehen. Das Bild ändert sich schlagartig am späten Abend. Dann bummeln Hunderte von Madrilenen durch die Cava Baja. Denn keine andere Straße in Madrid vereint so viele exzellente Restaurants wie diese Gasse. Das Feinschmecker-Lokal mit dem größten Prestige ist seit Jahrzehnten das Casa Lucio. Hier gibt es auch die größte Promi-Dichte. Die königliche Familie, aber auch zahlreiche Politiker und Schauspieler schätzen die feine kastilische Küche des rustikalen Lokals.

Altstadtstraßen für Liebhaber mediterraner Küche ist. Über Jahre wurde hier mit guten Produkten zu vernünftigen Preisen gekocht. Berühmt ist Cocido, aber auch die guten Fleischgerichte sind es. Menüs ab 28 €. Gute Weine vom Duero. Mo geschlossen. Calle de la Cava Baja 11 (Metro: La Latina).

»› Mein Tipp: Casa Lucio **8**, eines der Restaurants, die die *cocina madrileña* bereits seit Jahrzehnten pflegen und das von den Einheimischen wie ein Heiligtum verehrt wird. In dieser berühmten Taverne haben schon viele Prominente gespeist, egal ob sie Julio Iglesias, Pedro Almodóvar, Johnny Depp oder König Juan Carlos heißen. Tischreservierung empfehlenswert, am besten schon einige Tage vor dem Termin. Wer im Restaurant keinen Platz findet, kann sich auch an der dazugehörigen Tapas-Bar von der hohen Küchenqualität überzeugen: sehr guter Schinken. Hier schmeckt alles: frisches Spanferkel, frischer Fisch oder leckere Gemüseplatten. Sehr hohes Preisniveau. Samstagmittag und im August geschlossen. Reservierung unbedingt erforderlich. Calle de la Cava Baja 35 (Metro: La Latina), ✆ 913653252.

Posada de la Villa 5, malerisches Restaurant, das bereits 1642 gegründet wurde. Es pflegt die Madrider Küche. Die Posada verfügt über einen Ofen für Lammgerichte. Nicht ganz billig, aber der Qualität der Küche angemessen. Besser reservieren. Calle de la Cava Baja 9 (Metro: La Latina), ✆ 913661860.

Julián de Tolosa 4, eine gastronomische Legende der Cava Baja. Stilvolles Restaurant, das anspruchsvolle baskische Küche pflegt. Berühmt sind hier die Fleischgerichte, beispielsweise chuletón de buey mit Paprika und pimientos de piquillo. Gehobenes Preisniveau, Hauptgerichte über 20 €. Abends reservieren. Calle de la Cava Baja 18 (Metro: La Latina), ✆ 913658210.

Restaurante Malacatín 13, nahe der Plaza Cascorro, hier wird die Madrider Küche großgeschrieben. Spezialität ist *coci madrileño*. Samstagabend und So geschlossen. Reservierung ratsam. Calle de la Ruda 5 (Metro: La Latina), ✆ 913655241.

Einkaufen

Museo de Pan Gallego 1 Wie gut Landbrot nach galicischem Rezept schmecken kann, demonstriert die Bäckerei täglich. Dazu werden leckerer Käse und Wein aus Nordspanien verkauft. Eine ideale Adresse, um sich für ein Picknick auszurüsten. Plaza de Herradores 9 (Metro: La Latina).

El Rastro 14 Die Spezialisten für den berühmten Flohmarkt am Sonntagvormittag kommen für Madrider Verhältnisse früh: zwischen 8 und 9 Uhr. Morgens ist die Auswahl größer. Puerta de Toledo (Metro: Puerta de Toledo, La Latina oder Embajadores).

Mercado La Latina 12 Markt auf der Plaza de la Cebada (Metro: La Latina), westlich der Calle de Toledo. Ab 7 Uhr.

Am Samstagabend wird **Kunsthandwerk** an der Plaza de Santa Ana verkauft. Metro: Sol.

Antigüedades de Oficina 15 Über ein halbes Jahrhundert alte Bürogeräte vom Locher bis zur kuriosen Schreibmaschine werden hier verkauft. Arganzuela 29 (Metro: Puerta de Toledo).

Calle Alcala/Ecke Gran Via: Hier tost der Verkehr

Tour 3: Das Madrid der Banker und Dichter

Geld und Kunst liegen in der spanischen Hauptstadt ganz nah zusammen. Das östliche Ende der Altstadt, das von der Prachtstraße Paseo del Prado begrenzt wird, wird von mächtigen historischen Bankpalästen beherrscht. Gleich dahinter befindet sich das sog. Literatenviertel, das ganz im Zeichen der spanischen Klassiker und der Kunst steht.

Der größte Gebäudekomplex an der Calle de Alcalá ist der Banco de España. Auch wenn die Staatsbank durch die Einführung des Euros und durch die Gründung der Europäischen Zentralbank an Bedeutung verloren hat, ist der Palast noch immer Ausdruck des Selbstbewusstseins des Finanzplatzes Spanien. Nur wenige Hundert Meter hinter den wuchtigen Granitfassaden des Bankenviertels gibt es ein anderes Madrid zu entdecken. Das Literatenviertel rund um die Calle Huertas ist der Kontrast zur seelenlosen Finanzwelt. In diesem Teil der Altstadt arbeitete und lebte so ziemlich jeder Klassiker-Autor der spanischen Literatur. Wer durch die populäre Ausgehstraße Huertas schlendert, wird auf die vielen im Kopfsteinpflaster eingelassenen Bronzeplatten stoßen, die mit Zitaten berühmter Autoren wie Cervantes, Lope de Vega oder Calderón versehen sind.

Über die Calle de Alcalá zur Plaza de Santa Ana

Entlang der Calle de Alcalá

Ausgangspunkt unseres Spaziergangs ist die Calle de Alcalá, die man leicht über die Metrostation Banco de España (Linie 2) erreichen kann. Sie ist eine der Verkehrsarterien Madrids und führt von der Puerta del Sol in die östlichen Außenbezirke. Der insgesamt 4 km lange Boulevard, der an der Stierkampfarena Las Ventas unweit der Stadtautobahn M-30 endet, zeigt sich von seiner prächtigsten Seite im Centro. Hier schlägt das Finanzherz des Landes. Beim Verlassen des U-Bahnhofs stehen wir bereits mitten auf der Prachtstraße und vor der spanischen Staatsbank.

Entlang der stark befahrenen Straße finden sich außerdem das spanische Wirtschafts- und Finanzministerium und die großen Privatbanken: die BBV (Banco Bilbao-Viscaya), Banco Santander,

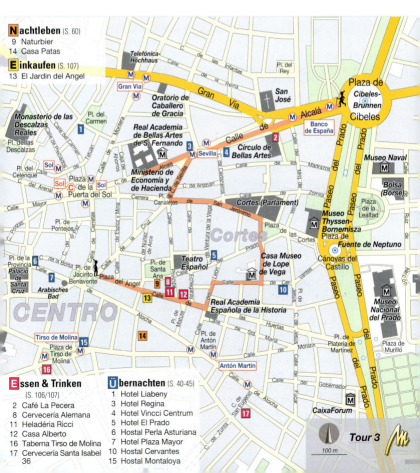

Nachtleben (S. 60)
9 Naturbier
14 Casa Patas

Einkaufen (S. 107)
13 El Jardin del Angel

Essen & Trinken (S. 106/107)
2 Café La Pecera
8 Cervecería Alemana
11 Heladéria Ricci
12 Casa Alberto
16 Taberna Tirso de Molina
17 Cervecería Santa Isabel
36

Übernachten (S. 40-45)
1 Hotel Liabeny
3 Hotel Regina
4 Hotel Vincci Centrum
5 Hotel El Prado
6 Hostal Perla Asturiana
7 Hotel Plaza Mayor
10 Hostal Cervantes
15 Hostal Montaloya

Banco Central-Hispano und Banesto (Banco Español de Crédito) ...

Im Mittelalter war die Calle Alcalá ein Viehtreiberpfad, der von der Extremadura durch Madrid ins nördliche Spanien führte. Im 17. Jh., als sich der Habsburger Herrscher Felipe IV. beim heutigen Kloster San Jerónimo den Palast Buen Retiro bauen ließ, wurde aus dem Weg schnell ein vornehmer Boulevard. Die meisten der opulenten Gebäude entstanden Ende des 19. Jh. oder zu Beginn des 20. Jh. Einer der spektakulärsten Bankpaläste ist der Sitz von Banesto. Nachts ist das an einen Schiffsbug erinnernde Eck-Gebäude hell erleuchtet. Auf ihm thront ein exzentrischer Glockenturm samt Uhr und kupfernem Zwiebeldach. Die mit Blumenmotiven verzierte Fassade weist dieses Bankgebäude als Frühwerk des spanischen Jugendstils aus. Die eklektische Stilmischung ist typisch für die Architektur des späten 19. Jh. und macht die Calle de Alcalá zu einem Architekturmuseum.

Metro: Banco de España.

Círculo de Bellas Artes

Ein weiteres prägnantes Gebäude ist der Círculo de Bellas Artes. Wenn wir die Calle Alcalá von der Metrostation rund 300 m bergauf in südwestliche Richtung laufen, stoßen wir auf das Belle-Époque-Haus des Madrider Kunstvereins, das eines der berühmtesten Kaffeehäuser der Stadt besitzt. Gönnen Sie sich eine Fahrt auf das Dach des Kunstvereins. Der Blick über die Dächer von Madrid, das Panorama der Plaza de Cibeles und der Gran Vía ist schlichtweg atemberaubend.

Der Círculo de Bellas Artes wurde bereits 1880 gegründet und ist in einem der originellsten, größten Paläste der Calle de Alcalá untergebracht. Das pompöse Gebäude wurde von Antonio Palacio, dem Architekten des grandiosen Postgebäudes am nahen Cibeles-Platz, 1926 geschaffen. In einer Galerie kann sich der Besucher historische Dokumente des Vereins ansehen, außerdem gibt es interessante Wechselausstellungen, Thea-

Dreharbeiten auf dem Dach des Circulo de Bella Artes

terauffführungen und andere Veranstaltungen. Der Círculo de Bellas Artes war schon immer einer der bedeutendsten Intellektuellentreffs der Hauptstadt, und noch heute ist das Kaffeehaus des Kunstvereins ein beliebter Treffpunkt von Intellektuellen und Künstlern.

Das **Café** ist So–Do 9–1 Uhr, Fr/Sa bis 3 Uhr geöffnet; die **Ausstellungsräume** Mo–Sa 11–14 und 17–21 Uhr, So nur 11–14 Uhr. Der Eintritt zum Kunstverein bzw. dem Café kostet 1 €. Calle de Alcalá 42 (Metro: Banco de España), www.circulobellasartes.com.

Real Academia de Bellas Artes de San Fernando

Wir spazieren auf dem Boulevard Alcála rund 1,2 km leicht bergauf in Richtung Puerta del Sol. Dann treffen wir auf der rechten Seite auf die königliche Akademie der schönen Künste. Der klassizistische Palast an der Calle de Alcalá 13, ein kleines Stück östlich der Puerta del Sol, wurde 1773 unter Carlos III. zum repräsentativen Sitz dieser 1752 gegründeten Kunsteinrichtung. Die königliche Akademie ist ein Ort mit großer Vergangenheit: Zu ihren Direktoren gehörte Francisco de Goya, unter ihren Schülern waren Pablo Picasso und Salvador Dalí. Seit jeher spielt sie eine große Rolle für das Kunstleben Spaniens.

Die meisten Besucher kommen wegen der seit 1986 wiedereröffneten Gemäldesammlung des 16. bis 20. Jh. mit Schwerpunkt auf dem 18./19. Jh. Besonders gut vertreten ist Francisco de Goya, u. a. mit seinem „El Entierro de la Sardina" („Das Begräbnis der Sardine"), das durch seine oberflächlich in Szene gesetzte Heiterkeit vor düsterer Grundstimmung bereits als ein Vorläufer der „Schwarzen Bilder" gilt. Aber auch an anderen großen Namen der spanischen Malerei mangelt es nicht: Zurbarán, Murillo, El Greco, Velázquez. Auch eine Skulptur Pablo Picassos und ein Bild von Juan Gris gibt es. Lohnenswert ist ein Besuch der königlichen Chalkographie mit ihrem Stichkabinett im ersten Stock und des zweiten Innenhofs mit zahlreichen Skulpturen. Insgesamt sind 1400 Exponate zu sehen.

Di–Sa 9–15 Uhr, So bis 14.30 Uhr. Eintritt 5 €, ermäßigt 3,50 €, Studenten, Jugendliche unter 18 J. und Senioren ab 65 J. gratis. Mittwoch ist der Eintritt generell frei. Geschlossen an lokalen Feiertagen wie 15. Mai, 9. September und 9. November. Calle de Alcalá 13 (Metro: Sol oder Sevilla).

Ministerio de Economía y de Hacienda

Das Wirtschafts- und Finanzministerium in der Alcalá 11, nur wenige Meter von der Puerta del Sol, ist das Gebäude eines ehemaligen Zollhauses (Real Casa de la Aduana). Der Renaissance-Palast wurde von Francesco Sabatini, dem Architekten von Carlos III., 1769 geschaffen. Das Gebäude erinnert an einen italienischen Palazzo. Es ist seit 1998 unter Denkmalschutz gestellt und nicht zugänglich.

Calle de Alcalá 11 (Metro: Sol oder Sevilla).

Cortes (Parlament)

Geld und Macht gehören auch in Spanien zusammen. Deshalb sind es zum spanischen Parlament nur rund 600 m. Wir laufen auf der Calle Alcalá ein paar Meter bis zur Akademie der schönen Künste zurück, überqueren dann die Straße und biegen in die Calle de Sevilla ein. Diese Einbahnstraße stößt direkt auf die viel befahrene Carrera de San Jerónimo. Hier halten wir uns links und laufen leicht bergab. Bereits nach 300 m treffen wir auf der linken Seite auf die spanische Volksvertretung. Über den korinthischen Säulen des Parlamentsgebäudes prangt der Schriftzug „Congreso de los Diputados". Doch jeder nennt die Volksvertretung an der Carrera de San Jerónimo schlicht Cortes. Der Palast mit seiner klassizistischen Säulenvorhalle, flankiert von zwei bronzenen Löwen, ist heutzutage ein Symbol für die spanische Demokratie.

Die Geschichte des Parlaments ist ereignisreich. Mehrmals war die Vertretung jahrzehntelang ohne Einfluss oder gar Macht. Die 1931 ausgerufene Republik machte die Cortes zu einer wahren Volksvertretung. Doch mit der Demokratie und dem Parlament war es schnell vorbei, als Franco mit Hilfe von Hitler und Mussolini den Spanischen Bürgerkrieg für sich entschied. Erst durch die 1978 angenommene Verfassung erhielt das Parlament nach den ersten freien Wahlen seine für westliche Demokratien üblichen Rechte zurück.

Mit Ausnahme des Augusts kann der Congreso de los Diputados im Rahmen einer Führung besichtigt werden. Geöffnet Sa 10.30–12.30 Uhr. Unbedingt Personalausweis mitbringen. Eintritt frei. Plaza de las Cortes (Metro: Banco de España).

Casa Museo de Lope de Vega

Vom Parlament laufen wir weiter leicht bergab in östliche Richtung. Nach wenigen Metern treffen wir auf die schöne Plaza de las Cortes. Wir überqueren sie in Richtung Süden und biegen so rechts in die ruhige Calle de San Augustín ein. In die zweite Querstraße, die Calle de Cervantes, biegen wir rechts ein. Nach 100 m treffen wir auf das Schriftstellermuseum. Es klingt fast wie Ironie, dass das ehemalige Wohnhaus von Lope de Vega (1562–1635) im Literatenviertel ausgerechnet in der engen Cervantes-Straße liegt. In dem Wohnhaus mitten im heutigen Ausgehviertel der Plaza Santa Ana und Las Huertas lebte der Schriftsteller von 1610 bis zu seinem Tod 1635. Die Exponate und Einrichtungsgegenstände des Museums erinnern an den immer noch populären Theaterautor in der für die spanische Literatur so wichtigen Zeit des Siglo de Oro, des goldenen Zeitalters. Viele Teile des 1935 renovierten Backstein-Hauses aus dem 17. Jh. wurden nach Beschreibungen des Schriftstellers rekonstruiert. Das gilt insbesondere für den lauschigen Garten auf der Rückseite des Hauses. Ein Rundgang bringt einen somit nicht nur dem berühmten Literaten näher, sondern vermittelt auch einen Eindruck von der Lebensweise und Architektur des goldenen Zeitalters.

Di–So 10–15 Uhr. Das Museum ist nur im Rahmen einer halbstündigen Führung zu besichtigen. Mo geschlossen. Eintritt gratis. Calle de Cervantes 11 (Metro: Antón Martín).

Real Academia Española de la Historia

Wir verlassen das Dichterhaus nach rechts. Nach wenigen Metern treffen wir auf die Calle de León und halten uns links. Nach 100 m stoßen wir auf die berühmte Literatenstraße Calle de las Huertas. An der Ecke Las Huertas/León befindet sich die königliche Akademie der Geschichte. Sie wurde vom gleichen Architekten errichtet wie der Prado. Juan de Villanueva schuf

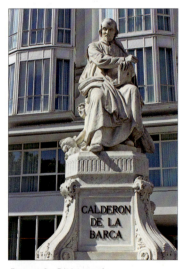

Der große Dichter auf der Plaza Santa Ana

1788 aus den für Madrid typischen Baumaterialien – Granit und roter Backstein – dieses Gebäude. Der Schatz der Akademie ist ihre 200.000 Bücher und Manuskripte umfassende Bibliothek.

Der Lesesaal ist Mo–Fr 9–14 und 16–19 Uhr geöffnet, Juli und September nur 8.15–15 Uhr. Im August ist die Bibliothek geschlossen. Calle de León 21 (Metro: Antón Martín), www.rah.es.

Plaza de Santa Ana

Auf der Fußgängerzone Huertas laufen wir bergauf, stoßen auf die schöne Plaza del Angel und sehen schräg gegenüber (rechts) die legendäre Plaza de Santa Ana mit ihren vielen Cafés und Bars. Der Platz hat seine Entstehung dem französischen Statthalter in Spanien Joseph Bonaparte zu verdanken. Er ließ ein Karmeliterkloster aus dem 16. Jh. und ein halbes Dutzend Häuser abreißen. Heute zählt die Plaza de Santa Ana zu den beliebtesten Treffpunkten des Centro. Das Denkmal für den Theaterschriftsteller Calderón de la Barca kommt nicht von ungefähr. Der Dramatiker wohnte wie seine berühmten Dichterkollegen Cervantes und Lope de Vega in diesem Viertel.

Metro: Sol, Tirso de Molina oder Antón Martín.

Lope de Vega – der fleißige Volksdichter

Unter seinem richtigen Namen, nämlich Lope Félix de Vega Carpio, kennt den am 25. November 1562 geborenen Lyriker und vor allem Theaterautor heute niemand. Der Ruhm des in einfachen Verhältnissen aufgewachsenen Madrider Poeten Lope de Vega gründet sich nicht zuletzt auf seine immense literarische Produktion. Rund 1500 Dramen soll er in seinem Leben geschrieben haben. Um die 500 Komödien, religiöse und mythologische Stücke etc. haben die Jahrhunderte überdauert. Zu den bekanntesten gehören u. a. „La noche de Don Juan" („Die Nacht des Don Juan"), „Los melindres de Belisa" („Die Launen der Doña Belisa") und „La judía de Toledo" („Die Jüdin von Toledo"). Lope de Vega, der als offizieller Dichter an der Expedition der Armada gegen England teilnahm, war sehr populär. Schließlich spiegelten seine Stücke die Vorurteile breiter Volksschichten wider, betonten die Liebe zu Kirche, Monarchie und Bauernstand, lobten Ehre und Treue. Er gilt als Begründer des spanischen nationalen Theaters. Der nach dem Tod seiner zweiten Frau 1614 zum Priester geweihte Poet zählt auch zu den bedeutendsten spanischen Lyrikern des goldenen Zeitalters. Rund 3000 Sonette stammen aus der Feder des Vielschreibers.

Lope de Vega – immer noch beliebt

Teatro Español

Optisch wird die Plaza vom Teatro Español beherrscht, dessen Anfänge bis ins Jahr 1583 zurückgehen. Schon im 19. Jh. zählte dieses Haus zu den besten des Landes. Und auch heutzutage wird das Teatro Español unter den Bühnen Madrids an erster Stelle genannt. Der spanische Regisseur Adolfo Marsillach feierte hier in den 1980er- und 1990er-Jahren seine größten Triumphe.

Metro: Sol, Tirso de Molina oder Antón Martín.

Abstecher zum andalusischen Hammam

In der Calle Atocha, fünf Minuten von der Plaza Santa Ana, kann der Besucher sich dem Genuss eines Bades hingeben. Der Weg dorthin führt von der Plaza de Santa Ana Richtung Südosten über die Plaza del Ángel auf die Calle de las Huertas. Dort rechts abbiegen und bis zur Plaza de Jacinto Benavente laufen. An der Ecke zur Calle de Atocha befindet sich das Medina Mayrit.

Die jahrhundertealten Kammern einer unterirdischen Zisterne wurden im Mudéjar-Stil wieder hergestellt. Auf einer Fläche von 500 m² gibt es drei Bäder mit verschiedenen Temperaturen, ein türkisches Bad, ein Aromabad und Räume für Massagen. Im oberen Stock werden Tee und andalusische Gerichte mit arabischem Einschlag serviert. Der Mittagstisch der Fusion-Küche ist übrigens gut und preiswert.

Täglich 10–12 und 14–16, 18–20 und 22–24 Uhr geöffnet. Eintritt ab 30 €. Reservierung unter ✆ 914299020 oder www.madrid.hammamalandalus.com. Calle de Atocha 14 (Metro: Tirso de Molina oder Sol).

Praktische Infos → Karte S. 101

Essen & Trinken

››› Mein Tipp: Café La Pecera **2**, im Círculo de Bellas Artes. Eine nackte Schönheit aus Marmor räkelt sich unter dem riesigen Kristallleuchter, Kellner balancieren ihre Tabletts um die milchfarbenen Säulen …

Im La Pecera (zu Deutsch „Goldfischglas") im Kulturpalast Círculo de Bellas Artes ist alles ein wenig extravaganter. Das Café in dem 1926 errichteten prunkvollen Gebäude ist eine Institution: Viele Künstler, Schriftsteller, Musiker und Journalisten treffen sich hier. Die herrliche Jugendstiloptik be-

Cerveceria Alemana: Tradition und Genuss

Federico García Lorca – der Dichter der Republik

Vor dem Teatro Español steht auf der Plaza Santa Ana eine lebensgroße Bronzeskulptur des spanischen Schriftstellers Federico García Lorca. Der Andalusier hält eine Taube als Symbol des Friedens in seinen Händen. Die Plastik des 1898 bei Granada geborenen Dichters ist heute ein beliebtes Fotomotiv. Denn Lorca, der zu den wichtigsten spanischen Autoren des 20. Jh. zählt, wird noch immer verehrt. Mit Madrid ist der Autor der Dramen „Bluthochzeit" und „Yerma" eng verbunden. Bis 1928 studierte er an der renommierten Universität Complutense. Die Jahre in Madrid prägten ihn künstlerisch wie politisch. Dort schloss er Freundschaft mit dem später berühmten Filmregisseur Luis Buñuel. Lorca war auch ein großer Verehrer des Stierkampfes. Dem befreundeten Torero Ignacio Sánchez Mejías widmete er 1935 sogar ein eigenes Werk. Bei den Faschisten unter Franco war der Theaterautor und Lyriker hingegen verhasst – er übte in seinem Werk Kritik an der rückständigen Gesellschaft Spaniens. Während des Spanischen Bürgerkriegs wurde er im August 1936 von Faschisten ermordet. Ob dabei auch seine Homosexualität oder gar persönliche Rache eine Rolle spielten, ist ungeklärt. Geblieben ist aber auch nach sieben Jahrzehnten seine unglaubliche Popularität bei den Spaniern und insbesondere bei den Madrilenen.

---

sticht ebenso wie die riesigen Fenster zur Calle de Alcalá. Hier lässt es sich in den tiefen Ledersofas bei einem *café con leche* gut über Gott und die Welt philosophieren. So–Do 9–1 Uhr, Fr/Sa bis 3 Uhr geöffnet. Der Eintritt zum Kunstverein bzw. zum Café kostet 1 €. Calle de Alcalá 42 (Metro: Banco de España), www.circulobellasartes.com. **«**

Casa Alberto 12, rustikale Taverne im Ausgehviertel Huertas, der hintere Teil ist Restaurant. Stimmungsvoll. Relativ preiswerte Menüs. Spezialität ist Stierschwanz. Huertas 18 (Metro: Antón Martín).

Cervecería Santa Isabel 36 17, das einfach eingerichtete Altstadtlokal ist mittags ein Treffpunkt der Handwerker und Anwohner. Auch leckere Tapas. Santa Isabel 36 (Metro: Lavapiés/Anton Martin).

Taberna Tirso de Molina 16, ein beliebtes Restaurant, das gerade von den Anwohnern zur Mittagszeit und am frühen Abend geschätzt wird. Preiswerte Menüs. Plaza Tirso de Molina 9 (Metro: Tirso de Molina).

»» Mein Tipp: *Cervecería Alemana* 8, Traditionslokal im Literatenviertel. Die holzgetäfelte Fassade der „deutschen Bierstube" dient sogar als Postkartenmotiv: Das Traditionslokal an der Plaza de Santa Ana – 1904 von einem Deutschen eröffnet – begeistert Spanier und Ausländer seit Jahrzehnten gleichermaßen. Die Liste internationaler Promis unter den Gästen ist lang: Nobelpreisträger Santiago Ramón y Cajal, Schriftsteller Ramón-María del Valle-Inclán, Diktator Primo de Rivera. Heutzutage sitzen vor allem Schauspieler, Musiker und Journalisten an den weißen Marmortischen und genießen die Delikatessen. Hier soll Ernest Hemingway seinen Bürgerkriegsroman „Wem die Stunde schlägt" verfasst haben. Zu Zeiten Hemingways war der nostalgische Bar Treffpunkt der Stierkämpfer, die nur ein paar Meter weiter im feinen Hotel Victoria logierten. Die Tapas-Spezialität ist *tortilla de patatas*, nicht ganz billig, dafür aber von exzellenter Qualität. Für einen Aperitif oder Digestif gibt es im Centro kaum einen schöneren Platz. Plaza de Santa Ana 6 (Metro: Sol). **«**

Heladéria Ricci 11, der populäre Eisladen arbeitet nur mit natürlichen Aromen, hier gibt es ungewöhnliche Eissorten, aber z. B. auch einen Käsekuchen aus Sojamilch ohne Zucker. Huertas 9 (Metro: Sol).

Einkaufen

El Jardin del Angel 13, eine Oase in der geschäftigen Fußgängerzone Huertas. Der kleine Blumenladen, der bereits seit 1839 existiert, kann auch für Feiern gemietet werden. Ein zauberhafter, wohl duftender Ort. Huertas 2 (Metro: Sol).

Gran Vía: Madrids berühmter Boulevard

Tour 4: Prachtboulevard Gran Vía

Ein Bummel entlang der Gran Vía ist der spektakulärste Spaziergang in Madrid. Die historische Hochhausschlucht ist schlichtweg *der* Boulevard der Stadt. Er führt von der repräsentativen Plaza de España bis zur Plaza de Cibeles im Osten. An der 1,5 km langen Hauptstraße reihen sich die Prachtbauten aneinander, sie ist ein Museum der Architektur des frühen 20. Jahrhunderts: Art déco und Rationalismus.

Auf der Gran Vía ist immer was los. Auch wenn der Boulevard längst nicht mehr die noble Einkaufsstraße ist, so ist die Ost-West-Achse nach wie vor die Ausgehmeile schlechthin. Auf den Bürgersteigen der Gran Vía spazieren jeden Abend – trotz des vielen Verkehrs – Tausende von Madrileños. Selbst zu später Stunde drängen sich die Kino- und Theaterbesucher auf den breiten Gehsteigen – keine andere Straße bietet mehr und opulentere Kinos in Spanien. Auch tagsüber sind die vielen Läden und Warenhäuser rund um die Plaza del Callao von Kunden umlagert. An Eleganz hat der Boulevard jedoch ein wenig eingebüßt. Vor allem nach Mitternacht gehören Drogenabhängige und Prostituierte zum Straßenbild ...

Die meisten Gebäude der verhältnismäßig neuen Gran Vía stammen vom Anfang des 20. Jh. Um Platz für die Verkehrs- und Einkaufsachse zu schaffen, wurden damals insgesamt 14 Straßen und Gassen sowie über 300 Häuser der verwinkelten Altstadt abgerissen. Am 4. April 1910 nahm König Alfonso XIII. höchstpersönlich den Hammer in die Hand, um das Startsignal für den Einriss des ersten Hauses zu geben und damit den Weg frei zu machen für einen

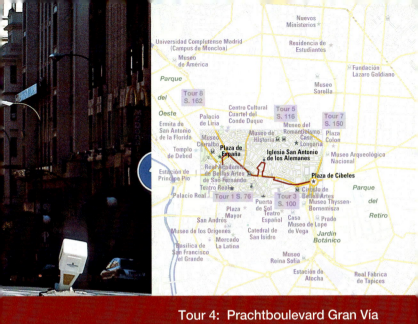

Tour 4: Prachtboulevard Gran Vía

großen, modernen Boulevard. Das Gebäude, das an dieser Stelle neu gebaut wurde (heute Gran Vía Nummer 8, Ecke Calle de Víctor Hugo), sollte allerdings erst 1952 fertiggestellt sein – ironischerweise als letzter Neubau an der gesamten Gran Vía.

Ein Großteil der Bauten hat eine aufwendig gearbeitete Fassade mit zahlreichen architektonischen Details. Dort, wo die Calle de Alcalá auf die Gran Vía trifft, steht eines der originellsten Gebäude, das Metrópolis-Haus, Sitz der gleichnamigen Firma. Architektonisch beherrscht wird die Gran Vía vom ersten Wolkenkratzer Madrids, dem Verwaltungsgebäude der Telefónica. Bereits 1929 wurde das champagnerfarbene Gebäude erbaut. Aus den 1930er-Jahren stammen die Kinos Palacio de la Prensa und das Capitol.

Von der Plaza de España zur Plaza de Cibeles

Plaza de España

Startpunkt unseres Spaziergangs ist die Plaza de España mit der gleichnamigen Metrostation, die über die U-Bahn-Linien 3 und 10 zu erreichen ist.

Jede Epoche baut sich ihre Plätze. Und wenn sich Caudillo Franco ein architektonisches Monument gesetzt hat, dann ist es die Plaza de España am nordwestlichen Ende der Gran Vía. Wo, wenn nicht hier, hätte der Nationalist seinen imperialen Gedanken in Stein Ausdruck verleihen können? Vor allem eindrucksvoll sollten die repräsentativen Gebäude im „neuen" Madrid der Nachkriegsjahre sein. Das 1948 erbaute **Edificio España** erreicht eine Höhe von 107 m, die 1957 errichtete **Torre de Madrid** übertrifft mit 124 m ihren Nachbarn. Noch im 18. und 19. Jh. wurde dieses Gelände für Kasernen genutzt, schließlich war der Königspalast um die Ecke. Erst in den 1940er- und 1950er-Jahren erhielt der Platz sein heutiges Aussehen. Heute ist die Plaza de España eine beliebte Promenade und ein Verkehrsknotenpunkt für die südlichen Stadtviertel.

Metro: Plaza de España.

Cervantes-Denkmal

Die bronzenen Romanfiguren Don Quijote und Sancho Pansa, die in der Mitte des Platzes stehen, sind heute eines der beliebtesten Fotomotive der Stadt. Viele Madrid-Besucher klettern gar auf die Plastiken. Über allen wacht auf einem Obeliskensockel Spaniens berühmtester Dichter Miguel de Cervantes Saavedra (1547–1616). Sein in zwei Teilen (1605 und 1615) erschienenes Hauptwerk, der tragikomische Roman „El ingenioso hidalgo Don Quijote de la Mancha" – ein Stück Weltliteratur –, erzählt die Abenteuerfahrten eines kuriosen Vertreters des niederen kastilischen Adels und seines treuen Begleiters, des bauernschlauen Sancho Pansa. Das als Satire gegen die damaligen Ritterromane geplante Werk Cervantes' gilt heute als umfassende Kulturstudie nicht nur des damaligen Spaniens.

Metro: Plaza de España.

Senado

An der südlichen Ecke der Plaza de España ist die zweite Kammer des spanischen Parlaments untergebracht: der Senat. Das bereits im 19. Jh. zum Sitz der Madrider Stadtverwaltung umgewandelte Augustinerkloster María de Aragón wurde von dem Architekten Salvator Gayarre Ruiz de la Galarreta zwischen 1988 und 1992 im postmodernen Stil erweitert. Doch statt auf Transparenz als architektonisches Symbol des demokratischen und proeuropäischen Spaniens zu setzen, zeigt sich das Senatsgebäude zur Calle de Bailén hin als überdimensionierter, wuchtiger Bauklotz. Weitaus angenehmer ist die alte Frontseite an der malerischen Plaza Marina Española.

Der Senat kann Mo–Fr 9–14 und 16–18 Uhr sowie Sa 9–14 Uhr besichtigt werden. Am

Der bronzene Mann aus La Mancha als Teil des Cervantes-Denkmals

meisten lohnt sich ein Besuch am Dienstag, denn dann finden am Vormittag Plenarsitzungen statt. Eintritt frei. Personalausweis unbedingt mitbringen. Metro: Plaza de España.

Edificio Carrión/Capitol

Vom Senado kehren wir zurück auf die Plaza de España und überqueren den Platz, um in die Gran Vía abzubiegen. Die Straßenschlucht führt in Richtung Plaza del Callao bergauf. Vor allem am späten Nachmittag und am Abend kann es auf dem Bürgersteig eng zugehen. Stilechte Art-déco-Architektur präsentiert das Edificio Carrión, das heutige Kino Capitol in der Gran Vía 41: Das zwischen 1931 und 1933 von den Architekten Louis Martínez Feduchi und Vicente Eced erbaute Gebäude ist eines der besten Beispiele für diese dekorative Stilrichtung.

Gran Vía 41 (Metro: Callao).

Palacio de la Prensa

Der Pressepalast mit seiner mächtigen Fassade wurde zwischen 1925 und 1929 von Pedro Muguruza erbaut und zählt zu den eindrucksvollsten Art-déco-Gebäuden der Gran Vía. König Alfonso XIII. persönlich legte im Juli 1925 den Grundstein. 1941 wurde das multifunktionale Gebäude vom Architekten Enrique López-Izquierdo nochmals grundlegend umgebaut. Heute beherbergt es ein weithin bekanntes Kino.

Gran Vía 46 (Metro: Callao).

Abstecher zur Iglesia San Antonio de los Alemanes

Kurz nach der Plaza del Callao geht die kleine Seitenstraße Concepción Arenal links von der Gran Vía ab, in die biegen wir ein. Bei der Kirche San Martín geht es links in die Calle de la Luna und dann nach wenigen Metern rechts in die Calle Corredera, die uns nach gut 100 m zur Kirche San Antonio de los Alemanes in der Calle Puebla führt. Das barocke Gotteshaus mit seiner markanten Kuppel wurde ursprünglich von dem Architekten und Jesuitenpater Pedro Sánchez errichtet, der auch die Kirche San Isidro im Habsburgerviertel plante. Die Kirche wurde Ende des 19. Jh. grundlegend umgebaut. Im Inneren faszinieren die von Francesco Ricci und Juan Carreño ausgemalte Kuppel sowie die ausgemalten Wände und Decken, die vor Kurzem umfassend renoviert wurden. Die „Kirche der Deutschen" verdankt ihren Namen der vierten Ehefrau von Felipe II., Maria Anna von Österreich. Die Habsburgerin stellte die 1624 geweihte Kirche unter ihren persönlichen Schutz und übergab sie an die deutsche Gemeinschaft, die damals in Madrid lebte. So erhielt die Kirche den Beinamen „de los Alemanes". Kurios: Am Ausgang kann man seinen Obolus auch per Kreditkarte oder Euroscheck entrichten.

Geöffnet Mo–Sa 11–20 Uhr, So 9–13 Uhr.
Calle Puebla 22 (Metro: Callao).

Telefónica

Nach dem Kirchenbesuch kehren wir wieder zur Gran Vía zurück. Hinter der Plaza del Callao ragt das Bürogebäude der mächtigen spanischen Telefongesellschaft Telefónica wie ein Monolith aus dem Häusermeer. Das erste Hochhaus Madrids, über 80 m hoch, wurde zwischen 1925 und 1929 von den Architekten und ITT-Angestellten Louis S. Weeks und Ignacio de Cárdenas erbaut. Im Spanischen Bürgerkrieg benutzte die Artillerie der Franco-Truppen den Wolkenkratzer als Zielmarkierung für das Bombardement der Innenstadt. Das markante Hochhaus war früher die Konzernzentrale des börsennotierten Telefonkonzerns und das Wahrzeichen der Gran Vía. Allerdings sind die Räumlichkeiten längst zu eng geworden. Heute besitzt Telefónica ein riesiges,

hypermodernes Verwaltungs- und Forschungszentrum im Norden von Madrid.
Gran Vía 28 (Metro: Gran Vía).

Oratorio de Caballero de Gracia

Ein paar Meter weiter wird die Gran Vía von dem viel befahrenen Platz Red de San Luis unterbrochen. Über ihn gelangen wir in eine südliche Parallelstraße der Gran Vía, die Caballero de Gracia, wo wir auf das Gebetshaus Oratorio de Caballero de Gracia treffen. Dieses Ende des 18. Jh. von dem Prado-Architekten Juan de Villanueva erbaute Sakralgebäude überzeugt durch harmonischen Innenaufbau und großartige Fresken. Es gilt als eines der besten Beispiele des Klassizismus in Madrid. Die Fassade stammt übrigens nicht von Villanueva, sondern wurde erst 1830 unter dem Architekten Custodio Moreno errichtet.
Geöffnet Mo–So 11–13.45 Uhr und 17–20.45 Uhr. Caballero de Gracia 5 (Metro: Gran Vía oder Banco de España).

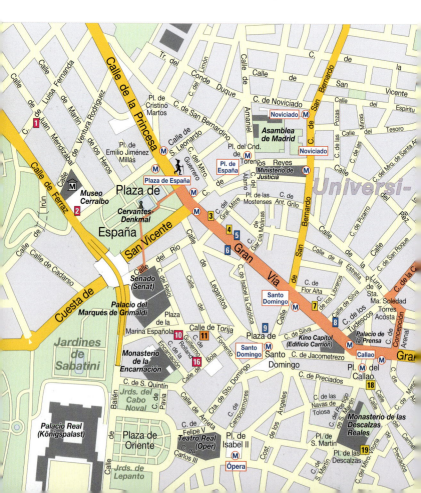

Iglesia de San José

Wir kehren zur Gran Vía zurück und laufen nun bergab. Dort, wo die Gran Vía auf die Prachtstraße Alcalá trifft, steht auf der linken Seite die schmucke Kirche San José. 1730 wurde der Architekt José de Ribera beauftragt, das Gotteshaus sowie ein dazugehöriges Karmeliterkloster zu errichten. Erst 15 Jahre später wurde der Bau vollendet. Das Kloster wurde im 20. Jh. abgerissen, um der Banco de Vizcaya und dem Teatro Apolo Platz zu machen. Früher stand hier übrigens auch schon eine Kirche. In diesem Vorgängerbau wurde einst der Schriftsteller Lope de Vega zum Priester geweiht.

Calle de Alcalá 43 (Metro: Banco de España oder Sevilla).

Plaza de Cibeles

Beim Verlassen der Kirche halten wir uns links. Hier mündet die Gran Vía in die Calle de Alcalá. Nach 500 m, vorbei am Palacio de Buenavista mit seinem weitläufigen Park (er wird vom spanischen

Übernachten
- 5 Hotel Tryp Washington (S. 42)
- 6 Espahotel Gran Vía (S. 46)
- 8 Hotel Tryp Rex (S. 42)
- 9 Hotel Santo Domingo (S. 40)

Essen & Trinken (S. 114/115)
- 1 Café/Restaurant Viena
- 2 Club Allard
- 10 El Buey
- 12 Petit Comité
- 16 La Bola

Nachtleben (S. 59/60)
- 11 Café de Chinitas
- 14 Del Diego
- 15 Museo Chicote
- 17 El Cock

Einkaufen (S. 115)
- 3 Casa del Libro
- 4 Lladró
- 7 Camper
- 13 Cortefiel
- 18 Fnac
- 19 Grassy

Tour 4

Militär genutzt und ist nicht zu besichtigen), sind wir am Ziel – an der spektakulären Plaza de Cibeles mit ihrem berühmten Brunnen und dem Postgebäude Palacio de Comunicaciones im spanischen Zuckerbäckerstil. Umgeben ist der Platz zudem von weiteren Prachtbauten aus dem 18. bis 20. Jh. (Näheres zur Plaza de Cibeles → Tour 6).

Metro: Banco de España.

Praktische Infos → Karte S. 112/113

Essen & Trinken

Die Gran Vía ist mit ihren vielen Kinos und Läden eher eine Shopping- und Vergnügungsmeile. Bars und Restaurants sind mit Ausnahme von Fast-Food-Läden eher selten. Die meisten Besucher gehen nach einem Kino- oder Theaterbesuch ins nahe gelegene Centro mit seinen vielen Traditionslokalen. Die jüngere Generation bricht auf nach Malasaña oder im Sommer zu den nahen Terrassencafés an der Castellana oder Rosales. Hier trotzdem eine kleine Auswahl empfehlenswerter Lokale in der Nähe der Gran Vía:

Club Allard 2, nichts ist so auf dem Teller ist so, wie es scheint. Das Ei ist kein Ei, das Teelichtglas kein Teelichtglas. Die Einfälle des baskischen Kochs Diego Guerrero sind schier unbegrenzt. Mit seiner surrealen Küche im Club Allard an der Ecke Plaza de España/Calle Ferraz hat sich der bescheidene Kochkünstler viele Fans nicht nur in Madrid erkocht. Ein Menü im früheren Politikerclub ist ein aromatisches und visuelles Erlebnis. Der Eingang zu dem Restaurant in dem prächtigen Bürgerhaus ist leicht zu übersehen. Innen ist es schlicht und elegant eingerichtet. Der Service ist herzlich und perfekt. Für ein Menü mit einer Flasche Wein für zwei Personen sollten rund 150 € einkalkuliert werden. Der Club Allard zählt zu den besten Restaurants Madrids. Calle Ferraz 2, Mo–Fr ab 13.30 Uhr und Di–Sa ab 21 Uhr. Unbedingt rechtzeitig reservieren, ✆ 915590939, www.cluballard.com.

Café/Restaurant Viena 1, schönstes Café des Stadtviertels. Das seit Jahren beliebte Viena lässt die Kaffeehausatmosphäre zu Beginn des 20. Jh. wieder aufleben. Das angeschlossene Restaurant überzeugt dagegen nicht immer. Mittlere Preisklasse. Calle de Luisa Fernanda 23 (Metro: Ventura Rodríguez).

Petit Comité 12, die Küche von Javier Jauregui ist mediterran mit französischem Einfluss. Außergewöhnlich ist die gute Käseauswahl. Hauptgerichte wie Kalbslende aus dem Guadarrama-Gebirge mit Foie gras und Mini-Gemüse liegen um die 20 €. Calle Reina 15 (Metro), ✆ 915217552. www.restaurante-petitcomite.com.

»» Mein Tipp: La Bola 16, eine Legende der Madrider Restaurantszene. Manche glauben, nirgendwo könne man besser *cocido madrileño* essen. Dieser Eintopf aus Kichererbsen und Fleisch (16 €) hat das Re-

Das ehemalige Telefónica-Hauptquartier

staurant mit der roten Holzverkleidung unweit des Senats zur Berühmtheit werden lassen. Aber auch die anderen kastilischen Gerichte sind überdurchschnittlich. Klimaanlage vorhanden. Klassische spanische Weine. So geschlossen. Calle de la Bola 5 (Metro: Plaza de España oder Santo Domingo). «

El Buey **10**, nur ein paar Schritte von der Plaza de España an dem feinen Platz der spanischen Marine. Wegen des Senats haben sich zahlreiche gute Restaurants dort niedergelassen. El Buey ist eines davon: Wer spanische Küche und vor allem Rind- und Kalbfleischgerichte schätzt, ist hier an der richtigen Adresse. Das Restaurant sieht teurer aus, als es tatsächlich ist. Plaza de la Marina española 1 (Metro: Santo Domingo).

Einkaufen

Ursprünglich war die Gran Vía mal der eleganteste Einkaufsboulevard der Stadt. Diese Zeiten sind zwar seit Jahrzehnten vorbei, aber es gibt an der Gran Vía eine Reihe exzellenter Läden, die sowohl gerne von Einheimischen als auch von Touristen besucht werden.

Lladró **4** Die edlen Porzellanfiguren aus Spanien sind in aller Welt zu finden. Eine besonders große Auswahl der romantischen Plastiken hat das Geschäft in der Gran Vía 74 (Metro: Plaza de España).

Camper **7** Für seine modischen und komfortablen Schuhe wird diese Marke von der jungen Generation Spaniens geschätzt. Camper zu tragen, ist einfach angesagt. Überraschend preiswert. Gran Vía 54 (Metro: Callao).

Cortefiel **13** Die spanische Bekleidungskette ist gleich mit zwei Läden in der Gran Vía vertreten. Sowohl für Damen als auch für Herren gibt es hier klassische Oberbekleidung zu vernünftigen Preisen. Auch Nobelmarken wie Ralph Lauren oder Yves Saint Laurent sind im Sortiment. Gute Sonderangebote im Januar und Juli. Gran Vía 27 (Metro: Gran Vía) und 76 (Metro: Plaza de España).

Casa del Libro **3** Über Jahrzehnte war dies das größte Bücher-Kaufhaus der Stadt. Auf vier Stockwerken wird spanischsprachige Literatur von Miguel de Cervantes bis Miguel Delibes präsentiert. Hier gibt es auch englischsprachige Literatur. Gran Vía 29 (Metro: Gran Vía). Eine gute Auswahl an Reiseführern und Bildbänden zu Madrid und Umgebung (auch in Englisch und Deutsch) bietet die nahe Dependance in der Calle del Maestro Victoria 3 an (Metro: Callao).

Fnac **18** Französische Medienkette, die einfach alles anbietet: CDs, Videos, Bücher, Zeitschriften ... angeblich zu den billigsten Preisen der Stadt. Gute Beratung darf man hier allerdings nicht erwarten. Calle de Preciados 28 (Metro: Callao).

Grassy **19** Schon das beeindruckende, 1917 errichtete Gebäude in der Gran Vía sorgt für Prominenz. Wie ein Stück opulent verzierte Torte steht es am Beginn der Gran Vía. Grassy ist seit über sechzig Jahren einer der berühmtesten Juweliere der Stadt. Der edle Laden verkauft nicht nur außergewöhnlichen Schmuck, sondern auch noble Uhren. Viele Besucher kommen aber wegen der Sammlung historischer Uhren. Insgesamt gibt es mehr als 500 Exponate aus dem 16. bis 19. Jh. Mo–Sa 10–13 und 17–20 Uhr. Gran Vía 1 (Metro: Banco de España).

Pures Art decó in der Gran Vía

Die Plaza de Chueca ist das Zentrum des schrillen Viertels

Tour 5: Malasaña und Chueca

Malasaña, das verwinkelte Häusermeer nördlich der Gran Vía, ist noch heute das bunteste Stadtviertel Madrids. Hier wurde in den 1980er-Jahren die legendäre Movida geboren. Rund um die Plaza Dos de Mayo hat der Madrider Underground das Sagen. Im Nachbarviertel Chueca ist die Gay-Szene zu Hause. Längst sind die Zeiten vorbei, als nur Drogenabhängige die Straßen rund um die Plaza de Chueca beherrschten. Heute gehört insbesondere Chueca zu den In-Vierteln Madrids.

Döst das malerische Viertel **Malasaña** während des Tages dahin, wacht es am späten Abend auf, wenn die wilde Madrider Szene die Bühne betritt. Ab Mitternacht geht der Ausgeh-Spaß richtig los. Das Viertel gleicht dann einer riesigen Open-Air-Bar. In den Gässchen drängen sich die Menschen auf den Straßen, am Wochenende ziehen Tausende durch das Viertel. Spontanpartys sind hier nie ausgeschlossen. Die Ausgehzentren liegen rund um die Plaza Dos de Mayo (Metro: Bilbao) und die Plaza de Santa Bárbara (Metro: Alonso Martínez).

Der Stadtteil, der im Norden von den Straßen Carranza bzw. Sagasta, im Süden von der Gran Vía und im Westen von der Straße San Bernardo begrenzt wird, ist heute fest in der Hand der Progressiven. Die Öko-Bewegung hat sich hier über Läden und Initiativen längst ihre eigene Infrastruktur geschaffen. Aber auch von den Kommunalpolitikern ist das traditionell linke Viertel nicht vergessen worden: Zahlreiche Straßen wurden verkehrsberuhigt und historische Straßenzüge wieder instand gesetzt. Dennoch bleibt Malasaña ein Viertel mit gewissen Schwierigkeiten.

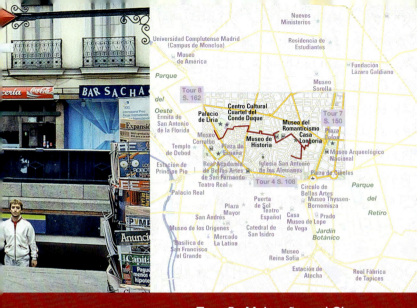

Tour 5: Malasaña und Chueca

Das Drogenproblem ist nicht gelöst, viele Familien sind wegen der Bars, die bis zum Morgengrauen lärmen, weggezogen. Geblieben sind die Jungen und die Alten.

Östlich von Malasaña liegt **Chueca**. Das verwinkelte In-Viertel wird im Westen von der Calle de Hortaleza, im Norden von der Calle de Génova, im Osten vom noblen Paseo de Recoletos und im Süden von der Gran Vía sowie der Calle de Alcalá begrenzt. In den wilden 1980er-Jahren waren in Chueca die schrillen Vögel der Movida unterwegs, und seit den 1990er-Jahren hat rund um die U-Bahn-Station Chueca die Homosexuellen-Szene der Millionenmetropole ihr Zentrum. Chueca ist ein bunter, populärer Stadtteil. In diesem Viertel ist für alle Platz: Schwule, (Lebens-)Künstler, Familien und Alte. Die Einwohner sind stolz auf die Toleranz und das Miteinander im Viertel. „La convivencia vive" ist das Motto, „es lebe das Zusammenleben". Das Gleichgewicht in diesem kosmopolitischen Viertel droht in der Wirtschaftskrise allerdings zu kippen. Denn die Immobilienpreise sind in astronomische Höhen gestiegen. Vor allem junge Leute können bei dieser Preisentwicklung nicht mehr mithalten und fordern Hilfe vom Staat.

Vom Palacio de Liria zur Plaza de Chueca

Palacio de Liria

Beginn unseres Spaziergangs abseits ausgetretener Touristenpfade ist die U-Bahn-Station Ventura Rodríguez (Linie 3).

Beim Verlassen der Metrostation stehen wir vor dem Palacio de Liria, der sich leider hinter hohen Mauern und Bäumen an dem viel befahrenen Boulevard Princesa verbirgt.

Bereits in der Zeit von Carlos III. begonnen und von Ventura Rodríguez 1780 fertiggestellt, ist der Stadtpalast noch heute im Besitz der schwerreichen Herzöge von Alba. Während des Spanischen Bürgerkriegs brannte der Barock-Palacio komplett nieder und wurde später wiederaufgebaut. Die Kunstsammlung mit Werken von El Greco, Velázquez, Goya, Murillo und Ribera konnte im Bürgerkrieg gerettet werden. Der Palast ist heute Sitz und Besitz der Fundación Casa de Alba.

Nur November bis Mai geöffnet, Besuchsmöglichkeiten gibt es dann Fr 11–13 Uhr. Calle de la Princesa 20–22 (Metro: Ventura Rodríguez).

Centro Cultural Cuartel del Conde Duque

Wir laufen die Calle Princesa leicht bergab in Richtung Plaza de España. Schon nach wenigen Metern führt eine Steintreppe hinauf zur Calle del Conde Duque. Nach 200 m treffen wir auf den Haupteingang der barocken Garnison Cuartel del Conde Duque.

Dieser von Pedro Ribera 1720 errichtete Barockbau ist heute ein Kulturzentrum und umfasst Ausstellungsräume, eine Reihe von Bibliotheken und das städtische Archiv. Im Sommer werden im Innenhof Konzerte und Theateraufführungen veranstaltet. Lohnenswert ist ein Besuch des 2001 gegründeten **Museo Municipal de Arte Contemporáneo** im ersten und zweiten Stock. Die Ausstellung zeigt einen guten Querschnitt durch das Kunstschaffen der vergangenen zwei Jahrzehnte (z. B. Eduardo Arroyo). Sie spiegelt aber auch den bisweilen provinziellen Geschmack der jeweiligen konservativen Bürgermeister wider.

Museum: Di–Sa 10–14 und 17.30–21 Uhr, So 10.30–14.30 Uhr. Eintritt frei. Calle del Conde Duque 11 (Metro: Ventura Rodríguez). Infos über Konzerte und Ausstellungen auf www.esmadrid.com/condeduque.

Plaza Dos de Mayo

Wenn wir das Kulturzentrum verlassen, laufen wir geradeaus in die kurze Calle del Cristo. Nach wenigen Metern halten wir uns links und betreten die Plaza de las Comendadoras. Sie ist beliebt als Treffpunkt und Spielplatz. Wir überqueren den verkehrsberuhigten Platz und biegen rechts in die enge Calle Quiñones, überqueren die laute Calle de San Bernardo und halten uns rechts. Wenige Schritte weiter beginnt links die ruhige Calle de la Palma, die direkt zur berühmten Plaza Dos de Mayo führt.

Der Platz des 2. Mai ist das Zentrum der Malasaña, ein historischer Ort. Hier befand sich eine strategisch wichtige Artilleriekaserne. Als die Franzosen die spanische Hauptstadt einnahmen, fanden am 2. Mai 1808 zwischen den Ma-

E inkaufen (S. 124/125)
- 5 Gandolfi
- 16 Patrimonio Comunal Olivarero
- 17 Mercado de Fuencarral
- 19 Trä
- 22 Farrutx

N achtleben (S. 58–60)
- 2 Honky Tonk
- 8 Pacha
- 9 Café la Palma
- 13 Palma 3
- 14 Tupperware
- 20 Bogui Jazz Club
- 21 Café Figueroa
- 23 La Vía Lactea

drider Bürgern und der Besatzungsarmee erbitterte Kämpfe statt. Unter der Führung der beiden Offiziere Velarde und Daoíz leistete die Bevölkerung hartnäckigen Widerstand. Heute erinnert ein Denkmal in der Platzmitte an die beiden Artilleriesoldaten. An den Kämpfen nahm auch ein 15-jähriges Mädchen, Manuela Malasaña, teil. Heute ist ihr Heimatstadtteil, der früher *barrio de maravillas* (Viertel der Wunder) hieß, nach ihr benannt.

Metro: Tribunal.

Museo de Historia

Wir kehren zurück zur Calle de la Palma und laufen weiter in östliche Richtung. Nach rund 250 m treffen wir auf die turbulente Calle de Fuencarral. Direkt gegenüber liegt das Museum für Stadtgeschichte. Zum Zeitpunkt der Recherche war es wegen Renovierungsarbeiten geschlossen. Das von Pedro de Ribera (1683–1742) erbaute Hospicio de San Fernando zählt zu den eindrucksvollsten Beispielen profaner Madrider Barockarchitektur. Besonders das aufwendige überladene Eingangsportal ist ein populäres Fotomotiv. Bereits seit 1929 dient das weitläufige Gebäude als Museum. Hier sind über 42.000 Zeugnisse der Stadtgeschichte von den Anfängen bis zum Ende des 20. Jh. ausgestellt. Besonders die vielen alten Fotos und Stadtpläne geben einen guten Einblick in die Entwicklung Madrids in den vergangenen Jahrhunderten. Eindrucksvoll sind das Modell der Stadt von 1830 und das rekonstruierte Arbeitszimmer des einstigen Avantgarde-Autors Ramón Gómez de la Serna.

Die Movida – die jungen Wilden von Madrid

War die Movida eine kulturelle Bewegung nach dem Ende der Franco-Zeit oder die ungezügelte Vergnügungssucht einer jungen Konsumgeneration in den Boomjahren Spaniens? Vielleicht von allem ein wenig. Selbst unter den Madrileños, die es ja eigentlich wissen müssten, scheiden sich die Geister, wenn es um die Movida geht. Auf jeden Fall hat sie zu Beginn der 1980er-Jahre dazu beigetragen, Madrid den Ruf zu verschaffen, den es noch heute hat: die aufregendste und wildeste Nacht-Metropole unter Europas Hauptstädten zu sein. Ursprünglich war die Movida die Aufbruchsbewegung der jungen Generation nach dem Tod Francos, die Schluss machte mit dem spießigen Mief und der selbstverliebten Provinzialität der Franco-Ära. Kreativ, europäisch und frech gab sich die Bewegung. Und einige ihrer frühen Protagonisten haben es zu Ruhm und Ehre gebracht. Musikgruppen wie Gabinete Caligari, Alaska oder Radio Futura haben ein Stück spanischer Musikgeschichte geschrieben. Der oscarprämierte Regisseur Pedro Almodóvar hat dieser wilden Zeit mit seiner schrill-witzigen Madrid-Komödie „Frauen am Rande des Nervenzusammenbruchs" ein filmisches Denkmal gesetzt. Agatha Ruiz de la Prada, aus feinem spanischem Hochadel, gehört heute zu den begehrtesten Designerinnen des Landes. Egal, ob im Bereich Film, Musik, Design, Theater, Kunst – Spanien schaffte nach Jahrzehnten wieder den Anschluss an die europäische Avantgarde. Heute ist der Kreativitäts- und Freiheitsrausch der Post-Franco-Jahre längst vorüber, die Exzentrizität, die Wildheit und Spontaneität jener Jahre ist verblasst. Damals brachten Tausende von Autofahrern weit nach Mitternacht den Verkehr fast zum Erliegen, die Nacht wurde zum Tag. Schrill, bunt und vor allem lustig ging es damals in den Gassen und Straßen der Hauptstadt zu. Heute haben die Jugendlichen angesichts der hohen Arbeitslosigkeit andere Sorgen und vor allem kein Geld für die zügellose Movida ihrer Eltern.

Es lohnt sich, um das Museo de Historia herumzulaufen. In der Calle de Barceló gibt es einen kleinen Park für eine Mittagspause. Madrids berühmteste Diskothek Pacha, in einem spektakulären Art-decó-Gebäude untergebracht, ist von dort aus unübersehbar.

Calle de Fuencarral 78 (Metro: Tribunal).

Museo del Romanticismo

Um unseren Spaziergang fortzusetzen, laufen wir vom Hauptportal des Museo de Historia auf der Calle de Fuencarral rund 100 m Richtung Süden, vorbei am spanischen Kulturministerium. Hier geht die Calle de San Mateo links ab, und es sind nur noch wenige Schritte zum Museo del Romanticismo, das in einem für Madrid typischen Stadtpalast des ausgehenden 18. Jh. untergebracht ist. Die Kunstsammlung des Marqués de la Vega-Inclán (1858–1942), die Möbel, Gebrauchsgegenstände und Gemälde umfasst, lässt das Leben von Aristokraten und Großbürgern aus vergangenen Jahrhunderten lebendig werden. Die meisten Besucher kommen wegen der exzellenten Bilderkollektion. Hier sind Werke von Goya, Sorolla, Zurbarán, Velázquez, Murillo und Mengs vertreten. Die Sammlung von Stichen des romantischen Madrid um 1860 gibt außerdem einen Eindruck, wie die spanische Hauptstadt damals aussah. Nach einer umfassenden, sechs Millionen Eu-

In der Casa Longoria treffen sich Spaniens Schriftsteller

ro teuren Renovierung ist das Museum seit 2010 wieder zu besichtigen.

Di–Sa 9–20.30 Uhr, So 10–15 Uhr, Mo geschlossen, November bis Ende April 9.30-18.30 Uhr geöffnet. Eintritt 3 €, Samstagnachmittag und So gratis. Calle de San Mateo 13 (Metro: Tribunal oder Alonso Martínez), ✆ 914481045.

Casa Longoria

Nach einer Besichtigung laufen wir auf der Calle de San Mateo weiter in nordöstliche Richtung am Museum entlang und treffen auf die Querstraße Calle de Mejía Lequerica. In diese biegen wir rechts ab. Nach 150 m überquert sie die Verkehrsader Hortaleza und heißt nun Calle de Fernando VI.

Hier steht unübersehbar das außergewöhnliche Gebäude des spanischen Schriftstellerverbandes (Sociedad General de Autores y Editores). Die Eckvilla ist eines der schönsten Beispiele spanischer Jugendstil-Architektur und wurde von dem katalanischen Architekten José Grases Riera ursprünglich für einen Bankier erbaut. Die Gesellschaft mit 52.000 Mitgliedern vertritt die Urheberrechte von weltweit über zwei Millionen Künstlern. Leider ist das prächtige Gebäude mit seinem bezaubernden Garten lediglich von außen zu besichtigen. Nur am Eingang kann man einen Blick auf die opulente Innenausstattung samt dem kreisförmigen Treppenhaus werfen.

Calle de Fernando VI 4 (Metro: Alonso Martínez), www.sgae.es.

Plaza de la Villa de Paris

Wir setzen unseren Spaziergang auf der Calle Fernando VI fort und kommen nach wenigen Hundert Metern zu der kleinen Plaza de las Salesas. Dahinter, nördlich des Platzes, liegt die bekannte Plaza de la Villa de Paris.

Der schöne, fein herausgeputzte Platz ist in ganz Spanien bekannt. Nicht weil er eine Insel der Ruhe im hektischen Madrid ist, sondern weil hier in einem ehemaligen Konventgebäude seit Ende des 19. Jh. der **Justizpalast** untergebracht ist. Das Gebäude, dessen Fassade

Es gibt auch stille Momente in Madrid

Lautes Madrid – die akustische Umweltverschmutzung

Besucher, die aus einem Land kommen, in dem ab 22 Uhr gesetzlich verordnete Ruhe herrschen muss, wo Wohnviertel von meterhohen Lärmschutzwällen wie in einer Burganlage umgeben sind und wo ein lautstarker Gefühlsausbruch auf der Straße als unfein empfunden wird, erleben in Madrid ihr blaues Wunder. Die lebenslustige und zugleich tolerante Stadt gilt als die lauteste Metropole Europas. Ein Spaziergang beispielsweise durch das Centro mit seinen engen Gassen gleicht dem Besuch eines virtuosen Konzerts von Straßenmusikanten: hupende Autos im Stau, brummende Lkw-Motoren, quietschende Stadtbusse und die Einlage von laut aufheulenden Fahrzeugen, die gerade ein waghalsiges Einparkmanöver starten. Zur Straßensinfonie gibt es auch ein Libretto: Losverkäufer tönen „para hoy, para hoy" („für heute, für heute"), aus den Geschäften dringen fröhliche Abschiedsformeln, aus den Bars ein Stimmengewirr zum Klangteppich der Spielautomaten und dem lauten Stapeln von Gläsern und Tellern, und aus den Wohnungen meldet sich der Fernseher, der akustische Begleiter für die eigenen vier Wände. Ist der *Homo madrileño* von Geburt an mit einem besonderen Trommelfell ausgerüstet? Jeder leistet seinen Beitrag, damit die Dezibelgrenze nicht unterschritten wird. Eine Nachtbar, in der der Lautstärkepegel nicht bis zum Anschlag geht, riskiert schnell, von ihrem jungen Publikum im Stich gelassen zu werden.

Alltagspsychologen haben für die Liebe Madrids zum Lärm zwei Erklärungen: Zum einen hilft die akustische Kulisse gegen Einsamkeitsgefühle, zum anderen ist sie eine Frage der Bequemlichkeit: Niemand schert sich darum, ob die Nachbarn genervt sein könnten. Freude und Ärger werden lautstark zum Ausdruck gebracht. Doch allmählich wird es auch den Madrilenen zu viel. Die Zahl der Stadtbewohner, die sich über die „akustische Umweltverschmutzung" bei der Stadtregierung beschwert, wächst seit Jahren. Es gibt immer wieder Demonstrationen für mehr Ruhe. Vor allem das Trinken auf offener Straße bis zum Morgengrauen (die sog. *botellera*) ist längst zu einem Problem geworden, das mit Gesetzen allein nicht mehr zu regeln ist. Gerade in Krisenzeiten meiden die jungen Madrilenen die teuren Bars. Das (Be-)Trinken auf der Straße bringt inzwischen nicht nur in Ausgehvierteln die Anwohner um ihren Schlaf.

zwischen 1915 und 1926 entstand, bildet seit jeher die Kulisse für spektakuläre Prozesse, zuletzt für das Verfahren gegen islamistische Terroristen im Zusammenhang mit dem Attentat vom 11. März 2004.

Metro: Colón oder Alonso Martínez.

Plaza de Chueca

Die Plaza de Chueca, das Zentrum des gleichnamigen Gay-Viertels, liegt nur 500 m Luftlinie von der Plaza de la Villa de Paris entfernt. Doch das Straßengewirr verhindert einen direkten Weg. Am besten kehrt man auf die Calle Fernando VI zurück und biegt links in die bekannte Einkaufsstraße Calle del Barquillo ab. Hier gibt es jede Menge Elektronikläden. Nach rund 300 m zweigt rechts die Calle de Gravina ab, die in wenigen Minuten direkt zur Plaza de Chueca führt. Der berühmte Platz bietet keine spektakulären Momente, und dennoch macht es Spaß, hier länger zu verweilen. Sehen und Gesehenwerden ist das Motto. Der Platz und das Viertel sind übrigens nach dem Musiker Federico Chueca (1846–1908) benannt, der wegen seiner Zarzuelas wie „La Gran Vía" noch heute unvergessen ist. Am letzten Samstag im Juni oder am ersten Samstag im Juli geht es in Chueca übrigens hoch her: Dann feiert die Schwulen-Szene den Día del Orgullo Gay. Er gilt als Ausdruck des gestiegenen Selbstbewusstseins der Homosexuellen in der spanischen Gesellschaft.

Metro: Chueca.

Hüte sind in Madrid angesagt

Praktische Infos → Karte S. 118/119

Essen & Trinken

In Malasaña gibt es alte und neue Cafés. Eines haben alle gemeinsam: Hier kommt man mit seinen Tischnachbarn leichter ins Gespräch als in anderen Teilen Madrids. Hier eine kleine Auswahl:

》》 **Mein Tipp: Café Ruiz** 10, altmodisches Café mitten in Malasaña bei der Plaza Dos de Mayo. Ein guter, relaxter Ort, 7um am Abend einen Aperitif zu trinken oder ganz einfach bei einem Kaffee die Zeitung zu lesen. Man sitzt gemütlich auf kleinen Sofas und wird von einem netten Service umsorgt. Seit vielen Jahren ist das Ruiz ein Treffpunkt für Künstler, Autoren, Müßiggänger und Studenten. Gute Schokolade. Täglich 15–2.30 Uhr. Calle de Ruiz 11 (Metro: Bilbao). 《《

Café Comercial 3, an der hektischen Glorieta de Bilbao, eine Madrider Institution. In Bürgerkriegszeiten war das Comercial einer der populärsten Treffpunkte für Schriftsteller und Journalisten. Noch immer treffen sich hier Madrileños zu regelmäßigen *tertulias*, Diskussionsrunden. Das mit großen Spiegeln eingerichtete Café hat freilich seine besten Zeiten schon gesehen. Vor allem alte Stammkunden halten ihm nach wie vor die Treue. Glorieta de Bilbao 7 (Metro: Bilbao).

Tour 5: Malasaña und Chueca

Mercado San Anton – ein Paradies für den Liebhaber des iberischen Schinkens

Café Moderno 6, an der ruhigen, von der alternativen Szene geschätzten Plaza de las Comendadoras gelegenes Art-déco-Café. Es gehört eigentlich nicht mehr zum Viertel Malasaña. Doch ist die Bar – bekannt für ihre verschiedenen Kaffee- und Teesorten – Bestandteil der Szene. Hier gibt es bisweilen auch Kulturveranstaltungen. Am Wochenende bis 3 Uhr geöffnet. Plaza de las Comendadoras 1 (Metro: Noviciado oder San Bernardo).

Antigua Casa Angel Sierra 18, holzvertäfelte Bar an der Plaza de Chueca, ein wahrer Klassiker. Die Taverne wurde bereits 1917 gegründet. Noch heute schätzen die Gäste die Weine und den Wermut des schön eingerichteten Lokals. Calle de Gravina 11 (Metro: Chueca).

Mercado de San Antón 24, die mitten in Chueca gelegene Markthalle ist ein Augen- und Gaumenschmaus. Das Beste aus spanischen Landen wird im Erdgeschoss dargeboten. Allein die Fischtheken sind eine Sehenswürdigkeit. Im oberen Stockwerk wird dann bei Tapas und Vino geschlemmt. Innerhalb kurzer Zeit hat sich der Mercado zur Adresse für Feinschmecker entwickelt. Hipp und ein wenig schrill ist das Dachrestaurant „La Cocina de San Antón" mit schönem Blick über die Dächer Madrids, das vom Schinkenhersteller Cinco Jotas betrieben wird. Preiswerte und leckere Mittagsmenüs. Mo–Sa 11–22 Uhr, So 10–15 Uhr. Calle Augusto Figueroa 24, www.mercadosananton.com.

》》 Mein Tipp: La Alacena de Paula 11, eine der gastronomisch anspruchsvollsten Adressen des Viertels, die kreative kastilische Küche lockt viele Stammgäste an. Zu den Spezialitäten des Hauses gehört Seeteufel (*rape*) in Weißwein. Mittlere Preisklasse, Hauptgerichte 13–19 €, relativ teure Vorspeisen, preiswerte Mittagsmenüs. Tischreservierung am Abend empfehlenswert. So und Mo geschlossen. Calle de la Palma 63 (Metro: Noviciado), ✆ 915325441. 《《

Monteprincipe 4, gegenüber dem Café del Foro. Hinter der holzverkleideten Fassade verbirgt sich ein beliebtes Restaurant mit traditioneller Küche zu vernünftigen Preisen. Berühmt sind die Kroketten mit iberischem Schinken. Sonntagabend geschlossen. Calle de San Andrés 31 (Metro: Bilbao).

Restaurante Taberna Carmencita 25, beliebtes und rustikales Restaurant, 1830 gegründet und seitdem kaum verändert. Baskisch-kastilische Küche, recht preiswerte Tagesmenüs. Empfehlenswert sind die Fischgerichte. Samstagmittag, So und im August geschlossen. Calle de la Libertad 16, zwei Querstraßen östlich der Calle de Pelayo (Metro: Chueca).

Einkaufen

Die Straßen Hortaleza (Fußgängerzone) und Fuencarral sind ein Einkaufsparadies. Hier haben sich in den letzten Jahren trendige bis exzentrische Läden abseits des Mode-

Mainstreams niedergelassen. Dazu zählt beispielsweise das Einkaufszentrum **Mercado de Fuencarral** 17 in der Calle de Fuencarral 45.

Farrutx 22 Der noble spanische Schuhhersteller hat mitten im Stadtviertel Chueca einen Fabrikverkauf. Gute Preise für gutes Design. Calle de Augusto Figueroa 18 (Metro: Chueca).

Trä 19 Mode aus Schweden. Der Laden verkauft skandinavisches Design aus erstklassigen Materialien. Calle de Pelayo 32 (Metro: Chueca).

Patrimonio Comunal Olivarero 16 In vielen spanischen Supermärkten findet man heutzutage nur noch die wenigen großen Olivenölmarken. Dieses kleine Geschäft des Patrimonio Comunal Olivarero bietet eine einzigartige Vielfalt an Olivenöl, 150 Sorten stehen zum Verkauf. Die exzellenten Öle aus der andalusischen Provinz Jaén dominieren. Die Produkte meist kleiner Kooperativen sind sogar erstaunlich preiswert. Verkauf nicht nur in Glasflaschen, sondern auch in Kanistern. Sa geschlossen. Calle de Mejía Lequerica 1 (Metro: Tribunal).

Gandolfi 5 extravaganter Silberschmuck zu erschwinglichen Preisen, alle Exponate sind eigene Kreationen. Calle de San Andrés 28, Ecke Calle del Divino Pastor in der Nähe der Plaza Dos de Mayo (Metro: Tribunal).

Pedro Almodóvar – vom Außenseiter zum Star

Pedro Almodóvar hat wie kein anderer Regisseur seines Landes Madrid als Kulisse für seine melodramatischen, exaltierten Filme genutzt. Eigentlich stammt er aus einem Kaff namens Calzada de Calatrava in der trostlosen La Mancha. Als 17-Jähriger hielt er es dort nicht mehr aus und ging nach Madrid. Zunächst schlug er sich mit Gelegenheitsjobs durch, später bekam er eine langweilige Stelle bei Telefónica. Als Undergroundkünstler machte er sich schnell einen Namen. Er gründete die Theatergruppe Los Goliardos, spielte in einer Punk-Rock-Band und drehte Kurzfilme. Bereits sein erster Kinofilm „Pepi, Luci, Bom y otras chicas del montón" („Pepi, Luci, Bom und andere Mädchen aus der Clique", 1980) war wegen seines innovativen Stils eine Sensation.

In den 1980er-Jahren stieg Almodóvar zum vielleicht wichtigsten Protagonisten der *movida madrileña* auf. Mit seiner schrillen Komödie „Mujeres al borde de un ataque de los nervios" („Frauen am Rande des Nervenzusammenbruchs") von 1988 setzte er dieser wilden, schrillen Zeit nach dem Ende der Franco-Diktatur ein wunderbares filmisches Denkmal. Almodóvar, bekennender Homosexueller, rückt in seinen Filmen immer wieder gesellschaftliche Randfiguren oder Ausnahmesituationen mit seiner ihm eigenen Ästhetik in den Mittelpunkt, zum Beispiel in „Fessle mich" (1990). Heute ist der einstige Außenseiter der international bedeutendste Filmregisseur Spaniens. Auch Hollywood-Stars wie Antonio Banderas oder Penélope Cruz machten ihre Karriere über Almodóvar. In Madrid wird der Drehbuchautor, Produzent und Regisseur beinahe wie ein Heiliger verehrt. Doch seinen ersten Oscar bekam Almodóvar 1999 ausgerechnet für einen Film, den er in Barcelona drehte: „Todo sobre mi madre" – „Alles über meine Mutter". Der nächste Oscar folgte bereits drei Jahre später mit „Hable con ella" („Sprich mit ihr") – das hat vor Almodóvar noch kein spanischer Filmemacher geschafft. Allerdings gelingt dem großen spanischen Regisseur auch nicht alles. Seine 2013 in die Kinos gebrachte Komödie „Los amantes pasajeros" („Fliegende Liebende") erwies sich als Flop.

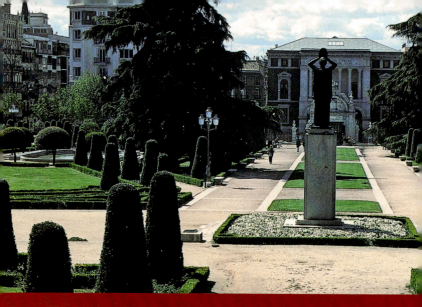

Retiro-Park: elegante Gartenkunst unweit des Prado

Tour 6: Paseo del Arte – Kunstspaziergänge in Retiro

Die drei weltberühmten Museen Prado, Thyssen-Bornemisza und Reina Sofía gehören zu den Höhepunkten jedes Madrid-Besuches. Seit 2008 ist das Kunstdreieck noch um eine Attraktion reicher: das Kulturzentrum CaixaForum. Der Bau aus Stein und Eisen mit seinen Wechselausstellungen ist der neueste Publikumsliebling. Der Paseo del Arte, wie die Kunstmeile Paseo del Prado auch genannt wird, ist zudem ein riesiges Freiluftmuseum für Architekturfans.

Seit jeher ist das Stadtviertel Retiro, das im Norden von der Verkehrsader Alcalá und im Westen vom Paseo del Prado begrenzt wird, eine der feinsten Adressen Madrids. Rund um den weitläufigen Parque del Retiro mit seinem berühmten See und den spektakulären Monumenten entstanden schon im 19. Jh. vornehme Wohnhäuser, später Büropaläste. Am verkehrsumtosten und dennoch eleganten Paseo del Prado glänzt die schmucke Fassade von Spaniens berühmtester Gemäldegalerie, dem Prado. Schräg gegenüber liegt das Museum Thyssen-Bornemisza, das die legendäre Kollektion der deutschen Industriellenfamilie zeigt. Und im Reina Sofía am Bahnhof Atocha ist nicht nur Picassos Antikriegs-Meisterwerk „Guernica" zu bewundern, sondern zudem die beste Sammlung der spanischen Kunst des 20. Jh. im ganzen Land. Anfang dieses Jahrhunderts wurde mit umfangreichen Arbeiten im Kunstdrei-

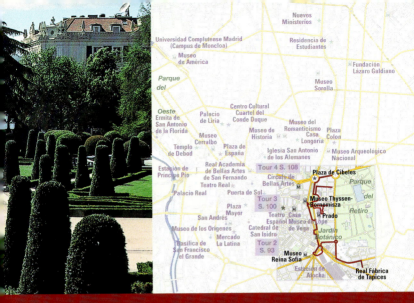

Tour 6: Kunstspaziergänge in Retiro

eck begonnen. Alle drei Museen – Prado, Thyssen und Reina Sofía – haben großzügige Erweiterungsbauten erhalten.

Unweit des Prado schlagen die Aktionärsherzen höher: In der Börse an der kleinen Plaza de la Lealtad geht es in den letzten Jahren hektischer zu, da Spanien nach einem Vierteljahrhundert des Booms in eine tiefe Wirtschaftskrise geschlittert ist.

Das noble Stadtviertel lädt zum Spazieren und Entspannen ein. Hier geht es ruhiger und großbürgerlicher zu als in anderen Barrios der Hauptstadt. Und bei so viel Kunst und Geld ist der Luxus nicht weit. Das elegante Hotel Ritz und seine pompösere Konkurrenz, das Palace, verwöhnen seit Jahrzehnten ihre Gäste nach allen Regeln der gastronomischen Kunst. Bei einer Bootspartie auf dem See des Retiro-Parks, einer kühlen Horchata in einem der Cafés oder im Blumenparadies des Botanischen Gartens kann man vorzüglich Energie tanken. Die Restaurants rund um den Retiro gelten als vorzüglich. Die meisten Lokale haben sich auf Geschäftsleute und Börsianer eingestellt und bieten Mittagsmenüs der gehobenen Art. Besonders beliebt im Frühjahr und Sommer sind die schattigen Cafés im Retiro-Park. Die kleine Siesta mit kühlen Getränken hat allerdings ihren Preis.

Ein Wort zur Einteilung dieser Tour: Will man sich auch nur einem der drei großen Kunstmuseen (Prado, Thyssen, Reina Sofía) ausgiebig widmen, ist der Gesamtspaziergang entlang des nur etwa 1,2 km langen Paseo del Prado an einem Tag nicht machbar. Vor allem der Prado ist ein Museum der Superlative. Sowohl im Umfang der Sammlung als auch in der täglichen Besucherzahl übertrifft er jedes andere Museum in Madrid. Selbst für eine Teilbesichtigung muss man einen halben Tag kalkulieren. Deshalb nimmt man sich die Kunstmeile am besten in den hier vorgeschlagenen Etappen vor und/oder setzt bei den Museumsbesuchen Schwerpunkte.

Im Prado beispielsweise bietet es sich an, sich auf den ersten Stock zu beschränken. Hier hängen die wohl berühmtesten Bilder des Hauses: die kostbaren Werke von Velázquez und Goya. Im Thyssen plant man am besten nur die Sammlung im Erweiterungsbau ein, und im Reina Sofía kann man sich ganz auf Picasso und Dalí konzentrieren.

> Für die Planung der hier vorgeschlagenen Kunstspaziergänge ist zu beachten, dass alle Museen mit Ausnahme des Reina Sofía und des CaixaForums montags geschlossen sind – das Reina Sofía bleibt dafür dienstags geschlossen.

Von der Puerta de Alcalá zum Prado

Puerta de Alcalá

Paris hat den Triumphbogen, Berlin das Brandenburger Tor und Madrid die Puerta de Alcalá. Das Monument aus der Zeit der Bourbonen ist leicht mit der Metro zu erreichen (Linie 2, Station Retiro).

Das einstige Stadttor ist ein eher bescheidenes klassizistisches Bauwerk mit fünf Bögen aus silbergrauem Granit. Tagsüber ist es vom Verkehr umtost, nachts eindrucksvoll illuminiert. Hier endete zu Zeiten Carlos' III. die Hauptstadt des Königreichs. Das Tor wurde zwischen 1764 und 1778 nach Plänen von Francesco Sabatini aus Granit und weißen Steinen aus dem nahen Guadarrama-Gebirge erbaut und ersetzte einen früheren barocken Bogen. Die Puerta de Alcalá ist nicht nur ein historisches Monument, sondern auch ein Symbol der Aufklärung. Nicht zuletzt der Name des Platzes, auf dem das Stadttor steht, lässt daran keinen Zweifel: Plaza de la Independencia, Platz der Unabhängigkeit.

Metro: Retiro.

Plaza de Cibeles

Von der Puerta de Alcalá laufen wir auf der Calle de Alcalá 300 m bergab zur berühmten Plaza de Cibeles. Der Blick auf die Bankenpaläste entlang dieser Prachtstraße ist imposant. Das Zentrum des Platzes, der von einer Reihe monumentaler Bauten des 18. bis frühen 20. Jh. umgeben ist, bildet der aus dem 18. Jh. stammende Cibeles-Brunnen, eines der Wahrzeichen von Madrid. Der Brunnen zeigt die Göttin Kybele und ist ein beliebter Treffpunkt der Fußballfans von Real Madrid nach siegreichen Spielen. Am Cibeles-Brunnen kreuzt die wichtige Calle de Alcalá den Paseo del Prado und den Paseo de Recoletos. Rund um den von Carlos III. in Auftrag gegebenen Brunnen entstanden repräsentative Gebäude: die Spanische Staatsbank, der monumentale Palacio de Comunicaciones mit seiner eindrucksvollen Postschalterhalle, der neobarocke Palacio de Linares (in dem es angeblich gespukt haben soll) und der Palacio de Buenavista, heute Hauptquartier des Heeres. Im Palacio de Comunicaciones gibt es für Briefmarkenliebhaber übrigens einen eigenen Schalter, der mit Servicio Filatélico gekennzeichnet ist.

Metro: Banco de España.

Museo Naval

Von der Plaza de Cibeles geht es nun auf dem schattigen Paseo del Prado Richtung Süden. Wenige Meter von der Hauptpost entfernt befindet sich in einem trostlosen modernen Gebäude das Museo Naval, das Schifffahrtsmuseum. Spanien besitzt eine große Marine-Vergangenheit. Das Museum gibt einen

Das Wahrzeichen Madrids: die Puerta de Alcalá

Einblick in die Geschichte Spaniens als Seemacht. Es zeigt Modelle, Seekarten, Navigationsinstrumente etc. vom 16. bis 19. Jh.

Di–So 10–19 Uhr, Mo geschlossen. Eintritt frei. Paseo del Prado 5 (Metro: Retiro oder Banco de España).

Abstecher zum Museo Nacional de Artes Decorativas

Nur ein paar Schritte östlich vom Schifffahrtsmuseum, in der Calle de Montalbán, liegt das wenig beachtete Museum für Kunsthandwerk und Design. Ausgestellt sind Keramik, Teppiche und Möbel. Die berühmtesten Exponate sind die Vase von Sèvres (ein Geschenk Napoleons III.) und eine valencianische Küche aus dem 18. Jh. mit 1500 *azulejos*, Keramikfliesen.

Di–Sa 9.30–15 Uhr, So 10–15 Uhr, Mo geschlossen. Eintritt 3 €, Studenten 1,50 €, unter 18 J., für Rentner und So generell gratis. Calle de Montalbán 12 (Metro: Retiro oder Banco de España).

Bolsa (Börse)

Wir setzen unseren Spaziergang auf dem Paseo del Prado in südliche Richtung fort. Gleich hinter dem Schifffahrtsmuseum steht die imposante Madrider Börse an der Plaza de Lealtad.

> Wer vor einem ausgiebigen Prado-Besuch noch eine Pause braucht: Schräg gegenüber der Börse an der Plaza de Lealtad steht das Luxushotel Ritz. Ein Nachmittagstee in dem schönen Garten des Fünf-Sterne-Hauses ist preiswerter, als manche denken.

Auch wenn sie durch den Handel per Computer heute nicht mehr die frühere Bedeutung hat, so ist das Gebäude noch immer ein stolzes Symbol der spanischen Wirtschaft. Bereits im Herbst 1831 öffnete die Madrider Börse auf Geheiß des damaligen Königs Fernando VII. Im 19. Jh. hatte sie eine ganze Reihe von Standorten. Seit Mai 1893 ist sie aber in ihrem heutigen Gebäude an der Plaza de Lealtad zu Hause. Vorbild

Nachtleben
(S. 60)
7 La Terraza del Urban
14 Kapital

für den Architekten war übrigens die Wiener Börse.

Die Börse kann jeweils am Donnerstag um 10 Uhr individuell besichtigt werden. Eintritt frei. Personalausweis unbedingt mitbringen. Plaza de Lealtad 1 (Metro: Banco de España).

Museo Nacional del Prado

Ein Stück weiter den Paseo del Prado hinunter, und da steht er, der Prado. Spaniens berühmteste und mit Abstand bestbestückte Gemäldegalerie braucht weltweit nicht viele Konkurrenten zu fürchten. Den Prado muss man einfach gesehen haben: Goya, Velázquez, El Greco, Murillo, Ribera, aber auch Brueghel d. Ä., Bosch, Rubens, Tiepolo, Watteau und Dürer ... Hinter der klassischen Fassade – Herzstück des Paseo del Arte – verbirgt sich ein wahres Labyrinth europäischer Kunst vom 12. bis 18. Jh. Das weitläufige Museum wurde 2007 um einen Anbau, der an das Kloster Los Jerónimos grenzt, erweitert. Die größte Erweiterung in der rund 200-jährigen Geschichte der legendären Pinakothek hat 152 Mio. Euro gekostet, dreimal so viel wie ursprünglich geplant.

Auch wenn der Anbau mit einem streng klassizistischen Garten des spanischen Architekten Rafael Moneo kein großer ästhetischer Wurf ist, der Prado ist auch weiterhin ein wahrer Besuchermagnet. Mehr als zwei Millionen Besucher zählt er jedes Jahr. Bereits am Morgen bilden sich Schlangen an der Kasse, und vor den berühmten Exponaten drängt sich das kunstsinnige Publikum. Die meisten Besucher strömen ins erste Obergeschoss zu den weltberühmten Bildern von Goya, Velázquez und Murillo.

Schon die Habsburger trugen sich mit dem Gedanken an eine Pinakothek, sammelten ebenso wie ihre bourbonischen

Nachfolger eifrig Gemälde, doch erst 1819 wurde der Prado als „Königliches Museum der Gemälde und Skulpturen" eröffnet. Das von Architekt Juan de Villanueva errichtete Gebäude gilt als bestes Beispiel des spanischen Klassizismus. Interessanter ist sicher das Innenleben. Das Gebäude wurde 1785, in der Regierungszeit von König Carlos III., entworfen und in die Gesamtanlage des Paseo del Prado mit einbezogen. Über 10.000 Kunstwerke umfasst die Sammlung, von denen bislang nur rund 1000 ausgestellt werden können.

Der Prado wäre nicht der Prado, wenn nicht immer wieder Bilder umgehängt würden, einzelne Säle gesperrt, neue Bilder aus dem Archiv geholt oder andere Werke monatelang auf Weltreise geschickt. Mit anderen Worten, kein Besuch gleicht dem anderen. Das heißt aber auch, dass die Angaben zu den Standorten der Bilder sich schnell verändern können. Selbst Museumsangestellte verlieren den Überblick, was derzeit wo hängt. Ein Besuch im Prado ist immer auch eine Geduldsprobe.

Im Gebäude selbst sowie an den Verkaufskiosken an den Eingängen kann man ausführliche Prado-Führer kaufen. Sie sind eine lohnende Anschaffung für alle Besucher, die Informationen zu den einzelnen Bildern schätzen. Leider sind darin jedoch die Angaben zu den Sälen und Standorten meist nicht mehr aktuell. Empfehlenswerter sind daher die kostenlosen Faltblätter an der Kasse. Sie zeigen zumindest den aktuellen Aufbau des Museums und den Sammlungsschwerpunkt der jeweiligen Säle. Am besten ist man mit den Audio-Guías bedient. Per Kopfhörer kann sich der Besucher über die wichtigsten Bilder auch in Deutsch informieren.

Im Erdgeschoss befindet sich beim Eingang ein großzügiges, neues Restaurant, das auch Mittagsmenüs anbietet. Leider gibt es keine Außenterrasse.

Erdgeschoss (Gemälde aus der Zeit von 1100 bis 1910)

Man betritt das Erdgeschoss über die Puerta de Jerónimos, die sich zwischen dem alten Teil des Prados (Edificio Villanueva) und dem Anbau (Edificio Jerónimos) befindet. Die permanente Ausstellung beschränkt sich auf diesem Stockwerk ausschließlich auf das Edificio Villanueva. Der moderne Anbau (Jerónimos-Gebäude) beherbergt auf dieser Etage nur ein Auditorium und zwei Säle, die für Wechselausstellungen genutzt werden.

Das Erdgeschoss vereint die spanische Malerei von 1100 bis 1910, die deutsche Malerei von 1450 bis 1550, die flämische Malerei von 1430 bis 1570 und die italienische Malerei 1300 bis 1600 sowie Skulpturen. Darunter sind Arbeiten der spanischen Maler Goya, Sorolla (Saal 60 a), Rosales (Saal 61 b).

Nach dem großzügigen Eingangsbereich mit Restaurants und Museumsläden gelangt der Besucher zu einer halbrunden Halle, die dann zum ersten Saal mit der Nummer 47 führt.

Ein Publikumsmagnet sind insbesondere die Säle 64 bis 67. Dort sind berühmte Werke von **Goya** wie beispielsweise das aufrüttelnde Gemälde „3. Mai 1808 in Madrid: Die Erschießungen in Moncloa" (Saal 64/65) zu sehen. Nicht weniger eindrucksvoll sind die „Pinturas negras". Diese düsteren Bilder gehören zum Spätwerk des berühmten Malers, der im französischen Exil in Bordeaux starb.

Einige Räume des Erdgeschosses (Säle 55, 55 a, 56 a, 57, 57 a, 57 b, 58 a, 58) gehören derzeit den Gemälden früher **flämischer Meister** des 14. bis 16. Jh. Darunter befindet sich das skurril-schreckliche Triptychon „Garten der Lüste" (Saal 56a) von Hieronymus Bosch. Das bekannteste und zugleich rätselhafteste

Hier ist Geduld gefragt: Warteschlangen vor dem Prado

Bild des außergewöhnlichen Künstlers stellt auf der linken Seite die Erschaffung des Menschen dar, in der Mitte die Freuden und Sünden der Welt und auf der rechten Seite die Höllenstrafen für Sünder. Der nicht minder makabre „Triumph des Todes" (56a) von Pieter Brueghel d. Ä. thematisiert im Renaissancestil den Sieg des Todes über alles Weltliche.

Der Saal 55 b ist der **deutschen Malerei** der Renaissance gewidmet. Das berühmteste Exponat ist das „Selbstbildnis" des Nürnberger Künstlers Albrecht Dürer. Der Sohn eines ungarischen Goldschmieds malte sich als 26-Jähriger im Stil eines eleganten Edelmanns. Im gleichen Saal sind auch Arbeiten von Lucas Cranach d. Ä. zu bestaunen.

Der große Saal des Erdgeschosses (49) ist der **italienischen Malerei** gewidmet. Dort befinden sich u. a. berühmte Werke von Raffael.

Der Saal 51 c zählt zu den ungewöhnlichsten Ausstellungsräumen des Prados. Er zeigt eine **rekonstruierte romanische Kapelle**, die von einem halbröhrenförmigen Gewölbe überdacht wird. Die Fresken aus dem 12. Jh. schmückten einst das Kirchlein in dem kastilischen Dorf Maderuelo (Provinz Segovia) und wurden bereits 1947 auf Leinwand übertragen. Im Gewölbe entdeckt man Christus als Weltenherrscher (Pantokrator), der auf seinem Thron sitzt und den Segen spendet.

Skulpturen unbekannter Künstler aus der griechischen und römischen Antike sind in den Sälen 71 bis 74 zu sehen; die Meisterwerke kamen zwischen dem 16. und 19. Jh. aus Italien nach Spanien. Teile des Erdgeschosses waren zum Zeitpunkt der Recherche vorübergehend nicht zugänglich.

Erstes Obergeschoss (Gemälde aus der Zeit von 1550 bis 1810)

Die meisten Besucher des Prado konzentrieren sich bei einem Kurzbesuch auf dieses Obergeschoss mit den grandiosen Werken von Velázquez, Goya, El Greco, Tizian, Murillo und Mengs. In zwei Räumen des Jerónimos-Anbaus sind die Sonderausstellungen des Prado zu sehen.

Fast das ganze Jahr drängen sich Menschentrauben um die weltberühmten Werke der **spanischen Maler des 17./18. Jh.** Wer die Bilder genau betrachten will, muss also Geduld mitbringen. Zu sehen ist zum Beispiel gut die Hälfte vom Gesamtwerk **Velázquez'**. Eines der berühmtesten Beispiele des spanischen Barocks soll sein über 3 m langes und fast 4 m breites Bild „Die Lanzen oder die Übergabe von Breda"

Las Meninas

Menschentrauben bilden sich um das 3,18 x 2,76 m große Gemälde im Saal 12. „Las Meninas" (auch „Die Familie Philipps IV." genannt) – zweifellos eines der berühmtesten Bilder Velázquez' und des Prados. Als *meninas* wurden im 17. Jh. die jungen Hofdamen von Königstöchtern bezeichnet. Im Mittelpunkt dieses 1656 entstandenen Ölgemäldes steht die Tochter von Felipe IV., die Infantin und spätere Habsburger-Kaiserin Margarita Theresa, mit ihren Meninas. Im Hintergrund links hat sich der Hofmaler Velázquez in dem lichtdurchfluteten Galeriesaal des Madrider Alcázar selbst verewigt. Er steht vor einer Staffelei mit einem Gemälde von Felipe II. und dessen Gattin Marianne von Österreich, das sich im Spiegel an der Rückwand widerspiegelt. Nicht zuletzt wegen seiner Raumtiefe, des raffinierten Spiels von Licht und Schatten sowie der gelungenen Abbildung eines Augenblicks ziehen die Hofdamen der jungen Prinzessin Besucher noch heute in ihren Bann.

(Saal 9 A). Velázquez, Hofmaler und Kunstberater von König Felipe IV., fertigte dieses Bild im Jahr 1635 für den Saal der Könige im Palast Buen Retiro. Das Meisterwerk thematisiert die Übergabe der holländischen Stadt Breda an die Spanier und zeigt zwei Gruppen, die Sieger und die Besiegten. Ein weiteres prominentes Bild dieses Raumes ist „Die Spinnerinnen" (auch „Fabel der Arachne" genannt). Dabei handelt es sich nicht um eine volkstümliche Darstellung der Teppichweberei, sondern um ein mythologisches Thema. Das Bild erzählt die Geschichte der Arachne, die von Athene in eine Spinne verwandelt wurde, nachdem sie die Göttin in einem Wettkampf der Webkunst provoziert hatte. Der Umgang mit dem Licht und die Leichtigkeit des Pinselstrichs machen dieses Bild zu einem wahren Meisterwerk. Kunsthistoriker zählen es zu den Vorläufern des Impressionismus des späten 19. Jh.

Die Galerie (Säle 24–29) präsentiert Werke großer **flämischer und italienischer Meister** wie Tizian, Tintoretto, Caravaggio und Rubens. Besonders sehenswert ist das Bild „Karl V. zu Pferde nach der Schlacht bei Mühlberg" (Saal 27) von Tizian. Es folgen weitere Gemälde der **spanischen Schule** (Säle 7–18 a): von Francisco de Zurbarán, des Barockmalers Claudio Coello, von Alonso Cano und Antonia de Pereda, José de Ribera und Bartolomé Esteban Murillo. In den Sälen 8 b bis 10 b sind Meisterwerke von **El Greco** ausgestellt. Etwas abgelegen sind die Arbeiten von **Goya** in den Sälen 32 bis 38 zu finden.

In den Sälen 28, 29 und 16 b wird das Erbe der spanischen Besitzungen in den Niederlanden gezeigt, die **flämische und holländische Malerei des 17. Jh.** mit Meisterwerken von Peter Paul Rubens, Jan Brueghel und Anthonis van Dyck. Faszinierend sind u. a. die zwölf Gemälde der Apostel sowie das 1628 entstandene Porträt des spanischen Königs

Francisco de Goya – Maler für die Freiheit

Kein anderer Maler ist in Madrid populärer, keinem anderen Künstler ist im Prado so viel Platz gewidmet wie Francisco de Goya y Lucientes (1746–1828). Der in Fuendetodos (Aragonien) geborene Künstler wurde in Zaragoza und Madrid ausgebildet und war seit 1775 für die Teppichmanufaktur in Madrid tätig. 1785 wurde er stellvertretender Direktor der Akademie von San Fernando und stieg schließlich 1799 zum privilegierten ersten Hofmaler des Königs auf. Goya wurden Denkmäler gesetzt, Schulen, Institutionen und eine der nobelsten Einkaufsstraßen wurden nach ihm benannt. Die Metrostation, die seinen Namen trägt, zeigt im Untergrund Reproduktionen seiner wichtigsten Werke.

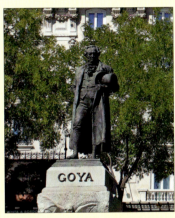

Goya ist in Madrid allgegenwärtig. Um politischen Verfolgungen zu entgehen, emigrierte er in den 1820ern nach Frankreich, wo er in Bordeaux 82-jährig starb.

Über 100 Werke des großen Meisters, der in der europäischen Kunstgeschichte als Wegbereiter der Moderne gilt, sind in chronologischer Reihenfolge zu sehen. Seine Position als Hofmaler hinderte ihn nicht daran, ein schonungsloses Gruppenporträt der Familie des Königs Carlos IV. (Saal 32) zu malen. Es war sein letztes Gemälde eines spanischen Monarchen. Denn Goya präsentierte die Königsfamilie ganz einfach so, wie sie tatsächlich war, und nicht – wie es sich für einen Hofmaler gehörte –, wie sie sein sollte. Goya zeigte mit dieser Arbeit unverhohlen, dass er für die

Goya vor dem Prado

dekadente und ineffektive spanische Monarchie nur wenig Sympathie empfand. Ein zentrales Werk ist auch das Gemälde „3. Mai 1808 in Madrid: Die Erschießungen in Moncloa". Die Auftragsarbeit stellt die Erschießungen vom 3. Mai 1808 dar und damit die grausame französische Unterdrückung der Patrioten, die nach der Eroberung Spaniens durch Napoleon revoltiert hatten. Goyas eindrucksvolles Gemälde ist nicht nur ein Sinnbild für den spanischen Freiheitswillen, sondern ganz allgemein ein Werk, das sich gegen Krieg und Unterdrückung ausspricht. Kunsthistoriker betrachten den Malstil dieses Bildes bereits als Vorläufer des Expressionismus.

Zwei der zweifellos berühmtesten Werke Goyas sind „Die bekleidete Maja" (1798/1800) und „Die nackte Maja" (1798–1805), die im Saal 36 nebeneinander hängen. Der Name Maja bezeichnete Madrider Frauen niederer sozialer Herkunft, die sich durch eine gewisse Freizügigkeit auszeichneten.

Die Pinturas negras (schwarze Gemälde) machten sein Spätwerk (1819–23) aus. Das berühmteste und zugleich beunruhigende Bild „Saturn verschlingt einen seiner Söhne" (Saal 67) gehörte ursprünglich zur Dekoration im Esszimmer von Goyas Haus in Madrid. Der spätere Besitzer des Anwesens Quinta del Sordo (Landhaus der Tauben) am Fluss Manzanares ließ dieses Bild und andere aus der schwarzen Serie aufgrund ihres schlechten Zustands auf Leinwand übertragen und schenkte sie dem spanischen Staat. Alptraumhaft, wie Illustrationen für Poe oder Lovecraft, sind die Pinturas negras ihrer Zeit um Welten voraus.

Felipe II. Bilder von Rembrandt zeigt der Saal 7. Die Säle 18 und 39 sind **französischen Meistern** gewidmet. Bilder des deutschen Malers Anton Raphael Mengs (1728–1789) sind im Saal 20 zu sehen. Der zum Katholizismus konvertierte Künstler wurde in Spanien vor allem durch seine Fresken im Madrider Königspalast berühmt.

In den Sälen 22 und 23 hängen noch einmal ausgewählte **italienische Meister**. Darunter sind auch Werke der venezianischen Malerfamilie Tiepolo ausgestellt wie zum Bespiel „Die unbefleckte Empfängnis" (Saal 23), das zwischen 1767 und 1768 im Auftrag des spanischen Königs Carlos III. für eine Kirche in Aranjuez gemalt wurde. Giovanni Battista und seine Söhne Domenico und Lorenzo statteten nicht nur den Madrider Königspalast aus, sondern waren auch als Maler sehr geschätzt.

Zweites Obergeschoss (Gemälde von 1700 bis 1800)

Die Räume im obersten Geschoss des Prado sind in erster Linie dem wohl populärsten Maler des Museums, **Goya**, gewidmet. Dort hängen die großen, lebensfrohen Vorlagen für die Wandteppiche der königlichen Familie, beispielsweise die für das Ankleidezimmer des Prinzen von Asturien, für das Schlafzimmer des Thronfolgers und die für das Arbeitszimmer von König Carlos IV. Darunter ist auch das Werk „Der Sonnenschirm", eine 1777 entstandene Vorlage für einen Wandteppich, das insbesondere durch Goyas fantastische Inszenierung des Lichts fasziniert.

Bauliches Schmuckstück des zweiten Stockwerks ist der **Kreuzgang des Hieronymus-Klosters** im Neubau. Der Kreuzgang wurde hier Stück für Stück wiederaufgebaut. Der *claustro* beeindruckt nicht nur durch die sehenswerten Renaissance-Figuren, sondern der Architekt Rafael Moneo spielte hier auch geschickt mit dem Tageslicht.

Untergeschoss (Schatz des Dauphin)

In den Sälen 100 bis 102 befindet sich der sog. Tesoro del Delfín, eine Sammlung von Gläsern, Karaffen, Kelchen, Tassen, Tabletts etc., die dem Grand Dauphin Louis, dem ersten bourbonischen König Spaniens, gehörten. Das repräsentativste Stück der Sammlung ist der Salzstreuer aus Onyx mit einer Seejungfrau aus Gold (Saal 101).

Öffnungszeiten/Eintritt

Der Prado ist Mo–Sa 10–20 Uhr, So 10–19 Uhr geöffnet. Am 1. Januar, am 1. Mai und

Die Göttin der Architektur an der Fassade des Prados

am 25. Dezember geschlossen. Eintritt 14 €, Studenten 7 €, Di–Sa ist der Eintritt ab 18 Uhr gratis, So ab 17 Uhr kostenlos.

Generell freier Eintritt für Personen über 65 J., unter 18 J., Studenten zwischen 18 und 25 J. sowie Arbeitslose. Der „Abono Paseo del Arte", ein Kombiticket, das auch das Museo Thyssen-Bornemisza und das Reina Sofía einschließt, kostet 24,80 € (gültig für ein Jahr).

Wer die in der Regel lange Warteschlange vor dem Eingang vermeiden will, kann seine Tickets auch im Internet auf der Homepage kaufen.

Paseo del Prado (Metro: Atocha), ✆ 902101077, www.museodelprado.es.

An fünf Tagen im Jahr gewährt der Prado **freien Eintritt** für jeden: am 2. Mai (Madrider Feiertag), 18. Mai (Museumstag), 12. Oktober (Nationalfeiertag) 19. November (Jubiläumstag) und 6. Dezember (Verfassungstag).

Vom Prado zum Thyssen-Museum

Iglesia de San Jerónimo el Real (Los Jerónimos)

Direkt neben dem Erweiterungsbau des Prados steht das imposante Gotteshaus San Jerónimo el Real, besser bekannt als Los Jerónimos. Die Kirche mit dem gleichnamigen Kloster hinter dem Prado wurde bereits in der zweiten Hälfte des 15. Jh. gegründet. In ganz Spanien ist das Gotteshaus bekannt, weil darin der Prinz von Asturien seinen Eid ableistete, Herrscher proklamiert werden und königliche Hochzeiten stattfinden. Hier heiratete beispielsweise der spanische König Alfonso XIII. Victoria von Battenberg, und auch der heutige König Juan Carlos I. wurde hier gekrönt. Mittlerweile können aber auch gewöhnliche Sterbliche in Los Jerónimos heiraten. Die Nutzung der Kirche für feierliche Akte hat eine lange Tradition. Bereits 1510 berief Fernando El Católico das erste spanische Parlament hier ein. Ihr heutiges Aussehen erhielt die Kirche erst im 19. Jh. und ist damit ein Beispiel für die kastilische Neogotik.

Calle de Felipe IV (Metro: Atocha).

Casón del Buen Retiro

Wir verlassen die Kirche über den Haupteingang zur Calle de Ruiz de Alarcón und halten uns rechts. Nach wenigen Metern stoßen wir auf die vornehme Calle de Felipe IV. Hier rechts abbiegen, leicht bergauf geht es zum eindrucksvollen Casón del Buen Retiro. Das Gebäude befindet sich etwa 200 m östlich von Prado und Los Jerónimos und ist der Rest des einstigen Königspalastes Buen Retiro, der im 17. Jh. für Felipe IV. erbaut worden war.

Nach zehnjähriger Restaurierung (!) erstrahlt es seit 2007 wieder im alten Glanz. Innen wurden die eindrucksvollen Fresken des spanisch-italienischen Barockmalers Luca Giordano (1634–1705) in fünfjähriger Kleinarbeit wiederhergestellt. Leider wird das Gebäude als Studienzentrum genutzt und ist daher nicht zu besichtigen. Das Casón barg einst das berühmte Picasso-Werk „Guernica", das aber ins Centro de Arte Reina Sofía umgezogen ist.

Calle de Felipe IV (Metro: Banco de España).

Fuente de Neptuno

Wir kehren nun auf der Calle de Felipe IV zum Paseo del Prado zurück und stoßen so auf die Plaza de Cánovas del Castillo, wo der berühmte Neptunbrunnen steht. Wenn der legendäre Fußballverein Atlético Madrid wieder einen spektakulären Sieg erringt, pilgern die Fans zum Neptunbrunnen. Dann wird der römische Meeresgott mit den Insignien der Fußballwelt ausgestattet. Mühsam bahnt sich dann der Verkehr seinen Weg rund um die von den Fans umlagerte Brunnenanlage. Der Neptunbrunnen ist an ruhigen Tagen ein Schmuckstück mitten auf dem Paseo de Prado. Die Anlage wurde zwischen 1780 und 1784 errichtet und sollte als Metapher an die Seemacht Spanien erinnern. Ursprünglich vom Architekten Ventura Rodríguez geplant, wurde der Bau jedoch von Juan Pascual de Mena ausgeführt.

Metro: Atocha.

Museo Thyssen-Bornemisza

Beim Neptunbrunnen überqueren wir den Paseo del Prado und biegen rechts zum Thyssen-Museum ab. Leider ist hier der Gehsteig eng und das Verkehrsaufkommen hoch. Das Erreichen des Kunsttempels mit seinem sorgsam gepflegten Garten ist dann wie eine Erlösung. Die legendäre Sammlung der deutschen Industriellenfamilie Thyssen ist seit ihrer Eröffnung ein wahrer Besuchermagnet. Durch einen postmodernen Anbau im Jahr 2004 hat sich die Attraktivität der Pinakothek mit Schwerpunkt 19. und 20. Jh. sogar noch erhöht.

1993 kaufte Spanien die rund 800 Werke der legendären Privatsammlung von Hans-Heinrich Baron Thyssen-Bornemisza für den stolzen Preis von 350 Millionen Dollar. Der Erwerb war damals umstritten, doch längst sind alle Kritiker verstummt. Denn das „Thyssen", wie die Madrilenen den Kunstpalast kurz und bündig nennen, ist aus der Kunstszene Spaniens nicht mehr wegzudenken. Für Spanien hat sich die Investition gelohnt. An Feiertagen und am Wochenende bilden sich oft lange Warteschlangen. Nicht nur die permanente Sammlung, sondern auch außergewöhnliche Wechselausstellungen locken das internationale Publikum an.

Die spektakuläre Sammlung ist im klassizistischen Palacio Villahermosa untergebracht und erstreckt sich über drei Etagen. 2004 hat das Museum mit einem modernen Erweiterungsbau seine Fläche noch deutlich vergrößert. Das Erdgeschoss des Anbaus beherbergt Wechselausstellungen mit Bildern aus der Sammlung der Thyssen-Witwe Carmen, eines ehemaligen Models, das heute als Kunstsammlerin auftritt. Die Spanierin hatte den Enkel des Stahlkonzern-Gründers August Thyssen 1985 geheiratet.

Für einen Besuch der gesamten Sammlung sollte man drei bis vier Stunden einplanen. Es empfiehlt sich, die Besichtigung kunstgeschichtlich chronologisch im zweiten Stock des Altbaus zu beginnen.

Zweiter Stock des Altbaus

Hier sind Werke von der Renaissance bis zum Klassizismus ausgestellt, die in den 1920er- und 1930er-Jahren vom Vater des Museumsgründers Heinrich Baron Thyssen-Bornemisza zusammengetragen wurden, einem Freund alter Meister. Die zeitliche Skala reicht vom 14. bis ins 17. Jh. Vorbei an Arbeiten von Jan van Eyck, gelangt man zu Renaissancekünstlern wie Ghirlandaio („Porträt der Giovanna Tornabuoni" von 1488), Hans Holbein d. J. (Portrait von König Heinrich VIII., 1534–36) und Raffael, findet eine herausragende Sammlung an Werken von Dürer, Cranach d. Ä., Tizian und Tintoretto, daneben auch einige Gemälde von El Greco („Verkündigung", 1596–1600). Auch Werke des Frühbarocks sind im zweiten Obergeschoss zu sehen, zum

Eleganter Erweiterungsbau des Thyssen-Museums

Beispiel Caravaggios „Heilige Katharina von Alexandrien" (um 1597).

Erster Stock des Altbaus

Der erste Stock glänzt mit Arbeiten niederländischer Künstler des 17. Jh. In fünf Sälen sind Genreszenen, Interieurs, Landschaften und Städteansichten ausgestellt. Den Übergang vom Rokoko zum Klassizismus dokumentieren Bilder wie der „Glückliche Pierrot" (um 1712) von Watteau. Die Säle 29 und 30 sind der nordamerikanischen Malerei des 18. und 19. Jh. vorbehalten. Danach werden Arbeiten von Goya und ein Spätwerk des deutschen Romantikers Caspar David Friedrich („Ostermorgen", 1833) präsentiert. Als wahre Publikumsmagneten erweisen sich die impressionistischen und spätimpressionistischen Gemälde von Manet, Renoir, Degas, Van Gogh, Gauguin und Cézanne.

Legendär ist aber insbesondere die Sammlung der Expressionisten: Schiele, Munch, Schmidt-Rotluff, Heckel, Pechstein, Kirchner, Nolde, Marc, Kandinsky, Beckmann, Grosz, Dix, Schad etc. – kaum ein großer Name fehlt.

Erdgeschoss des Altbaus

Die Kunst des 20. Jh. steht im Erdgeschoss im Vordergrund, angefangen von der Jahrhundertwende mit dem Kubismus bis zur Pop-Art in den 1960er-Jahren. Die Liste der berühmten Namen reicht hier von Chagall über Dalí, Klee und Miró bis hin zu Hopper. Besonders zahlreich vertreten sind die Kubisten, allen voran Pablo Picasso, Georges Braque und Juan Gris. Auch andere berühmte Vertreter der experimentellen Avantgarde wie der Bauhaus-Künstler László Moholy-Nagy, Kurt Schwitters oder Piet Mondrian sind zu sehen. Zudem sind – mit Ausnahme des Reina-Sofía-Museums – nirgendwo sonst in Madrid so prominente Beispiele moderner Kunst ausgestellt: Joan Miró, der abstrakte Expressionist Jackson Pollock, der Surrealist Salvador Dalí und schließlich die Pop-Art-Künstler Robert Rauschenberg, Richard Lindner und Roy Lichtenstein.

Neubau

Über eine Galerie im zweiten Stock gelangt der Besucher in den 2004 errichteten Anbau mit einer Fläche von über 1500 m². Carmen „Tita" Thyssen-Bornemisza, fünfte und letzte Ehefrau des 2002 verstorbenen Barons Hans-Heinrich, begann in den 1980er-Jahren, vor allem Bilder des 20. Jh. zu sammeln.

Ihre Sammlung beginnt im zweiten Stock mit der italienischen Malerei des 17. Jh. und endet im ersten Stock. Die Säle sind alphabetisch von A bis P geordnet. Zur Sammlung der Milliardärswitwe gehören Arbeiten von Pierre Bonnard, Emil Nolde, Max Liebermann, Robert Delaunay, Georges Braque, Edward Hopper, Max Pechstein und Juan Gris. Zu den wertvollsten Bildern der Sammlung der einstigen spanischen Schönheitskönigin zählen Arbeiten von Alfred Sisley, Salomon van Ruysdael, Paul Gauguin und Edgar Degas. Im ersten Stock des Erweiterungsbaus sind Meisterwerke vom Postimpressionismus über den deutschen Expressionismus bis hin zu früher abstrakter Kunst zu sehen.

Öffnungszeiten/Eintritt

Di–So 10–19 Uhr. Mo 12–16 Uhr freier Eintritt. An traditionellen Feiertagen ist das Museum geschlossen.

Eintritt 9 €, Studenten, Personen über 65 J. 6 €, Kinder unter 12 J. und Arbeitslose haben freien Eintritt; zusammen mit der jeweiligen Wechselausstellung kostet das Ticket 15 bzw. 8 €. Für den „Abono Paseo del Arte", ein Kombiticket, das neben dem Thyssen auch den Prado und das Reina Sofía einschließt, zahlt man 24,80 € (gültig für ein Jahr). Es gibt Audio-Guías, die per Kopfhörer auch auf Deutsch über die Sammlung informieren. Auf Wunsch werden für gesellschaftliche oder geschäftliche Anlässe Privatbesuche außerhalb der Öffnungszeiten in Begleitung eines qualifizierten Führers angeboten. Das Museum verfügt zudem über eine Buchhandlung und ein Restaurant. Paseo del Prado 8 (Metro: Banco de España oder Atocha), ✆ 913690151, www.museothyssen.org.

Vom Thyssen-Museum zum Reina Sofía

Jardín Botánico (Botanischer Garten)

Es geht weiter auf dem Paseo del Prado Richtung Süden. Wir überqueren den Boulevard etwa auf Höhe des Prados. Gegenüber vom südlichen Eingang des Museums an der Plaza de Murillo entstand auf Initiative von König Fernando VI. 1755 der Königliche Botanische Garten von Madrid. Der kleine Park, der 1781 seine Pforten öffnete, ist eine sorgsam gepflegte Oase inmitten des Verkehrsrummels. Liebhaber tropischer und subtropischer Pflanzen schätzen den Garten genauso wie viele Besucher, die der Hitze der Nachmittagsstunden entkommen wollen. Insgesamt sind rund 30.000 unterschiedliche Pflanzen zu sehen, manche der Bäume sind mehr als 200 Jahre alt. Ein Schmuckstück des Gartens ist seit 2005 die für Spanien einmalige Bonsai-Sammlung des früheren spanischen Ministerpräsidenten Felipe González auf der Terraza Alta im oberen Teil des Parks. In dem 1780 vom Prado-Architekten Juan de Villanueva errichteten Pavillon finden Wechselausstellungen statt.

Täglich 10–20 Uhr (im Winter schließt der Park je nach Jahreszeit eine oder zwei Stunden früher). Eintritt 2,50 €, Studenten die Hälfte, Rentner und Kinder unter 10 J. gratis. Plaza de Murillo 2 (Metro: Atocha), der Eingang befindet sich gegenüber vom Prado.

Caixa-Forum

Vom Botanischen Garten aus sieht man bereits den rostigen Dachaufsatz des neuesten Nachbarn am Paseo del Arte, unseres nächsten Ziels, des Caixa-

Forums. Wir laufen weiter in Richtung Süden bzw. Bahnhof Atocha und überqueren abermals den Paseo del Prado. Das 2008 eröffnete Kulturzentrum der katalanischen Sparkasse, der Caixa, ist architektonisch ein großer Wurf. Das Schweizer Architektenduo Jacques Herzog und Pierre de Meuron, die auch das neue Fußballstadion in München errichtet haben, schuf aus einem ehemaligen Elektrizitätswerk samt Tankstelle einen Monolithen aus rosa Backsteinen und kupferfarbenem Stahl. Der rostige Aufsatz wirkt aus der Ferne wie eine Krone.

Es gibt keine feste Sammlung im CaixaForum. Doch die katalanische Sparkasse zeigt auf einer Fläche von 2000 m² immer wieder Werke aus ihrer exzellenten, 700 Exponate umfassenden Sammlung, darunter Arbeiten von Joseph Beuys, Anselm Kiefer, Gerhard Richter, Mario Merz, Miquel Barceló oder Richard Long. Die wechselnden Ausstellungen moderner Kunst sind von den Madrilenen bislang begeistert aufgenommen worden. Lohnend ist auch ein Besuch der schrillen Cafetería im obersten Stockwerk, die als Filmkulisse für Pedro Almódovar dienen könnte. Von hier bietet sich eine fantastische Aussicht über den Paseo del Prado.

Spektakulär ist der vertikale Garten an der fünfgeschossigen Hauswand des Gebäudes. Die hängenden Pflanzen verwandeln die riesige Wand in eine beeindruckende Farbkomposition. Der französische Künstler und Botaniker Patrick Blanc hat dieses außergewöhnliche Werk geschaffen, eine 24 m hohe Wand mit insgesamt 15.000 Pflanzen (!). Die vertikale Gartenkunst soll nach der Idee des Künstlers mit dem gegenüberliegenden Botanischen Garten korrespondieren.

Täglich 10–20 Uhr. Eintritt frei. Paseo del Prado 36 (Metro: Atocha), Ecke Calle de Almadén, ✆ 913307300.

Estación de Atocha

Wir setzen unseren Spaziergang in südliche Richtung fort und laufen auf dem engen Bürgersteig des Paseo del Prado zum rund 700 m entfernten Bahnhof

Bahnhof Atocha: Warten unter Palmen

Tour 6: Kunstspaziergänge in Retiro

> **Das Gedenken an 11-M**
>
> Ein Ort der Stille ist die Gedenkstätte für die Opfer des Terroranschlags vom 11. März 2004 im Untergeschoss des Atocha-Bahnhofs. In Spanien wird der grausame Tag nur „11-M" genannt. Drei Jahre nach dem Massaker eröffnete König Juan Carlos diese Gedenkstätte. Sie gleicht einer blauen Krypta und wird von einem 170 Tonnen schweren Turm aus Borosilikatglas, insgesamt über 11 m hoch, beherrscht. Er ragt als Zentrum des Kreisverkehrs an der Plaza del Emperador Carlos V. zylinderförmig aus dem Untergrund. Über einen gesonderten Zugang betritt der Besucher vom Untergeschoss des Bahnhofs die ungewöhnliche Erinnerungsstätte. In verschiedenen Sprachen wird zum Frieden, zu Solidarität und Gewaltlosigkeit sowie gegen Ausländerfeindlichkeit aufgerufen. Der Lärm von draußen verstummt, nachdem der Besucher die Schleuse passiert hat. Es bleibt nur noch die Erinnerung in der blauen Halle.
> Die Gedenkstätte ist 11–14 Uhr und 17–19 Uhr geöffnet, im März 11–20 Uhr.

Atocha. Madrids größter und wichtigster Bahnhof ist heute ein Beispiel für die gelungene Verbindung von alter und moderner Architektur.

Traurige Berühmtheit erlangte Atocha weltweit wegen des Blutbades vom 11. März 2004. Die Bombenanschläge islamistischer Terroristen auf vier Vorortzüge, die zwischen Madrid und Alcalá de Henares verkehrten, kosteten 191 Menschen das Leben, vor allem Studenten, Arbeiter und Immigranten zählten zu den Opfern. Mehr als 1800 wurden verletzt. Ein beeindruckendes Mahnmal im Untergeschoss erinnert an die unglaubliche Tat. Sieben Bombenleger, darunter die mutmaßlichen Anführer der Terrorgruppe, sprengten sich drei Wochen nach den Anschlägen im Madrider Vorort Leganés selbst in die Luft, als ihre Wohnung von der Polizei umstellt war.

Das alte Bahnhofsgebäude – eine Konstruktion aus Glas und Eisen – entstand zwischen 1888 und 1892. In den 1980er-Jahren war Atocha dem gestiegenen Verkehrsaufkommen des boomenden Madrids nicht mehr gewachsen. Mehr Fahrgäste, neue S-Bahn-Linien und Serviceeinrichtungen stellten ganz andere Ansprüche an das Gebäude. Zehn Jahre wurde die Kathedrale der spanischen Eisenbahn aus Ziegelstein zu einem modernen, leistungsfähigen Verkehrszentrum um- und ausgebaut, das seine alten Reize bewahrt und neue hinzugewonnen hat. Ein hoher Säulenwald stützt das riesige Dach über den Gleisen. Von hier fahren beispielsweise die Hochgeschwindigkeitszüge nach Barcelona und Sevilla (AVE) ab, aber auch die Cercanías (S-Bahnen) nach Toledo, Aranjuez oder Alcalá de Henares. Herzstück des Bahnhofs ist die alte Jugendstilwartehalle. Die elegante Konstruktion aus Eisen und Stahl mit 150 m Länge und fast 30 m Höhe hat der Architekt Rafael Moneo in einen tropischen Wald verwandelt. Riesige Luftbefeuchter über Farnen und Bananenstauden sorgen für ein tropisches Klima mit einer konstanten Temperatur von 24 °C. Nirgendwo ist Warten schöner als in dieser Oase von Atocha. Cafés, Schalter und Wartesäle flankieren den einmaligen Bahnhofsgarten.

Metro: Atocha oder Atocha Renfe.

Abstecher zum Museo Nacional del Ferrocarril

Für Eisenbahnfans Pflicht – in einem ehemaligen Bahnhof am Paseo de las Delicias 61 (südlich des Bahnhofs Atocha) präsentiert dieses Museum alles rund um die Schiene. 30 Züge sind insgesamt zu sehen. Die 1880 errichtete Estación de las Delicias ist übrigens selbst eine Sehenswürdigkeit. Der Bahnhof gilt als eines der bedeutendsten Beispiele für die Stahlarchitektur des 19. Jh.

Di–So 10–15 Uhr, Mo geschlossen. Eintritt 5 €, Studenten und Rentner 3,50 €, Sa nur 1 €. Paseo de las Delicias 61 (Metro: Delicias), ℡ 902228822, www.museodelferrocarril.org.

Museo Nacional Centro de Arte Reina Sofía

Vom Atocha-Bahnhof kommend, überqueren wir die häufig verstopfte Plaza del Emperador Carlos V in Richtung Westen und laufen direkt auf einen weiteren Höhepunkt des Paseo del Arte zu, das Museum Reina Sofía mit seiner exzellenten Kollektion moderner Kunst. Höhepunkt und Publikumsmagnet ist Pablo Picassos Monumentalwerk „Guernica", das auf eindrucksvolle Weise an das von Deutschen verübte Massaker in der gleichnamigen baskischen Stadt zur Zeit des Spanischen Bürgerkriegs erinnert. Durch den imposanten Erweiterungsbau des französischen Architekten Jean Nouvel im Jahr 2006 hat das Museum auch Platz für große Ausstellungen geschaffen. Nouvel brach radikal mit der Architektur des früheren Krankenhauses und errichtete einen gewaltigen, aber luftigen Baukörper in Knallrot. Mit einem opulenten Innenhof schuf er zudem Platz für überdimensionale Plastiken. Durch den Erweiterungsbau entstand auch eine spektakuläre Bibliothek, die 250.000 Bücher fasst. Absolut lohnenswert ist außerdem ein Besuch der hypermodernen Museumslounge am Rande des neuen Innenhofs.

Das Herzstück des Museums ist die ständige Sammlung. Neben „Guernica" sind auch andere Meisterwerke von Picasso, Dalí, Miró oder Gris ausgestellt. Das Museo Nacional Centro de Arte Reina Sofía – so der umständliche offizielle Titel des nach der derzeitigen spanischen Königin benannten Hauses – hat sich international mit spannenden Wechselausstellungen als eine Bühne moderner Kunst etabliert. Das Museum ist ein Geschenk, das sich das demokratische Spanien selbst gemacht hat. Hier sollte die unter Franco über Jahrzehnte geschmähte Avantgarde endlich ihr Zuhause und ihre Bühne zugleich erhalten. Denn das 1992 offiziell eröffnete Reina Sofía ist keineswegs nur ein Museum, sondern ein Kunstzentrum, das auf Museumspädagogik und Forschung viel Wert legt.

Ursprünglich war das Reina Sofía ein Hospital, das im 18. Jh. von den Architekten José de Hermosilla und Francesco Sabatini entworfen wurde. Es ist mit Millionenaufwand erweitert worden; ein Häuserblock, der an das Museum

Mit dem Aufzug zur modernen Kunst

angrenzt, wurde mit dem bisherigen Gebäude verbunden und in das Museum integriert.

Von den fünf Stockwerken sind nur der zweite und der vierte Stock für die permanente Sammlung reserviert (erreichbar am leichtesten und am schönsten über den transparenten Aufzug, der an der Nordseite des Reina Sofía errichtet wurde). Die anderen Stockwerke werden für Sonderausstellungen genutzt. Im Innenhof des ehemaligen Krankenhauses steht eine Plastik von Alexander Calder in den Nationalfarben Spaniens.

Sich im Reina Sofía zurechtzufinden, ist selbst mit Plan auf Grund der komplizierten Baustruktur ein kleines Kunststück. Denn die ständige Sammlung ist auf zwei Gebäude verteilt und auch nicht chronologisch geordnet. Der sehr viele kleinere Teil der Kollektion mit Arbeiten aus den Jahren 1962 bis 1982 befindet sich im neuen Nouvel-Gebäude, das mit dem historischen Sabatini-Gebäude verbunden ist. Die Geschoss-Bezeichnungen sind ebenfalls verwirrend, weil sich die beiden Gebäude auf unterschiedlichen Niveaus befinden. Wir haben uns an die spanische Bezeichnung Planta (für Stockwerk) gehalten. Das entspricht auch den kostenlos im Museum verteilten Plänen. Wichtig: Planta 3 ist exklusiv Wechselausstellung vorbehalten. Die Besucher müssen dieses Stockwerk überspringen, denn die Sammlung endet in der Planta 4.

Planta 0 (Erdgeschoss Nouvel-Gebäude)

Im Erdgeschoss des Nouvel-Gebäudes ist der Ausstellungsraum 001 der Rückkehr der Postmoderne zwischen 1962 und 1982 gewidmet. Dort hängen unter anderem Bilder der rheinländischen Künstler Gerhard Richter, dessen Malerei auf dem internationalen Kunstmarkt astronomische Preise erzielt, und Wolf Vostell, der in seinen letzten Jahren in der Extremadura arbeitete und 1998 starb.

Planta 1 (Erdgeschoss)

Im Innenhof des Sabatini-Gebäudes gibt es unter anderen drei spektakuläre Skulpturen zu sehen: Carmen (1974) des Amerikaners Alexander Calder, Toki-Egin (1989/90) des Basken Eduardo Chillida und Pajaro lunar (1966) von Joan Miró. In den Sälen sind Werke von Richard Serra und Thomas Schütte ausgestellt. Im Hof des Nouvel-Anbaus steht die nicht minder spektakuläre Plastik „Brushstroke" (Pinselstrich) des amerikanischen Popart-Künstlers Roy Lichtenstein. In Saal 104 wird die ständige Ausstellung zur Rückkehr der Postmoderne fortgesetzt. Unter den Exponaten ist auch ein Werk von Thomas Schütte, einem Schüler von Gerhard Richter.

Planta 2 (Erster Stock)

Im ersten Stock, der vom Museum als Planta 2 bezeichnet wird, findet der Besucher rund um den Skulpturen-Innenhof etwa zwei Dutzend Säle, die sich der Avantgarde in der ersten Hälfte des 20. Jh. widmen. Einzigartige Werke von Juan Gris, Man Ray, Kurt Schwitters, René Magritte oder Salvador Dalí aus den Kunstrichtungen Kubismus, Dadaismus und Surrealismus sind zu sehen.

Schwerpunkt sind die Werke von **Pablo Picasso** (1881–1973), allen voran das 1937 entstandene Monumentalgemälde „Guernica" (Saal 206). Die Sammlung führt die verschiedenen Schaffensperioden Picassos vor. Ein Beispiel aus der blauen Periode (1901–1904) ist das Ölbild „Mujer en azul" (1901). Aus seiner kubistischen Schaffenszeit (1908–1916) wird „Naturaleza muerta" (1912) gezeigt. Auch sind hier einige eindrucksvolle Plastiken des gebürtigen Andalusiers zu sehen, etwa die über 2 m hohe Skulptur „La mujer en el jardín" (1929–30), „La dama oferente" (1933) oder das überlebensgroße Werk „El hombre del cordero" (1943).

Guernica – ein Fanal gegen den Krieg

„Guernica" zählt weltweit zu den berühmtesten Werken der Malerei des 20. Jh. Das riesige Gemälde von Pablo Picasso (1881–1973), ausgestellt im Saal 206, gilt als Hommage an die vielen Todesopfer, welche die Bombardierung des friedlichen Baskenstädtchens durch die deutsche Fliegerstaffel „Legion Condor" gefordert hatte. Das zwischen 1. Mai und 4. Juni 1937 in Paris entstandene Bild ist ein aufrüttelndes Werk, das die ganze Grausamkeit des 20. Jh. allegorisch darstellt. Seit Goya hat kein anderer Künstler Spaniens die Bestialität des Krieges so bedrückend-intensiv dargestellt wie Picasso. Das 3,5 m hohe und fast 8 m lange „Guernica" hing bis 1981 im New Yorker Museum of Modern Art: Picasso, engagierter Gegner des Faschismus, hatte gefordert, das Bild Spanien erst nach der Rückkehr zur Demokratie zu überlassen. Der 1973 im südfranzösischen Mougins gestorbene Künstler konnte diese Heimkehr nicht mehr selbst erleben. Im Juli 1992 erfolgte der nicht unumstrittene Umzug vom Casón del Buen Retiro in die zweite Etage des Reina Sofía. Auch hier wird das weltberühmte Werk aus Angst vor rechtsextremen Anschlägen durch Panzerglas und Wachmänner geschützt (1974 besprühte ein Attentäter das Bild mit Farbe). Doch auch ohne Anschläge ist das Bild in einem ernsten Zustand. Denn die Farbschicht zeigt Risse, die Leinwand ist brüchig. Insgesamt gibt es 129 beschädigte Stellen. Deshalb wird Guernica vorerst Madrid nicht mehr verlassen.

Das Reina Sofia verfügt auch über zahlreiche Werke des spanischen Kubisten **Juan Gris** (1887–1927). Eines seiner schönsten Werke ist das 1916 entstandene Porträt seiner Ehefrau („Retrato de Josette").

Ein weiterer großer Name spanischer Kunst ist **Joan Miró**. Der 1893 in Barcelona geborene und in Palma de Mallorca 1983 gestorbene Surrealist entwickelte bereits zu Beginn der 1920er-Jahre eine bis dahin unbekannte Abstraktheit in seiner Malerei. Ein Beispiel dafür ist der „Hombre con pipa" (1925) oder das 1938 entstandene „Retrato II".

Ein Publikumsmagnet sind die Meisterwerke des spanischen Surrealisten **Salvador Dalí** (1904–1989). Hier hängen so bekannte Bilder wie „Muchacha en la ventana" (1925), das seine Schwester Ana María Dalí am Fenster mit Blick aufs Meer zeigt, oder „El gran masturbador" (1929), das die sexuellen Obsessionen des Malers zum Ausdruck bringt.

Planta 3 (Zweiter Stock)

Diese Etage wird für die sehenswerten Wechselausstellungen genutzt.

Planta 4 (Dritter Stock)

Diese Etage, eigentlich der dritte Stock, ist der Nachkriegskunst 1945 bis 1968 vorbehalten. Darunter sind Werke des einflussreichen Franzosen Yves Klein und des abstrakten deutschen Malers Hans Hartung (1904–1985), der später die französische Staatsbürgerschaft angenommen hat. Der spanische Informalismus ist mit Antonio Saura (1930–1998), Bruder des Filmregisseurs Carlos Saura („Carmen"), und Antoni Tapies (1923–2012) vertreten. Als Beispiel für den abstrakten Expressionismus steht der spanische Künstler Vicente Esteban (1903–2001), der im Exil in New York bereits 1940 die amerikanische Staatsbürgerschaft annahm. Sein Werk wurde in der iberischen Heimat erst in der postfranquistischen Zeit entdeckt. In den Sälen sind auch noch schöne Werke aus der Nachkriegszeit von Picasso, Miró, Dalí und Paul Klee zu bestaunen.

Öffnungszeiten/Eintritt

Geöffnet Mo–Sa 10–21 Uhr, So 10–14.30 Uhr, Di und an Feiertagen geschlossen. Eintritt 8 €, Studenten 4 €, Mo–Sa von 19–21 Uhr, So 15–19 Uhr ist der Eintritt frei. Jugendliche unter 18 J. und Rentner über 65 J. generell gratis. Für den „Abono Paseo del Arte", ein Kombiticket, das neben dem Reina Sofía auch den Prado und das Thyssen einschließt, zahlt man 24,80 € (gültig für ein Jahr). Dem Besucher stehen Audio-Guías zur Verfügung, die per Kopfhörer über die Sammlung informieren. Das Museum besitzt neben einer Cafetería auch ein nicht unbedingt preiswertes Restaurant. Calle de Santa Isabel 52 (Metro: Atocha), ✆ 917741000, www.museoreinasofia.es.

Vom Reina Sofía zur Real Fábrica de Tapices

Parque del Retiro

Vom Reina Sofía kommend, überqueren wir den Paseo del Prado Richtung Osten und laufen in die Straße Claudio Moyano. Unmittelbar hinter dem Landwirtschaftsministerium aus der Belle Époque steigt die Straße relativ steil an. An dieser südlichen Begrenzung des Botanischen Gartens stehen seit Jahrzehnten braune Holzbuden. Ab dem späten Vormittag bis zum Abend wird auf dieser sog. **Feria del Libro** Welt- und Schundliteratur präsentiert. Am Ende der Calle de Claudio Moyano steht man vor dem Parque del Retiro.

Der 12 km² große Park ist die grüne Lunge Madrids. Die elegante, weitläufige Parkanlage war einst Teil eines Königsschlosses. Heute ist der Retiro eine Freiluftbühne für Verliebte, Gestresste, Jogger, Schauspieler, Zauberer, Müßiggänger, Poeten, Straßenmusiker …

Näher an den Hauptattraktionen Madrids und leichter zu erreichen als sein westliches, viel größeres Pendant Casa de Campo (→ S. 186), drängt sich der Retiro – seit 1868 Stadtpark – für Pausen abseits der Straßenschluchten geradezu auf. Im 17. Jh. als königlicher Park angelegt, erfreut der Retiro besonders mit dem künstlichen See **Estanque**, auf dem man täglich bis zum Sonnenuntergang mit gemieteten Ruderbooten herumschippern kann. Der See wird beherrscht von einem restaurierten Monument mit einem überdimensionalen Reiterstandbild von Alfonso XII. Im nahen **Palacio de Velázquez** und dem außergewöhnlichen **Palacio de Cristal** kann man Ausstellungen besuchen. Die beiden historischen Gebäude, die vom Architekten Ricardo Velázquez Bosco geschaffen wurden, sind Außenstellen des Reina Sofía. Ursprünglich war der Palacio de Cristal als Ausstellungsraum für exotische Pflanzen im Rahmen einer Philippinen-Ausstellung 1887 gebaut worden. Er gilt als das wichtigste Beispiel in Spanien für die Stahl-Glas-Architektur des 19. Jh.

In abgelegenen Ecken des Parks kam es abends gelegentlich zu Überfällen, obwohl die Polizei hoch zu Ross Streife reitet. Am besten den Retiro nicht nach Einbruch der Dunkelheit betreten.

Mai bis Oktober täglich 6–24 Uhr, November bis April täglich 6–22 Uhr geöffnet. Metro: Retiro oder Atocha.

Königliches Observatorium

Außerhalb des Retiro-Parks an seiner südwestlichen Ecke (beim Botanischen Garten) befindet sich das königliche Observatorium. Das klassizistische Gebäude mit der weithin sichtbaren Säulen-Kuppel ist ein Werk des Architekten Juan de Villanueva. Das Observatorium wurde 1785 in Betrieb genommen.

Alfonso XII. wacht über den Estanque im Parque del Retiro

Heute fungiert es vor allem als Museum und gibt in seinen Räumen einen Einblick in die Geschichte der Astronomie in Spanien. Es ist Teil des Nationalen Geographischen Instituts.

Geöffnet Fr 16.30 Uhr (im Sommer um 17.30 Uhr), Sa 12 und 16.20 Uhr sowie So um 12 Uhr. Juli–Sept. gibt es keine Nachmittagsbesichtigungen. Das Observatorium ist nur im Rahmen einer Führung zu besichtigen, die rund eineinhalb Stunden dauert. Eintritt 5 €, Kinder unter 3 J. gratis. ✆ 915061261, www.ign.es. Calle Alfonso XII. (Metro: Atocha).

Museo Nacional de Antropología

Läuft man wenige Schritte weiter auf der Calle de Alfonso XII trifft man rechter Hand auf das anthropologische Nationalmuseum. Es wurde bereits 1875 von König Alfonso XII. eröffnet. Das spätklassizistische Gebäude zeigt Völkerkundliches aus aller Welt, natürlich vor allem aus den ehemaligen Kolonien Spaniens. Die Sammlung ist ein wenig in die Jahre gekommen und didaktisch nicht besonders gut aufbereitet. Die Exponate wie beispielsweise Schreine aus Japan, frühe Kleidungsstücke aus Guatemala oder Masken aus dem Kongo und Brasilien sind jedoch durchaus sehenswert.

Di–Sa 9.30–20 Uhr, So 10–15 Uhr. Eintritt 3 €, Sa ab 14.30 Uhr sowie So Eintritt frei, Jugendliche und Rentner haben generell freien Eintritt.

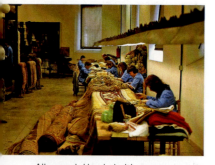

Alles noch Handarbeit!

Calle de Alfonso XII 68 (Metro: Atocha Renfe), ✆ 915306418, www.mnantropologia.mcu.es.

Panteón de Hombres Ilustres

Ganz in der Nähe des anthropologischen Museums, in der Calle de Julián Gayarre trifft man auf dieses merkwürdige, von einem kleinen Park umgebene Gebäude. Das im byzantinischen Stil des späten 19. Jh. erbaute Pantheon beherbergt eine Reihe berühmter Madrider Politiker der vergangenen 200 Jahre. Die Denkmäler sind teilweise in pompösem Stil errichtet. In dem kleinen, schattigen Park des Pantheons lässt sich gut rasten.

Di–So 10–14 Uhr und 16–18.30 Uhr, So nur bis 14 Uhr. Eintritt frei. Calle de Julián Gayarre 3 (Metro: Menéndez Pelayo oder Atocha Renfe).

Real Fábrica de Tapices

Nur ein paar Meter vom Panteón de Hombres Ilustres entfernt, in der Querstraße Fuenterrabía steht ein eher trauriges, unscheinbares Fabrikgebäude. Hinter den braunroten Ziegelsteinen verbirgt sich die Real Fábrica de Tapices. Die königliche Wandteppichmanufaktur, gegründet 1721, zählt zu den berühmtesten in Europa. Schon Francisco de Goya arbeitete für die noble Manufaktur und liefert bis heute die Vorlagen für die Textilkunstwerke. Die Real Fábrica de Tapices stellt bis heute Teppiche und Gobelins her. Den Besucher erwartet daher kein Museum, sondern eine außergewöhnliche Manufaktur. Hier kann man die Sticker, Weber und Zeichner bei ihrer Arbeit beobachten. Heutzutage werden nur noch 50 Kunsthandwerker beschäftigt. Der Kundenkreis für die aufwendig hergestellten und deshalb auch teuren Teppiche ist klein. Neben dem spanischen Königshaus und staatlichen Einrichtungen gehören vermögende Privatleute dazu. Ein Quadratmeter Wandteppich kostet – je nach Aufwand und Material – rund 9000 €. Die königliche Fabrik beschäftigt sich aber auch mit komplizierten Restaurierungsarbeiten und ist zugleich Ausbildungsstätte.

Mo–Fr 10–14 Uhr, im August geschlossen. Eintritt 4 €, Kinder 6–12 J. 3 €. Calle de Fuenterrabía 2 (Metro: Menéndez Pelayo oder Atocha Renfe), ✆ 914340550, www.realfabricadetapices.com.

Praktische Infos → Karte S. 130/131

Essen & Trinken

Der **Parque del Retiro** besitzt eine Reihe von Cafés, in denen man vortrefflich die heißen Nachmittagsstunden überstehen kann. Das hat natürlich seinen Preis. Die kühlen Getränke sind oft teurer als in mancher eleganten Bar. Zum Mittagessen eignen sich die Cafés nicht, da die kleinen Pavillons über keine Küche verfügen und lediglich ein paar Aperitifs wie Oliven, Kartoffelchips oder ein Sandwich reichen.

La Esquina de Café 12, bekannt für sein hausgemachtes Eis. Auch Kaffeespezialitäten mit Alkohol im Angebot. Calle de las Huertas 70 (Metro: Antón Martín).

Café El Botánico 13, schöne Terrasse, ideal für eine Pause. Für Bierfans: Es wird Pilsener Urquell ausgeschenkt. Schräg gegenüber des Botanischen Gartens (beim Prado). Calle de Espalter 27 (Metro: Atocha).

Restaurant im Thyssen 8, im schicken Neubau beheimatetes muschelförmiges Lokal. Annehmbare Preise, einfache Gerichte und Menüs. Zur Mittagszeit kann es allerdings ziemlich laut werden. Paseo del Prado 8 (Metro: Banco de España oder Atocha).

Restaurante La Gamella 1, eine feine Adresse an der viel befahrenen Straße Alfonso XIII, wenige Meter von der Puerta de Alcalá. Für Liebhaber der kreativen spanischen Küche ein exzellentes, aber nicht unbedingt preiswertes Restaurant. Reservierung empfehlenswert. Calle de Alfonso XII 4 (Metro: Retiro), ✆ 915324509.

》》 Mein Tipp: **Restaurante Edelweiss** 6, gleich hinter dem Parlament (Cortes). Wer einen Madrileño nach einem Restaurant mit deutscher Küche fragt, wird keine schnelle Antwort bekommen. Nach einer Weile fällt den meisten doch das Edelweiss ein. Tatsächlich pflegt dieses angenehme Haus deutsche Küche, aber man kann natürlich auch spanisch hier essen. Manchmal sind auch bekannte Politiker oder berühmte Schauspieler unter den Gästen. Das Teatro Zarzuela ist gleich um die Ecke. So geschlossen. Calle de Jovellanos 7 (Metro: Banco de España). 《《

Restaurante Horcher 2, seit weit mehr als einem halben Jahrhundert eines der besten Restaurants in Madrid für alle, die vornehm essen gehen möchten und die mitteleuropäische Küche schätzen. Spezialisiert auf Wildgerichte. Elegantes Ambiente und entsprechende Preise. Älteres, konservatives Publikum. Während des Zweiten Weltkrieges war das Horcher Treffpunkt von Nazi-Spionen. Samstagmittag und So geschlossen. Reservierung empfehlenswert. Calle de Alfonso XII 6 (Metro: Retiro), ✆ 915220731.

Restaurante Errota-Zar 5, nur ein paar Schritte vom Edelweiss entfernt. Das schöne Bürgerhaus ist in die Jahre gekommen, jedoch nicht die baskische Regionalküche. Stammgäste schätzen besonders die Fischgerichte. So geschlossen. Calle de Jovellanos 3 (Metro: Banco de España).

Restaurante Viridiana 4, Gourmet-Lokal, von dem kinobegeisterten Besitzer nach einem Film des spanischen Regisseurs Luis Buñuel benannt. Das feine, dennoch gemütliche Restaurant mitten im Retiro-Viertel – wenige Schritte vom Park – ist über Madrids Stadtgrenzen hinaus für seine kastilische Küche bekannt. Nicht nur Madrilenen, sondern auch viele Ausländer schätzen die kreative Küche. Die hat allerdings ihren Preis. So geschlossen. Reservierung empfehlenswert. Juan de Mena 14 (Metro: Retiro), ✆ 915234478.

Einkaufen

Feria del Libro. Ab dem späten Vormittag wird in den Holzbuden an der Calle de Claudio Moyano südlich des Botanischen Gartens Welt- und Schundliteratur präsentiert. Auch wenn man des Spanischen nicht mächtig ist, macht es Spaß, sich die oft antiquarischen Bücher anzusehen. Vielleicht findet man ja einen preiswerten Bildband ...

Paseo de Recoletos: eine der schönsten Flaniermeilen in Madrid

Tour 7: Salamanca

Kein anderer Teil Madrids strahlt mehr Großbürgerlichkeit aus als die schachbrettartig angelegten Straßenzüge östlich der Verkehrs- und Geschäftsallee Paseo de la Castellana. Wer es in der Hauptstadt zu etwas gebracht hatte, ließ sich in einem der eleganten Häuser nieder. Die meisten der eindrucksvollen Stadtpaläste wurden in der zweiten Hälfte des 19. Jh. oder in der ersten Hälfte des 20. Jh. errichtet. Salamanca ist ein idealer Stadtteil zum Einkaufen, Flanieren und Entdecken.

Salamanca unterscheidet sich von den Altstadtvierteln fundamental. Denn das Mitte des 19. Jh. angelegte Viertel besticht durch seine breiten Boulevards und den schachbrettartigen Grundriss. Seinen Namen erhielt das Viertel vom Marqués de Salamanca, nach dem auch ein Platz dort benannt ist.

Auch wenn der bourgeoise Charme Salamancas in den vergangenen Jahren verblasst ist – noch zählt die Gegend zur nobelsten der Hauptstadt. Hier befinden sich zahlreiche Botschaften wie zum Beispiel die der USA oder Italiens. Die breite Allee Serrano sowie die kleinere Querstraße Ortega y Gasset gehören zu den elegantesten Einkaufsstraßen des Landes: Loewe, Pedro del Hierro, Adolfo Domínguez, Roberto Verino ... kein spanischer Modedesigner fehlt. Vor allem an Werktagsabenden schlendert das vornehme Publikum über die repräsentative Stadtallee. Die Calle de Serrano hat nicht nur die feinsten Bekleidungsläden, sondern auch vorzügliche Möbel- und Dekorationshäuser sowie verlockende Delikatessenläden. In den vielen alteingesessenen Cafés und Restaurants wie Embassy oder Mallorca ist nur selten ein Platz zu be-

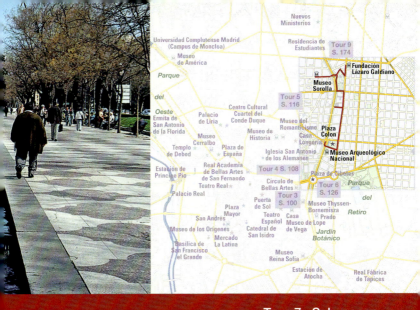

Tour 7: Salamanca

kommen. Auch viele Ausländer schätzen das Einkaufsparadies. Nicht zuletzt die zahlreichen Botschaften, internationalen Banken und Versicherungen sorgen für ein kaufkräftiges Publikum.

Einst war Salamanca eine Hochburg der Franquisten. Diese Zeiten sind zwar längst vorbei, und das Stadtviertel ist heutzutage viel heterogener als noch vor Jahrzehnten, doch noch immer weht hier ein konservativer Geist. Im Gegensatz zur Altstadt geht es am Wochenende ruhig zu. Viele der vermögenden Bewohner des Viertels verbringen die freien Tage im eigenen Landhaus in der Provinz Toledo oder in den Bergen von Madrid. Zudem sind viele Bars und Restaurants sonntags geschlossen.

Salamanca ist aber mehr als eine elegante Einkaufsmeile. Hier haben drei wichtige Madrider Museen ihren Sitz: das archäologische Museum mit der spanischen Nationalbibliothek, das Kunstmuseum Lázaro Galdiano mit einigen hervorragenden Goyas und an der Peripherie des Viertels die verträumte Künstlervilla des Impressionisten Joaquín Sorolla.

Vom Kolumbusplatz zum Kunstpalast Fundación Lázaro Galdiano

Plaza de Colón

Wir starten den Spaziergang an der Plaza de Colón. Der „Kolumbusplatz" mit der entsprechenden Statue markiert den Übergang des Paseo de la Castellana in den Paso de Recoletos. Hier kreuzen sich die noblen Einkaufsmeilen Goya und Serrano. Ursprünglich war der Platz von vornehmen Stadtpalästen umgeben. Doch längst haben sich Hochhäuser und Bürogebäude breitgemacht. Die Plaza de Colón wird heute von den sog. **Jardines del Descubrimiento** beherrscht, die der Entdeckung Amerikas gewidmet sind. Es handelt sich dabei um vier überdimensionale Skulpturenblöcke, die der Künstler Joaquín Vaquero Turcios 1976 geschaffen hat.

Was viele Besucher nicht bemerken: Unterhalb der Plaza de Colón ist das **städtische Kulturzentrum** beheimatet, das sich mit Avantgarde-Kunst einen Namen gemacht hat. Es gilt als originelles Beispiel moderner Madrider Architektur des 20. Jh.

Metro: Colón.

Museo de Cera

Wir überqueren den Platz Richtung Westen, laufen über den autobahnähnlichen Paseo de la Castellana bzw. Paseo de Recoletos und stoßen direkt auf einen modernen Einkaufs- und Bürokomplex. Hier ist das beliebte Wachsfigurenmuseum zu Hause. Es ist nicht gerade preisgünstig, lohnt sich aber für alle, die auf kuriose Weise etwas über die spanische Geschichte erfahren möchten. Die Galerie der Wachsfiguren reicht von Fernando el Católico über Carlos III., den Diktator Franco bis zum heutigen Kronprinzen Felipe. Für Kunstliebhaber wurde Goyas Gemälde „Los fusilamientos en la montaña del Príncipe Pío", die Exekution spanischer Patrioten durch französische Besatzungstruppen im Stadtteil Moncloa, eindrucksvoll nachgestellt. Daneben gibt es auch zahlreiche Intellektuelle und Künstler wie Antonio Banderas und Johnny Depp in Wachs zu bestaunen. Das Museum wird immer wieder aktualisiert. Zu den Wachsfiguren neueren Datums gehören der Tennisspieler Rafael Nadal und der Schauspieler George Clooney. Wer sich etwas gruseln möchte, sollte sich in den

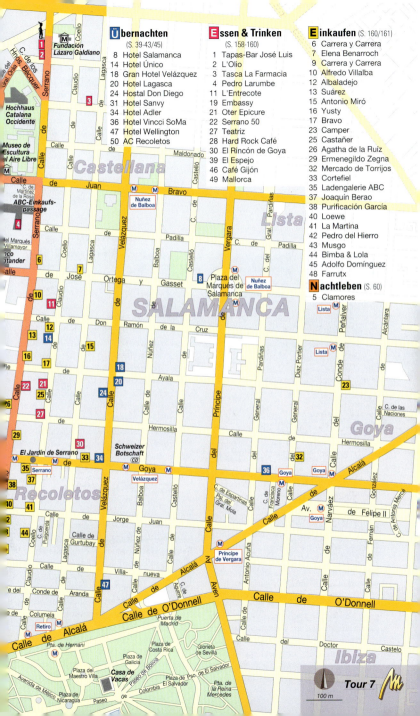

Terror-Zug (tren del Terror) setzen. Lassen Sie sich überraschen ...
Mo–Fr 10–14.30 und 16.30–20.30 Uhr, Sa/So 10–20.30 Uhr. Eintritt 15 €, Kinder bis 7 J. und über 60-Jährige 10 €. Paseo de Recoletos 41 (Metro: Colón), ✆ 91300825, www.museoceramadrid.com.

Nationalbibliothek und Archäologiemuseum

Wenn man das Museo de Cera verlässt und Richtung Plaza de Colón blickt, so erkennt man das mächtige klassizistische Gebäude der spanischen Nationalbibliothek, das seit einigen Jahren auch ein Büchermuseum beherbergt. Unmittelbar dahinter steht, ebenfalls in klassizistischem Gewand, das spanische Archäologiemuseum. Wir erreichen das prächtige Gebäude, indem wir den Paseo de Recoletos und die Plaza de Colón Richtung Osten überqueren und in die Calle de Jorge Juan einbiegen. Schon nach wenigen Metern stoßen wir auf den Eingang des Museums in der Calle de Serrano, der berühmtesten Einkaufsstraße von Salamanca. Es beherbergt eine der bedeutendsten Sammlungen der Stadt. Das Museum wurde 1867 von Isabel II. gegründet und ist seit mehr als 100 Jahren im Gebäude der spanischen Nationalbibliothek untergebracht. Das Museum ist derzeit wegen Restaurierungsarbeiten geschlossen. Die Sammlung zeigt die Kulturgeschichte Spaniens von der Steinzeit bis in die Neuzeit auf zwei Ebenen. Im Garten ist eine unterirdische Höhle nachgebaut worden, in der Reproduktionen der Wandgemälde von Altamira (Kantabrien) zu sehen sind, die vor 15.000 Jahren entstanden.

Am besten beginnt man einen Rundgang im Untergeschoss, das Exponate aus prähistorischer Zeit und aus der Hochzeit der Ägypter und Griechen präsentiert. Das Erdgeschoss befasst sich mit dem iberischen und römischen Spanien sowie mit der Zeit des islamischen Andalusiens bis zur Gotik. Höhepunkte sind hier die iberischen Originalbüsten der „Dama de Elche", „Dama de Baza" und „Dama del Cerro de los Santos", die Sammlung römischer Mosaiken und die westgotischen Votivkronen.

Nationalbibliothek: Di–Sa 10–21 Uhr, So 10–14 Uhr, Eintritt frei. Paseo de Recoletos 20 (Metro: Colón/Serrano).

Archäologiemuseum: Di–Sa 9.30–20 Uhr, So 9.30–15 Uhr, Mo geschlossen. Calle de Serrano 13 (Metro: Colón), ✆ 915777912, http://man.mcu.es.

Banco Santander

Beim Verlassen des Museums halten wir uns links auf der Calle de Serrano Richtung Norden. Zuerst geht es abermals an der Plaza de Colón vorbei. Spätestens nach dem Überqueren der vom Verkehr stark frequentierten Calle de Goya sind wir ins Herz von Salamanca vorgedrungen. Hier entlang der Calle de Serrano reihen sich Juweliere, Modeläden, Herrenausstatter und Bars aneinander. Auch die Querstraßen wie Calle de Hermosilla, Calle de Ayala oder die Parallelstraße Calle de Lagasca sind mit ihren Boutiquen und ausgefallenen Läden einen Abstecher wert. Als nobelste Einkaufsmeilen in Salamanca gelten übrigens die Calle de José Ortega y Gasset, die Calle de Hermosilla und die Calle de Claudio Coello.

Wenn man links in die Calle de José Ortega y Gasset abbiegt und bergab Richtung Paseo de la Castellana läuft, stößt man auf den früheren Konzernsitz der Banco Santander. Das noble Gebäude gibt einen Eindruck davon, wie die Castellana früher einmal ausgesehen hat. Es stammt aus dem 19. Jh. Keine Kosten und Mühen wurden gescheut, um dieses repräsentative Gebäude zum Sitz einer der mächtigsten Banken Spaniens umzubauen. Der berühmte österreichische Architekt Hans Hollein wurde 1993 schließlich beauftragt, den denkmalgeschützten Komplex vor allem im

Beliebt: das Wachsfigurenkabinett an der Plaza Colon

Innern neu zu gestalten. Das Ergebnis ist spektakulär. Obwohl das Gebäude nicht besichtigt werden kann, wird der Einblick ins Atrium gewährt. Die Räumlichkeiten in dem Stadtpalast sind für den spanischen Finanzriesen natürlich längst zu klein geworden. Die Banco Santander hat im Norden von Madrid, weit vor den Toren der Hauptstadt, einen weitläufigen Campus als neuen Konzernsitz errichtet.

Paseo de la Castellana 24 (Metro: Rubén Darío).

Ladengalerie ABC

Wir kehren zur Calle de Serrano zurück und laufen auf der mehrspurigen Einbahnstraße Richtung Norden. Nach rund 400 m stoßen wir auf eine der schönsten Ladengalerien des Viertels. ABC, die konservativ-katholische Tageszeitung (früher Bestandteil der franquistischen Presse), hatte einst ihren Sitz in der Castellana. In den 1920er-Jahren errichteten die Eigentümer ein schmuckes Druckereigebäude aus rotem Ziegelstein mit typischen Madrider Wandfliesen. Doch der aus mehreren Häusern bestehende Komplex ist mittlerweile zu klein für die große Tageszeitung. Und so wurde zwischen 1991 und 1995 die ehemalige Druckstraße zu einer eleganten Ladengalerie mit 80 Shops umgebaut, die sowohl von der Calle de Serrano als auch von der Castellana betreten werden kann. Lohnenswert ist eine Fahrt mit dem gläsernen Aufzug in das Café im Dachgeschoss, um dort den Ausblick zu genießen.

Die Läden sind Mo–Sa 10–21 Uhr geöffnet, So 12–20 Uhr. Paseo de la Castellana 34 (Metro: Rubén Darío oder Núñez de Balboa).

Museo de Escultura al Aire Libre

Wir setzen unseren Spaziergang auf der Calle de Serrano in nördliche Richtung fort. An der nächsten Straßenecke stoßen wir auf die Querstraße Juan Bravo und halten uns links. Unterhalb der riesigen Betonbrücke, die den Paseo de la Castellana überquert, verbirgt sich ein Freiluftmuseum mit abstrakten Plastiken. Madrid war seit jeher eine kunstsinnige Stadt, in der Brunnen und Skulpturen unter freiem Himmel eine große Bedeutung hatten. Zu Beginn der 1970er-Jahre entstand hier ein kleines Skulpturenmuseum spanischer Avantgardisten des 20. Jh. Unter den Ausstellungsstücken befinden sich so berühmte Plastiken wie „Mère Ubu" von Joan Miró oder „La sirena varada" („Die gestrandete Nixe") von Eduardo Chillida aus dem Jahr 1972.

Das Areal ist frei zugänglich. Metro: Rubén Darío.

Museo Sorolla

Vom Museo de Escultura al Aire Libre laufen wir auf der Castellana ein Stück Richtung Norden, bis wir auf den Kreisverkehr Glorieta de Emilio Castelar treffen. Dort überqueren wir den breiten Boulevard. Auf der gegenüberliegenden Seite beginnt der Paseo General Martínez Campos. Nach ungefähr 400 m treffen wir auf der rechten Seite auf die als Museum genutzte Villa des impressionistischen Malers Sorolla.

Die Plaza de Colón ist ein Verkehrsknotenpunkt

Kaum ein anderer spanischer Maler des Impressionismus ist so populär wie der in Valencia geborene Joaquín Sorolla y Bastida (1863–1923). Natürlich können seine zutiefst mediterranen Werke in den großen Museen der Welt bewundert werden. Doch nirgendwo wird man den Künstler, der in Spanien einst die Freiluftmalerei einführte, besser kennenlernen als in seiner eigenen Villa. Heute ist der kleine Palast mit seinem idyllischen Gärtlein ein Museum, das ausschließlich Sorolla gewidmet ist. Der Besucher betritt keine sachlichen Ausstellungsräume, sondern teilweise mit Originalmöbeln eingerichtete Salons, das Atelier, die Küche und das Esszimmer des schon zu Lebzeiten höchst erfolgreichen Malers. Hier hat man die Gelegenheit, die schönsten der heiteren, luftigen Werke des „Malers des Lichts" zu betrachten, zum Beispiel drei 1909 entstandene Bilder, die als repräsentativ für das Werk Sorollas gelten können: „Paseo a orillas del mar", „La hora del baño" und „Después del baño". Der kleine Palast wurde nach Entwürfen Sorollas errichtet und diente ihm zwischen 1910 und 1919 als Wohnhaus und Atelier. Bereits 1931 wurde das Haus auf Wunsch seiner Witwe als Museum genutzt. Die Liebe des Malers zu Andalusien erkennt man bis heute: Der kleine Garten und der romantische Innenhof sind südspanischen Vorbildern nachempfunden.

Di–Sa 9.30–20 Uhr, So 10–15 Uhr, Mo geschlossen. Eintritt 3 €, Studenten 1,50 €, Kinder und Jugendliche unter 18 J. sowie Rentner gratis, sonntags und an Feiertagen ist der Eintritt generell frei. Paseo del General Martínez Campos 37 (Metro: Rubén Darío oder Iglesia), ✆ 913101584, http://museosorolla.mcu.es.

Hochhaus Catalana Occidente

Wir laufen auf demselben Weg zurück zum Kreisverkehr Glorieta de Emilio Castelar und überqueren ihn. Auf der gegenüberliegenden Seite der Verkehrsader Castellana befindet sich ein spektakuläres Gebäude, das zu den schönsten Beispielen der Architektur in der zweiten Hälfte des 20. Jh. zählt.

Das von Rafael de la Hoz zwischen 1977 und 1986 entworfene Verwaltungsgebäude der Versicherungsgruppe Catalana Occidente ist eines der originellsten und elegantesten Gebäude an der Castellana: keine wuchtige Stahlkonstruktion, sondern Transparenz und Leichtigkeit ausstrahlend. Die Außenfassade wurde mit Sicherheitsglas verkleidet, dahinter verbirgt sich eine Wand aus gehärtetem Spiegelglas. Durch diese raffinierte Kombination kann das Eindringen von Wärmeenergie vermieden werden. Für Eleganz sorgt auch die in die Rasenfläche eingelassene rationalistische Treppe, die zu dem auf einer Anhöhe über der Castellana errichteten Komplex führt. Das Gebäude kann nicht von innen besichtigt werden.

Paseo de la Castellana 50 (Metro: Rubén Darío oder Núñez de Balboa).

Fundación Lázaro Galdiano

Beim Kreisverkehr Glorieta de Emilio Castelar halten wir uns rechts und biegen anschließend rechts in die Calle de los Hermanos Béquer ein. Sie führt bergauf zur Calle de Serrano. Leicht ist das eher trostlose Gebäude der US-Botschaft zu erkennen, dessen Eingang in der Regel von einem Panzer bewacht wird. Auf der Calle de Serrano laufen wir weiter in Richtung Norden. Nach ungefähr 400 m öffnet sich rechts ein malerischer Park mit der fein herausgeputzten Villa namens Parque Florido: der Kunsttempel Fundación Lázaro Galdiano. Die private Sammlung des kunstbegeisterten und weltoffenen Finanziers und Publizisten José Lázaro Galdiano (1862–1947) zählt zu den wichtigsten in Spanien und wurde bereits 1951 der Öffentlichkeit zugänglich gemacht.

Die Sammlung umfasst 5000 Kunstwerke, die Lázaro Galdiano in einem halben Jahrhundert zusammengetragen hat. Eigentlich ist das reich ausgestattete Gebäude als Beispiel großbürgerlichen Wohnens allein schon einen Besuch wert. Das selbst unter Madrileños wenig bekannte Museum verfügt über wahre Meisterwerke von Hieronymus Bosch, Brueghel d. Ä., Cranach, Tiepolo und anderen berühmten niederländischen und deutschen Künstlern. Im Mittelpunkt der auf vier Etagen verteilten Sammlung stehen jedoch die Werke von Velázquez, El Greco (Saal 7: „Porträt des Heiligen Franziskus"), Murillo, Zurbarán, Coello und Ribera. Daneben gibt es auch schönes Kunstgewerbe von der griechischen Periode bis zur Neuzeit zu sehen.

Der eigentliche Besuchermagnet des Museums sind aber die Bilder Goyas. In

Eleganter Modernismus: das Hochhaus Catalana Occidente

der Villa sind mehr als ein Dutzend Werke des großen Meisters versammelt – die größte Goya-Sammlung außerhalb des Prados, auch wenn die Herkunft der Bilder nicht ganz unumstritten ist. Im Mittelpunkt stehen hier die Malereien aus der Alameda de Osuna: Die kleinen Bilder wie „Der große Ziegenbock" oder die „Szene der Hexerei" dienten einst als Dekoration im Anwesen El Capricho de la Alameda de Osuna, wo die Herzöge gleichen Namens einen Landsitz hatten. In einem der Nebengebäude der Villa hat übrigens die Kunstzeitschrift Goya ihren Sitz.

Mo und Mi–So 10–16.30 Uhr, Di geschlossen. Eintritt 6 €, Studenten 3 €, Kinder unter 12 J. gratis. Kostenloser Eintritt von Mo–Fr von 15.30–16.30 Uhr. Der Besuch des Parks ist ebenfalls kostenlos. Calle de Serrano 122 (Metro: Rubén Darío oder Núñez de Balboa).

Abstecher zum Auditorio Nacional de Música

Um von der Fundación Lázaro Galdiano zum großen Madrider Konzerthaus zu gelangen, nimmt man am besten die Metro (von der Station Núñez de Balboa mit der Linie 9 bis Cruz del Rayo), denn an der lauten Verkehrsarterie Príncipe de Vergara entlangzulaufen macht keinen Spaß.

Ein großer architektonischer Wurf war die Madrider Philharmonie im Norden Salamancas nicht. Der eher nüchterne, formalistische Backsteinbau auf einem Granitsockel an der viel befahrenen Straße Príncipe de Vergara wurde 1989 eingeweiht und ist Sitz des spanischen Nationalorchesters. In Sachen Akustik ist das fast 2300 Sitze fassende Auditorium erstklassig. Geschwungene Decken aus Walnussholz sind kaskadenförmig angebracht, und die zahlreichen Balkone dienen der harmonischen Schallausbreitung. Alles, was Rang und Namen in der klassischen Musik hat, machte und macht hier Station. Im musikverliebten Madrid sind die Konzerte schnell ausverkauft. Auch die Königsfamilie zählt zu der Stammkundschaft des Konzertsaals.

Tickets für Konzerte gibt es ab 10 € an der Kasse (✆ 913370100) oder im Kaufhaus El Corte Inglés. Calle del Príncipe de Vergara 146 (Metro: Cruz del Rayo).

Praktische Infos → Karte S. 152/153

Essen & Trinken

In Salamanca sind vor allem viele edle Restaurants zu Hause. Diplomaten, Manager und großbürgerliche Kundschaft bevölkern bereits zur Mittagszeit die schicken Gourmettempel. Oft gibt es überraschend preiswerte Mittagsmenüs, die selbst Feinschmeckeransprüchen gerecht werden. Wer zu Hause isst, gönnt sich zumindest einen Aperitif in den In-Bars wie Mallorca oder José Luis. Um 14 Uhr herrscht hier dichtes Gedränge um die Vitrinen mit leckeren Tapas.

»› Mein Tipp: Café Gijón 46, eine wahre Legende in Madrid. In dem 1888 eröffneten Kaffeehaus wurde Weltliteratur geschrieben. Nicht zuletzt wegen des Nobelpreisträgers Camilo José Cela, bekannt durch seinen Roman „Der Bienenkorb" („La Colmena"), zählt das Gijón zu den großen Literaten-Cafés in Europa. Seit Jahrzehnten ist die schlichte Einrichtung fast unverändert. Hier treffen sich noch immer Schriftsteller, Schauspieler, Maler und Journalisten zu großen Debatten über Gott und die Welt. Der nette Service, das preiswerte Essen und der kleine Zigarettenladen am Eingang machen das Gijón zu einem zweiten Wohnzimmer für viele Intellektuelle in Madrid und schaffen eine einmalige Atmosphäre. Auch relativ preiswerte Menüs. Auf der Terrasse, die vor allem von Touristen geschätzt wird, ist das Essen im Sommer allerdings ziemlich teuer. Täglich 8–2 Uhr, Sa auch bis 3 Uhr. Reservierung empfehlenswert. Paseo de Recoletos 21 (Metro: Colón), ✆ 915215425 oder 915310548. **«‹**

El Rincón de Goya 30, eine der besten Adressen für Tapas, hier ist alles frisch und fein. Lockerer, sehr freundlicher Service.

Praktische Infos 159

Schöne Azulejos mit historischen Motiven sorgen für die besondere Atmosphäre des Kellerlokals. Manche Gäste zieht es gleich nach dem Aperitif und den Häppchen in das benachbarte, dazugehörige Restaurant. Hier kommen Madrider Spezialitäten auf den Tisch. Gute Weinkarte. Calle de Lagasca 46 und 48 (Metro: Goya).

Serrano 50 22, schmales Café neben dem Kaufhaus El Corte Inglés. Nach dem Motto „Sehen und Gesehenwerden" kommen hier gerne vornehme Damen und Herren beim Einkaufsbummel auf eine schnelle Tasse Kaffee vorbei. An der langen Bar geht es immer hektisch, aber dafür herzlich zu. Ausgezeichnete Tapas wie Tortilla und gekochte Eier mit Mayonnaise. Im Sommer auch Straßencafé. Calle de Serrano 50 (Metro: Serrano).

Mallorca 49, Feinkostladen, in ganz Madrid für seine kleinen Schlemmereien berühmt. Egal, ob in der Cafetería in der Einkaufsgalerie El Jardín de Serrano oder im größeren Laden in der Calle de Serrano 6, Ecke Calle Columela, das Mallorca bietet stets erstklassige Produkte. Beliebt sind die winzigen Törtchen und Brötchen, die gerne im Stehen als Aperitif verspeist werden. Das Mallorca ist auch ideal zum Frühstücken. Die Croissants sind ein Gedicht. Gutes Preis-Leistungs-Verhältnis. (Metro: jeweils Serrano).

»» Mein Tipp: Embassy 19, eine Adresse für Snobs. Von der Britin Margaret Kearney Taylor wurde dieser feine Tearoom 1931 gegründet. Noch heute ist das Embassy eine der elitärsten und feinsten Adressen in Madrid. Hier kann jedoch nicht nur elegant Tee getrunken, sondern auch zu Mittag gegessen werden. Außerdem gibt es einen Laden mit den feinsten Produkten, die Spanien zu bieten hat. So ganz geschlossen und Mo-Sa bereits ab 21 Uhr. Paseo de la Castellana 12 (Metro: Colón oder Rubén Darío). **««**

Tapas-Bar José Luis 1, ein Klassiker unter den Madrider Tapas-Bars. Egal, ob gefüllte Kroketten, feiner Hummersalat oder eine schlichte Tortilla – hier schmeckt vieles lecker. An der Bar ist oft nur schwer ein Platz zu bekommen. Calle de Serrano 89 (Metro: Rubén Darío).

Hard Rock Café 28, auch Madrid hat eines. Das im amerikanischen Stil eingerichtete Lokal an der Plaza de Colón erfreut sich unter jungen Madrileños großer Beliebtheit. Vor allem die Terrasse ist im Sommer Treffpunkt für Modebewusste. Im Untergeschoss treten manchmal Madrider Nachwuchsbands auf. Echte amerikanische Hamburger. Paseo de la Castellana 2 (Metro: Colón).

Teatriz 27, von dem französischen Designer Philippe Starck entworfen. Restaurant in der edlen Boutiquen- und Galerienstraße Claudio Coello, über Jahre eines der Lieblingsrestaurants von betuchteren Mitgliedern der Madrider Movida. Allein die kuriose Einrichtung des ehemaligen Theaters ist einen Besuch wert. Mittleres Preisniveau. Abends Tischreservierung empfehlenswert. Calle de Hermosilla 15 (Metro: Serrano), ℡ 915775379.

Tasca La Farmacia 3, unweit der US-Botschaft. Mit einer Apotheke hat das populäre Restaurant – abgesehen von Anspielungen in der Einrichtung – nichts zu tun. Die stilvolle Tasca, die von Nachbarn und Geschäftsleuten auch gerne für einen Aperitif genutzt wird, bietet eine ausgezeichnete Küche zu vernünftigen Preisen. Wenn es im Erdgeschoss zu laut ist, sollte man die ruhigeren Räume im Obergeschoss wählen. Offene Küche und nette Bedienung. Calle de Diego de León 9 (Metro: Diego de León).

Oter Epicure 21, lang gestrecktes Restaurant der Oberklasse. Dort kommen Zigarrenliebhaber auf ihre Kosten – welches Restaurant verfügt schon über einen Raum zur Aufbewahrung von Zigarren? Aber auch der Weinkeller – ein Glasraum rechts vom Eingang – ist mehr als beachtenswert. Die Küche ist mediterran, kreativ und leicht. Der vollkommene Genuss hängt allerdings von der Tagesform des Kochs ab. Tischreservierung empfehlenswert. Calle de Claudio Coello 71 (Metro: Serrano), ℡ 914316771.

El Espejo 39, Jugendstilrestaurant am feinen Paseo de Recoletos. Nicht zuletzt wegen seines außergewöhnlichen Dekors in ganz Madrid bekannt. Die Küche kann allerdings nicht immer mit dem Ambiente mithalten. Sie hat sich der baskisch-französischen Kochkunst verschrieben. Kein Wunder, dass der Seehecht gefüllt mit Muscheln und Gambas zur Spezialität des Hauses gehört. Im Sommer wird auch ein schickes Straßencafé in einem Jugendstilpavillon betrieben. Obere Preisklasse. Paseo de Recoletos 31 (Metro:Colón).

L'Olio 2, ein paar Schritte von der amerikanischen Botschaft. Die Zahl der ambitionierten italienischen Restaurants in Madrid

Salamanca → Karte S. 152/153

ist nicht gerade groß. Die meisten Spanier verbinden mit Italien preiswerte Pizza und Pasta. Welchen kulinarischen Reichtum Italien tatsächlich besitzt, zeigt dieses Restaurant, das sich der anspruchsvollen Regionalküche verschrieben hat. Obere Preisklasse. Tischreservierung empfohlen. Calle de Serrano 85 (Metro: Rubén Darío), ✆ 915638152.

L'Entrecote 11, ein Klassiker an der schicken Einkaufsstraße Claudio Coello. Vor allem Liebhaber von Kalb- und Rindfleisch kommen hier auf ihre Kosten. Hier wird französisch-spanische Küche gepflegt. Spezialitäten sind neben Entrecôte französische Desserts. Mittlere Preisklasse. Sonntagabend geschlossen. Calle de Claudio Coello 70 (Metro: Serrano).

Pedro Larumbe 4, nach seinem Küchenchef aus Navarra benanntes Luxus-Restaurant. Es versprüht eine angenehme Belle-Époque-Atmosphäre. Schon allein ist der Eingang ist beeindruckend. Das Lokal besteht aus drei Salons und pflegt moderne spanische Küche. Spezialität ist Fisch. Gute Weinkarte. Samstagmittag und So geschlossen. Calle de Serrano 61 (in der ABC-Ladengalerie), ✆ 915751112 (Metro Núñez de Balboa oder Rubén Darío).

Einkaufen

Wenn die Madrileños etwas Besonderes einkaufen wollen, bummeln sie durch Salamanca. Die Boulevards und Straßen wie Serrano, Ortega y Gasset, Claudio Coello, Hermosilla, Goya und Velázquez mit ihren vielen kleinen Geschäften und Nobel-Stores sind ein Erlebnis. Nicht Kaufhausketten bestimmen das Bild, sondern Boutiquen und individuelle Shops. Zu den nobelsten Einkaufsgalerien gehören **El Jardín de Serrano** (G6), Ecke Calle Serrano/Goya, mit Läden wie Bulgari, Lotusse, Azul etc. sowie die **Ladengalerie ABC** 35, Calle de Serrano 61. Hier eine kleine Auswahl:

Castañer 25, schon Grace Kelly und Cary Grant schätzten einst an der Mittelmeerküste die leichten Sommerschuhe des spanischen Schumacherlabels, das seit 1927 existiert. Auch für Jacqueline Kennedy war es die beste Fußbekleidung am Meer. Heute ist Castañer mit seiner überschaubaren Zahl von Modellen wieder eine angesagte Marke – nicht zuletzt wegen Penelope Cruz. Claudio Coello 51 (Metro: Serrano).

Loewe 40 Unbestritten ist Loewe die spanische Nobelmarke Nummer eins. Berühmt ist die Luxusmarke für ihre Seidenschals, Handtaschen und Krawatten. Natürlich wird auch klassisch-elegante Oberbekleidung angeboten. Loewe hat freilich seinen (sehr hohen) Preis. Calle de Serrano 26 (Metro: Serrano).

Adolfo Domínguez 45 In den 1980er-Jahren war der junge Modedesigner aus Galicien ein Lieblingskind der progressiv-asketischen Kundschaft. Heute sind seine schlicht-eleganten Kollektionen bereits Klassiker. Überraschend preiswert. Calle de Serrano 18 und 96 sowie Calle de José Ortega y Gasset 4 (Metro: jeweils Serrano).

Purificación García 38 Mode aus Galicien für alle, die klassisches Understatement schätzen. Edle Materialien, erschwingliche Preise und viel Style. Calle de Serrano 28, an der Plaza de Colón, und 92, Ecke Juan Bravo (Metro: jeweils Serrano).

Elena Benarroch 7 In den kalten Wintermonaten Madrids tragen Frauen gerne Pelz. Die besten und kreativsten Mäntel und Jacken werden von Elena Benarroch entworfen. In der berühmten Luxusmeile Ortega y Gasset werden die edlen Produkte präsentiert. Hier gibt es auch Taschen, Bücher, Schuhe … Viele Kundinnen kommen einfach auf eine Tasse Kaffee vorbei. Calle de José Ortega y Gasset 14 (Metro: Serrano).

Pedro del Hierro 42 Spanischer Modedesigner, der seit vielen Jahren von den iberischen Frauen geschätzt wird. Calle de Serrano 24 und 63 (Metro: jeweils Serrano).

Alfredo Villalba 10, eine der bekanntesten Modemarken Spaniens. Hier fühlt sich die Kundin wohl, die Eleganz und Klassik sucht. Calle de Serrano 68 und Calle de Goya 17 (Metro: jeweils Serrano).

Antonio Miró 15 Designermode für ein jüngeres Publikum. Antonio Miró schätzt schlichte, bequeme Kleidung aus exzellenten Materialien, die man täglich tragen kann. Calle de Lagasca 65 (Metro: Serrano oder Núñez de Balboa).

Ermenegildo Zegna 29 Die Nobelmarke für den Mann offeriert elegante Kleidung fürs Business und fürs Wochenende. Komfort, Qualität und Farbauswahl machen Zegna zu einer der beliebtesten Marken für den modebewussten Spanier. Calle de Serrano 21 (Metro: Serrano).

Farrutx 48 Die Lederfirma gilt als eine der besten Spaniens. Das Schuhdesign ist klassisch bis modern. Preiswerter als man denkt. Calle de Serrano 7 (Metro: Retiro).

Praktische Infos

Treffpunkt der Intellektuellen und Touristen – die Terrasse des Cafés Gijon

Agatha de la Ruíz 26 Seit über 30 Jahren gehört das ehemalige prominente Mitglied der Madrider Movida zu den innovativsten Designerinnen. Originelle, farbenfrohe Mode. Calle de Serrano 27 (Metro: Serrano).

Bimba & Lola 44, angesagte spanische Modemarke, die auf Stilmix setzt. Calle Claudio Coella 48 (Metro: Colón).

Joaquín Berao 37, seit 1975 populärer Schmuckdesigner, der auch in Silber arbeitet. Einfach, pur und edel. Claudio Coello 35 (Metro: Colón).

Suárez 13, berühmter Madrider Juwelier. Hier glitzern seit 1942 die Diamanten in allen Größen. Calle de Serrano 62 (Metro: Serrano).

Yusty 16, seit über 30 Jahren ein beliebter Herrenausstatter, der von Schuhen bis zum Smoking alles bietet. Calle de Serrano 54 (Metro: Serrano).

La Martina 41 Die argentinische Nobelmarke hat in Madrid viele Freunde. Sie treffen sich in Calle de Jorge Juan 4 (Metro: Serrano).

Camper 23, die wohl innovativste und witzigste Schuhmarke Spaniens. Vor allem Studenten und junge Manager schätzen die Marke. Überraschend preiswert. Calle de Ayala 75 (Metro: Serrano).

Albaladejo 12 Feines, klassisches Schuhwerk führt dieser angenehme Laden. Die auf Mallorca noch in Handarbeit hergestellten Schuhe sind nicht einmal teuer angesichts der Qualität. Ein Paar Schuhe bereits ab 150 €. Unaufdringlicher, kompetenter Service. Calle de Claudio Coello 73 (Metro: Serrano).

Carrera y Carrera 6 / 9 Dieser Juwelier zählt zu den besten der spanischen Hauptstadt. Das Design und die Qualität bescheren dem noblen Laden seit Jahrzehnten Stammkundschaft. In der Calle de Serrano 76 (Metro: Serrano) und im Hotel Villa Magna im Paseo de la Castellana (Metro: Plaza de Colón).

Musgo 43 Egal, ob Teak-Möbel, edle Füller, schicke Kinderkleidung oder silberne Bilderrahmen, Produkte mit Stil und Geschmack sind hier zu finden. Ideal für alle, die auf der Suche nach einem Geschenk sind. Calle de Serrano 18 (Metro: Serrano).

Bravo 17 Der Delikatessenladen ist ein Klassiker des Salamanca-Viertels. Schinken, Kaffee und vor allem fast alle Spitzenweine Spaniens sind hier vertreten. Calle de Ayala 24 (Metro: Goya).

Cortefiel 33, klassische Mode für Mann und Frau, auch für den kleineren Geldbeutel. Gute Sonderangebote. Auch Edelmarken wie Ralph Lauren. Calle de Serrano 40 (Metro: Serrano) und Calle de Goya 29 (Metro: Goya).

》》 **Mein Tipp: Mercado de Torrijos** 32 In diesen Markthallen gibt es nur das Beste und Feinste. Das Angebot an frischem Fisch ist beeindruckend. Seit 1933 gibt es diesen Markt, der viele Liebhaber nicht nur im Salamanca-Viertel hat. Kenner kommen vormittags. Calle del General Díaz Porlier 8 (Metro: Goya oder Príncipe de Vergara). 《《

Salamanca → Karte S. 152/153

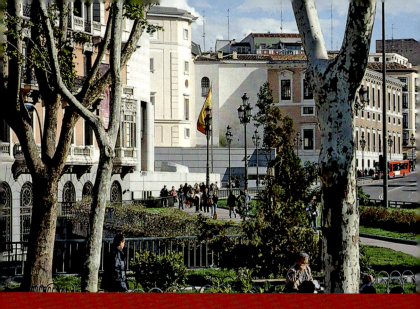

Der schöne Parque del Oeste war im Spanischen Bürgerkrieg hart umkämpft

Tour 8: Moncloa und Argüelles

Das Stadtviertel Moncloa im Nordwesten Madrids kennt in Spanien jedes Kind, denn Moncloa heißt auch der offizielle Amtssitz des Regierungschefs. Das weitläufige, hermetisch abgeschirmte Areal liegt an der Stadtautobahn am Rande Moncloas. Geprägt wird der lebendige Stadtteil aber von den Studenten. Die Ciudad Universitaria – der Campus der Madrider Universität Complutense – ist Ziel Tausender Studierender. Das benachbarte Viertel Argüelles am Rande des Parque del Oeste hat ebenfalls einen Bezug zur Politik. Hier haben die Sozialisten seit Jahrzehnten ihre Parteizentrale.

Die Calle de la Princesa, die von der Plaza de España stadtauswärts zu den jeweiligen Fakultäten führt, gilt als die Flaniermeile des vorwiegend jungen Publikums: Boutiquen, Schuhläden, Bars und Straßencafés …

Das beliebte Wohnviertel Moncloa verfügt über viele Grünflächen. Im verzweigten Parque del Oeste liegen im Sommer Studenten im Schatten der großen Pinien, um gemeinsam zu lernen. Abends gelten die Terrassencafés und Bars am noblen Boulevard Pintor Rosales als Treffpunkt, um den Alltagsstress hinter sich zu lassen. Am Wochenende kommt Moncloa kaum zur Ruhe. Dann strömen Jugendliche aus den Madrider Vororten hierher, um sich in den Diskotheken und Nachtbars rund um die Straße Fernández de los Ríos bis zum Sonnenaufgang zu vergnügen.

In Moncloa fanden während des Spanischen Bürgerkrieges die brutalsten Kämpfe zwischen den Republikanern und den Faschisten statt. Die Ciudad Universitaria wurde damals dem Erd-

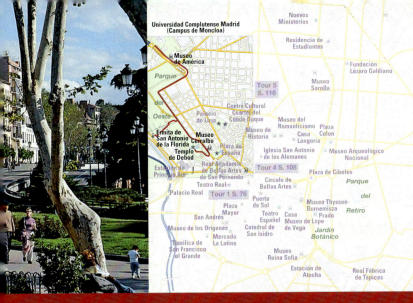

Tour 8: Moncloa und Argüelles

boden gleichgemacht. Den Sieg in Moncloa ließ Diktator Franco in monumentalem Granit verewigen: Ein gewaltiger Triumphbogen entstand. Das benachbarte Luftfahrtministerium – eine schlechte Kopie des Escorial von Felipe II. – ist eines der prominentesten Beispiele faschistischer Architektur in Madrid.

Das interessante Stadtviertel lädt mit seinen Boulevards und Parks zu ausgedehnten Spaziergängen ein. Im Parque de la Montaña steht zum Beispiel der Templo de Debod, ein ägyptischer Tempel. Von der Anhöhe, auf der er steht, genießt man einen herrlichen Blick auf den Königspalast, die Kathedrale Almudena und den Park Casa de Campo. An Ausblicken mangelt es in Moncloa ohnehin nicht: Vom Faro de Moncloa, einer Art Leuchtturm unweit des Triumphbogens, kann man vorzüglich die Millionenmetropole überblicken (bei Redaktionsschluss war er jedoch vorübergehend geschlossen). Zum Museo de América sind es von hier nur ein paar Meter. Das Haus mit seinem auffälligen Glockenturm am Rande der Ciudad Universitaria beherbergt eine exzellente Ausstellung zu lateinamerikanischen Kulturen und arbeitet kritisch die Kolonialzeit auf.

Wer aus der Stadt in die Natur flüchten möchte, hat in Moncloa dazu eine vergnügliche Möglichkeit. Vom Boulevard Pintor Rosales bringt eine kleine **Kabinenseilbahn (Teleférico)** die Besucher in nur einer Viertelstunde mitten in den riesigen Stadtpark Casa de Campo. Inmitten der Pinienwälder und Macchia findet man selbst an Sonntagen ein stil-

Der **Teleférico** fährt täglich 12–18.30 Uhr. Einfache Fahrt 4 €. Die Fahrtzeit beträgt rund 15 Min. Informationen unter ☏ 915417450 und www.teleferico.com. Paseo de Rosales (Metro: Argüelles).

les Plätzchen. Doch Vorsicht: Am Abend und vor allem in der Nacht ist die Casa de Campo ebenso wie der Parque del Oeste ein gefährliches Pflaster.

Für den Madrider Regionalverkehr ist Moncloa ein Verkehrsknotenpunkt. Im Bahnhof Príncipe Pío laufen die S-Bahn- (Cercanías) und Metrolinien zusammen. Hier fahren zudem die Busse nach Segovia und La Granja ab. Und in der Metrostation Moncloa ist im ersten Untergeschoss ein Busbahnhof integriert worden, der die wohlhabenden nordwestlichen Vororte einschließlich San Lorenzo de El Escorial mit der Hauptstadt verbindet.

Von der Plaza de Moncloa zum ägyptischen Tempel Debod

Plaza de Moncloa

Startpunkt dieses Spaziergangs durch die beiden Studentenviertel Moncloa und Argüelles ist die laute und weitläufige Plaza de Moncloa. Dorthin gelangt man über die Metrolinien 3 und 6. Nach dem Verlassen der U-Bahn-Station Moncloa steht man auf diesem Platz, und der Blick fällt sofort auf den Triumphbogen **Arco de la Concordia** aus grauem Granit. Das kitschige Bauwerk ließ der Diktator Franco nach seinem Sieg über die Demokratie errichten. Er erinnert mit einer Quadriga bis heute an den Sieg der Franco-Soldaten, wurde 2005 allerdings von „Arco de la Victoria" (Siegesbogen) in „Arco de la Concordia" (Bogen der Eintracht) umbenannt. An der westlichen Seite des Platzes steht das viel zu große **Luftfahrtministerium**. Das Backsteingebäude soll mit seinen Türmen an den Escorial des spanischen Königs Felipe II. erinnern und gilt als Ausdruck des Größenwahns des spanischen Faschismus nach dem gewonnenen Bürgerkrieg in den 1930er-Jahren.

Metro: Moncloa.

Faro de Moncloa

Wir gehen von der Plaza de Moncloa zunächst in nordwestliche Richtung, überqueren dabei die Straße Fernández de los Ríos und betreten den Park der Ciudad Universitaria. Der gepflasterte Weg verläuft oberhalb der Stadtautobahn A 6. Auf einer Brücke überqueren wir die Avenida de los Reyes Católicos, und nach wenigen Metern treffen wir auf den silber glänzenden Aussichtsturm, der als Faro de Moncloa in der Stadt bekannt ist.

Der silbern glänzende „Leuchtturm" von Moncloa (*faro* = Leuchtturm) neben dem Museo de América am südlichen Ende der Ciudad Universitaria ist eine Art Wahrzeichen des Studentenviertels. Der 1992 vom Architekten Salvador Pérez Arroyo gebaute 92 m hohe Turm war zunächst keineswegs als Aussichtsturm für Touristen gedacht. Er wurde primär errichtet, um Antennen installieren zu können, die den Funkverkehr für Polizei und Feuerwehr verbessern sollten. Außerdem dient der Faro de Moncloa zur Beleuchtung des viel befahrenen Autobahnendes. Bei Redaktionsschluss war der Aussichtsturm wegen Renovierungsarbeiten vorübergehend geschlossen.

Avenida de la Victoria (Metro: Moncloa).

Museo de América

Ein Stück weiter nordwestlich des Aussichtsturms leuchtet bereits die Backstein-Granit-Fassade des sehenswerten Amerikamuseums. Viele Bewohner des Stadtviertels kommen hierher, um von der Terrasse einfach nur den schönen

Ausblick auf die Guadarrama-Berge zu genießen. In den 1960er-Jahren wurde die ehemalige Kirche Santo Tomás umgebaut, um fortan das Amerikamuseum zu beherbergen. Heute dokumentiert die vorzüglich präsentierte Sammlung spanische Kolonialgeschichte von Christoph Kolumbus bis ins 20. Jh. Schwerpunkte lateinamerikanischer Kunst sind die alten Kulturen Mexikos, Kolumbiens und Perus. Die permanente Ausstellung ist unterteilt in verschiedene Bereiche, wie etwa die Entdeckung Amerikas, Religion und Kommunikation. Eindrucksvoll ist auch die Rekonstruktion eines naturwissenschaftlichen Kabinetts aus dem 18. Jh.

Di–Sa 9.30–18.30 Uhr, So 10–15 Uhr. Eintritt 3 €, Studenten 1,50 €, Rentner sowie Kinder und Jugendliche unter 18 J. frei, sonntags und an Feiertagen generell gratis. Avenida Reyes Catolicos 6 (Metro: Moncloa), ✆ 915492641, http://museodeamerica.mcu.es.

Ciudad Universitaria

Hinter dem Amerikamuseum beginnt die eigentliche Ciudad Universitaria inmitten eines riesigen Pinienhains. Die Universität Complutense gehört zu den größten Hochschulen Europas. Kilometerlange Promenaden führen zu den Fakultätsgebäuden. Der riesige Campus ist ein Potpourri spanischer Nachkriegsarchitektur, das von Monumentalbauten aus der frühen Franco-Zeit bis zu Betonbunkern aus den 1970er-Jahren und postmodernen Zweckbauten der 1990er reicht. Während des Spanischen Bürgerkrieges war die Ciudad Universitaria eines der am meisten umkämpften Gebiete. Ursprünglich wurde sie von Alfonso XIII. 1927 auf das einstige Gartengelände des Königs, La Moncloa, verlegt. Die Gebäude, die während der Republik entstanden, wurden durch die von Norden heranrückenden Franco-Truppen im Bürgerkrieg weitgehend zerstört. Ab 1940 wurde mit dem Wiederaufbau und den Neubauten begonnen. Zahlreiche Fakultätsgebäude atmen noch den Geist faschistischer Architektur.

Am Rande der Ciudad Universitaria liegt (neben der Stadtautobahn) der abgeschirmte **Palacio La Moncloa**, heute offizielle Residenz des spanischen Ministerpräsidenten und der Regierung. Das Gebäude ist eher unspektakulär. Der frühere spanische Ministerpräsident Felipe González und seine Familie schätzten den Palast aus dem 18. Jh. mit seinem weitläufigen Park nicht gerade als Wohnort. Seinem konservativen Nachfolger José María Aznar hingegen war das aristokratische Ambiente gerade recht. Der Regierungspalast kann nicht besichtigt werden und ist auch nicht zu Fuß zu erreichen. Denn das Gelände liegt unmittelbar an der Autobahn A 6 und kann nur über eine eigene Ausfahrt angefahren werden.

Metro: Ciudad Universitaria.

Parque del Oeste

Wir kehren wieder zur Plaza de Moncloa zurück und überqueren den Platz und den breiten Boulevard Princesa. Hier beginnt der Paseo de Moret. Die breite Straße mit einem schönen Straßencafé führt bergab und biegt links als Paseo del Pintor Rosales ab. Rechter Hand öffnet sich der Westpark (Parque del Oeste) mit seinen mächtigen Schirmpinien. Im Schatten der haushohen Bäume verbringen Anwohner und Studenten im Sommer manchen heißen Nachmittag.

Wenn man heute durch den idyllischen Westpark spaziert, ist es kaum vorstellbar, dass während des Bürgerkriegs jeder Meter hart umkämpft war. Die Bomben und Granaten ließen vom bereits um die Jahrhundertwende angelegten Park kaum noch etwas übrig. Erst 1945 wurde der englische Garten wieder in seinen ursprünglichen Zustand gebracht. Die breiten Spazierwege, die schönen Ausblicke auf die Madrider

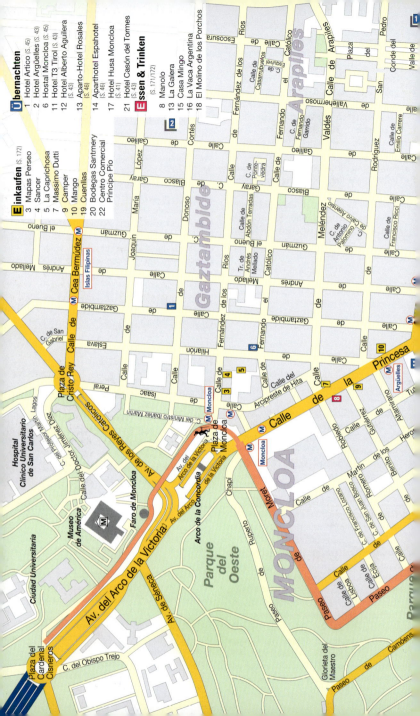

Berge und nicht zuletzt die Abendsonne, die man hier besonders gut genießen kann, verschaffen dem attraktiven Westpark nicht nur bei Bewohnern des Stadtviertels ungebrochene Beliebtheit. Die Terrassencafés mit den kleinen Kiosken entlang des Paseo del Pintor Rosales sind in heißen Sommernächten bis auf den letzten Platz gefüllt. Hier startet auch die Seilbahn Teleférico, die den Besucher in wenigen Minuten in den riesigen Park Casa de Campo bringt (Tickets und Abfahrtszeiten → S. 186).

Metro: Moncloa oder Argüelles.

Ermita de San Antonio de la Florida

Auf dem Paseo del Pintor Rosales überqueren wir die viel befahrene Straße Marqués de Urquijo. Auf der rechten Seite des Boulevards steht das funktionale Gebäude der **Seilbahn Teleférico**, die Besucher zum riesigen Stadtpark Casa de Campo transportiert. Hier laufen wir durch den Parque del Oeste bergab. Nach rund fünf Minuten kommen wir am staatlichen Keramik-Institut vorbei und überqueren Bahngleise auf einer Brücke. Unmittelbar nach der Brücke sehen wir bereits die Kapelle San Antonio de la Florida – ein lohnenswertes Ziel für Bewunderer des spanischen Malers Goya.

Wenige Meter vom Ufer des Manzanares wurde zwischen 1792 und 1798 die klassizistische Ermita de San Antonio de la Florida errichtet, auch gerne als „Sixtinische Kapelle" der spanischen Hauptstadt bezeichnet. Über Generationen war die Kapelle ein beliebter Wallfahrtsort der Hauptstädter. Noch heute findet an diesem Platz eines der schönsten Madrider Volksfeste zu Ehren des Heiligen aus Padua statt. Alljährlich am 13. Juni treffen sich heiratswillige Mädchen in der Kapelle. Sie werfen dreizehn Stecknadeln in das Taufbecken und greifen dann mit der Hand hinein. An der Zahl der haftenbleibenden Nadeln lesen die jungen Frauen ab, wie viele Verehrer sie in den nächsten Monaten erwarten können.

Die restaurierte Kapelle ist unter Kunstliebhabern vor allem als Mausoleum von Francisco de Goya bekannt. Unter einer schweren Granitplatte liegt der bis heute populäre Maler begraben. 1919 wurden seine Überreste aus Bordeaux, seinem südfranzösischen Exil, nach Moncloa gebracht. Goya hatte aber auch an der Gestaltung der Kapelle mitgewirkt. Der spanische Hofkünstler malte in nur 120 Tagen des Jahres 1798 die Kuppel des Kirchleins aus. Neben der Darstellung eines Wunders des Heiligen Antonius faszinieren die Fresken durch das Wiedergeben von Volksszenen. In sechzehnjähriger Kleinarbeit wurden die fast schon expressionistischen Wandmalereien restauriert. Seit 2005 erstrahlen der Heilige Antonius, der den Mittelpunkt der Kuppel bildet,

Skulptur des Malers Rosales am gleichnamigen Boulevard

Madrid Río – die Hauptstadt entdeckt ihren Fluss wieder

Der Fluss Manzanares wurde im 20. Jahrhundert nicht gerade geschätzt in Madrid. An seinen Ufern entstanden in der zweiten Hälfte des Jahrhunderts gewaltige Stadtautobahnen, trostlose Wohnblocks wurden als Lärmschutzwälle gebaut. Im Gedächtnis der Einheimischen schwand die Erinnerung daran, dass früher hier der Maler Goya wunderbare, heitere Picknickszenen gemalt hatte. Die Madrilenen blickten nur verlegen, wenn ein Fremder nach ihrem Stadtfluss fragte. Denn freiwillig wollte man niemanden dorthin schicken. Doch das hat sich mittlerweile geändert. Heute ist unterhalb des Königspalastes, zwischen der im 16. Jahrhundert erbauten Puente de Segovia und der Toledo-Brücke, einer der schönsten Parks der Hauptstadt entstanden. Über vier Milliarden Euro hat die Madrider Stadtregierung für das grüne Refugium ausgegeben. Acht Jahre dauerte das 2011 fertiggestellte Projekt. Die Baumaßnahmen waren gewaltig. Die Stadtautobahn M-30 wurde beispielsweise unter die Erde gelegt. Geschaffen wurde ein Uferpark mit 30.000 Bäumen, der in seiner Größe sogar den berühmten Retiro-Park übertrifft. Gerade für die einfachen Viertel rund um „Madrid Rio" bedeutet der Megapark mit Wasserspielen, Fahrradwegen und vielen Sportmöglichkeiten samt eindrucksvoller Beleuchtung ein großes Stück Lebensqualität.

und eine bunte Schar von Majas, Señoritos und Kindern wieder in frischem Glanz. Die Arbeiten in der Ermita gelten als Meisterwerke der Freskenmalerei.

Bereits 1905 wurde das Kirchlein zum Nationaldenkmal erklärt. Neben der Kapelle wurde 1928 zum Schutz des Originals eine Kopie errichtet, die für Gottesdienste genutzt wird, und gegenüber steht ein bronzenes Goya-Denkmal.

Di–Fr 10–14 und 16–20 Uhr, Sa/So 10–14 Uhr, Mo geschlossen. Eintritt frei. Glorieta de San Antonio de la Florida 5 (Metro: Príncipe Pío).

Museo Cerralbo

Von der Kapelle gehen wir wieder zurück bergauf durch den Westpark zum Paseo Rosales. Wenn man auf der Anhöhe ankommt, kann man sich in einem der beliebten Terrassencafés ausruhen. Der Blick entlang des Paseo über die Casa de Campo bis hinüber zum Guadarrama-Gebirge gehört zu den schönsten der Stadt. Wir laufen auf dem Paseo del Pintor Rosales weiter Richtung Südosten, bis er sich mit der Calle de Ferraz vereint. Am Ende dieses Boulevards biegen wir links in die schmale Straße Ventura Rodríguez ab. An der Ecke zur Calle de Ferraz steht dort der Palast Cerralbo mit einer sehenswerten Kunstsammlung. Sie ist selbst Madrileños oft kein Begriff. Keine große Tafel weist auf die bedeutende Privatsammlung hin, die bereits seit 1922 im Besitz des spanischen Staates ist. Der weitläufige Palast aus dem 19. Jh. gehörte dem einst vermögenden Enrique de Aguilera y Gamboa Marqués de Cerralbo (1845–1922). Schon der Anblick des marmornen Treppenhauses mit seinen Fresken verschlägt dem Besucher den Atem. Der kunstsinnige Aristokrat sammelte nicht nur edles Porzellan aus Deutschland (Meißen) und England, zahlreiche Waffen, Möbel, 12.000 Bücher, archäologische Fundstücke aus iberischer und römischer Zeit, sondern vor allem große Meister. So verfügt die wenig besuchte Sammlung über großartige Werke von Ribera, Zurbarán, Goya, Tizian, Van Dyck, Tiepolo und Tintoretto, aber auch Angelica Kauffmann. Eines der beeindruckendsten Werke ist das von El Greco gemalte

Bildnis von Franziskus von Assisi in der Hauskapelle. Leider sind die Räume schlecht ausgeleuchtet.

Die Stadtvilla gibt einen guten Eindruck vom Leben der Madrider Oberschicht während der Wende vom 19. zum 20. Jh. Im ersten Stock ist sogar noch eine tiefe Marmorbadewanne zu sehen. Eine wichtige Rolle spielte die Bibliothek mit 12.000 Bänden. Graf Cerralbo schätzte neben der Kultur und den Naturwissenschaften das Reisen, wie die zahlreichen Führer zu europäischen Zielen noch heute belegen.

Lohnenswert ist ein Besuch des kleinen Gartens mit seinen römischen Büsten. Innerhalb der efeuumrankten Backsteinmauern hat sich ein kleines Paradies erhalten.

Di–Sa 9.30–15 Uhr, So 10–15 Uhr, Mo geschlossen. Eintritt 3 €. Studenten 1,50 €, Rentner gratis. Calle de Ventura Rodríguez 17 (Metro: Ventura Rodríguez), ℡ 915473646, http://museocerralbo.mcu.es.

Templo de Debod

Beim Verlassen des Museums halten wir uns links, überqueren die viel befahrene Calle de Ferraz und laufen dann die Treppen zu einer terrassenförmigen Anhöhe hoch, auf der die ägyptische Tempelanlage Debod steht.

Was macht ein ägyptischer Tempel mitten in einer Madrider Parkanlage? Das Bauwerk ist ein Geschenk Kairos an Spanien für archäologische Leistungen und Unterstützung. Ursprünglich stand der Templo de Debod, der im 6. Jh. aufgegeben wurde, in einem nubischen Dorf in der Nähe von Assuan, das dem Mammutprojekt Assuanstaudamm weichen musste. 1968 wurden die Steine und Säulen aus dem 4. Jh. v. Chr. nach Madrid geschafft und 1972 aufgebaut. Heute ist die beeindruckende Tempelanlage mit ihrem lang gestreckten Bassin ein beliebter Treffpunkt. Das massive Gebäude ist auch von innen zu besichtigen: Dunkle Gänge und Räume, deren Wände noch mit Hieroglyphen versehen sind, geben einen Eindruck des alten Ägyptens. Im ersten Stock informiert eine kleine Ausstellung den Besucher über die Götter und Riten dieser Kultur entlang des Nils. Von der Terrasse des Templo de Debod hat man zudem einen großartigen Blick zum Kö-

Der ägyptische Templo de Debod ist ein Geschenk Kairos

nigspalast, zum Park Casa de Campo und zur Sierra de Guadarrama. Übrigens, ganz in der Nähe fanden die Erschießungen vom 3. Mai 1808 statt, was Goya mit seinem berühmten Gemälde „Los fusilamientos en la montaña del Príncipe Pío" (im Prado) für die Nachwelt festgehalten hat.

Mo–Fr 10–14 Uhr und 18–20 Uhr, Sa/So 10–14 Uhr, Eintritt frei. Jardines del Paseo del Pintor Rosales (Metro: Ventura Rodríguez oder Plaza de España), ℡ 913667415.

Cuenllas – Adresse für Feinschmecker in Argüelles

Praktische Infos → Karte S. 166/167

Essen und Trinken

»› Mein Tipp: Manolo **8**, Tapas-Bar und Restaurant. Die Patatas bravas zählen zu den besten Madrids. Auch ansonsten ist Manolo für seine leckeren Tapas wie Pulpo, Chipiriones oder Pimientos de Padrón im Studentenviertel bekannt. Guter Sidra aus der Flasche. Das über 70 Jahre alte Lokal hat ein festes Stammpublikum. Im hinteren Teil der Bar gibt es einen Speiseraum. Dort wird nordspanische Küche mit frischen Produkten vom Markt serviert – mittleres Preisniveau. Calle de la Princesa 83 (Metro: Moncloa). **«**

El Molino de los Porches 18, villenähnliches Restaurant samt kleinem Park. Beschauliche Gartenrestaurants sind in Madrid rar. Eine Ausnahme ist das Porches, es ist bekannt für seine kastilische Küche. Die Stammgäste schätzen vor allem Lamm und Rind aus dem Ofen sowie gegrillten Meeresfisch. Gehobenes Preisniveau. Täglich geöffnet. Reservieren. Paseo del Pintor Rosales 1 (Metro: Ventura Rodríguez), ℡ 915481336.

La Galera 13, im Aparthotel Rosales. Von außen würde man dort kein besonderes Restaurant vermuten. Doch La Galera hat sich nicht nur bei den Hotelgästen, sondern auch bei Geschäftsleuten und Bewohnern des Stadtviertels mit seiner kreativ-mediterranen Küche und den günstigen Preisen einen guten Ruf erworben. Die Spezialitäten sind Fleischgerichte vom Holzkohlengrill und frischer Fisch wie gefüllter Seehecht (*merluza*). So und Mo geschlossen. Marqués de Urquijo 23 (Metro: Argüelles).

La Vaca Argentina 16, am beliebten Rosales-Boulevard gelegenes Restaurant. Es ist bekannt für seine großen, aber vor allem leckeren gegrillten Steaks (*churrascos*). Im Sommer ist die Terrasse ein guter Platz, um die Siesta dort zu verbringen. Mittleres Preisniveau. Paseo del Pintor Rosales 52 (Metro: Argüelles).

Tour 8: Moncloa und Argüelles

>>> **Mein Tipp: Casa Mingo** 15, Sidrería bei der Ermita de San Antonio de la Florida. In Madrid genießt Asturien einen guten Ruf. Die Casa Mingo ist eine Art gastronomische Botschaft dieser nordspanischen Region. Viele Gäste halten den ausgeschenkten asturianischen Cidre – Sidra natural – für den besten der Stadt. Die rustikale Bar mit kleinen Holztischen bietet herzhafte Tapas wie zum Beispiel Chorizo in Sidra, den asturianischen Schimmelkäse Cabrales (aus dem gleichnamigen Bergdorf) oder ganz einfach gegrillte Hähnchen. Täglich geöffnet, eine preiswerte Einkehr. Paseo de la Florida 34 (Metro: Príncipe Pío). <<<

Einkaufen

Der Boulevard **Calle de la Princesa** ist eine der beliebtesten Einkaufs- und Flanierstraßen Madrids. Durch die nahe Ciudad Universitaria mit ihren Zehntausenden Studenten sind auf einer Länge von rund 1,5 km vor allem trendige Modeläden zu finden. Nach Vorlesungsende gibt es kaum noch ein Durchkommen. Rund um das Kaufhaus El Corte Inglés haben sich die meisten Fashion-Shops angesiedelt. 2004 wurde im historischen Bahnhofsgebäude die Galerie **Centro Comercial Príncipe Pío** 22 im Paseo de la Florida (Metro: Príncipe Pío) eröffnet. Die Läden, die vor allem junge Shopping-Gäste ansprechen, sind werktags bis 22 Uhr geöffnet.

>>> **Mein Tipp: Bodegas Santmery** 20 Dieser kleine Weinladen im Untergeschoss eines Wohnhauses in Argüelles ist ein Paradies für Weinliebhaber. Der Sommelier Santiago Nieto bietet nicht nur exzellente Weine, vor allem Rotweine, an, sondern auch leckere Tapas. Der Laden hat sich hauptsächlich auf die Anbaugebiete Ribera del Duero, Rioja oder Navarra spezialisiert. Empfehlenswerte Rotweine sind: Pesquera, Marqués de Murrieta, Faustino I. Auf Wunsch wird für ausländische Gäste eine Kiste Wein auch als Fluggepäck verpackt. Calle de Juan Álvarez Mendizábal 27 (Metro: Ventura Rodríguez). <<<

Cuenllas 19 Hier treffen sich die Feinschmecker von Argüelles. Der kleine Lebensmittel- und Weinladen neben dem Paseo Rosales bietet ausschließlich erstklassige Produkte. Egal ob Kaffee, Bohnen oder Rotweine – die Stammkundschaft schätzt seit Jahrzehnten die Qualität und die kompetente Beratung. Nebenan gibt es auch eine kleine Bar (Hausnr. 5), welche exzellente Tapas und Weine (übrigens auch Schlösser Altbier) serviert. Calle de Ferraz 3 (Metro: Argüelles).

Massimo Dutti 7 Der katalanische Textilhändler ist für seine legere Eleganz und sein sehr gutes Preis-Leistungs-Verhältnis bekannt. Obwohl Massimo Dutti auch Frauenkleidung führt, kaufen hier vor allem junge Männer. Vom Anzug über Leisure-Clothing bis hin zu Boxershorts. Über ganz Madrid sind die Läden verteilt. Drei befinden sich in Argüelles: in der Calle de la Princesa 77 und 79 sowie in der Calle de Alberto Aguilera 37 (Metro: jeweils Argüelles).

Mango 10 Die 1984 gegründete spanische Modekette ist mittlerweile in ein paar Dutzend Ländern vertreten. Das katalanische Design für die junge Frau ist in Madrid sehr beliebt. Viele Studenten schauen in den beiden Läden nach dem Seminar vorbei: Stets aktuelle Mode und niedrige Preise sind das Erfolgsrezept. Calle de la Princesa 68 (Metro: Argüelles).

Camper 9 hat zweifellos die spanische Schuhmode revolutioniert. Neue Materialien, außergewöhnliches Design und dazu noch erschwingliche Preise haben Camper zu einer der beliebtesten Marken gemacht. Der kleine Laden an der Princesa ist am Abend ein Besuchermagnet. Calle de la Princesa 75 (Metro: Argüelles).

La Caprichosa 5 Der feine Herrenausstatter in der Einkaufsgalerie des Wohnkomplexes Galaxia verfügt nicht nur über edle Marken, sondern auch über modebewusste Verkäufer. Hier kann sich die männliche Kundschaft von Socken und Schuhen bis zu Anzug und Mantel alles kaufen. Zwischen Fernández de los Ríos und Fernando El Católico (Metro: Moncloa oder Quevedo).

Mapas Perseo 3 Der Reisebuchladen ist eine Institution in Madrid. Hier gibt es alles über die spanische Hauptstadt und ihre Umgebung. Vor allem exzellentes Kartenmaterial. Auch viele englischsprachige Bücher. Fernández de los Ríos 95 (Metro: Moncloa).

Sancer 4, von Bleistiften mit extrem dünner Mine bis zum Aquarellblock. Die 1971 gegründete Papeterie Sancer ist stadtbekannt. Generationen von Architekten, Schriftstellern und Journalisten schätzen den Laden, der auf Service setzt. Fernández de los Ríos 93, wenige Meter von Mapas Perseo (Metro: Moncloa).

Harte Arbeit im Sommer: regungslose Straßenkünstler

Bernabéu-Stadion: die Kathedrale des spanischen Fußballs

Tour 9: Paseo de la Castellana und El Viso

Die bis zu 120 m breite und rund 6 km lange Verkehrsader Paseo de la Castellana – in ihrer Verlängerung der Paseo de Recoletos und Paseo del Prado – ist das wirtschaftliche Zentrum Madrids mit viel moderner Architektur. Dort finden sich der weiße, postmoderne Wolkenkratzer Torre Picasso, die Puerta de Europa und die Cuatro Torres, die seit 2010 die Madrider Skyline überragen. Ebenfalls von moderner Architektur geprägt ist das feine Wohnviertel El Viso, das sich an der Castellana entlangzieht.

Der Palacio de Congresos mit seinem riesigen Miró-Fassadenschmuck, die teils rationalistische, teils faschistische Architektur der Nuevos Ministerios, der Postmodernismus rund um das Banken- und Hochhausviertel AZCA (Kurzwort für: Asociación Mixta de Compensación de la Manzana A de la Zona Comercial de la Avenida del Generalísimo de Madrid) mit der Torre Picasso oder die legendäre Fußballarena Bernabéu – kaum zu glauben, aber die Castellana war einst ein vornehmes Aristokratenviertel. Im 19. Jh. ließen vermögende Bürger zahlreiche schmucke Stadtpaläste errichten. Heutzutage kann derjenige, der sich für die Vergangenheit der Prachtstraße interessiert, nur noch in historischen Bildbänden blättern. Längst sind die Villen modernen Bürobauten gewichen. Bereits 1929 gab es die ersten Pläne, die Castellana zur Nord-Süd-Achse auszubauen, um des zunehmenden Verkehrs Herr zu wer-

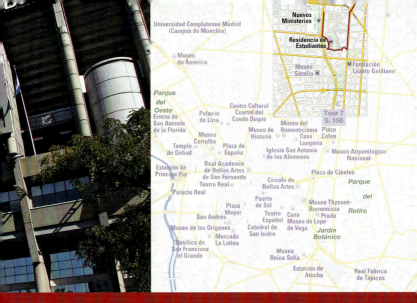

Tour 9: Paseo de la Castellana und El Viso

den. Aber erst nach dem Bürgerkrieg – vor allem ab 1946 – wurde mit dem Ausbau des Boulevards begonnen. Es entstanden zahlreiche Bauten in dem für die Franco-Ära typischen Monumental-Architekturstil. Heute hingegen bestimmen vor allem Gebäude aus den 1970er-, 1980er- und 1990er-Jahren das Bild der Castellana. Den markanten Schlusspunkt setzen seit 2009/10 die Cuatro Torres.

Keine wichtige spanische Bank oder Versicherung, die nicht mit einem repräsentativen Gebäude oder Hochhaus an der Castellana vertreten ist. Insbesondere AZCA, das Viertel nördlich der Metrostation Nuevos Ministerios, gilt heute als Herz der spanischen Wirtschaft. Hier beherrschen Tausende von Büroangestellten, meist in dunkelblauen Anzügen oder koketten Kostümen, die Szenerie. In der feinen Ladengalerie zu Füßen der Torre Picasso oder am Paseo de la Habana neben dem Bernabéu-Stadion wird nach Dienstschluss noch ein kleiner Shopping-Spaziergang unternommen. Nachts ist das Ende der 1960er-Jahre vom Architekten Antonio Perpiñá geplante Hochhausviertel zwischen der Castellana und der Calle de Orense wie ausgestorben. Ein Bummel über die menschenleeren Plätze und durch die Unterführungen ist trotz der zahlreichen privaten Sicherheitskräfte nicht gerade ein Vergnügen.

Eigentlich ist die Verkehrsarterie Castellana trotz ihres verführerischen Namenszusatzes „Paseo" (dt. Spaziergang) alles andere als für einen Spaziergang geeignet. Denn die teilweise zehnspurige Achse, die Madrid von Nord nach Süd durchschneidet, ist laut. Wer jedoch die akustischen Unannehmlichkeiten auf sich nimmt, kann hier im Norden der Stadt ein anderes, ein zeitgemäßes Madrid erleben – bei einem Spaziergang durch das AZCA-Viertel mit Ladengalerien *und* eleganten Geschäften rund um den Paseo de la Habana zum Beispiel. Liebhaber der Bauhaus-Architektur des frühen 20. Jh. kommen bei einem Spaziergang

E ssen & Trinken (S. 182/183)
- 2 El Bodegón
- 3 Zalacaín
- 7 Casa de Quirós
- 8 Jose Luis
- 13 La Dorada
- 14 Restaurante Lúa
- 15 Rianxo
- 16 O'Pazo
- 17 Taberna Gaztelupe

N achtleben (S. 59)
- 11 Irish Rover
- 12 Moby Dick

E inkaufen (S. 183)
- 4 Musgo
- 5 La Esquína del Bernabéu
- 6 El Mercado Isabela

Ü bernachten
- 1 Eurostars Madrid Tower Hotel (S. 39)
- 9 Hotel AC Cuzco (S. 41)
- 10 Hotel Zurbano (S. 44)

durch das angrenzende Wohnviertel El Viso auf ihre Kosten. Die kubistischen Häuser stammen vor allem aus den 1920er- und 1930er-Jahren und sind nahezu komplett erhalten.

Für den hier beschriebenen rund 10 km langen Spaziergang ist vor allem ein Sonntag geeignet. Denn dann ist die Castellana fast autofrei.

Von Nuevos Ministerios zur Fußballarena und den Cuatro Torres

Nuevos Ministerios

Unser Ausgangspunkt ist die für den Nah- und Fernverkehr wichtige Metro- und Bahnstation Nuevos Ministerios. Der unterirdische Bahnhof ist wie ein Labyrinth. Hier treffen die U-Bahn-Linien 8, 10 und 6 aufeinander. Außerdem halten hier die Regionalzüge.

Beim Verlassen der Metrostation stehen wir vor dem Gebäudekomplex Nuevos Ministerios. Die „neuen" Ministerien sind eigentlich schon ziemlich alt. Die gewaltigen Verwaltungsgebäude entstanden bereits in den 1930er-Jahren. Noch in der Endphase der Republik, zwischen 1932 und 1936, wurde der erste Teil in einem rationalistischen, repräsentativen Stil errichtet. Der zweite Abschnitt, zwischen 1940 und 1942 erbaut, trägt schon ganz die Züge monumental-faschistischer Architektur. Die Ministerien sind nicht zu besichtigen.

Metro: Nuevos Ministerios.

Museo Nacional de Ciencias Naturales

Wir laufen auf der Castellana an der imposanten Fassade des Gebäudekomplexes der Ministerien entlang Richtung Süden. Bei der Plaza San Juan de la Cruz überqueren wir die Castellana und laufen direkt auf das auf einer Anhöhe gelegene Naturkundemuseum zu. Der monumentale Bau wurde 1882 von dem Architekten Fernando de la Torriente in typisch kastilischer roter Backsteinarchitektur errichtet. Ursprünglich diente er für die Exposición de la Industria y las Artes. Erst später wurde der weitläufige Komplex als Naturkundemuse-

um genutzt. 1990 wurde der Bau von den beiden Architekten Javier Alau und Antonio Lopera attraktiv umgestaltet. Es wurde beispielsweise ein zweistöckiger Rundpavillon im Hof errichtet. Das sehenswerte Museum, das bei Kindern und Jugendlichen hoch im Kurs steht, befasst sich auch mit ökologischen Themen und bietet interessante Sonderausstellungen. Nicht entgehen lassen sollten sich die Besucher das „königliche Kabinett" (El Real Gabinete), das einst von König Carlos III. im 18. Jh. gegründet wurde. Ein Besuchermagnet ist die 2010 eröffnete Dauerausstellung zu Fossilien und Mineralien. Dort sind eindrucksvolle Skelette von Sauriern zu sehen und der berühmte Meteorit von Allende, der Diamanten beinhaltete.

Di–Fr 10–18 Uhr, Sa 10–20 Uhr, So 10–14.30 Uhr, Mo geschlossen. Eintritt 6 €, Kinder bis 12 J. und Rentner 3 €. Calle de José Gutiérrez Abascal 2 (Metro: Nuevos Ministerios oder República Argentina), www.mncn.csic.es.

Residencia de Estudiantes

Beim Verlassen des Naturkundemuseums halten wir uns links auf der Calle de José Gutiérrez Abascal und laufen um die Escuela Tecnica Superior de Ingenieros Industriales herum Richtung Süden. Nach wenigen Minuten treffen wir auf die Querstraße Calle del Pinar, in der sich die berühmte Residencia de Estudiantes befindet.

Seit ihrer Gründung war die Studentenresidenz im Botschaftsviertel zwischen der Castellana und der Serrano ein kulturelles Zentrum Spaniens. Vor allem zwischen dem Ersten und Zweiten Weltkrieg lebte hier die intellektuelle Elite des Landes, beispielsweise der Schriftsteller Federico García Lorca, Filmregisseur Luis Buñuel oder der Maler Salvador Dalí. Aber auch so berühmte Persönlichkeiten wie Albert Einstein oder Marie Curie hielten sich in der Residencia de Estudiantes auf, debattierten über ihre revolutionären Thesen. Die Franco-Diktatur setzte der liberalen, weltoffenen Atmosphäre der Residenz jedoch schnell ein Ende. Erst mit der Rückkehr zur Demokratie knüpfte das Haus wieder an seine große intellektuelle Tradition an. Heute leben hier wieder Studenten, Forscher und Künstler. Und in einem dazugehörigen Pavillon finden oft interessante Ausstellungen statt.

Während der Wechselausstellungen ist die Residenz Mo–Fr 11–15 und 17–20 Uhr, So in der Regel nur 11–15 Uhr geöffnet. Eintritt frei. Calle del Pinar 23 (Metro: Gregorio Marañon oder República Argentina), www.residencia.csic.es.

Durch das kubistische Viertel El Viso

Von der Studentenresidenz laufen wir auf der Calle de Pedro de Valdivia nach links. Sie trifft nach wenigen Metern auf die viel befahrene Calle de Serrano. Hier halten wir uns links und folgen ihr bis zur Plaza de la República Argentina. Wir überqueren den schönen Platz in nördliche Richtung und sind damit im noblen Viertel El Viso angelangt.

Für Architekturfans lohnt sich ein ausgiebiger Spaziergang durch das Viertel, das im Stil einer Art spanischen Bauhaus-Architektur gehalten ist. Zwischen dem Paseo de la Habana, der Plaza de la República Argentina und der Avenida del Doctor Arce entstand in den 1930er-Jahren eine von Bauhaus-Ideen und Art déco inspirierte Siedlung, die bis heute nichts von ihrer Faszination verloren hat. Viele der kubistischen Häuser sind noch nahezu unverändert. Dieses grüne Viertel zählt derzeit zu den beliebtesten, aber auch teuersten Stadtteilen Madrids.

Wir aber kürzen den Weg zu unserer nächsten Station ab und biegen von der Calle de Serrano links in die ruhige Calle del Tambre. Sie führt über die Calle de Balbina Valverde zum beliebten Einkaufsboulevard Paseo de la Habana. Wir überqueren ihn in Richtung Calle de los Hermanos Pinzón und stehen wieder an der Castellana. Unser nächstes Ziel, die Torre Picasso, sehen wir bereits. Um dorthin zu gelangen, müssen wir noch die Castellana überqueren.

Metro: Santiago Bernabéu, Nuevos Ministerios oder Concha Espina.

Torre Picasso

Wenn es ein architektonisches Symbol des boomenden Spaniens Ende des 20. Jh. gibt, dann ist es die Torre Picasso. Der elegante Wolkenkratzer wurde von Minoru Yamasaki (1912–1986), dem Architekten des World Trade Center in New York, entworfen und ist mit 155 m eines der höchsten Gebäude Madrids. Das 1974 geplante Projekt wurde allerdings erst 1988 abgeschlossen, Yamasaki konnte die Fertigstellung des

Kubistische Architektur im Stadtviertel El Viso

Torre Picasso – Symbol des modernen Madrids

weißen Turmes nicht mehr erleben. Er wäre sicher begeistert gewesen: Der 43-stöckige Komplex prägt nicht nur die Skyline Madrids, sondern ist auch ein ästhetischer Genuss. Das originelle geometrische Pflaster des Vorplatzes, die silbern glänzende Skulptur von José María Cruz Novillo und die schattigen, gepflegten Gartenanlagen machen auch die Umgebung der Torre Picasso zu einem Vergnügen. Insgesamt arbeiten rund 6000 Menschen in dem Hochhaus, das auch einen Helikopterlandeplatz besitzt. Heute befindet sich der Wolkenkratzer im Besitz des spanischen Milliardärs Amancio Ortega. Der Gründer des Modeunternehmens Zara zahlte Ende 2011 für den Bau die stolze Summe von 400 Millionen Euro. Heute ist das Hochhaus an verschiedene Firmen wie Google sowie Unternehmens- und Wirtschaftsprüfergesellschaften vermietet.

Plaza Pablo Ruíz Picasso (Metro: Santiago de Bernabéu).

Estadio Santiago Bernabéu

Wir verlassen das weitläufige Gelände um die Torre Picasso in nördliche Richtung, überqueren die Avenida del General Perón und stehen auf der Plaza Joan Miró vor dem riesigen Konferenzzentrum. Der Platz trägt seinen Namen zu Recht. Denn der katalanische Künstler hat den gewaltigen Fries des Kongresspalastes mit seinen abstrakten Motiven gestaltet. Auf der anderen Seite der Castellana erkennen wir bereits das Bernabéu-Stadion, die Heimat des legendären Fußballklubs Real Madrid.

Real Madrid ist keine Fußballmannschaft, sondern eine Legende auf dem europäischen Rasen. Tatsächlich ist der königliche Fußballklub einer der erfolgreichsten Vereine der Welt und errang alle großen Titel, die es in der Welt des Fußballs zu gewinnen gibt, gleich mehrmals. Benannt ist das Stadion nach Santiago

Anstehen für eine Tour durch das Bernabéu-Stadion

Bernabéu, der an dieser Stelle den ersten Madrider Fußballverein gründete: den „Real Madrid Fútbol Club". Die Arena von Real steht mitten im Banken- und Businessviertel. Der wuchtige Betonbau wurde ursprünglich in den 1940er-Jahren für 75.000 Zuschauer konstruiert. Durch Umbauten 1988 konnte er auf 106.000 Plätze erweitert werden. Die oberen Ränge werden über vier Galerien erreicht, zu den Nebentreppen führen Halbzylinder aus Beton, die von außen erkennbar sind.

Der Verein war immer ein bisschen nobler als die anderen. Im Vorgänger-Stadion aus den 1920er-Jahren, das über 22.000 Zuschauer aufnahm, gab es sogar eine überdachte Tribüne mit Rattansesseln für die prominenten Gäste. Heute sind es VIP-Lounges, die den Ehrengästen zur Verfügung stehen. Und Real zählt zu den reichsten Vereinen der Welt. Kein Spieler ist ihm zu teuer, wenn er die Mannschaft stärkt. Natürlich sind die Eintrittskarten alles andere als preiswert. Viele Fans, im Spanischen liebevoll Madridistas genannt, schuften gerne etliche Stunden in der Firma mehr, um im Bernabéu ihre Stars leibhaftig erleben zu können. Real war eben schon immer mehr als nur ein Fußballverein. Er ist für Madrileños auch ein Lebensstil, ja eine Religion. Daran konnten selbst die Erfolge des Erzrivalen Atlético de Madrid nichts ändern.

Das Bernabéu-Stadion kann in Form einer Tour täglich besichtigt werden. Eindrucksvoll ist der Saal mit den Trophäen und natürlich der Rundgang durch die Räumlichkeiten für die Millionen schweren Fußballstars. Mo–Sa 10–19 Uhr, So 10.30–18.30 Uhr. Achtung: Bei Veranstaltungen können sich diese Zeiten ändern. Eintritt (inkl. Rundtour) 19 €, Kinder bis 14 J. 13 €, unter 4 J. gratis. Paseo de la Castellana/Avenida de Concha Espina (Metro: Santiago de Bernabéu), www.realmadrid.com.

Puerta de Europa

Vom Bernabéu-Stadion laufen wir auf der Castellana weiter Richtung Norden, vorbei am abweisenden Verteidigungsministerium und direkt auf die unübersehbar Puerta de Europa an der Plaza de Castilla zu. Bei den Madrileños ist dieses 113 m hohe Bauwerk, das aus zwei aufeinander zugeneigten Hochhäusern besteht, nicht besonders beliebt. Schon beim sechsjährigen Bau der um fast 15 Grad geneigten Zwillingshochhäuser gab es jede Menge Schwierigkeiten, vom Finanzierungsskandal ganz zu schweigen. Geplant wurde der Bau vom Kuweit Investment Office (KIO), weshalb er auch als „Torres KIO" bezeichnet wird. Und als dieses modernistische, von den New Yorker Architekten John Burgee, Duane Schrempp und Philip Johnson entworfene Stadttor 1996 schließlich fertiggestellt worden war, war die Enttäuschung groß. An einem der besten Plätze der Castellana war eine schwarze, einfallslose Stahlkonstruktion mit viel Glas entstanden, die nur durch ihre Größe Aufsehen erregt. Der Name Puerta de Europa rührt daher, dass die Straße von hier nach Norden in Richtung Burgos führt, der traditionelle Weg von der spanischen Hauptstadt nach Frankreich und Mitteleuropa.

Wer eine kleine Ruhepause einlegen will, sollte den kleinen Park an der Plaza de Castilla aufsuchen – eine Oase im Verkehrsgetöse.

Plaza de Castilla (Metro: Plaza de Castilla).

Cuatro Torres

Von Ferne sind bereits die vier Monolithen Cuatro Torres zu erkennen, die vier Türme. Wir folgen der Castellana weiter nach Norden und halten uns auf der linken Straßenseite. Durch die 2009/10 fertiggestellten vier Wolkenkratzer nördlich der Puerta de Europa hat sich die Skyline der spanischen Hauptstadt drastisch verändert. Das Quartett der vier höchst unterschiedlichen, weit über 200 m hohen Hochhäuser – **Torre Caja Madrid** (ehemals Torre Repsol), **Torre Sacyr Vallehermoso** (zu zwei Dritteln Hotel), **Torre de Cristal** und **Torre Espacio** – war jahrelang äußerst umstritten. Auch heute können sich viele Madrilenen mit den Wolkenkratzern nicht anfreunden. Kritiker sehen das Stadtbild von Madrid für immer beschädigt. Mit rund 250 m ist der kantige Wolkenkratzer der spanischen Sparkasse Caja Madrid, gebaut vom britischen

Cuatro Torres: Symbol des spanischen Immobilienwahns

Architekten Norman Foster, das höchste Gebäude auf der Iberischen Halbinsel. Möglich wurde das spektakuläre Bauprojekt der Cuatro Torres überhaupt erst durch den Verkauf des Sportgeländes von Real Madrid. Die Wolkenkratzer, hauptsächlich Bürogebäude, können nicht von innen besichtigt werden. Allerdings kann man eine Stippvisite im Fünf-Sterne-Hotel Madrid Tower im Torre Sacyr Vallehermoso machen. Mit dem dortigen Lift geht es in luftige Höhen. Wer die spektakuläre Aussicht genießen möchte, muss das sündhaft teure Restaurant aufsuchen, das einen beeindruckenden Blick auf das Guadarrama-Gebirge bietet.

Metro: Begoña.

Costa Castellana – die Strandcafés an der Verkehrsarterie

Rund 400 km liegt Madrid vom Mittelmeer entfernt. Doch Träume sind erlaubt. So kreierten die jungen Hauptstädter schon vor Jahren ihre eigene Küste (*costa*) entlang der Verkehrsarterie Castellana. Am späten Abend füllen sich die legendären Terrazas entlang des Prachtboulevards, der Paseo wird zur Freiluftbühne. Eisstände, fliegende Händler und leicht bekleidete Mädchen schaffen an der Costa Castellana ein Playa-Ambiente. Viele der Bars vermitteln mit Palmen und entsprechender Dekoration zudem einen Hauch Ibiza. Bei 40 °C an den heißen Tagen im Juli und August sind die eiskalten Cocktails an der Costa Castellana eine willkommene Abwechslung. Und gefeiert wird bis zum Morgengrauen.

Praktische Infos

→ Karte S. 176/177

Essen und Trinken

Die Restaurants rund um die Castellana sind vor allem auf Geschäftsleute und Politiker eingestellt. Deshalb ist nicht nur das Preisniveau relativ hoch, sondern zu Mittag ist auch in vielen Lokalen kaum noch ein Platz zu bekommen. Für Feinschmecker sind die Viertel entlang des Boulevards ein kleines Paradies. Nirgendwo sonst in Madrid gibt es mehr Gourmet-Restaurants als hier.

Lúa 14, das kleine Restaurant von Manuel Dominguez und Pedro Espinosa ist leicht zu übersehen, aber Werbung braucht das Duo längst nicht mehr zu machen. Denn das Lúa mit seiner kreativen, geschmacksintensiven Küche ist häufig ausgebucht. Lohnenswert sind die vergleichsweise günstigen Degustationsmenüs, die wirklich ihr Geld wert sind. Hier werden uralte Rezepte neu und einfallsreich interpretiert. Eine Küche abseits des Mainstreams. Paseo de Eduardo Dato 5 (Metro: Ruben Darío), ✆ 913952853, www.restaurantelua.com.

Rianxo 15, bekannt für sein gutes Preis-Leistungs-Verhältnis. Wie schon der Name verrät, wird hier galicische Küche gepflegt. Tagsüber ist die Bar mit ihren Tapas von vielen Kunden aus dem Viertel umlagert. Im Obergeschoss befindet sich das kleine Restaurant, das vor allem bei Liebhabern von Fisch und Krustentieren hoch im Kurs steht. Feine galicische Weißweine (Albariño) und aufmerksamer Service. Calle de Raimundo Fernández Villaverde 49 (Metro: Cuatro Caminos oder Nuevos Ministerios).

Taberna Gaztelupe 17, feine baskische Küche. Auch wenn das Business-Viertel um die Straße Orense nicht besonders einladend ist, lohnt sich dennoch der Weg. Der frische Fisch, die große Auswahl und die netten Kellner sorgen für ein volles Haus. Am besten vorher reservieren. Exzellente Weinkarte. Das Restaurant innerhalb der Taberna besteht aus einem fensterlosen Saal in rustikalem Landhausstil. Calle del Comandante Zorita 32 (Metro: Santiago Bernabéu), ✆ 915349116.

》》 Mein Tipp: Casa de Quirós 7, authentische asturische Küche. Bestellen Sie unbedingt eine Flasche Sidra! Sie werden eine lustige Überraschung erleben. Stamm-

Praktische Infos 183

gäste schätzen den exquisiten Fisch sowie die leckeren Krustentiere und Muscheln. Mittlere Preislage. An der Bar werden auch feine Tapas serviert. Paseo de la Castellana 123 (Metro: Cuzco). 《

Zalacaín 3, seit Jahrzehnten von Restaurantkritikern ausgezeichnetes Restaurant der Spitzenklasse. Es gilt als eines der besten in Spanien: Schon bald nach seiner Eröffnung 1974 hat sich das Zalacaín einen nahezu legendären Ruf erworben. Klassische spanische Küche aus erlesenen Rohstoffen, raffiniert zubereitet, perfekt serviert im vornehmen Ambiente. Der Weinkeller zählt zu den besten der Stadt. Man kann an warmen Tagen auch auf einer Terrasse speisen. Von den Gästen wird elegante Kleidung erwartet. Mittags ab 13.30 Uhr und abends ab 21 Uhr geöffnet, Samstagmittag und So geschlossen. Reservierung erforderlich. Calle de Álvarez de Baena 4 (Metro: Rubén Darío), ✆ 915615935.

El Bodegón 2, elegantes Lokal, das sich der neuen baskischen Küche verschrieben hat. Nicht nur das raffiniert zubereitete Essen ist außergewöhnlich, sondern auch das Ambiente. Der Besitzer Plácido Arango ist ein Sammler moderner spanischer Kunst. An den Wänden kann man einige Werke bewundern. Reservierung empfehlenswert. Samstagmittag und So geschlossen. Calle del Pinar 15 (Metro: Rubén Darío), ✆ 915628844.

O'Pazo 16, exzellent zubereitete Fischgerichte. Das im Stil eines englischen Clubs eingerichtete Lokal – unweit der Torre Picasso – wird seit Jahren für seine außergewöhnlichen Fischspeisen geschätzt. Im August geschlossen. Calle de la Reina Mercedes 20 (Metro: Nuevos Ministerios).

La Dorada 13, bekanntes Restaurant, das mediterrane Küche offeriert. Viele andalusische Spezialitäten wie *pescados fritos*, Krustentiere und *guisos marineros*. So geschlossen. Calle de Orense 64 (Metro: Tetuán).

Jose Luis 8, berühmte Tapas-Bar. Die Tapas sind stets frisch und raffiniert zubereitet. Das hat aber auch seinen Preis. Paseo de la Habana 4 (Metro: Santiago de Bernabéu).

Einkaufen

Insbesondere im AZCA-Viertel und auf dem Paseo de la Habana gibt es zahlreiche Boutiquen, die auch eine anspruchsvolle Klientel zufriedenstellen. Spanische Modedesigner sind beispielsweise in der Ladengalerie am Picasso-Hochhaus vertreten.

El Mercado Isabela 6, hinter der Designerfassade verbirgt sich ein 2012 eröffneter Markt für Feinschmecker, der täglich von 11 Uhr bis mindestens Mitternacht geöffnet ist. In den vielen Tapas-Bars zählt vor allem die Qualität, nicht der Preis. Paseo de la Habana 3 (Metro: Santiago de Bernabéu).

Musgo 4 Kaum ein Kunde, der Musgo betritt und ohne Ware wieder verlässt. Tischlampen, Bilder, Fotoalben, ein Sofa oder nur ein paar modische Ohrringe – hier kann der Kunde stöbern und findet stets ein originelles Stück. Paseo de la Habana 34 (Metro: Santiago de Bernabéu).

La Esquina del Bernabéu 5, anspruchsvolle Ladengalerie am Bernabéu-Stadion. Und selbstverständlich gibt es dort für Fans von Real Madrid einen Shop, in dem man seiner Begeisterung für den Klub freien Lauf lassen kann. Avenida de Concha Espina 1 (Metro: Santiago de Bernabéu).

Mit der Teleférico an die Casa die Campo | El Pardo | Wallfahrtskirche Santo

Die Peripherie

Vierzig Jahre lang erlebte die spanische Hauptstadt einen beispiellosen Boom. Die leicht hügelige, aber einfach zu bebauende Region um Madrid wuchs zu einem städtischen Ballungsraum mit einem Durchmesser von rund 80 km an. Erst die internationale Finanzkrise brachte den Bauboom 2009 zum Erliegen. Heute sind viele Wohnungen vor allem in abgelegenen Stadtvierteln nahezu unverkäuflich. Die Betonruinen sind Symbole einer Zeit von Spekulation und Korruption.

Die Peripherie Madrids bot seit jeher beliebte Möglichkeiten zur Flucht aus dem Großstadt-Dschungel. Der Pardo (nicht zu verwechseln mit dem Kunstmuseum Prado) beispielsweise, das ehemalige königliche Jagdgebiet samt Schloss, diente bis 1975 Diktator Franco als Residenz, ist heute aber der Öffentlichkeit zugänglich. Der riesige Park Casa de Campo beginnt gleich hinter dem Palacio Real und besitzt mit dem Lago das größte Gewässer Madrids. Der Park zieht nicht nur mit viel Natur und dem Zoo zahlreiche Besucher an, sondern auch mit dem berühmten Parque de Atracciones. Dieser Freizeitpark mit seinen waghalsigen Vergnügungsmöglichkeiten ist besonders bei Kindern und Jugendlichen beliebt. Im Sommer finden hier auch Open-Air-Konzerte bekannter spanischer Gruppen statt. Nachts sollte man allerdings auf einen Spaziergang durch die Casa de Campo verzichten. Dann ist diese nämlich fest in der Hand der Straßenprostitution und der Drogenszene.

Am Rande Madrids sind noch weitere „Zufluchtsorte" entstanden. Im Süden erfreut sich der nach dem ehemaligen Bürgermeister von Madrid benannte Parque de Enrique Tierno Galván großer Beliebtheit. Auf dem hügeligen Gelände kann man nicht nur einen faszinierenden Blick über das Häusermeer genießen, sondern auch das interessante Planetarium oder das vorbildliche IMAX-Kino besuchen. Im Osten der Stadt entstand nahe dem Messegelände der Parque Juan Carlos I. In dem 20 km² großen

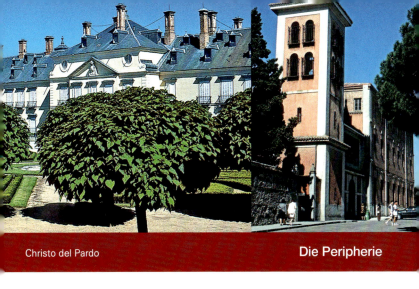

Christo del Pardo Die Peripherie

Park kann man sowohl riesige Skulpturen bewundern als auch auf einem Kanal Boot fahren. Ein Kuriosum für die Hauptstadt im trockenen Kastilien.

Und natürlich ist eines in Madrid nicht wegzudenken: die legendäre Stierkampfarena Las Ventas im Osten der Stadt, unweit der Stadtautobahn. Auch wenn sich die meisten Spanier für das blutige Spektakel gar nicht interessieren, der Stierkampf hat immer noch seine Anhänger.

> Alle Ziele in der Peripherie Madrids sind über Metro, Cercanías (S-Bahnen) oder Bus leicht zu erreichen.

Casa de la Moneda

Das Museum der spanischen Münzprägeanstalt ist nicht nur ein interessantes Ziel für Numismatiker. Das weitläufige Museum hinter dem Retiro-Park erzählt unter anderem die Geschichte des Geldes in Form von Münzen und Geldscheinen. Sie spiegeln das Auf und Ab in der spanischen Geschichte von der Römerzeit bis zum Euro. Das Museum beherbergt auch eine bemerkenswerte Sammlung spanischer Briefmarken. Seit 1893 war die unmittelbar an das Museum anschließende Fabrica National de Moneda nämlich auch für die Herstellung der spanischen Postwertzeichen zuständig. Insgesamt sind 4000 Briefmarken, darunter echte Raritäten, ausgestellt. Übrigens, wer noch Geld übrig hat, kann sich im Museumsshop mit Gold- und Silbermünzen aus eigener Fabrikation eindecken.

Mo–Fr 10–17.30 Uhr, Sa/So 10–14 Uhr, Eintritt frei, Doctor Esquerdo 36 (Metro: O'Donnell).

Plaza de Toros de Las Ventas

Der archaische Kampf zwischen Mensch und Tier wird in der aus rotem Backstein errichteten Stierkampfarena von Las Ventas gepflegt wie an kaum einem anderen Ort Spaniens. Hier hatten alle berühmten Toreros der letzten Jahrzehnte ihren Auftritt. Nicht umsonst nennen die Einheimischen die Arena schlicht „La Monumental". Die Corrida de toros, der Stierkampf, zieht noch heute Tausende von Kennern und Liebhabern an.

Einst außerhalb der Stadt gelegen, zählt die berühmte Arena heute beinahe schon zu den zentrumsnahen Vergnügungsstätten der Peripherie. Der im sog. Neomudéjar-Stil errichtete Rundbau hat Platz für 23.000 Zuschauer und ist seit 1934 in Betrieb. Die Stierkampfsaison dauert in Madrid von März bis Oktober. Der Höhepunkt ist zweifellos die Feria de San Isidro, das Fest zu Ehren des Patrons der Hauptstadt. Dann treten in Las Ventas zwischen Mitte Mai und Mitte Juni täglich die besten Toreros der Welt in die Arena. Das Madrider Publikum gilt als kritisch, kompetent und begeisterungsfähig.

Übrigens, an der Rückseite der Arena befindet sich das Stierkampfmuseum **Museo Taurino**, das mit unzähligen Erinnerungsstücken, Bildern, Fotografien, Kostümen, Waffen und Plakaten an die großen Matadore von Las Ventas erinnert.

Der Verkauf der Tickets erfolgt über Kassen am Haupteingang. Hier wird man oft schon am Ausgang der U-Bahn-Station von Schwarzmarkthändlern abgefangen, die auf diesem Wege Eintrittskarten loswerden wollen. Tipp: auf jeden Fall über den Preis verhandeln, nie das erste (teure) Angebot annehmen.

> Corridas sind ein relativ teures Vergnügen. Das Preisniveau hängt sehr stark von den jeweiligen Toreros ab. Vor allem während der extremen Hitze im Sommer sollte man aber auf die preiswerten Sonnenplätze (*sol*) verzichten, stattdessen ein paar Euro mehr ausgeben und sich einen Schattenplatz (*sombra*) gönnen.

Museo Taurino: Mo–Fr 9.30–14.30 Uhr, So 10–13 Uhr, Sa geschlossen; wenn Stierkämpfe stattfinden, ist das Museum im Patio de Caballos nur von 10 bis 12 Uhr zu besichtigen. Eintritt frei. Calle de Alcalá 237 (Metro: Ventas), www.las-ventas.com.

Casa de Campo

Die Natur beginnt nur ein paar Schritte vom Zentrum: Vom Königspalast blickt man auf den riesigen Park im Westen Madrids. Das 1700 Hektar (!) große Gelände war einst königliches Jagdrevier. Ein ehemaliges Jagdschlösschen – die Casa del Campo – gab dem weitläufigen Gelände seinen Namen. Heute residiert darin die Stadtpolizei.

Das mit Eichen, Pinien und Pappeln bewachsene Gelände westlich vom Manzanares ist ein traditionelles Ausflugsziel der Stadtbewohner. Vor allem rund um den Lago, den größten (künstlichen) See Madrids, haben sich viele Lokale niedergelassen, in die jedoch nur am Wochenende richtig Leben einkehrt. Der Ruf der Casa de Campo war nie wirklich gut: Zum einen ist der Park nicht gerade besonders gepflegt, zum andern gehört er nach Einbruch der Dunkelheit den Prostituierten und ihren Freiern.

Das ursprünglich von Felipe II. ausgewählte Gelände ist jedoch kein Park im klassischen Sinne, sondern eine Art urbane Waldfläche. Die Casa de Campo ist mittlerweile von zahlreichen Straßen durchzogen, die Vororte mit dem Zentrum verbinden. Immer mehr Madrileños meiden daher den Park für das sonntägliche Picknick. Hauptanziehungspunkt ist neben dem Zoo der Parque de Atracciones (s. u.).

Übrigens verbindet der **Teleférico** den Park Casa de Campo mit Moncloa (→ Kasten S. 163). Die Seilbahn ist nicht nur ein romantisches Vergnügen, sondern bietet auch einen tollen Blick über das historische Zentrum.

Die Metrolinie 10 (dunkelblau) führt von der Plaza de España bzw. Príncipe Pío zu den Stationen Lago bzw. Batán. Die Seilbahn Teleférico verbindet den Park mit dem Boulevard Rosales (Ecke Marqués de Urquijo) in Moncloa, im Winter fährt sie jedoch nur an Wochenenden.

Parque de Atracciones

Der Vergnügungspark mit immer neuen spektakulären Freizeiteinrichtungen im Park Casa de Campo zieht Jung und Alt an. Für manche Loopings sollte man allerdings schwindelfrei sein. Ab und zu finden dort sogar Open-Air-Konzerte bekannter Popstars statt.

Ganzjährig geöffnet; im Winter allerdings nur am Wochenende 12–22 Uhr, im Sommer täglich bis Mitternacht. Ein Ticket für die unbegrenzte Nutzung aller Einrichtungen kostet für Erwachsene 29,90 €, für Kinder von 100 bis 140 cm 23,90 €, unter 100 cm gratis. Metro: Batán, von dort wenige Gehminuten. ✆ 902332211, www.parquedeatracciones.es.

Zoo

Während der Woche herrscht hier meist gähnende Leere, am Wochenende Volksfeststimmung. Der Zoo in der Casa de Campo bietet nicht nur zahlreiche Freigehege, sondern auch ein spannendes Aquarium mit Haien, Korallen, Langusten etc. sowie ein durchaus aufregendes Reptilienhaus. Doch die Hauptattraktion ist das Delfinarium unter freiem Himmel. Der Madrider Tiergarten versteht sich als ein moderner Zoo, der nicht nur Tierarten das Überleben sichern, sondern vor allem zu einer ökologischen Erziehung beitragen will. Es werden hier zahlreiche zoologische Forschungen betrieben. Wenig empfehlenswert sind die Cafés und Restaurants des Zoos.

Geöffnet 11–18.30 Uhr (im Sommer länger). Eintritt 22,90 €, Kinder zwischen 3 und 7 J. 16,90 €, darunter gratis. Die Preise können an besonders besucherstarken Tagen noch höher sein. Von der Metrostation Batán sind es ungefähr 10 Min. zu laufen. Allerdings führt dieser Weg durch ein Gebiet mit Straßenprostitution. Deshalb sollte man nach Einbruch der Dunkelheit lieber ein Taxi zurück zur Metrostation nehmen. Taxistand am Eingang des Zoos. www.zoomadrid.com.

Palacio Real de El Pardo

Das Areal um den El Pardo genannten 5000-Einwohner-Vorort im Nordwesten Madrids ist seit dem 15. Jh. das Jagdgebiet der spanischen Könige. Felipe II. ließ hier den Palacio Real de El Pardo errichten. Sein heutiges Aussehen verdankt der Palast König Carlos III. Dieser ließ die Anlage ab 1772 von seinem Hofarchitekten Francesco Sabatini vergrößern und von den besten Künstlern seiner Zeit ausstatten. Der im Bürgerkrieg schwer beschädigte Palast diente nach seiner Renovierung dem Diktator Franco bis zu seinem Tod 1975 als Residenz. Heute nutzt die spanische Regierung dieses malerische Anwesen zur Beherbergung von Staatsgästen und für Galadiners. Seit Wiederherstellung der Demokratie ist das Schloss der Öffentlichkeit zugänglich, kann allerdings nur im Rahmen einer Führung besichtigt werden.

Franco ließ den Palast nach seinen Vorstellungen umbauen. Der Diktator liebte den Luxus. Einen Eindruck gibt der pompöse Ministerratssaal, der größte

> ### La Zarzuela: Königsschloss und Singspiel
> Zarzuela wird in Spanien nicht unbedingt mit dem abgeschottet gelegenen Palast in den Bergen von El Pardo verbunden, sondern der Name steht für eine singspielartige Gattung des iberischen Musiktheaters. Die Zarzuela, die von ihrer Popularität bis heute nichts eingebüßt hat, besteht aus Gesang und gesprochenem Dialog. Ihren Ursprung hat sie als höfisches Festspiel, wie es im 17. Jh. im königlichen Lustschloss Palacio de la Zarzuela – daher der Name – aufgeführt worden sein soll. Im heutigen Zarzuela-Palast residieren König Juan Carlos und seine Frau Sofía. Das Schloss ist eher bescheiden. Seine Ursprünge gehen auf das 18. Jh. zurück, als König Carlos IV. hier einen Palast erbauen ließ, der jedoch im Bürgerkrieg zerstört wurde. 1960 wurde ein Neubau errichtet. Das Schloss ist der Öffentlichkeit nicht zugänglich.

Raum des ganzen Palastes. Hier hängen die von Goya entworfenen Wandteppiche der vier Jahreszeiten: der Schneefall, die Weinlese, die Tenne und die Blumenverkäuferin. Das ehemalige Theater im klassizistischen Stil funktionierte der Alleinherrscher für sich und seine Freunde zum Privatkino um.

Die wertvolle Ausstattung, insbesondere rund 200 kostbare Gobelins (vor allem aus dem 18. Jh.), ist ein Erlebnis. Eindrucksvoll sind auch die beiden Innenhöfe, der alte Hof der Österreicher (Patio de los Austrias) und der von Sabatini geplante Bourbonenhof (Plaza de los Borbones). In diesem mit einem Glasdach ausgestatteten Patio mit riesigem Teppich finden die Staatsbankette statt. Eine Klimaanlage sorgt im Sommer für die richtige Temperierung.

Mo–Sa 10–20 Uhr (im Winter bis 18 Uhr). Der Palast und die Casita del Príncipe sind nur im Rahmen einer Führung zu besichtigen. Die Gärten des Palastes sind von April bis September 10.30–18.45 Uhr (im Winter nur bis 17.45 Uhr, So bis 14.30 Uhr) geöffnet. Bei Visiten ausländischer Staats- und Regierungschefs sind das Schloss und der Park der Öffentlichkeit nicht zugänglich. Eintritt 9 €, Kinder unter 16 J. und Rentner 4 €. Eintritt frei am Mi sowie Do 17–20 Uhr (im Winter 15–18 Uhr).

Parque de Enrique Tierno Galván

Normalerweise sind Arbeiterviertel nicht gerade mit Grünflächen verwöhnt. Die Madrider Stadtregierung wollte mit dieser Anlage, benannt nach Madrids erstem demokratischem Bürgermeister, eine grüne Oase im eher tristen Häusermeer schaffen. Auf einer Fläche von 154 Hektar entstand so im Süden Madrids unweit des Autobahnrings M-30 einer der schönsten Parks der Hauptstadt. Das hügelige Gelände wird bestimmt von dem postmodernen **Planetarium**, dessen Kuppel einen Durchmesser von 17,5 m misst. Vom Planetarium hat man einen tollen Blick auf das historische Stadtzentrum. Leicht zu erkennen ist das Telefónica-Hochhaus an der Gran Vía.

Ein anderer Besuchermagnet im Park ist das **IMAX-Kino,** wo eine besondere Kinotechnik den meist jüngeren Besuchern den Atem verschlägt. Es zeigt vor allem Dokumentationen mit einer Länge von einer Dreiviertelstunde. Die meisten Filme sind auf Spanisch, aber es gibt bisweilen auch englischsprachige Filmvorführungen, am besten an der Kasse fragen.

Das **Planetarium** ist Di–Fr 17–19.45 Uhr, Sa/So 11–13.45 Uhr und 17–20.45 Uhr geöffnet. Eintritt 3,45 €, Kinder bis 14 J. und Rentner 1,50 €. Avenida del Planetario 16 (Metro: Méndez Álvaro), www.planetmad.es.

IMAX-Kino: Informationen zum aktuellen Programm unter ℡ 914764800 oder www.imaxmadrid.com. Tickets im Vorverkauf beim Kaufhaus El Corte Inglés.

Parque Juan Carlos I.

Der originelle Park ist mit zahlreichen Plastiken spanischer Künstler eine Art Freiluftmuseum. Die gewaltigen Skulpturen passen gut in das futuristische Ambiente des angrenzenden Messegeländes **Campo de las Naciones** mit seinen Ausstellungshallen, dem Business-Center und den Nobelhotels. Madrid ist schließlich der wichtigste Messestandort auf der Iberischen Halbinsel. Der Park bietet Messebesuchern und Anwohnern Ruhe und Erholung, nicht zuletzt wegen der verschiedenen Mikroklimata. Dafür sorgen die sorgsam ausgewählten Bäume und Pflanzen sowie vor allem der künstliche Kanal, der auch mit einem Ausflugsboot erkundet werden kann. Ein Open-Air-Auditorium und ein Golfplatz ergänzen die weitläufige Anlage.

Metro: Campo de las Naciones.

Parque de El Capricho

Der von Touristen wenig besuchte Park neben dem Parque Juan Carlos I. lohnt einen Abstecher. Die Gartenanlage

Olivenernte

Rund 2000 Ölbäume sind auf dem riesigen Gelände des Parque Juan Carlos I. zu finden. Keineswegs nur zur Zierde stehen die bis zu 200 Jahre alten Bäume auf dem Areal. Dort werden Oliven geerntet. Im Winter, wenn die knorrigen Bäume mit ihren silbern schimmernden Blättern glänzen, kommen die Ernteexperten aus dem fernen Andalusien (dem größten Olivenhain der Welt) nach Madrid. Mit einem langen Holzstock, der sog. *vara*, schlagen sie das „gelbe Gold" von den Bäumen. Im Parque Juan Carlos I. sind es rund 10 Kilo Oliven pro Baum. Das ist natürlich kein hoher Ertrag. Doch gute Ernten – ein Baum wirft bis zu 50 Kilo ab – sind heute gar nicht mehr gefragt. Die Überproduktion und die damit verbundenen Preise sind die größten Probleme der Bauern.

---

wurde 1787 von der Herzogin de Osuna, María Josefa Alfonso Pimentel, gegründet, aber erst 1839 fertiggestellt. Sie gilt als Musterbeispiel für die Gartenkunst in der Romantik. Für Besucher wurde der 14 Hektar große Park erst 1974 zugänglich gemacht. 1987 wurden das dazugehörige Schloss und die Wasseranlagen umfassend restauriert. Eindrucksvoll ist zum Beispiel die Plaza de los Emperadores.

Okt.–März täglich 9–18.30 Uhr, April–Sept. 9–21 Uhr. Avenida de la Alameda de Osuna (Metro: El Capricho).

Praktische Infos

Essen & Trinken

In der Peripherie von Madrid gibt es natürlich eine Vielzahl von Restaurants. Neben dem klassischen Ausflugsziel **El Pardo** mit seinen Sommerterrassen stehen vor allem die Restaurants entlang der Autobahn in Richtung Nordosten (Richtung Segovia) hoch im Kurs. Entlang der von den Einheimischen **Carretera de La Coruña** genannten Straße haben sich eine Reihe von Restaurants der mittleren und oberen Preisklasse niedergelassen.

La Marquesita, beim Pardo. Dieses stilvolle, efeuumrankte Restaurant beim Schloss ist ein positives Beispiel für das bekanntermaßen gute Essen in El Pardo. Das gefüllte Rebhuhn (*perdíz estofado*) zählt zu den Spezialitäten. Auch gute Schokolade. Schattige Terrasse. Mittlere Preisklasse. Täglich geöffnet. Avenida de la Guardia 29 (Busverbindung: Línea Interurbana 601 in der Calle de la Princesa, Busbahnhof Moncloa).

》》》 **Mein Tipp:** **El Trasgu**, feine Adresse in einer Villa aus Granit mit modernem Interieur. Vor allem Fisch, z. B. Seehecht (*merluza*) wird hier raffiniert zubereitet. Am Wochenende ist nur schwer ein Platz zu bekommen. Die große Terrasse mit dem Blick auf Madrid ist spektakulär. Das Restaurant liegt im nördlichen Vorort Torrelodones, eine gute halbe Stunde mit dem Auto von Madrid entfernt (auf der Carretera de La Coruña Richtung Villalba, Salida 29). Reservierung empfohlen. Torrelodones, Calle de Cudillero 2, ✆ 918590840. 《《《

》》》 **Mein Tipp:** **El Vagón de Beni**, Essen im Eisenbahnwaggon. Das Restaurant im Norden von Madrid bietet ein außergewöhnliches Ambiente. Der Gast speist in historischen Eisenbahnwaggons, die in dem Weiler Hoyo de Manzanares zu kulinarischen Zwecken für immer auf dem Abstellgleis stehen. Das Essen, das in den nostalgischen Abteilen serviert wird, ist raffiniert und stets aus frischen Produkten zubereitet. Sehr netter Service. Mittlere Preislage. Mit dem Auto sind es rund 40 Minuten von Madrid (auf der Carretera de La Coruña Richtung Villalba). Am Wochenende unbedingt reservieren. Hoyo de Manzanares, Calle de San Macario 6, ✆ 918566812, www.elvagondebeni.com. 《《《

Das Schloss von La Granja

Ausflüge in die Umgebung

Sierra de Guadarrama	→ S. 194	Toledo	→ S. 217
Segovia	→ S. 205	Alcalá de Henares	→ S. 228
La Granja de San Ildefonso	→ S. 214	Chinchón	→ S. 235
Riofrío	→ S. 216	Aranjuez	→ S. 238

Aranjuez | El Escorial im Winter | Im Kloster San Juan de los Reyes in Toledo

Ausflüge in die Umgebung

An klaren Frühlingstagen sind von Madrid die schneebedeckten Gipfel der Sierra de Guadarrama zu sehen. Der Gebirgszug im Norden der Hauptstadt ist die traditionelle Ausflugsregion der Madrileños. Wandern, Radfahren, Skifahren – die Sportmöglichkeiten dort sind vielfältig. Aber auch geschichtsträchtige Städte, Schlösser und Klöster locken in die vielfältige Umgebung.

Der monumentale Klosterpalast **El Escorial** aus dem 16. Jh. beispielsweise hat bis heute nichts von seiner Faszination verloren. Einst war er das politische Zentrum des spanischen Weltreichs.

Auf der anderen Seite der Sierra de Guadarrama liegt **Segovia.** Die kastilische Stadt besitzt bedeutende Baudenkmäler wie das römische Aquädukt, den Alcázar und zahlreiche Kirchen. Von der UNESCO bekam Segovia das Prädikat Weltkulturerbe. Nur 11 km entfernt liegt der königliche Palast **La Granja de San Ildefonso** mit seinem riesigen Garten und monumentalen Brunnen. 2008 wurde ein Teil der königlichen Anlagen zu einem malerischen Parador-Hotel umfunktioniert. Und ein paar Kilometer weiter befindet sich das königliche Jagdschloss **Riofrío,** umgeben von einem riesigen Park.

Im Gegensatz zur Gebirgslandschaft im Norden – selbst im Sommer gibt es hier kühle Nächte – ist der Süden der Comunidad Madrid eher flach, heiß und trocken. Besuchermagnet ist das bereits zur Comunidad Castilla-La Mancha gehörende, ebenfalls von der UNESCO zum Weltkulturerbe erklärte **Toledo.** Die Altstadt oberhalb des Tajo mit ihrem Gassenlabyrinth zeugt von der großen Vergangenheit dieser kastilischen Stadt. Katholiken, Araber, Juden – im einst multikulturellen Toledo be-

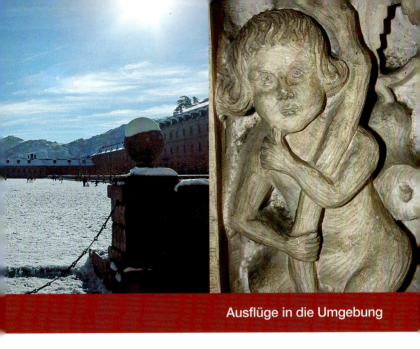

Ausflüge in die Umgebung

gegnet der Besucher der spanischen Geschichte auf Schritt und Tritt.

Während Toledo streng und ernst ist, gibt sich **Aranjuez** (47 km von Madrid), in einer vom Tajo bewässerten Auenlandschaft gelegen, heiter und gelassen. Seit dem 15. Jh. war das ruhige Städtchen Residenz spanischer Könige. Der Palast (ebenfalls Weltkulturerbe), aber vor allem die ausgedehnten Gärten entlang des Flusses, machen einen Ausflug zu einem wahren Vergnügen. Sozusagen in der Nachbarschaft, inmitten des Madrider Weingebiets, liegt das Städtchen **Chinchón** (45 km von Madrid). Die Plaza Mayor ist einer der originellsten Plätze Zentralspaniens.

Die am meisten unterschätzte Stadt in der Umgebung Madrids ist das nur 33 km östlich gelegene **Alcalá de Henares**. Die alte Universitätsstadt – ebenfalls Weltkulturerbe – beherbergt das Geburtshaus von Cervantes.

Der Ausbau der Bahnstrecken rund um die Hauptstadt in den vergangenen Jahren hat die Bahn zum besten Fortbewegungsmittel für Ausflüge werden lassen. Aranjuez (0:45 Std.), Toledo (1:20 Std.), Alcalá de Henares (0:40 Std.) und El Escorial (1 Std.) sind bequem mit den Cercanías (S-Bahnen) vom Madrider Atocha-Bahnhof zu erreichen. Alle weiteren Ziele in der Sierra de Guadarrama wie z. B. das Valle de los Caídos sind nur sehr umständlich oder gar nicht mit Bus oder Bahn zu erreichen. Hier empfiehlt sich ein Auto. Segovia besitzt seit 2008 eine Bahnverbindung mit dem superschnellen AVE und ist in weniger als einer Stunde zu erreichen. Im Gegensatz zum deutschen ICE sind die Schnellzüge extrem pünktlich. Chinchón erreicht man zwar nicht mit der Bahn, dafür aber in knapp 1 Std. mit dem Bus.

Sierra de Guadarrama

Der in Nord-West-Richtung verlaufende Gebirgszug erreicht stolze Höhen von bis zu 2430 m und bildet auf weiten Strecken die Grenze zur Comunidad Castilla y León.

Mit vielen Stauseen, duftenden Pinienwäldern und einem sommerfrischen Klima ist die Sierra de Guadarrama eines der beliebtesten Naherholungsziele der Hauptstädter und fungiert um den Pass Puerto de Navacerrada (1860 m) auch als Skigebiet. Kultureller Höhepunkt ist der gewaltige Klosterbau El Escorial (50 km von Madrid) mit seiner Bibliothek. Malerisch liegt auch das Bergdorf Manzanares el Real inmitten der Felskulisse La Pedriza de Manzanares. Auch das Kloster Monasterio de Santa María de El Paular ist einen Abstecher wert. Das Valle de los Caídos, Francos monumentales Mausoleum, liegt nordöstlich des Escorial und kann besichtigt werden.

Monasterio de San Lorenzo de El Escorial (El Escorial)

Das Monasterio de San Lorenzo de El Escorial, besser bekannt als El Escorial, liegt 56 km nordwestlich der Hauptstadt in über 1000 m Höhe und ist ohne Zweifel eines der eindrucksvollsten Ziele der Madrider Umgebung, ja ganz Spaniens. Der von König Felipe II. errichtete Klosterpalast ist ein großartiger, aber auch strenger Bau aus hellgrauem Granitstein an den Hängen des Guadarrama-Gebirges. Die weitläufige Anlage – Kloster, Palast und Grablege zugleich – wurde nach nur 21 Jahren Bauzeit 1584 fertiggestellt, für die damalige Zeit und die Größe des Escorial eine beachtliche Leistung. Denn die Ausmaße des Klosterpalastes sind tatsächlich titanisch: Er bedeckt eine Fläche von 207 x 161 m. Seine wuchtigen Mauern umschließen 2673 Fenster, 16 Innenhöfe, 86 Treppen, 12 Kreuzgänge, 88 Brunnen, 1200 Türen und 16 km Gänge.

Entstanden ist der Koloss zum einen als Triumphzeichen einer siegreichen Schlacht gegen den Franzosen Heinrich II., vor allem aber als Manifestation der Größe des spanischen Weltreichs. Da der tiefreligiöse König Felipe II. am Tag des Heiligen Laurentius (San Lorenzo) die Franzosen besiegt hatte, wurde das Kloster nach diesem benannt. Der Gitterrost, auf dem der Heilige Laurentius gemartert worden sein soll, diente als Motiv für den strengen Grundriss, den Felipe II. höchstpersönlich mit seinem Architekten Juan Bautista de Toledo entwarf. Auch Juan de Herrera war als Architekt am Bau beteiligt, sein strenger, klarer Stil ist dem Escorial deutlich anzusehen. Der größte Renaissancebau dieser Erde wurde Vorbild vieler politischer Machtzentralen.

Das zugehörige 9000-Einwohner-Städtchen besteht aus den Ortsteilen San Lorenzo de El Escorial neben der Klosteranlage und El Escorial etwa 2 km unterhalb. Besonders San Lorenzo mit seinen alten Häusern und gepflasterten Gassen besitzt noch viel Charme. Am Wochenende genießen hier viele Madrileños das malerische Ambiente und die frische Bergluft. San Lorenzo de El Escorial ist der meistbesuchte Ort in der Comunidad de Madrid. Das Städtchen war seit jeher ein beliebtes Domizil. Wer es sich leisten konnte, hatte hier eine *casa del campo* oder eine Villa. Die eleganten Viertel oberhalb des Klosters bezeugen dies.

Ein Palast im Palast ist der sog. **Palacio de los Borbones**, der Bourbonenpalast.

El Escorial – ein Bauwerk mit monumentalen Ausmaßen

Er ist allerdings nur mit Voranmeldung und im Rahmen einer Führung zu besichtigen. Die Räumlichkeiten haben nichts von klösterlicher Schlichtheit. Im Gegenteil: Der goldene Saal mit den pompejanischen Gobelins strahlt eine klassische Heiterkeit aus. Die meisten Besucher kommen wegen der exzellent erhaltenen Wandteppiche der legendären Real Fábrica de Tapices (→ S. 148), die nach Vorlagen berühmter Maler wie Goya oder Bayeu entstanden. Beeindruckend sind auch die sog. Edelholz-Räume mit ihren klassizistischen und pompejanischen Formen. Die vier Zimmer wurden zwischen 1793 und 1831 mit aufwendigen Einlegearbeiten aus amerikanischen Edelhölzern ausgestattet.

Rundgang durch den Klosterpalast

Die gewaltigen Dimensionen von San Lorenzo de El Escorial erschließen sich gut vom Hauptplatz (Lonja) auf der Westseite. Die streng geometrische Form der gepflasterten Plaza vor dem Hintergrund des Guadarrama-Gebirges ist schlichtweg beeindruckend. Durch die **Puerta Principal**, die mit dem Wappen der Habsburger und einer Statue des Heiligen Laurentius geschmückt ist, gelangt man in den **Patio de los Reyes** (Hof der Könige). Gegenüber markiert eine Freitreppe den Eingang zur monumentalen **Basílica**. Die Kirche zeigt unter ihrer 90 m hohen Kuppel deutlich die kühle Handschrift Herreras. Der Architekt entwarf auch den 30 m hohen Altaraufsatz aus edlen Materialien; links und rechts davon sind Skulpturen Carlos' V. und Felipes II. zu sehen, jeweils mit ihren Familien. Die dunkle Kirche ist selbst im Hochsommer ein wahrer „Kühlschrank".

Der eigentliche Rundgang durch den Palast beginnt mit zwei Museen. Bereits in dem vorgelagerten Saal ist das großartige Bild „Das Martyrium des Heiligen Mauritius und die Legion Thebens" von El Greco zu sehen. Dahinter führt eine Treppe hinab zum **Architekturmuseum.** Hier wird die Baugeschichte des Escorial mit Plänen, Modellen und Handwerkszeug ausführlich dargestellt.

Das Wappen der Habsburger prangt über dem Haupteingang

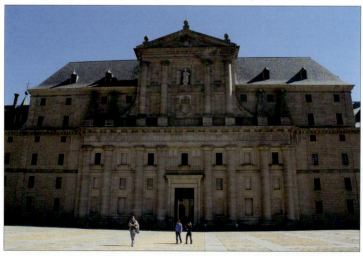

In den Sälen des Untergeschosses schließt sich das **Gemäldemuseum** an. Hier sind die Bilder ausgestellt, die im 19. und 20. Jh. im Prado keinen Platz fanden. Die Sammlung ist erstklassig und zeigt Werke der venezianischen Schule des 16. Jh. (Tintoretto), flämische Malerei des 16. und 17. Jh. (van Dyck) und vor allem spanische Malerei, zum Beispiel Werke von José de Ribera oder Zurbarán.

Der **Palacio de los Austrias** beherbergt eine der eindrucksvollsten Räumlichkeiten des Palastes – die **Sala de las Batallas**: Im „Saal der Schlachten" sind die für das damalige Spanien wichtigsten Schlachten als Wandgemälde dargestellt, darunter die von Saint-Quentin, in der Felipe II. gelobte, den Escorial zu bauen. Sie fand am 10. August 1557 statt, dem Tag des Heiligen Laurentius (San Lorenzo), weshalb diesem auch das Kloster geweiht ist. Die sich anschließenden Räume von Felipe II. sind erstaunlich schlicht. Wie für die Zeit damals üblich, gab es zwei Gemächer: eines für den König, das andere für die Königin. Von den beiden Schlafräumen konnte man durch die jeweilige Kapelle den Hauptaltar der Kirche sehen. Die Keramikverkleidung der Räumlichkeiten ist übrigens im Original erhalten, und das ausgestellte Mobiliar entspricht der Ausstattung im 16. Jh.

Eine Treppe führt hinunter zu einer der eindrucksvollsten Räumlichkeiten des Klosterpalastes: der marmornen Königsgruft. Der achteckige **Panteón de los Reyes** unterhalb der Kirche wurde ebenfalls von Juan de Herrera gestaltet, aber später verändert. Der große Aufwand beim Pantheon lässt sich damit erklären, dass eine der wichtigsten Funktionen des Escorial die Grablege der spanischen Könige war. Fast alle Monarchen seit Carlos V. liegen hier begraben. Die letzte Hocharistokratin, die hier beigesetzt wurde, war im Jahr 2000 die Mutter von König Juan Carlos I. Die barocke Gruft der Könige ist kreisförmig und mit einer gewaltigen Kuppel versehen. Im benachbarten, 1888 fertiggestellten **Panteón de los Infantes** ruhen die weniger bedeutenden Mitglieder der Königsfamilien. Zu diesen zählte man auch die Königinnen, die keine späteren Herrscher geboren hatten.

Die **Salas Capitulares** (Kapitelsäle), in denen Deckenfresken und zahlreiche Gemälde zu bewundern sind, liegen am Ende des Patio de las Evangelistas südlich der Basílica. Die Kapitelsäle dienten der Zusammenkunft von bis zu 100 Mönchen, die im Escorial arbeiteten und lebten. Die beiden Säle, die durch einen Vorraum voneinander getrennt sind, nennt man Vikarsaal und Priorsaal. Der letzte Saal unter dem Turm ist die Zelle des Priors. Der Vikarsaal wird von den Gemälden Tizians bzw. Riberas und der Priorsaal von Tizians „Letztem Abendmahl" beherrscht.

Die **Bibliothek** im Obergeschoss des Klostergebäudes zählt zu den Höhepunkten der Besichtigungstour: Sie beherbergt Zehntausende wertvoller Exponate, darunter uralte Handschriften Arabiens. Trotz einiger Verluste im Laufe der Jahrhunderte finden sich hier noch immer 40.000 Bände. Der heitere und helle Saal beeindruckt jedoch nicht nur durch seine Größe – 55 m lang und 10 m breit –, sondern auch durch aufwendige Regale und fröhliche Fresken, die der Künstler Pellegrino Tibaldi unter dem Einfluss Michelangelos zwischen 1586 und 1591 im manieristischen Stil anfertigte. Die Regale aus amerikanischen Hölzern stehen auf einem Marmorsockel. Die Bücher sind in den Re-

Weihnachten in El Escorial

Sierra de Guadarrama

> **Festliches in San Lorenzo de El Escorial**
>
> San Lorenzo besitzt eine der wichtigsten **Osterprozessionen** in der Comunidad de Madrid. Ein Besuchermagnet.
>
> **Fiesta del Patrón San Lorenzo**: in der ersten Augusthälfte. Patronatsfest von Städtchen und Kloster.
>
> **Romería de la Virgen de Gracia**: populäre Wallfahrt am zweiten Sonntag im September.
>
> San Lorenzo verwandelt sich in der **Weihnachtszeit** rund um die Plaza de la Constitución in eine große Krippe. Für viele Madrider Familien wird in dieser Zeit das Städtchen zum christlichen Erlebnispark.

galen mit dem Buchrücken zur Wand aufgestellt. Damit können die jahrhundertealten Bände „atmen" und sind somit besser vor dem Verfall geschützt.

Die **Gärten** des Escorial erreicht man über die Treppen am südlichen Ende der Lonja. Durch einen Seiteneingang links gelangt man zu dieser Esplanade. Fein säuberlich geschnittene Buchsbäumchen und Hecken sowie die Brunnen machen die ehemaligen königlichen Privatgärten zu einer Oase abseits des Trubels.

Im Sommer (April bis September) Di–So 10–18 Uhr, im Winter 10–17 Uhr, letzter Einlass bis eine halbe Stunde vor Schließung. Zugang zur **Basilika** gratis, restliche Räume 8 €, mit Führung 10 €. Mittwochs ist für alle EU-Bürger der Eintritt gratis. Separat kann der **Palacio de los Borbones** (innerhalb des Klosters) besichtigt werden. Besuch nach Anmeldung Di–Sa, Eintritt 3,60 €, ✆ 918905313.

Casita del Príncipe

Das Prinzenschloss, etwa 15 Fußminuten südöstlich des Escorial, wurde Ende des 18. Jh. für den späteren König Carlos IV. errichtet. Der Baumeister war Juan de Villanueva, der das Schlösschen zwischen 1781 und 1784 schuf. Eine Kastanienallee führt durch einen Park vom Klosterkomplex zu diesem Lustschlösschen, das von einem gepflegten Garten mit Orangen- und Buchsbäumchen sowie Rosen umgeben ist. Die opulente Einrichtung des Gebäudes – insbesondere die Deckenfresken im pompejanischen Stil – stammt noch aus der Entstehungszeit.

Täglich nur nach Voranmeldung zu besichtigen: ✆ 918905903, am Wochenende ✆ 918900421. Eintritt 3,60 €.

Casita del Infante

Das Infantenschlösschen ist ein kleines und weniger üppig ausgestattetes Lustschloss oberhalb des Escorial (etwa 2 km Richtung Ávila). Wie die Casita del Príncipe ließ Carlos III. es von seinem Architekten Juan de Villanueva zwischen 1771 und 1773 für seinen Sohn Don Gabriel errichten. Noch heute besticht die schlichte Einrichtung mit den ionischen Säulen aus Granit. Die Inneneinrichtung ging im Laufe der Jahrhunderte weitgehend verloren. Bis 1966 war es die Residenz des späteren spanischen Königs Juan Carlos I.

Nur an Osterfeiertagen und anderen ausgewählten Tagen 10–13 und 15–17.30 Uhr geöffnet. Erkundigen Sie sich bei der Oficina de Turismo (→ S. 202), denn die Öffnungszeiten sind seit Jahren unberechenbar. Eintritt 3,40 €.

Silla de Felipe II

Vom „Sessel Philips II.", einem Felsblock auf einem Hügel einige Kilometer südlich des Escorial, soll der Herrscher den Bau der Anlage beobachtet haben – die Aussicht ist immer noch beeindruckend. Der Aussichtspunkt ist ausgeschildert.

Valle de los Caídos

Seinem Größenwahn und seiner Eitelkeit setzte Franco mit dem Valle de los Caídos ein bizarres Monument. Das „Tal der Gefallenen" liegt in den Bergen nordöstlich des Escorial. Man fährt von San Lorenzo de El Escorial in Richtung Guadarrama und zweigt nach etwa 8 km kurz vor der Autobahn (bei einem Tor) nach links ab. Vom Eingang führt eine Asphaltstraße zu dem Mausoleum. In dieses bis dahin unberührte Tal ließ Franco von Häftlingen – die meisten bürgerliche Demokraten, Sozialisten und Kommunisten – ab 1940 für „seine" Toten des Bürgerkriegs eine Gedenkstätte bauen. Bis heute ist das Valle de los Caídos ein Wallfahrtsort der Faschisten. An Francos Todestag, dem 20. November, versammeln sich hier alljährlich Tausende von betagten Franquisten und Ewiggestrigen, aber auch junge Neonazis. Ein katholischer Priester liest dort Jahr für Jahr eine Messe.

Rund 20.000 Zwangsarbeiter brauchten fast zwei Jahrzehnte, um das Monument für den Caudillo zu errichten. Alles an der Anlage ist übergroß: das 150 m hohe Betonkreuz ebenso wie die unterirdisch in den Fels gesprengte Basilika, deren Hauptschiff 262 m (!) lang ist. Vor dem Altar liegt Franco begraben, gegenüber ruht José Antonio Primo de Rivera, Gründer der rechtsradikalen Falange-Partei.

Die Regierung unter dem Sozialisten Zapatero wollte die Vergangenheit nach Jahrzehnten aufarbeiten. Einige seiner Minister sprachen sich dafür aus, das größenwahnsinnige Denkmal in eine Gedenkstätte nach dem Vorbild von Auschwitz oder Mauthausen umzugestalten. Ein Senator schlug vor, die sterblichen Überreste Francos und seines Vorgängers Primo de Rivera an die jeweiligen Nachkommen zu übergeben. Denn die spanische Demokratie habe kein Interesse daran, beider Andenken zu bewahren. Doch bislang wurde aus den vielfältigen Ideen nichts. Francos Monument steht noch immer wie einst in Zeiten der Diktatur.

Das weitläufige Gelände, das König Felipe II. Ende des 16. Jh. erwarb, steht unter der Verwaltung des Patrimonio Nacional. Leider dürfen Besucher nicht durch den riesigen Naturpark wandern.

Im Sommer (April bis September) täglich 9.30–19 Uhr, im Winter täglich 10–17 Uhr. Eintritt 5 €, Studenten/Rentner 2,50 €. Mittwochs ist für alle EU-Bürger der Eintritt gratis. Busverbindungen von San Lorenzo de El Escorial (→ unten).

Navacerrada

Skifahren in der Comunidad de Madrid ist Glückssache. Doch in vielen Wochen zwischen Dezember bis Anfang April kann man rund um das reizvolle Dorf am Pass Puerto de Navacerrada (1860 m) die Bretter anschnallen. Ansonsten ist das beliebte Bergdorf ein großartiges, wenig erschlossenes Wandergebiet. Die Bergstraße, die von Villalba in die Sierra de Guadarrama führt, bietet faszinierende Ausblicke.

Monasterio de Santa María de El Paular

Auf dem Navacerrada-Pass führt eine romantische, gut ausgebaute Straße – vorbei am Skigebiet El Coto – nach **Rascafría** und zum 2 km westlich gelegenen Monasterio de Santa María de El Paular (1153 m). Das Kartäuserkloster aus dem 14. Jh. wird heute von Benediktinermönchen bewohnt. Doch ein Teil wird als luxuriöses Hotel genutzt. Seit vielen Jahren wird das in einem großen Saal mit schweren Leuchtern untergebrachte Restaurant für seine gute, wenn auch teure Küche geschätzt. Spezialität ist Milchlamm aus

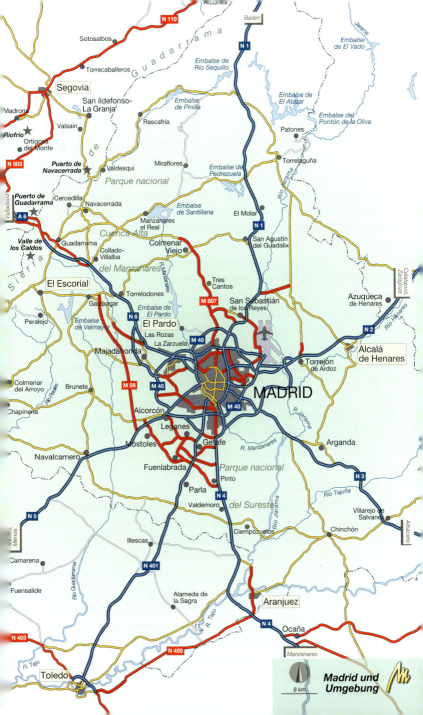

dem Ofen mit Riesenbohnen. Vom ehemaligen Kloster gibt es zahlreiche Wander- und Fahrradwege durch das Tal.

Das Kloster ist im Rahmen von Führungen zu besichtigen: Mo–Mi und Fr um 12, 13 und 17 Uhr, Do um 12 und 13 Uhr, So um 13, 16 und 17 Uhr. Eintritt frei, aber Spende erwünscht. www.monasterioelpaular.com.

Manzanares el Real

Das knapp 5000 Einwohner zählende Bergdorf Manzanares el Real liegt gut 30 km nördlich von Madrid am Stausee Embalse de Santillana und ist wegen seiner malerischen Burg, dem **Castillo de los Mendoza,** ein populäres Ausflugsziel. Die Anlage stammt aus dem 15. Jh. und ist überwiegend im Mudéjar-Stil gehalten. Nördlich des Ortes liegt der Naturpark Cuenca Alta mit der Felslandschaft **La Pedriza de Manzanares.** Sie ist zu spektakulären Formen erodiert und gibt ein sehr schönes Wandergebiet ab. Informationen zu Wanderwegen gibt es bei den Touristeninformationsbüros in Madrid (→ S. 66).

Die Burg ist von Mo–Fr 10–16 Uhr und Sa/So 10–18 Uhr (im Sommer auch länger) geöffnet. Eintritt 3 €, Kinder bis 14 J. 1,50 €. Im Sommer gibt es Theateraufführungen, Konzerte und mittelalterliche Spektakel.

Praktische Infos → Karte S. 197

Information in San Lorenzo de El Escorial

Oficina de Turismo, Calle Grimaldi 4, ℡ 918905313, Mo–Fr 10–18 Uhr, Sa/So 10–19 Uhr. www.sanlorenzoturismo.org. Dieses Verkehrsamt bietet gratis Wanderkarten für Rundwanderungen in den Wäldern von El Escorial an.

Verbindungen von und nach San Lorenzo de El Escorial

Zug: Züge zwischen 5 und 22 Uhr mindestens stündlich (meistens halbstündlich) auf der Cercanía-Linie C 8 ab Madrid-Atocha via Chamartín (Fahrzeit ca. 1 Std.). Fahrpreis 2,90 €. Infos unter ℡ 918900413. Bahnhof im Ortsteil El Escorial (Busverbindung nach San Lorenzo über die Linie Madrid – Ávila – Salamanca).

Bus: Das Busunternehmen Herranz (℡ 918969028) fährt täglich alle halbe Stunde von Madrid nach San Lorenzo de El Escorial und zurück. Abfahrt ist am Busbahnhof Moncloa (in der gleichnamigen Metrostation, erstes Untergeschoss). Die Fahrzeit beträgt rund eine Stunde. Die Busse sind komfortabel und klimatisiert. Abends fahren die letzten Busse in der Regel gegen 23 Uhr nach Madrid zurück. Es gibt zwei Fahrtrouten, zum einen über Galapagar (landschaftlich reizvoller), zum andern über Guadarrama (größtenteils über Autobahn). Die einfache Fahrt kostet auf beiden Strecken 3,50 €. Informationen unter ℡ 918969028.

Die große Busstation in El Escorial mit eigener Cafetería befindet sich an der Straße Richtung Valle de los Caídos, am Rande der Altstadt in der Calle Juan de Toledo 5 (schräg gegenüber vom NH-Hotel).

Zum **Valle de los Caídos** gelangt man ab San Lorenzo de El Escorial ebenfalls mit Bussen der Firma Herranz: 1-mal täglich (außer montags). Abfahrt in El Escorial, Calle Juan de Toledo 5. Fahrt plus Eintritt 8,70 €.

Taxi: Taxistand an der Straße Floridablanca. Oder per Telefon: ℡ 608505000.

Essen & Trinken/Übernachten ...

... in San Lorenzo de El Escorial

Fonda Genara [7], in einer Ladenpassage (erster Stock) gelegenes elegantes Restaurant. In dem Haus, in dem sich das erste überdachte Theater Spaniens befand (18. Jh.), wird heute sehr gut gekocht. Die leckeren Fleischgerichte und die guten Ribera-del-Duero-Weine werden seit vielen Jahren von den Einheimischen geschätzt. Für einen Snack ist die mit historischen Fotos dekorierte Bar im Erdgeschoss geeignet. Mittlere Preislage. Plaza de San Lorenzo 2.

》》 Mein Tipp: Charolés [8], unscheinbares Feinschmeckerlokal. Es gehört seit vielen Jahren zum Besten, was das Städtchen kulinarisch zu bieten hat. Die feine Kochkunst hat allerdings ihren Preis. Calle Floridablanca 24, ℡ 918905975. 《《

Sierra de Guadarrama 203

Fußballplatz aus Granit: hartes Pflaster für den Nachwuchs des Fußballweltmeisters

Alaska 4, Restaurant, aus dem Alaska, eine berühmte Popsängerin und einstige Protagonistin der legendären Movida stammt. Die meisten Gäste kommen hierher, um die gute Küche und die große Auswahl an Weinen zu genießen. Beliebt sind die Ofengerichte (Asados). Mittlere Preislage. Plaza de San Lorenzo 4.

Nebenan die **Pastelería Alaska** mit den besten Kuchen und Torten der Stadt.

Parrilla Príncipe 3, gemütliches, stilvolles Restaurant in einem Stadtpalast des 18. Jh. Die Parrilla Príncipe ist eine gute Adresse, um die Spezialitäten Kastiliens zu genießen. Gehobene Preise. Am Wochenende ist es oft schwer, hier einen Platz zu bekommen. Das Restaurant vermietet auch Zimmer, einige mit Blick auf den Klosterkomplex. DZ ab 50 €. Calle Floridablanca 6, ✆ 918901611.

》》 Mein Tipp: *** **Hotel Botánico** 9, stilvolles Haus inmitten des malerischen Villenviertels oberhalb des Klosters. Das von einem großen Garten umgebene Hotel mit nur 20 Zimmern ist mit viel Geschmack gemütlich eingerichtet. Schöne Bäder aus Naturstein. Sogar eine eigene Bibliothek besitzt die noble Herberge. Im Sommer ist das Hotel beliebt für Hochzeiten. Das Restaurant La Buganvilla im rückwärtigen Teil pflegt klassische spanische Küche. DZ mit Frühstücksbuffet ab 81 €. Calle Timoteo Padrós 16, ✆ 918907879, ✉ 918908158, www.botanicohotel.com. **《《**

**** Hotel Victoria Palace 1, Hotelbau aus der Franco-Zeit. 2008 wurde der Backstein-Granit-Bau von der spanischen Hotelkette NH übernommen. Die Herberge am Rande der Altstadt, nur wenige Minuten vom Kloster, bietet eine tolle Aussicht, die an guten Tagen bis nach Madrid reicht. Die Zimmer sind in Weiß gehalten, aber nicht immer perfekt renoviert. Beim Mobiliar wurde eher gespart. DZ ab 189 €, in der Nebensaison oft Angebote. Calle Juan de Toledo 4, ✆ 918969890, ✉ 918969896, www.nh-hotels.com.

*** Hotel Miranda & Suizo 5, traditionelles Haus in einer vornehmen Kastanien-Allee neben dem kleinen Theater. Das Interieur ist allerdings renovierungsbedürftig. Im Winter wird das Hotel wegen seiner heißen Schokolade geschätzt. Hier lohnt sich wegen der traditionellen kastilischen Küche auch Halbpension. Im großen Gastraum Zweiertischchen in kleinen Nischen mit Blick auf die Allee. Auch Terrasse zum Essen. Schlichte DZ mit Bad ab 45 € in der Nebensaison. Die Zimmer sind mit Parkettboden ausgestattet und haben teilweise Blick auf den Escorial. Calle Floridablanca 18–20, ✆ 918904711, ✉ 918904358, www.hotelmirandasuizo.com.

*** Hotel Los Lanceros 2, das villenartige Hotel, in pompejanischem Rot gestrichen, verfügt über helle Zimmer mit großen Fenstern. Zur Ausstattung gehören Klimaanlage, Fernseher und Safe. Das Restaurant mit großen Fenstern bietet einfache Hausmannskost zu vernünftigen Preisen. Leider ist die Auswahl aber recht bescheiden. Das sympathische Mittelklassehaus liegt nur ein paar Meter von der Busstation entfernt. DZ ab 108 €. Calle Calvario 47–49, ✆ 918908011, ✉ 918961086, www.loslanceros.com.

**** **Hotel Florida** 6, Mittelklassehotel mit ansprechender Granitfassade. Größtenteils geräumige, klassisch-konservativ eingerichtete Zimmer. Von einigen Zimmern bietet sich ein malerischer Blick auf die gewaltige Klosteranlage; einige verfügen sogar über einen Whirlpool. DZ ab 74 €. Calle Flordiablanca 12, ✆ 918901721, ✉ 918901715.

... in/bei Navacerrada

Venta Arias, die frühere Post im Ortskern (an der Hauptstraße), trotz ihrer Wartesaalatmosphäre eine beliebte Einkehr. Gerade an kalten Wintertagen wärmen sich hier Skifahrer und Wanderer bei einer Tasse Schokolade oder stärken sich mit Chorizo und Rotwein. Beliebt sind auch die Bohnen- und Lammgerichte. Mittlere Preislage. Calle del Circo Romano 35.

La Fonda Real, nur wenige Kilometer unterhalb von Navacerrada gelegene Finca, ein beliebtes Ausflugsziel. Das Restaurant, umgeben von ausgedehnten Pinienwäldern, bietet ein stilvolles Ambiente. Seit rund 80 Jahren wird die kastilische Küche von den Einheimischen geschätzt. Gehobene Preise. Sonntags Reservierung empfohlen. Carretera M-601 km 12,5, ✆ 918560305.

**** **Hotel Santa María de El Paular**, beliebtes Ferien- und Tagungshotel auf 1100 m, das zur Sheraton-Gruppe gehört. Es ist in einem Klostergebäude rund um den Kreuzgang untergebracht. Sehr kastilisch und mit viel Geschmack eingerichtet. Es zählt in der Sierra de Guadarrama zweifellos zu den besten und vor allem stimmungsvollsten Hotels. 58 Zimmer, Swimmingpool vorhanden. Wem das noble Restaurant zu teuer ist, der kann auch an der Bar leckere Tapas essen. Im Frühjahr Tische im Arkadenhof. Ganzjährig geöffnet. DZ ab 96 €. Rascafría, Carretera M-604 km 26,5, ✆ 918691011, ✉ 918691006, www.sheratonelpaular.com.

... in Manzanares el Real

Tranco, Restaurant und Hostal, bekannt für seine Zicklein aus dem Ofen und Bohnengerichte. Es liegt 2 km vom Dorf entfernt und vermietet auch zwölf Zimmer (DZ ab 38 €). Calle del Tranco 4, ✆ 918530063.

** **Hotel Parque Real**, bei der Burg, komfortables Mittelklassehaus mit Garage und Restaurant, ganzjährig geöffnet. Die Zimmer sind schlicht mit dunklen kastilischen Möbeln eingerichtet. DZ mit Bad ab 55 €. Calle del Padre Damián 4, ✆ 918539912, ✉ 918539960, www.hotelparquereal.com.

Segovia: von der UNESCO zum „Kulturerbe der Menschheit" gekürt

Segovia

Das gewaltige römische Aquädukt ist das Symbol Segovias. Malerisch auf einem Hügel gelegen, zieht diese kastilische Stadt rund eine Autostunde nördlich von Madrid mit ihrem mittelalterlichen Zentrum samt der gotischen Kathedrale und dem Alcázar zahlreiche Tagesbesucher an. Dabei lohnt sich ein mehrtägiger Aufenthalt, denn die Stadt mit ihren zahlreichen Kunstschätzen lässt sich kaum in einem Tag erkunden. Und zu den königlichen Schlössern La Granja und Riofrío ist es nur ein Katzensprung.

In immerhin 1000 m Höhe besetzt die Altstadt von Segovia einen zwischen zwei Flusstälern aufragenden Hügel. Dass die 56.000 Einwohner zählende Provinzhauptstadt beliebtes Tagesausflugsziel von Reisebussen ist, lässt sich kaum übersehen. Doch die vielen Besucher verlaufen sich schnell in der verwinkelten Altstadt voller Kirchen, Klöster und Paläste. Nicht umsonst wurde Segovia bereits 1985 von der UNESCO zum Weltkulturerbe erklärt.

Segovia blickt auf eine große Geschichte zurück: Bereits von den Iberern besiedelt, erlebte es mehrere Blütezeiten. Die erste begann unter den Römern, die zweite nach der Reconquista, als Segovia sogar Königsresidenz war. Als Höhepunkt dieser Epoche gilt die glanzvolle Krönung Isabels zur

Feste in Segovia
Fiestas de San Juan y San Pedro: in der Regel Mitte Juni, mit einer Menge Sportveranstaltungen, Stierkampf, Feuerwerk etc.
Festival de Segovia: Mitte Juli. Ausstellungen, Kammermusik und Musikkurse.

Königin von Kastilien 1474. Im 16. Jh. war Segovia ein Zentrum des sog. Comuneros-Aufstandes gegen Carlos I. (Karl V.) und fiel in kaiserliche Ungnade. Nach dem Machtwechsel zu den Bourbonen folgte ab 1721 durch den Bau der nahe gelegenen Königspaläste La Granja de San Ildefonso und Riofrío ein neuer Aufschwung.

Sehenswertes

Acueducto (Aquädukt)

Die spektakuläre Wasserleitung ist seit Jahrhunderten das Wahrzeichen Segovias. Das römische Bauwerk wurde aus rund 25.000 tonnenschweren Granitblöcken ohne jeden Mörtel errichtet. Die Dimensionen sind beeindruckend. Das Aquädukt ist 818 m lang, besteht aus 166 Bögen, ist teilweise zweistöckig und fast 29 m hoch. Die technische Meisterleistung versorgte die Stadt bis ins 20. Jh. mit Wasser aus dem 18 km entfernten Riofrío. Errichtet wurde das Aquädukt im 1./2. Jh. n. Chr. unter Kaiser Trajan, der von 98 bis 117 n. Chr. regierte.

Catedral

Das im 16./17. Jh. aus hellgelbem Sandstein erbaute Gotteshaus trat die Nachfolge der beim Comuneros-Aufstand 1520 zerstörten alten Kathedrale an und ist die letzte gotische Kathedrale Spaniens. Das Äußere beeindruckt durch seine elegante Form. Die Kuppeln im Herrera-Stil über der Vierung und dem gut 100 m hohen Turm wurden erst im späten 17. Jh. aufgesetzt. Der helle und weite Innenraum mit den schönen Glasfenstern bewahrt noch manche Ausstattung der alten Kathedrale, ist sonst aber weitgehend barockisiert. Der Kreuzgang wurde von der alten, nahe dem Alcázar gelegenen Kathedrale Stück für Stück hierher transportiert. Juan Guas entwarf ihn im 15. Jh. im Flamboyant-Stil. Aus der reichen Sammlung des **Diözesanmuseums** stechen besonders die prächtigen Wandteppiche aus Brüssel hervor sowie alte Dokumente, zum Beispiel eine päpstliche Bulle aus dem 12. Jh.

Diözesanmuseum: täglich 9.30–17.30 Uhr, im Sommer bis 18.30 Uhr geöffnet, sonn- und feiertags während der Gottesdienste ist der Besuch gratis. Ansonsten Eintritt 2 €. Calle del Marqués del Arco 1.

Alcázar

Auf einem nach drei Seiten steil abfallenden Felsen beherrscht die von vielen Fotos vertraute Burg den Schnittpunkt der beiden Täler um Segovia. Von dieser oft mit einem Schiffsbug verglichenen natürlichen Festung verteidigten schon die Mauren die Stadt. Nach der Reconquista ließen die christlichen Herrscher ab Ende des 11. Jh. eine Burg anlegen, die in den folgenden Jahrhunderten stetig erweitert wurde. Seine Silhouette im Stil eines trutzigen Märchenschlosses erhielt der Alcázar jedoch erst im 17. Jh. Die nach einem Brand 1862 fast völlig zerstörte Inneneinrichtung wurde nach der Restaurierung ersetzt, gibt aber einen guten Eindruck vom Reichtum des Adels im 15./16. Jh. Einst war der Alcázar bevorzugte Residenz der kastilischen Könige. Beispielsweise wurde hier 1474 Isabel zur Königin von Kastilien ausgerufen. 1762 errichtete hier König Carlos III. eine Artillerieschule, die bis zum Brand von 1862 existierte. Noch heute kann man im sog. **Museo del Real Colegio de Artillería** im Alcázar die Kriegswaffen und ihre technischen Voraussetzungen begutachten.

Das Schönste am Alcázar ist der traumhafte Blick vom 80 m hohen Bergfried **Torre de Juan II** auf die Altstadt und die

Am römischen Äquadukt führt in Segovia kein Weg vorbei

umliegenden Klöster inmitten der trockenen kastilischen Landschaft. Das Panorama muss man sich allerdings mit einem mühevollen, schweißtreibenden Aufstieg erst erarbeiten.

Täglich 10–18 Uhr, im Sommer bis 19 Uhr. Eintritt 4 €, Studenten/Rentner 3 €, dienstags und feiertags für EU-Bürger gratis. Die Besteigung des Torre de Juan II kostet extra (2 €). Plaza de la Reina Victoria Eugenia, ✆ 921460759, www.alcazardesegovia.com.

Weitere Kirchen und Klöster ...

... in der Altstadt

Segovia besitzt eine ganze Reihe romanischer Kirchen, die meist nur zu Gottesdiensten geöffnet haben. Oft sind ihnen eine oder mehrere Säulenhallen angegliedert, die als Versammlungsorte der Bruderschaften und Zünfte dienten. Die im 12. Jh. errichtete romanische Kirche **Iglesia de San Millán** steht nicht weit vom Busbahnhof und glänzt mit besonders detaillierten Kapitellen an den beiden Säulenhallen. Auch der Kirche **San Juan de los Caballeros** (11. Jh.) an der Plaza de Colmenares nahe der Stadtmauer ist eine Säulenhalle vorgelagert. In diesem mit einem wuchtigen Turm versehenen Gotteshaus ist das **Museo Zuloaga** untergebracht (Di–Fr 11–14 und 16–19 Uhr, So 10–14 Uhr; Eintritt 1,20 €, Sa/So gratis). Es widmet sich dem bekannten segovianischen Jugendstil-Maler und Keramiker Daniel Zuloaga (1852–1921). Zuloaga kaufte 1905 dieses kunsthistorische Juwel und benutzte es als Atelier und Verkaufsraum bis zu seinem Tod. Hier arbeitete übrigens auch sein berühmter Neffe Ignacio Zuloaga (1870–1945), der im symbolistischen Jugendstil zahlreiche Bilder aus dem spanischen Volksleben malte. Die **Iglesia de San Martín** (wahrscheinlich 12. Jh.) am gleichnamigen reizvollen Platz nahe der Fußgängerzone ist gleich an drei Seiten von einer Säulenhalle umgeben. Die Kapitelle zeigen eindrucksvolle figürliche und pflanzliche Motive. An der **Iglesia de San Esteban** (13. Jh.) an der

gleichnamigen Plaza fällt besonders der hohe, raffiniert in sechs Etagen gegliederte Turm auf.

... außerhalb der Stadtmauern

Autofahrer sollten es nicht versäumen, den Altstadthügel auf der Ringstraße zu umrunden, von der sich wunderschöne Ausblicke ergeben. Fast direkt an der Straße liegen zudem eine ganze Reihe historischer Sakralbauten. Aber auch zu Fuß lassen sich diese romanischen Kirchen und Klöster vom Alcázar aus erreichen. Die mächtige, im 15. Jh. gegründete gotische Klosteranlage **Monasterio de El Parral** am Hang zum Beispiel war eine der ersten isabellinischen Kirchen. Von dem spätgotischen Bauwerk bietet sich ein schöner Blick auf die Altstadt mit dem Alcázar. An Sonn- und Feiertagen gibt es um 12 Uhr, werktags um 13 Uhr eine Messe mit gregorianischem Gesang. Die einsame Lage macht den Reiz des kunsthistorisch wertvollen Gotteshauses **Iglesia de la Vera Cruz** aus (November und Mo geschlossen; Eintritt 1,50 €). Die romanische Kirche des Templerordens aus dem frühen 13. Jh. an der Landstraße Richtung Zamarramala ist einen Spaziergang wert. Von hier bietet sich ein schöner Blick auf die Altstadt und den Alcázar.

Eine von Zypressen flankierte Treppe führt von der Landstraße zu dem Karmeliterkloster **Convento de los Carmelitas Descalzos** aus dem 16. Jh., das besichtigt werden kann (Di–So 10–13.30 und 15–20 Uhr; Eintritt freiwillig). Der kleine Park um die wuchtige Wallfahrtskirche der Patronin Segovias, der **Santuario de la Vírgen de La Fuencisla**, mit Pappeln und Ahornbäumen ist ein beliebter Picknickplatz. Die romanische Templerkirche **Iglesia de San Marcos** liegt an der gleichnamigen Straße. Die Kirche aus dem 12. Jh. besticht durch ihre Schlichtheit. In der Nähe der Stadtmauer trifft man auf das bereits im 13. Jh. gegründete Kloster **Monasterio de Santa Cruz** mit seinem wertvollen Portal. In der malerischen Vorstadt an der Plaza de San Lorenzo liegt die Kirche **Iglesia de San Lorenzo** mit einer Apsis im Mudéjar-Stil.

Übernachten
(S. 212/213)
1 Hotel Alcázar
2 Hotel Los Linajes
3 Hotel Arcos
5 Hostal Plaza
10 Hotel Infanta Isabel
11 Hostal Fornos
12 Puerta de Segovia
14 Hotel Las Sirenas
15 Hostal Juan Bravo
16 Hotel Acueducto
21 Hostal Don Jaime

Essen & Trinken
(S. 210-212)
4 Mesón La Cueva de San Esteban
6 La Concepión
7 José Maria
8 Bar Juan Bravo
9 Mesón La Oficina
13 El Hidalgo
17 El Bernardino
18 Mesón Candido
19 Casa Duque
20 Joan Muñoz
22 La Tahona

Paläste

Der königskritische Adel bevorzugte wehrhafte Bauten mit hohen Türmen. Ein schönes Beispiel ist der **Torreón de Lozoya** (geöffnet 19–21.30 Uhr, feiertags 12–14 und 19–21 Uhr; Eintritt 5 €) nahe der Kirche San Martín. Von der Plaza de San Martín aus sieht man auch das Haus von **Juan Bravo**, einem der später hingerichteten Anführer des Comuneros-Aufstands gegen Carlos I. (Karl V.); man erkennt es an der Säulengalerie im Obergeschoss. Die **Casa de los Picos** an der Calle de Juan Bravo, vom Aquädukt kommend noch vor der Plaza San Martín, wurde im 15. Jh. errichtet. Das „Haus der Spitzen" verdankt seinen Namen der repräsentativen Diamantschnittfassade (nur während Ausstellungen geöffnet und dann Mo–Fr 10.30–14 und 17–20 Uhr, So nur vormittags; Eintritt frei). Der bischöfliche Palast, der **Palacio Episcopal,** gegenüber der romanischen Kirche San Esteban an der gleichnamigen Plaza wurde zwischen dem 16. und 18. Jh. errichtet. Die opulente Innenausstattung kann besichtigt werden (im Sommer täglich 10–14 und 17–19 Uhr geöffnet, Oktober bis März nur Fr/Sa 10–14 Uhr).

Museo de Arte Contemporáneo Esteban Vicente

Der segovianische Künstler Esteban Vicente – 1903 im nahen Turégano geboren – schenkte dieses postmoderne Museum mit 148 Gemälden seiner Heimatstadt. Eröffnet wurde es 1998 in dem ehemaligen Palast von König Enrique IV. (Mitte 15. Jh.) in der Altstadt, zu dem auch eine Renaissancekapelle gehört. Esteban Vicente, der zur sog. New York School gehörte, zeigt dort eine außergewöhnliche Sammlung abstrakter Bilder und kleinerer Skulpturen.

Vicente, der sich bereits 1936 in New York niederließ, war in seiner Heimat lange fast unbekannt. Der Kastilier, der mit seinen Freunden de Kooning, Pollock und Rothko den abstrakten Expressionismus entscheidend prägte, war in Spanien unter Franco verpönt. Erst mit dem Sieg der Demokratie wurde dieser Künstler der internationalen Avantgarde in seinem Heimatland entdeckt. Er selbst sah sich als „amerikanischer Künstler, der tief und liebevoll in Spanien verwurzelt ist". Esteban Vicente starb am 11. Januar 2001 in New York, kurz vor seinem 98. Geburtstag.

Di/Mi 11–14 und 16–19 Uhr, Do/Fr 11–14 und 16–20 Uhr, Sa/So 11–20 Uhr, Mo geschlossen. Eintritt 3 €, Studenten/Rentner die Hälfte, Do Eintritt frei. Plazuela de las Bellas Artes, ✆ 921462010, www.museoestebanvicente.es.

Casa Museo de Antonio Machado

Ganz in der Nähe von San Esteban, in der Gasse Desamparados, lebte zwischen 1919 und 1932 der Dichter Antonio Machado. Es handelt sich um ein einfaches, fast spartanisches Haus mit einem kleinen Garten. Der Lyriker, der im Februar 1939 auf der Flucht vor den franquistischen Truppen starb, gilt als einer der bedeutendsten Schriftsteller Spaniens im 20. Jh. Machado schrieb nicht zuletzt über die kastilische Landschaft und das einfache Leben.

Mi–So 11–14 und 16.30–19.30 Uhr, Mo/Di geschlossen. Eintritt 1,50 €, Mi gratis.

Segovia: Paradies für Feinschmecker

Segovia samt Umgebung ist die Region der Braten, vorzugsweise Spanferkel (Cochinillo) und Milchlamm (Cordero lechal); bei richtiger Zubereitung wird das Fleisch so zart, dass es sich mit einer Tellerkante zerteilen lässt. Charakteristisch sind auch die deftigen Eintöpfe, die Cocidos, oft mit Kichererbsen (Garbanzos) oder anderen Hülsenfrüchten. Forellen (Truchas) schließlich sind in Segovia auf vielen Speisekarten zu finden. Wer harte alkoholische Getränke liebt, sollte zum Whisky DYC greifen. Seit 1959 wird dieser Whisky in Segovia nach traditioneller Methode gebrannt und in amerikanischen Eichenfässern über viele Jahre gelagert. Die Brennerei steht im Vorort Palazuelos de Eresma.

Praktische Infos

→ Karte S. 208/209

Information

Oficina de Turismo, Plaza Mayor 10, ✆ 921460334, ✎ 921460330, www.turismodesegovia.com. Mo–Fr 10–20 Uhr, im Winter Siesta zwischen 14 und 17 Uhr.

Oficina de Turismo, Plaza Azoguejo, ✆ 921462914, ✎ 921460492, www.segoviaturismo.es. Unten beim Aquädukt, geöffnet Mo–Sa 10–14 und 17–20 Uhr, So 10–14 Uhr. Im Sommer starten hier auch mehrmals täglich Gratis-Führungen durch Segovia.

Verbindungen

Zug: Wer von Madrid einen Ausflug nach Segovia unternimmt, ist mit dem AVE am besten bedient – schnell, aber leider nicht preiswert. Der seit 2008 fahrende AVE braucht nur eine halbe Stunde vom Madrider **Bahnhof Chamartín**. Der Preis für die einfache Fahrt in der zweiten Klasse liegt bei rund 22 € und in der ersten Klasse bei 28 €. Infos und Reservierung unter ✆ 902240202 oder www.renfe.es.

Bus: von/nach Madrid etwa alle halbe Stunde, aktueller Fahrplan unter www.lasepulvendana.es. Abfahrt in Madrid am Paseo de la Florida 2 (gegenüber der Metrostation Príncipe Pío). Auf dem Rückweg werden Fahrgäste bisweilen aber auch an der zentralen Metrostation Moncloa rausgelassen. Die Fahrtzeit beträgt rund 1:30 Std., die einfache Fahrt kostet 7,30 €. Wer sein Rückfahrtticket schon in Madrid gekauft hat, muss sich dennoch in Segovia an der Kasse einen neuen Fahrschein ausstellen lassen, der freilich dann nichts mehr kostet. Der Busbahnhof in Segovia liegt am Paseo de Ezequiel González, südwestlich des Zentrums, unweit der Fußgängerzone und ca. 5 Min. vom Aquädukt. Von dort geht es auch 15-mal täglich nach La Granja de San Ildefonso.

Taxi: Radiotaxi unter ✆ 921445000.

Essen & Trinken

Segovia gilt als Feinschmeckerziel. Die weithin gerühmten Spezialitäten sind gebratenes Spanferkel (*cochinillo asado*) und Lamm (*cordero lechal*). Die Weinkeller der meisten Restaurants sind gut bestückt, insbesondere mit Spitzenweinen aus dem nahen Anbaugebiet Ribera del Duero, eine der besten Rotweinregionen Spaniens.

》》 Mein Tipp: Mesón Candido [18], romantisches Fachwerkhaus am Aquädukt, eine Art gastronomisches Museum. Stilvoller Rahmen, Spezialität natürlich Spanferkel und Milchlamm. Auch viele Wild- und Geflügelgerichte. Für die Qualität und das kastilische Ambiente überraschend preis-

Kathedrale Segovia

wert. Hauptgerichte um 15 €. Zahlreiche Auszeichnungen in den vergangenen Jahrzehnten. Plaza del Azoguejo 5. «

Casa Duque 19, ebenfalls ein Klassiker unter den Restaurants. Vorzügliches Spanferkel aus dem Ofen. Viele Prominente schätzen das über 100 Jahre alte Lokal. Gute, nicht ganz billige Menüs. Reservierung empfehlenswert. Calle de Cervantes 12, ✆ 921460622.

» Mein Tipp: Bar-Restaurante La Concepión 6, nostalgisches Lokal von Nicolás Fernández Sutil, an der Plaza Mayor neben dem Rathaus. Eine Institution. Hohe Beamte, Anwälte, Journalisten, Politiker … Leute, die in der Stadt etwas zu sagen haben, treffen sich hier beispielsweise zum Frühstück. Und Kellner im Frack servieren die Getränke. Müßiggänger schätzen die Terrasse, die selbst im Spätherbst noch von der Sonne verwöhnt wird. Gutes, aber relativ teures Essen. Plaza Mayor 15. «

Mesón La Cueva de San Esteban 4, 20 m von der Kirche San Esteban. Ein preiswertes Haus mit guten Tapas, das vor allem von jungen Gästen geschätzt wird. Einfache Regionalküche. Calle de Valdeáguila 15.

Mesón La Oficina 9, altes Fachwerkhaus aus dem 18. Jh., seit mehr als 100 Jahren ein rustikales Restaurant. Lamm, Spanferkel und Forellen mit Schinken gehören zu den Spezialitäten. Mittlere Preislage. Calle del Cronista Lecea 10.

» Mein Tipp: Bar Juan Bravo 8, am Hauptplatz der Altstadt. Die Bar mit ihrem modernen Interieur lässt nicht vermuten, dass hier einst der Schriftsteller Antonio Machado zu den Stammgästen zählte. Bereits 1928 wurde sie gegründet und zählt noch heute zu den beliebtesten Bars der Stadt. Gute Sandwiches. Mittlere Preislage. Plaza Mayor 9. «

El Hidalgo 13, dem gleichnamigen Hostal angeschlossen, gegenüber der Kirche San Martín in einem restaurierten Palast, wunderschöner Innenhof. Mittlere Preislage. Calle de José Canalejas 5.

Joan Muñoz 20, knapp außerhalb der Altstadt und deshalb preislich gemäßigter, nicht weit vom Aquädukt. Gute kastilische Gerichte, auch Spanferkel. Calle de Ochoa Ondategui 21.

José María 7, ein Traditionslokal ganz in der Nähe der Plaza Mayor. Wie es sich gehört, zählt das Spanferkel zu den Spezialitäten. Auch leckere Forellen. Historisches Ambiente. Mittlere Preislage. Calle del Cronista Lecea 11.

Monasterio de El Parral

La Tahona 22, hübsch eingerichtetes Café in der Fußgängerzone bei der Kirche San Milán, nur wenige Schritte vom Busbahnhof. Es bietet lokale Leckereien und gute Kuchen. Beliebt bei Einheimischen. Avenida de Fernández Ladreda 28.

El Bernardino 17, eine gastronomische Institution. Das rustikale Restaurant in der Fußgängerzone besteht bereits seit 1939. Auf der Karte stehen die Klassiker der kastilischen Küche. Lecker sind die Judiones de La Granja (Riesenbohnen). Preiswerte Menüs. Calle de Cervantes 2.

Übernachten

**** Parador de Segovia, 3 km außerhalb in Richtung Pedraza, von außen ein eher wenig attraktives Gebäude. Von den Zimmern genießt der Gast einen wunderschönen Ausblick auf die Altstadt. Swimmingpool vorhanden. Große und komfortable Zimmer. Der Parador verfügt auch über ein gutes Restaurant. DZ ab 90 €. Carretera de Valladolid, ☏ 921443737, ✆ 921437362, segovia@parador.es, www.parador.es.

》》 Mein Tipp: *** Hotel Los Linajes 2, eine der stimmungsvollsten Adressen in der Altstadt, im Viertel San Esteban. Hinter der Fassade eines Adelspalastes aus dem 16. Jh. verbirgt sich ein gemütliches Hotel mit gepflegtem Interieur samt Patio. Einige Zimmer haben Aussicht auf das Eresma-Tal mit seinen romanischen Kirchen und Klöstern. Alle 55 Zimmer verfügen über Bad und Aircondition. Einige haben auch einen Panoramablick. Nette Rezeption. DZ ab 98 €. Calle del Dotor Velasco 9, ☏ 921460475, ✆ 921460479, www.hotelloslinajes.com. 《《

**** Hotel Alcázar 1, kleines Hotel mit nur acht Zimmern, strahlt Eleganz und Geschichte aus. Die Zimmer sind unterschiedlich eingerichtet, gemeinsam ist ihnen die nostalgische Ausstattung (teilweise mit Antiquitäten) – ein Quartier für Individualisten. Nachteil: Es liegt außerhalb der Altstadt, aber am Fuße des Alcázar im Stadtviertel San Marcos. DZ 160 €. Calle de San Marcos 5, ☏ 921438568, ✆ 0921413255, info@alcazar-hotel.com, www.alcazar-hotel.com.

》》 Mein Tipp: ** Hotel Las Sirenas 14, gegenüber der Kirche San Martín, mit dem Charme vergangener Jahrzehnte. Die stilvolle Möblierung, der Parkettboden und der nette Service machen das gute Mittelklassehotel in der Fußgängerzone zu einer Empfehlung. 39 Zimmer, gepflegt, nostalgische Atmosphäre. In der Bar tranken schon Schauspieler wie Sophia Loren, Henry Fonda oder James Mason ihren Kaffee. Das Hotel verfügt auch über einen Garten. DZ mit Bad ab 70 €. Calle de Juan Bravo 30, ☏ 921462663, ✆ 921462657, www.hotelsirenas.com. 《《

Segovia

**** **Hotel Los Arcos** 3, modernes Haus außerhalb des historischen Zentrums (neben einer Tankstelle). Beliebt bei Geschäftsreisenden, bisweilen wird das Hotel aber auch für Hochzeiten genutzt. Sportraum und Sauna vorhanden. 2001 wurde das Arcos zum letzen Mal renoviert. DZ ab 120 €. Paseo de Ezequiel González 26, ℡ 921437462, ℻ 921428161, www.hotellosarcos.com.

*** **Puerta de Segovia** 12, außerhalb des historischen Zentrums (an der Straße nach Soria) in ruhiger Lage. Das Mittelklassehotel verfügt auch über einen Pool und Tennisplatz. 2 km zum Aquädukt. Gutes Preis-Leistungs-Verhältnis. Bei Geschäftsleuten beliebt. DZ ab 110 €. Carretera de Soria 12, ℡ 921437161, ℻ 921437963, www.puertadesegovia.com.

》》 **Mein Tipp:** ** **Hostal Fornos** 11, neben der Plaza Mayor gelegenes Hostal von Rosa María Sancho Gómez. Das Haus hat sich bei Reisenden einen guten Ruf erworben. Die Zimmer sind in mediterranem Stil mit Korbsesseln eingerichtet, die Wände meist in einem warmen Elfenbeinton gestrichen. Schöne Bäder und netter Service. DZ ab 45 €. Calle de la Infanta Isabel 13, ℡/℻ 921460198. 《《

* **Hostal Plaza** 5, sehr zentral gelegen. Die Pension von Aurelo Herrero Santos ist besser als seine Einstufung. Backsteingebäude mit Jugendstilbalkon und Parkmöglichkeit. Allerdings relativ laut. Der Eigentümer hat Mut zur Farbe in den Zimmern. DZ mit Bad ab 50 €. Calle Cronista Lecea 11 (20 m von der Plaza Mayor), ℡ 921460303, ℻ 921460305, www.hostal-plaza.com.

* **Hostal Don Jaime** 21, beliebtes Hostal in einem historischen Haus ganz in der Nähe des Aquädukts. Sehr netter Service, manche Zimmer sind mit Antiquitäten eingerichtet, teilweise mit schönem Blick. DZ mit Bad ab 45 € (im Winter billiger). Calle de Ochoa Ondategui 8, ℡ 921444787, ℻ 921444790, www.hostaldonjaime.es.

*** **Hotel Acueducto** 16, funktionales Hotel, nur 300 m vom Aquädukt an der lauten CL-601 nach La Granja/Madrid neben einer Tankstelle. Schöner Blick auf die Altstadt, Aircondition. DZ ab 80 € (Sonderangebote auf der Hotelhomepage). Avenida Padre Claret 10, ℡ 921424800, ℻ 921428446, www.hotelacueducto.com.

Hülsenfrüchte gehören zu den Spezialitäten in Segovia

》》 **Mein Tipp:** *** **Hotel Infanta Isabel** 10, an der Plaza Mayor, im Herzen der Stadt. Das orange angestrichene Haus aus dem 19. Jh. unweit der Kathedrale bietet seinen Gästen ein geschmackvolles Ambiente. Verschieden große Zimmer mit hohen Decken. Am schönsten sind die Zimmer zur Kathedrale. Sehr gutes Preis-Leistungs-Verhältnis. In der Nebensaison gibt es Preisnachlass. DZ ab 60 €. Plaza Mayor 12, ℡ 921461300, ℻ 921462217, www.hotelinfantaisabel.com. 《《

* **Hostal Juan Bravo** 15, direkt in der Fußgängerzone unweit des jüdischen Viertels gegenüber der Kirche San Martín. Familienpension im zweiten Stock eines klassizistischen Hauses über dem Café Rodilla. DZ mit Bad je nach Saison ab 40 €. Calle de Juan Bravo 12, ℡ 921463413.

Albergue Juvenil Emperador Teodosio, Jugendherberge an der Hauptstraße vom Bahnhof ins Zentrum. Oft sehr oft voll, reservieren! Paseo del Conde Sepúlveda 2, ℡ 921420226.

Kirche und Schloß in La Granja

La Granja de San Ildefonso

Der kleine Ort, umgeben von ausgiebigen Wäldern, liegt jenseits und am Fuße der Sierra de Guadarrama. Selbst in den heißen Sommermonaten sind hier die Nächte angenehm kühl – ein idealer Standort für ein spanisches Versailles. So entstand hier im 18. Jh. der Palast La Granja de San Ildefonso.

Das Städtchen und der gleichnamige Palast liegen 11 km südöstlich von Segovia an der CL-601, die über den Navacerrada-Pass nach Madrid führt. Felipe V., der Strenge des Escorial überdrüssig geworden, ließ das Schloss (*granja* = Landgut) ab 1721 im Stil von Versailles errichten. Zwischen 1727 und 1734 wurde das Schloss nach Plänen der beiden italienischen Architekten Andrea Procaccini und Sempronio Subiasti erweitert. Wenige Jahrzehnte später entstand unter Carlos III. der Ort drum herum. Noch heute sind die zahlreichen Verwaltungs-, Wohn- und Nutzgebäude sowie die königliche Kirche La Colegiata erhalten.

Die Rokokoräumlichkeiten können auf einer Führung besichtigt werden; mancher wird jedoch die ausgedehnten **Gärten** voller Statuen und Fontänen reizvoller finden. Die prächtigen Wasserspiele **Cascadas Nuevas** sind leider nicht immer angestellt (bisher: Mo, Mi, Sa und So um 17.30 Uhr); Informationen über Betriebszeiten bei der Touristeninformationsstelle von San Ildefonso oder Segovia. Amüsant auch für Erwachsene ist das über 27.000 m² große **Labyrinth** am Rande des Schlossparks, das 1993 fertiggestellt wurde. Andere Teile des Gartens wurden ebenfalls in den letzten Jahren wieder hergestellt, so zum Beispiel die **Partida de la Reína** (500 m rechts vom Eingang). Hierbei handelt es sich um einen geometrisch angelegten Obstgarten.

Wer Schloss, Park und Ort ausführlich kennenlernen möchte, sollte rund vier Stunden einrechnen. Vor allem an war-

La Granja de San Ildefonso 215

men Sommertagen ist ein Spaziergang entlang der Kanäle und Kaskaden und unter schattigen Bäumen ein wahres, geradezu königliches Vergnügen.

Schloss: Juni–Sept. täglich 10–18 Uhr, sonst Di–Sa 10–13.30 und 15–17 Uhr, So 10–14 Uhr. Eintritt 5 € (mit Führung), 4,50 € (ohne Führung), Studenten und Rentner 2,50 €, mittwochs ist für alle EU-Bürger der Eintritt frei. Der Garten ist 10–20 Uhr geöffnet. Für die Cascadas fällt eine separate Eintrittsgebühr an. www.patrimonionacional.es.

Praktische Infos

Information

Bei der Real Fábrica de Cristal gibt es von Mai bis September eine kleine, hilfsbereite **Touristeninformationsstelle** für La Granja de San Ildefonso und Umgebung, ✆ 921470018.

Verbindungen

15-mal täglich **Busse** ab Segovia, seltener auch ab Madrid. Information durch die Busgesellschaft La Sepulvedana, ✆ 921427707 oder 921470027. Die Busgesellschaft La Rapida, ✆ 921427708, fährt ebenfalls von/nach Madrid (Estación Sur).

Taxis in San Ildefonso sind unter ✆ 921471841 oder 921470856 erreichbar.

Essen & Trinken

Casa Hilaria, Gasthaus in Valsain (Nachbarort), direkt an der Straße von Navacerrada nach La Granja de San Ildefonso. In der Region für seine Riesenbohnen (Judiones de la Granja) bekannt. Ein empfehlenswertes Gericht sind auch die Huevos con todo – „Eier mit allem", ein Eiergericht mit Chorizo, Lomo, Pisto und Morcilla. Der einfache Speisesaal ist an kalten Tagen gut geheizt. Der Gasthof bekam mehrere gastronomische Preise. Im Sommer auch Terrasse. Mo und teilweise auch im Juni geschlossen.

Übernachten

**** Hotel Parador La Granja, 2008 eröffneter Parador, ein echtes Schmuckstück. Die Nobelherberge, die auch bei Spaniern für ein verlängertes Wochenende sehr beliebt ist, besteht aus zwei Teilen. Das Hotel ist in der Casa de los Infantes untergebracht, die König Carlos III. bereits im 18. Jh. erbauen ließ. Gäste schätzen nicht nur die stilvollen Zimmer mit einem meist schönen Ausblick über die Meseta, sondern auch den Swimmingpool samt Spa (wird extra berechnet). Außerdem ist im Cuartel General de la Guardia de Corps ein modernes Konferenzzentrum angegliedert. DZ ab 110 €. Zahlreiche Angebote, insbesondere für junge und ältere Reisende. Calle de los Infantes 3, ✆ 921010750, ✆ 921010751, www.parador.es.

** Hotel Roma, apricotfarbenes Haus links vom Eingang zum Königsschloss. Es ist eine relativ preiswerte Möglichkeit, ein

Wochenende in den Bergen zu verbringen. Die Zimmer sind groß und die Bäder in gutem Zustand. Große Terrasse. Ganzjährig geöffnet. Es gibt auch ein beliebtes, relativ preiswertes Restaurant. DZ ab 55 € während der Woche. Am Wochenende und im Sommer teurer. Calle de las Guardas 2, ✆ 921470752, ✉ 921470278, www.hotelroma.org.

Real Fábrica de Cristales de La Granja – königliches Glas

Die Glaskunst stand in La Granja de San Ildefonso über Jahrhunderte hoch im Kurs. Die spanischen Könige schätzten Qualität und Design der kastilischen Glasbläser. Bereits 1736 gründete Felipe V. die Real Fábrica de Cristales de la Granja. Die Manufaktur sollte, ähnlich wie die königliche Wandteppichmanufaktur in Madrid, erstklassige Ware für den Hof liefern. Seit ein paar Jahren kann man sich in der einstigen königlichen Fabrik auf die Spuren dieser anspruchsvollen Handwerkskunst begeben. Schon die alten Fabrikationsanlagen, die 1785 von dem berühmten Architekten Juan de Villanueva erweitert wurden, sind einen Besuch wert. Darüber hinaus verfügt dieses Museum auf 14.000 m² über eine exzellente Sammlung europäischer Glaskunst und organisiert Wechselausstellungen.

Mitte Juni bis Mitte September Di–Fr 10–18 Uhr, Sa/So bis 19 Uhr, Mo geschlossen. Im Winterhalbjahr abweichende Öffnungszeiten, zwischen 10 und 15 Uhr ist jedoch immer offen. Eintritt 5 €, Studenten und Kinder über 12 J. 3 €, Kinder unter 12 J. gratis. Die ehemalige Fabrik liegt ca. 10 Min. vom Schloss entfernt, der Weg dorthin ist beschildert. Paseo del Pocillo 1, www.fcnv.es.

Riofrío

Während La Granja de San Ildefonso zu den beliebtesten Ausflugszielen des Guadarrama-Gebirges zählt, wird der rosa Palast von Riofrío oft vergessen. Das Jagdschloss aus dem 18. Jh. inmitten eines weitläufigen Naturparks lohnt aber eine Besichtigung.

Die 12 km südwestlich von Segovia in schöner Landschaft gelegene quadratische Vierflügelanlage um einen Innenhof wurde auf Veranlassung von Isabel de Farnesio, der Gemahlin Felipes V., errichtet. Sie befürchtete nach dem Tod ihres Mannes 1746, von seinem Nachfolger aus dem Schloss La Granja de San Ildefonso hinausgeworfen zu werden. Ursprünglich waren für die Witwe auch ein Kloster, ein Theater und weitere Nebengebäude geplant. Doch nur das Schloss, dessen Bauarbeiten 1754 unter dem italienischen Architekten Virgilio Rabaglio begannen, wurde fertiggestellt. Seit vielen Jahren ist in dem Palacio ein **Jagdmuseum** mit Jagdtrophäen untergebracht. Interessanter ist jedoch ein Spaziergang durch die **königlichen Gemächer** (Arbeits- und Schlafzimmer von Alfonso XII.) mit ihrer höchst unterschiedlichen Ausstattung (vorwiegend im Stil des 19. Jh.) und der **Gemäldesammlung.** Die einsame Lage am Fuß des Gebirges und der riesige Park (leider nicht zugänglich) geben dem Palast eine besondere Atmosphäre. Schade nur, dass Spaziergänge durch das einstige königliche Jagdrevier nicht erlaubt sind.

Im Sommer täglich 10–18 Uhr, im Winter Mo–Sa 10–13.30 und 15–17 Uhr, So 10–14 Uhr. Eintritt 4 €, Studenten und Rentner 2,50 €, mittwochs für EU-Bürger gratis. Für die Fahrt durch den malerischen Park wird eine Gebühr von 2,25 € pro Fahrzeug erhoben. Keine Busverbindung.

Toledo: Die Vielfalt der Kulturen hat die 60.000 Einwohner-Stadt geprägt

Toledo

Multikulturell ist das 80.000 Einwohner große Toledo seit Jahrhunderten: Christen, Muslime und Juden wohnten in dieser vom Tajo umschlossenen Stadt, und ihr berühmtester Maler, El Greco, war ein gebürtiger Kreter. Über Jahrhunderte war Toledo die Hauptstadt Kastiliens und das religiöse Zentrum von ganz Spanien. Seine Gassen und zahlreichen Baudenkmäler atmen Geschichte und Tragik.

Die Stadt liegt im Norden der Comunidad Kastilien-La Mancha, nur etwa 70 km südwestlich von Madrid. Allein die Silhouette, auf einem Granitfelsen hoch über einer Schleife des Río Tajo und dominiert von den mächtigen Bauten der Kathedrale und des Alcázar, ist beeindruckend. Nicht umsonst wurde Toledo von der UNESCO mit dem Prädikat Weltkulturerbe geadelt.

Toledo ist eine sehr kastilische Stadt: stolz bis zum Hochmut. Die grausame Inquisition hatte hier einen der mächtigsten Stützpunkte. Die Stadt ist ernst, mysteriös, konservativ und streng katholisch. Angesichts der Touristenströme, die sich durch das verwinkelte Gassenlabyrinth der Altstadt zwängen, und angesichts der Souvenirgeschäfte mag das schwer zu glauben sein. Der komplizierte Grundriss der Stadt ist übrigens auch ihr größter Vorteil. Die meisten Gassen sind kaum mit einem Fahrzeug zu befahren und deshalb sehr fußgängerfreundlich. Zwei Tore (Puertas de Bisagra) markieren den nördlichen Hauptzugang zur Altstadt. Die Puerta Nueva gegenüber der Oficina de Turismo wurde 1550 errichtet, ihr Gegenstück Puerta Vieja stammt aus der Maurenzeit des 10. Jh.

Der Hauptplatz Toledos ist die **Plaza de Zocodóver** im nordöstlichen Altstadtbereich. Dieses unspanisch klingende

Wort entstand aus dem arabischen *suk ad-dawab*, was so viel bedeutet wie „Markt der Lasttiere". Für die Einheimischen ist er heute der Ausgangs- und Endpunkt des abendlichen Bummels, er fungiert mit seinen zahlreichen Cafés als „Wohnzimmer der Stadt". Nicht immer war es hier so friedlich. Früher diente der Platz als öffentliche Hinrichtungsstätte – nicht umsonst heißt der Durchgang an der Ostseite Arco de Sangre: „Blutbogen".

Toledo zählt zu den ältesten Städten Kastiliens, ja, der Iberischen Halbinsel. Anfang des 2. Jh. v. Chr. eroberten die Römer die schon zu Zeiten der Keltiberer bedeutende Siedlung Toletum, die an der Kreuzung wichtiger Handelsstraßen lag. 711 konnten die Mauren Toledo einnehmen. Das sog. Tolaitola war damals der wichtigste Vorposten im Norden des maurischen Reichs. Mehr als dreieinhalb Jahrhunderte islamische Herrschaft prägten die Stadt.

Nach der christlichen Rückeroberung 1085 wurde Toledo bis ins 16. Jh. Hauptstadt Kastiliens und religiöses Zentrum Spaniens. Christen, Juden und Mauren lebten jahrhundertelang tolerant zusammen, ermutigt von Königen wie Alfonso X. „El Sabio", der seinen Beinamen „der Weise" wirklich verdiente. Die Kenntnisse der drei Kulturen ergänzten sich vortrefflich. Eine bedeutende Übersetzerschule entstand, Kultur und Wissenschaften blühten. Noch heute zeigen Stadttore und Kirchenbauten im Mudéjar-Stil die Kunst der maurischen Architekten.

Festliches in Toledo

An **Fronleichnam** findet eine große Prozession mit berühmter Monstranz statt, Beginn gegen 11.30 Uhr an der Kathedrale; gleichzeitig Hauptsaison für Stierkämpfe.
Fiesta de la Virgen de Sagrario: etwa 10. bis 15. August, jährlich wechselnd, letzter Tag Sonntag. Riesenfest mit Feuerwerk, Umzügen etc.; traditionell wird ein Schluck Wasser aus den sog. Botijos genommen, aus Krügen, die im Kreuzgang der Kathedrale stehen.

Sehenswertes

Alcázar

Die Festung, die die Silhouette Toledos dominiert, erhebt sich auf geschichtsträchtigem Boden: Seit Römerzeiten stand hier unter all den wechselnden Herren stets eine Burganlage. Im Untergeschoss ist sogar noch ein arabisches Tor aus dem 10. Jh. erhalten. Seine heutige strenge Form erhielt der Alcázar unter Carlos I. (Karl V.) und Felipe II. Das Gebäude ist jedoch nicht mehr original erhalten, sondern nach den schweren Zerstörungen des Bürgerkriegs fast komplett wiederaufgebaut worden. Es war Carlos I., der beschloss, die Festung auszubauen. 1536 begannen die umfangreichen Arbeiten, die dem Alcázar sein heutiges Aussehen geben. Während des Spanischen Bürgerkrieges flüchteten am 20. Juli 1936 etwa tausend Franco-Anhänger mit Hunderten von Frauen und Kindern, aber auch republikanischen Geiseln, in den Alcázar, der von den Republikanern wochenlang belagert wurde. Bomben und Sprengungen der republikanischen Truppen ließen die Fassaden mit Ausnahme der heute noch originalen Südseite einstürzen, doch die Struktur des Gebäudes hielt stand. Am

Der Alcázar: Symbol der Falangisten

27. September schließlich nahm Francos Armee Toledo ein, befreite die im Alcázar eingeschlossenen Falangisten und richtete unter der Bevölkerung Toledos ein Blutbad an. Von den republikanischen Geiseln im Alcázar hat man nie mehr etwas gehört.

Der Satz „der Alcázar ergibt sich nicht" wurde zum franquistischen Propaganda-Slogan. Lange Zeit war die wuchtige Festung mit ihren vier Türmen ein Symbol für den Sieg der Falangisten über Demokratie und Sozialismus. Das bizarre Militärmuseum mit seinen verstaubten Uniformen, Orden und Waffen, das die militärischen Erfolge über die spanische Republik in den 1930er-Jahren hemmungslos glorifiziert hatte, ist heute Vergangenheit.

Mittlerweile befindet sich im Alcázar die **Bibliothek** der Comunidad Castilla-La Mancha. Dass eine der größten öffentlichen Büchereien in den historischen Mauern des Alcázar Platz gefunden hatte, löste jahrelangen erbitterten Streit aus. Manche rechtskonservative Politiker wollten die Festung ausschließlich dem bisherigen Heeresmuseum vorbehalten wissen und keine kulturelle Institution dulden. Doch dieser Streit ist mittlerweile zugunsten der Kultur entschieden. Die heutige Bibliothek umfasst beinahe 300.000 Bände, darunter auch zahlreiche neue Medien. Der wertvollste Bestand ist der Bücherschatz der Erzbischöfe Borbón und Lorenzana aus dem 18. Jh.

Bis Redaktionsschluss fanden Bauarbeiten statt, weshalb der Alcázar nicht zu besichtigen war. Die **Bibliothek** ist Mo–Fr 9–21 Uhr, Sa nur bis 14 Uhr geöffnet. Im Obergeschoss befindet sich eine **Cafetería**, von der sich ein toller Ausblick über Toledo bietet. Cuesta de Carlos V.

Catedral de Santa María de Toledo

Etwa in der Mitte der Altstadt erhebt sich mit fünf Schiffen eine der bedeutendsten Kathedralen Spaniens an einer Stelle, die vor ihr schon die maurische Hauptmoschee und eine westgotische Basilika besetzten. Aufgrund der langen Bauzeit (1226–1493) ist ihr Stil nicht einheitlich, reicht von der Frühgotik über Mudéjar bis zur Renaissance, was

Das Kloster San Juan de los Reyes besitzt einen malerischen Klostergarten

jedoch den Gesamteindruck in keiner Weise beeinträchtigt. Den heutigen Eingang des auch Catedral Primada genannten Gotteshauses bildet die Puerta de Mollete zum Kreuzgang, links neben dem schönen Hauptportal Puerta del Perdón.

Die Weite des Innenraums (112 m Länge, 56 m Breite, 44 m Höhe) ist überwältigend. Direkt neben dem Eingang ist der Kirchenschatz (*tesoro*) zu sehen, dessen Monstranz ganz aus Gold und Silber die wertvollste Spaniens ist. Den Raum überspannt eine Decke im Mudéjar-Stil. Der Chor in der Mitte des Hauptschiffs illustriert im unteren Teil des Gestühls in 54 Szenen prachtvoller Holzschnitzerei die Eroberung Granadas. Nicht minder prächtig ist die obere Etage mit biblischen Motiven. Die reich mit Gold geschmückte Hauptkapelle (Capilla Mayor) direkt hinter dem Chor wird dominiert von einer ungemein großen Altarwand, die über und über von lebensgroßen biblischen Motiven bedeckt ist. An der Rückseite der Capilla steht der Transparente, ein vielleicht etwas arg überladener churrigueresker Altar. Der Kapitelsaal (Sala Capitular) ganz hinten rechts enthält Bildnisse der Erzbischöfe von Toledo, davon zwei von Goya.

Die Sakristei im linken Anbau wäre allein den Weg in die Kathedrale wert: Sie ist eine echte Gemäldegalerie. Werke von Ribera, Raffael, van Dyck und vielen anderen berühmten Namen hängen hier. Unter den Gemälden von El Greco (ein gutes Dutzend) ist besonders die „Entkleidung Christi" auf dem Altar hervorzuheben. Rechts davon lohnt sich ebenfalls ein längerer Blick: Erschrockene, aber auch sehr boshafte Gesichter begleiten die „Gefangennahme Christi" – Goya.

Im Sommer täglich 10–18.30 Uhr geöffnet, (im Winter 10.30–12 und 16–18 Uhr). Das **Museum** ist täglich 10.30–18 Uhr geöffnet. Eintritt 8 €. Calle del Cardinal Cisneros.

Kirchen, Klöster, Synagogen

Im Inneren der **Iglesia de Santo Tomé** an der Plaza del Conde wird das mit

4,80 x 3,60 m größte Gemälde von El Greco gezeigt: „El Entierro del Conde de Orgaz" („Das Begräbnis des Grafen von Orgaz") von 1586. Schade, dass der Andrang meist keine ruhigere Betrachtung zulässt, die Gesichter (Felipe II., Freunde Grecos) und die Details wären es wert. Leider ist es zudem schlecht beleuchtet (Di–So 10–17.45 Uhr, im Sommer bis 18.45 Uhr geöffnet; Eintritt 1,90 €).

In der Calle de Samuel Leví, direkt hinter der Casa Museo de El Greco (→ unten), befindet sich die **Sinagoga del Tránsito**. Samuel Levi, jüdischer Berater Pedros des Grausamen (Pedro I.) und später von diesem ermordet, ließ die Synagoge 1357 erbauen. Im 15./16. Jh., im Zuge der Vertreibung der Juden aus Spanien, wurde sie zu einer christlichen Kirche umgewandelt. Das Haus ist in schönem Mudéjar-Stil gehalten und hat eine Artesonado-Decke sowie die typische Frauengalerie. Angeschlossen ist ein kleines Museum über jüdische Kultur, das **Museo Sefardí** (Di–Sa 9.30–18.30 Uhr, So 10–15 Uhr; Eintritt 3 €, Samstagnachmittag und So Eintritt frei). Es zeigt unter anderem Grabsteine mit hebräischen Inschriften sowie Trachten der jüdischen Bürger.

Wie die Sinagoga del Tránsito wurde auch die **Sinagoga de Santa María la Blanca** (Calle de los Reyes Católicos 2) aus dem 12./13. Jh. später in eine Kirche umgewandelt. Ihr Inneres mit Mudéjar-Dekoration erinnert eher an eine Moschee und dient heute als Museum (täglich 10–18 Uhr, im Sommer bis 19 Uhr geöffnet; Eintritt 2 €).

Mit dem gewaltigen Bau des **Monasterio de San Juan de los Reyes** in der Calle de los Reyes Católicos gedachten die katholischen Könige, ihren strategisch wichtigen Sieg über Portugal in der Schlacht von Toro 1476 zu dokumentieren und sich gleichzeitig hier ihre Grabstätte errichten zu lassen – Granada schien dann später aber doch passender. In der gotischen Kirche und auch im schönen, doppelstöckigen Kreuzgang sind an mehreren Stellen ihre Wappen und Initialen zu sehen. Die Ketten an den Außenwänden der Kirche sollen von aus maurischer Gefangenschaft befreiten Christen stammen. Sehenswert ist auch der malerische Klostergarten (täglich 10–18 Uhr, im Sommer bis 19 Uhr; Eintritt 2,50 €, www.sanjunadelosreyes.org).

Museen

Das **Hospital y Museo de Santa Cruz** (geöffnet Di–Sa 10–18.30 Uhr, So 10–14 Uhr, Mo 10–14 und 16–18.30 Uhr; Eintritt frei) in der Calle de Cervantes Nummer 3 erreicht man durch den Arco de Sangre. Der platereske Bau des frühen 16. Jh. beherbergt heute unterschiedlichste Ausstellungen. Hauptattraktion ist die 1961 gegründete Gemäldegalerie, in der neben Ribera und Goya vor allem El Greco vertreten ist. Das Spätwerk „Mariä Himmelfahrt" gilt als eine seiner besten Arbeiten.

In der Mudéjar-Kirche **San Román** (13. Jh.), in der Calle San Clemente 4, befindet sich das **Museo de los Concilios y la Cultura Visigoda** (Di–Sa 10–14 und 16–18.30 Uhr, So 10–14 Uhr; Eintritt 0,60 €, Samstagnachmittag und So frei). Die Kirche selbst, auf uralten Fundamenten stehend, ist vielleicht sogar interessanter als die relativ mager ausfallenden Funde aus westgotischer Zeit, die das Museum beherbergt. Beachtenswert sind die Säulen und Kapitelle arabischen, westgotischen und byzantinischen Stils, ebenso die Fresken, die wahrscheinlich noch aus dem 13. Jh. stammen.

In der Calle de Samuel Leví steht die **Casa Museo de El Greco**. Das in einem der ehemaligen Judenviertel gelegene Haus war wahrscheinlich nie Wohnsitz des Künstlers, steht aber exemplarisch für die toledanischen Stadthäuser des 16. Jh. Im angeschlossenen Museum finden sich Studien und komplette Arbeiten El Grecos, darunter ist das berühmte Bild „Christo Salvador", aber auch unbekanntere Werke wie „San Luis, Rey de Francia". Das berühmteste Exponat ist die weltbekannte „Ansicht und Plan von Toledo". Kurios, aber wahr: Viel hat sich an der Stadtsilhouette nicht geändert.

Anfang April bis Ende September Di–Sa 9.30–20 Uhr (sonst bis 18.30 Uhr), So 10–15 Uhr; Eintritt 3 €, Samstagnachmittag und So frei. Paseo de Transíto.

Das kleine Kunstmuseum **Museo Victorio Macho** (Mo–Sa 10–19 Uhr, So 10–15 Uhr; Eintritt 3 €, Kinder unter 12 J. frei) am südwestlichen Rand der Altstadt, an der Plaza de Victorio Macho 2, ist schon allein wegen seiner spektakulären Lage über dem Tajo einen Besuch wert. Die Sammlung selbst zeigt das Werk des kastilischen Bildhauers Victorio Macho (1887–1966). Während des Bürgerkrieges emigrierte Macho nach Frankreich, Russland, in die USA und schließlich nach Peru. 1952 kehrte er nach Spanien zurück und ließ sich in Toledo nieder. Das heutige Museum war Wohnhaus und Atelier zugleich. 1966 starb Macho. Die Sammlung ist in drei Bereiche unterteilt: in das eigentliche Museum mit berühmten Arbeiten wie dem „Autoretrato a los 16 años" oder „La madre", die Krypta mit Plastiken wie „Hermano Marcello" oder „Monumento a Grau" und schließlich der Garten mit Arbeiten wie „Eva de América" und „La máscara". Das Museum zeigt übrigens auch einen knapp halbstündigen Film („Una visión de Toledo"), der einen guten Überblick über die Geschichte und Kultur der Stadt gibt (nur auf Englisch und Spanisch).

El Greco und das Licht

Domenikos Theotokopoulos ist mit Toledo verbunden wie kein anderer Maler vor oder nach ihm. Unter seinem griechischen Namen ist der 1541 in der kretischen Hauptstadt Iráklion (früher Candia) geborene Künstler doch den wenigsten ein Begriff. Die Kastilier nannten den Renaissancekünstler schlicht El Greco, den Griechen (span. *el* und ital. *greco*). Bereits im Alter von 25 Jahren verließ der Maler seine Heimat Kreta, siedelte erst nach Venedig und Rom über und ließ sich letztendlich in Spanien nieder. El Greco ist ein europäischer Maler im besten Sinne des Wortes. Er ließ sich von Griechenland, Italien und Spanien gleichermaßen beeinflussen und entwickelte so seinen unverwechselbaren Stil. Von 1577 bis zu seinem Tod 1614 lebte El Greco in Toledo. Hier wurde er von der Kirche, aber auch vom Adel mit Aufträgen überschüttet und unterhielt eine gut gehende Künstlerwerkstatt. Jahrhunderte lang blieb El Greco verkannt. Und noch heute streiten sich die Kunstgelehrten, ob es sich bei ihm um einen Maler des Spätbyzantinismus, der Renaissance oder der spanischen Mystik handelt. Auf alle Fälle verblüfft El Greco mit der Behandlung des Lichts in seinen Bildern, denn er lässt den Betrachter im Unklaren, von welcher Quelle das Licht auf der Leinwand stammt. Mit dem damals verbreiteten Realismus hatte der Künstler wenig im Sinn. Nach einem Modell oder der Natur zu malen, war nicht seine Sache. In seinen Bildern zog er Gesichter, Gliedmaßen und Körper in die Länge, was von Experten als ein Ausdruck der Vergeistigung interpretiert wird. In Toledo, aber auch in Madrid kann man sich auf die Spuren dieses außergewöhnlichen Malers begeben.

Plaza de Zocodover: Sehen und gesehen werden

Praktische Infos → Karte S. 225

Information

Oficina de Turismo, Puertas de Bisagra 1, ✆ 925220843, ✉ 925252648. Die Informationsstelle liegt nördlich außerhalb der Stadtmauer, jenseits der Ringstraße an einem kleinen Park und unweit der Kreuzung der großen Fernstraßen. Mo–Fr 9–14 und 16–18 Uhr, Sa 9–15 und 16–19 Uhr, So 9–15 Uhr. **Zweigstelle** in einem Kiosk an der Plaza de Zocodóver. Außerdem gibt es eine Informationsstelle für die Comunidad Castilla-La Mancha: **Dirección General de Turismo**, Plaza de Zocodóver 7, ✆ 925254030. Infos auch auf www.diputoledo.es.

> ### Toledo Card: All Inclusive
> Wer sozusagen Power-Sightseeing machen möchte, ist mit der Toledo-Card gut bedient. Es gibt vier verschiedene Pakete. Das Paket zum Preis von 53 € beinhaltet nicht nur die Anreise von Madrid nach Toledo mit dem superschnellen AVE, sondern auch den Besichtigungsbus (Bus turístico) und den Eintritt in die wichtigsten Sehenswürdigkeiten. Infos unter ✆ 925826616 oder www.toledocard.com.

Verbindungen

Zug: Mit einem der Schnellzüge dauert die Fahrt von Madrid nach Toledo nur noch eine halbe Stunde. Allerdings kostet das Ticket derzeit über 20 €. Toledo hat einen schönen Bahnhof (✆ 925221272) im Neomudéjar-Stil etwa 20 Fußminuten nordöstlich der Altstadt, jenseits des Río Tajo.

Bus: Die Busse nach Toledo starten in Madrid an der großen Busstation Estación Sur (Metro: Méndez Álvaro). Von dort fahren ungefähr alle halbe Stunde Busse der Firma Continental (Auskunft unter ✆ 917456300), ebenso zurück. Es gibt zweierlei Busse, sog. Direktbusse (Fahrtdauer ca. 60 Min.)

Ausflüge → Karte S. 201

Plastik von Victorio Macho in seinem Museum

und Normalbusse (Fahrtdauer ca. 75 Min). Der Busbahnhof von Toledo liegt am nördlichen Rand der Altstadt, ca. 15 Min. Fußweg, auch Busverbindungen.

Taxi in Toledo: ✆ 925255050.

Essen & Trinken

In Toledo kann man lecker essen. Lokale Spezialität ist gefülltes Rebhuhn („Perdiz toledana"). Nicht zu vergessen außerdem das **Mazapán (Marzipan)**, dessen Herstellung in Toledo eine große Tradition hat.

》》 Mein Tipp: **Venta de Aires 2**, das vielleicht berühmteste und größte Restaurant der Stadt. Außerhalb der Altstadt gelegen, zu Fuß jedoch in 10 Min. zu erreichen (bei den Ruinen des Circo Romano). Hier wird die feine Toledo-Küche gepflegt (Spezialität ist Rebhuhn). Seit Jahrzehnten schätzen Einheimische wie Touristen das Restaurant mit großer Terrasse. Gute und nicht einmal teure Weinauswahl. Das Backsteingebäude liegt zwar in einer wenig attraktiven Gegend, aber es speisten schon viele Berühmtheiten hier, beispielsweise die Poeten Federico García Lorca und Rafael Alberti, der Maler Salvador Dalí und der spanische König Juan Carlos I. Mittlere Preislage. Paseo del Circo Romano 35, www.ventadeaires.com. 《《

》》 Mein Tipp: **Adolfo 11**, Traditionshaus unweit der Kathedrale, bei Feinschmeckern seit Jahrzehnten eine beliebte Adresse. Schwerpunkt der Karte ist Wild, beispielsweise Rebhuhn oder Hirsch. Sehr gute Weinauswahl und die für Toledo typischen Marzipan-Süßigkeiten aus eigener Herstellung. Gutes Preis-Leistungs-Verhältnis. Reservierung empfohlen. Calle Granada 6, ✆ 925227321. 《《

La Abadia 5, in einem stimmungsvollen Ambiente wird in der Taverne kastilische Hausmannskost zu vernünftigen Preisen serviert. Im Untergeschoss besitzt das Haus aus dem 16. Jh. ein stimmungsvolles Backstein-Gewölbe. Guter Service. Plaza San Nicolas 3, ✆ 925251140.

Catedral 8, beliebte Tapas-Bar an der Kathedrale – im Besitz des Restaurants Adolfo. Traditionelle Küche. Es werden auch preiswerte Menüs angeboten. Calle de Nuncio Viejo 1.

El Patio 7, Restaurant mit hübsch dekoriertem, grünem Innenhof; an den Wänden Jagdtrophäen. Hausspezialität ist Rebhuhn. Gehobene Preise. Plaza de San Vicente 4, nahe der Post.

Übernachten (S. 226/227)

1. Hotel Mayoral
3. Hotel del Cardenal
4. Hoteles Sol
6. Hostal Centro
10. Hostal Nuevo Labrador
13. Hotel Alfonso VI.
14. Hostal Santo Tomé
17. La Posada de Manolo
18. Hotel Pintor El Greco
19. Hotel Palacio Eugenia de Montijo
21. Pensión Hostal Descalzos

Essen & Trinken (S. 224-226)

2. Venta de Aires
5. La Abadia
7. El Patio
8. Catedral
9. La Naviera
11. Adolfo
12. Plácido
15. Casa Aurelio
16. Carlos V.
20. La Perdiz

Toledo

Carlos V. [16], im Mudéjar-Stil errichtetes 3-Sterne-Hotel mit geschmackvollem Restaurant in der Nähe des Alcázar. Tolle Dachterrasse, gute Regionalküche zu mittleren Preisen. Zimmer mit Aircondition (DZ ca. 110 €) und Blick auf die Kathedale. Calle de Trastámara 1, ☏ 925222100, ✆ 925222105, www.carlosv.com.

La Perdiz [20], beliebtes Restaurant im jüdischen Viertel, eines der wenigen mit durchgehend geöffneter Küche von 12 bis 20 Uhr. Schön eingerichtet. Bietet nicht nur leckere Fleisch-, sondern auch gute Fischgerichte an. Für Hauptgerichte sollte man rund 16 € rechnen. Preiswerte Menüs. Sonntagabend und Mo geschlossen. Calle de los Reyes Católicos 7 (zwischen den Synagogen Tránsito und Santa María la Blanca).

Casa Aurelio [15], eines der besten Restaurants der Altstadt. Es liegt in einer kleinen Gasse und hat zwei weitere Filialen. Berühmt sind der Schinken (Jamón de Bellota) und die Grillgerichte. Gehobenes Preisniveau. Hauptgerichte zwischen 15 und 20 €. Calle de la Sinagoga 1 und 6 sowie Plaza del Ayuntamiento 4.

Plácido [12], im Herzen der Altstadt (westlich der Kathedrale). Hübscher Patio, Spezialitäten sind Lamm und Rebhuhn. Di geschlossen. Mittlere Preislage. Calle de Santo Tomé 6.

Ausflüge → Karte S. 201

La Naviera 🟥, feine Küche mit vielen Fischgerichten. Gute Menüs für 25 €. Kein Ruhetag. Calle de la Campana 8.

Übernachten

»» Mein Tipp: **** AC Ciudad de Toledo, tolle Aussicht auf die Altstadt, gute, komfortable Ausstattung und persönlicher Service, die erste Adresse in Toledo. Die Luxusherberge – in modern-funktionalem Stil eingerichtet – liegt ungefähr 2 km außerhalb des Zentrums. Einige der Zimmer haben eine Terrasse mit einem malerischen Blick auf die Altstadt. Frühzeitig reservieren, da es nur 42 Zimmer gibt. DZ ab 70 €. Gute Angebote im Internet. Bis zur Altstadt ist es rund eine Viertelstunde. Carretera de Circunvalación 15, ✆ 925285125, ✉ 925284700, www.mariottt.com. «««

**** Parador Conde de Orgaz, in Natursteinen erbauter, mit Designermöbeln eingerichteter Parador, südlich des Río Tajo. Er bietet eine atemberaubende Aussicht. Das 2009 für neun Millionen Euro renovierte Haus besitzt nicht nur zeitgemäße Zimmer mit Balkon, sondern auch einen angenehmen Pool. Das Restaurant mit Spezialitäten aus Toledo (gefülltes Rebhuhn) und La Mancha bietet gute Hausmannskost. Der Service hat sich verbessert. Zufahrt von der Umgehungsstraße. DZ mit Bad ab 130 €. Wegen der oft hohen Nachfrage empfiehlt sich eine frühzeitige Reservierung. Cerro del Emperador, ✆ 925221850, ✉ 925225166, www.parador.es.

**** Hotel Alfonso VI. 🟥, vor allem wegen seiner Lage unmittelbar hinter dem Alcázar geschätzt. Innen in mittelalterlichem Stil etwas kitschig eingerichtet. Die mit toledanischen Holzmöbeln ausgestatteten Zimmer haben teilweise einen schönen Ausblick auf die Altstadt. DZ ab 50 €. Calle del General Moscardó 2, ✆ 925222600, ✉ 925214458, www.hotelalfonsovi.com.

»» Mein Tipp: *** Hotel Pintor El Greco 🟥, mitten im jüdischen Viertel, an einem ruhigen Platz. Malerisches Mittelklassehotel, das zweifelos zu den schönsten der Stadt gehört. Die 60 Zimmer sind schnell ausgebucht, besonders an Ostern und im Frühsommer. Das typisch toledanische Haus aus dem 17. Jh. – eine frühere Bäckerei – wurde mit viel Liebe zum Detail ausgestattet. Schöne, auf Gin spezialisierte Cocktail-Bar. DZ ab 70 €. Calle de los Alamillos del Tránsito 13, ✆ 925285191, ✉ 925215819, www.hotelpintorelgreco.com. «««

***** Hotel Palacio Eugenia de Montijo 🟥, geschmackvoll eingerichtetes Luxushotel nur 200 m von der Kathedrale. Allein schon die Hotelhalle mit ihren Säulen ist beeindruckend. Das ruhig in der Altstadt gelegene Hotel bietet trotz seiner fünf Sterne sehr gute Preise. Die Zimmer sind meist mit hellen Stilmöbeln ausgestattet. Es gibt auch ein kleines Spa. DZ bereits ab 85 € ohne Frühstück. Die Preise schwanken sehr nach Saison. Plaza del Juego de Pelota 7, ✆ 925274690, ✉ 925274691, www.fontecruz.com.

*** Hotel del Cardenal 🟥, ein kleines Paradies. Sehr schönes Gebäude aus dem 18. Jh., ehemaliger Sommersitz eines Kardinals; zwei Höfe, viele Antiquitäten. Innerhalb der Stadtmauern, nahe den Puertas de Bisagra (nördliche Altstadt). Oft ausgebucht, Reservierung ratsam. Abends kann man hier auch auf der Terrasse essen. Nicht alle mögen den Service. DZ mit Bad 98 €. Paseo de Recaredo 24, ✆ 925224900, ✉ 925222991, www.hostaldelcardenal.com.

*** Hotel Mayoral 🟥, modernes, pyramidenähnliches Hotel außerhalb der Altstadt, am Platz der Busstation. Keine unbedingt romantische Herberge, dafür aber komfortabel und mit Blick auf die Altstadt. Rezeption in Marmor. Zimmer mit Terrakottaböden. DZ ab 45 €. Avenida de Castilla-La Mancha, ✆ 925216000, ✉ 925216954, www.hotelesmayoral.com.

»» Mein Tipp: ** La Posada de Manolo 🟥, stilvolle, nur 14 Zimmer große Herberge in der Nähe der Kathedrale. In dem historischen Haus verteilen sich die Zimmer (nüchtern eingerichtet mit typisch toledanischen Möbeln) auf drei Stockwerke. Alle Zimmer haben Klimaanlage, Heizung und eigenes Bad, sind aber teilweise klein. DZ ab 55 €. Calle de Sixto Ramón Parro 8, ✆ 925282250, ✉ 925282251, www.laposadademanolo.com. «««

** Pensión Hostal Descalzos 🟥, im Südwesten der Altstadt. Gute DZ mit schöner Aussicht. Die Attraktion ist der kleine Pool. Der Besitzer spricht Englisch. DZ mit Bad je nach Saison ab 53 €. Calle de los Descalzos 30, ✆/✉ 925222888, h-descalzos@jet.es, www.hostaldescalzos.com.

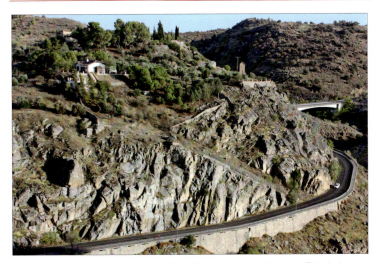

Eine Panoramastraße führt um Toledo herum

* **Hoteles Sol** 4, Hotel und Hostal in einem Ziegelsteingebäude mit sehr gutem Preis-Leistungs-Verhältnis, gute Lage im nördlichen Altstadtbereich innerhalb der Stadtmauern, freundlich und mit eigener Garage. Empfehlenswert. Etwas kompliziert über eine Abzweigung der Calle de Real de Arrabal (nördliche Hauptzufahrt durch die Stadttore Puertas de Bisagra) zu erreichen. Besser die Zimmer nehmen, die nach Norden schauen. Zimmer im Hotel 40–85 € und im Hostal 33–72 €. Calle de Azacanes 15, ✆ 925213650, ✉ 925216159, www.hotelyhostalsol.com.

** **Hostal Nuevo Labrador** 10, zu erreichen über eine Seitengasse der Cuesta de Carlos V (vor dem Alcázar), bietet ein gutes Preis-Leistungs-Verhältnis. Auch wenn die Zimmer keine tolle Aussicht haben, dafür sind sie geschmackvoll mit Holzmöbeln eingerichtet. Außerdem TV und Aircondition. Auch Drei- und Vierbettzimmer. Restaurant im Untergeschoss. Freundlicher Service. DZ mit Bad etwa 50 €. Calle de Juan Labrador 10, ✆ 925222620, ✉ 925229399.

** **Hostal Santo Tomé** 14, kleine Pension am Rande des jüdischen Viertels, 10 Zimmer, im Erdgeschoss ein Souvenirgeschäft. Obergeschoss mit Balkon. Verfügt auch über eine eigene Garage. DZ mit Bad 52 €. Calle de Santo Tomé 13, ✆ 925221712, ✉ 925225855, www.hostalsantotome.com.

** **Hostal Centro** 6, moderne Herberge unweit des Alacázar am Eingang der Fußgängerzone an der zentralen Plaza Zocodóver. Zimmer mit Klimaanlage und Bad, teilweise etwas dunkel. Im Erdgeschoss betreibt der Besitzer Eloy Rodríguez Miguel ein nach ihm benanntes Restaurant. DZ ab 30 €. Calle Nueva 13, ✆ 925257091, ✉ 925257848, hostalcentro@telefonica.net, www.hostalcentrotoledo.com.

Residencia Juvenil San Servando, Jugendherberge im gleichnamigen mittelalterlichen Kastell auf einem Hügel nordöstlich der Altstadt jenseits des Río Tajo, nahe am Bahnhof gelegen. Die Jugendherberge ist stimmungsvoll mit teilweise schönen toledanischen Möbeln samt Ritterrüstungen eingerichtet. Gut ausgestattet (großes Schwimmbad!), schöne Lage, oft voll – reservieren! Es gibt nur 35 Zimmer. Pro Person rund 14 €, über 30-Jährige 17 €. ✆ 925224554.

Einkaufen

Markt täglich vormittags an der Plaza Mayor, nahe der Kathedrale; **Flohmarkt** jeden Dienstagvormittag hinter dem Convento de las Concepcionistas.

Alcalá lädt mit seinen vielen Plätzen zum Flanieren ein

Alcalá de Henares

Als Madrid noch ein Dorf war, galt Alcalá, die Geburtsstadt von Miguel de Cervantes, bereits als intellektuelles Zentrum. Die 1499 gegründete Universität übte über Jahrhunderte eine magische Anziehungskraft aus. Durch die malerischen Gassen sind viele Künstler gezogen: Der junge Luis Buñuel entschied sich in Alcalá endgültig für die Filmkunst, und im sog. goldenen Zeitalter studierte hier eine ganze Generation spanischer Klassiker – Calderón, Lope de Vega, Tirso de Molina und Quevedo.

Alcalá liegt gut 30 km östlich von Madrid und ist heute eine moderne, schnell gewachsene Stadt mit gut 200.000 Einwohnern. Studenten der erst 1973 wieder gegründeten Universität prägen das Bild. Im Vergleich zur nahen Metropole geht es in Alcalá jedoch ruhig und gelassen zu. Auch die Preise für Wohnen und Essen sind hier niedriger, sodass Alcalá zu einem beliebten Vorort von Madrid avanciert ist.

Der Geburtsort von Cervantes ist natürlich in erster Linie für Fans des Don-Quijote-Autors interessant: Die Casa de Cervantes wurde an der vermuteten Stelle seines Geburtshauses als Museum stilecht nachgebaut. Ansonsten unternehmen nur wenige Touristen einen Ausflug hierher. Vollkommen zu Unrecht, denn die traditionsreiche Universitätsstadt, die bereits unter den Römern (damals Complutum genannt) und später unter den Mauren eine wichtige Rolle spielte, ist von der UNESCO zum Weltkulturerbe erklärt worden. Die Störche, die sich auf den Dächern der historischen Gebäude niedergelassen haben, sorgen für ein malerisches Ambiente.

Den Mittelpunkt der Stadt bildet die rechteckige Plaza de Cervantes mit einer großen Skulptur des wohl berühm-

Alcalá de Henares 229

testen spanischen Dichters. An der Plaza de San Diego gleich daneben trifft man auf die alte Universität. Es lohnt sich, durch das relativ kleine Stadtzentrum mit seinen vielen Universitätsgebäuden (Colegios) und schönen Innenhöfen zu schlendern.

Sehenswertes

Palacio de Laredo mit Museo Cisneriano

Wer vom S-Bahnhof ins historische Stadtzentrum spaziert, wird ein extravagantes, von Palmen umgebenes Gebäudeensemble aus Backstein entdecken. Mit seinem Türmchen (einem Minarett ähnlich), seinen Erkern und Fassadenverzierungen wirkt das Anwesen wie ein architektonischer Fremdkörper. Die am Paseo de la Estación gelegene Villa Laredo im Stil des Neomudéjar ist das Werk von Manuel José Laredo y Ordoño (1842–1896). Der Künstler und Bürgermeister von Alcalá verwirklichte sich am Ende seines Lebens in einem Gesamtkunstwerk, vor dem man heute so staunend steht wie zu seiner Eröffnung 1895. Innen beherbergt der Palast außergewöhnliche Räume wie den Salón de los Reyes, dessen Decke den Himmel nach mittelalterlichen Vorstellungen darstellt.

Außerdem ist hier das **Museo Cisneriano** untergebracht. Die Sammlung präsentiert alte Schriften der Universität, darunter die Biblia Poliglota Complutense und die Biblia de Amberes (Bibel von Antwerpen).

Führungen durch das **Museum** gibt es täglich 10.30–19.30 Uhr, Eintritt 2,50 €. Paseo de la Estación 10.

Museo Casa Natal de Miguel de Cervantes

Die Calle Mayor mit ihren malerischen Arkaden ist seit Jahrhunderten die wichtigste Straße der Stadt. Die Hausnummer

Vor dem Geburtshaus von Cervantes, dem berühmtesten Schriftsteller Spaniens

48 ist das 1997 im Stil des 16. Jh. renovierte Cervantes-Museum. Es wurde genau an der Stelle errichtet, wo man das Geburtshaus des großen Dichters vermutete.

Alcalá ist stolz darauf, dass Cervantes – Spaniens berühmtester Dichter – hier 1547 geboren wurde. Tritt man durch die Eingangstür, öffnet sich ein kleiner Patio mit Granitsäulen, deren korinthische Kapitelle eine Galerie aus Holz stützen. Insgesamt ist ein Besuch des Geburtshauses aber eher enttäuschend, denn von Originalmöbeln und persönlichen Dingen des Poeten ist nichts erhalten. Das Museum gibt allerdings einen Einblick in die Wohn- und Lebensverhältnisse des 16. und 17. Jh. in Kastilien, denn die Räume im Erd- und Obergeschoss sind mit zeitgenössischen Haushaltsgeräten, Möbeln und Keramiken ausgestattet. Darüber hinaus beherbergen zwei Räume eine Sammlung von Cervantes-Ausgaben in den unterschiedlichsten Sprachen.

Das genaue Geburtsdatum von Miguel de Cervantes Saavedra ist nicht bekannt, möglicherweise war es der 29. September 1547. Beurkundet ist auf alle Fälle der Tag der Taufe: 9. Oktober 1547. Über seine Kindheit und Jugend weiß man relativ wenig. Der Kastilier führte jedoch ein abenteuerliches und beschwerliches Leben. So wurde seine linke Hand in der Schlacht von Lepanto verstümmelt. Er war mehrere Jahre Gefangener algerischer Piraten und landete auch im Gefängnis. Weltberühmt wurde Cervantes mit seinem Roman „Don Quijote" (1605/1615), einer Satire auf die zeitgenössischen Ritterromane. Am 23. April 1616 starb der Dichter in Madrid.

Di–So 10–18 Uhr, Mo geschlossen. Eintritt frei. Calle Mayor 48.

Hospital de Antezana

Neben dem Cervantes-Museum liegt dieses 1483 gegründete Armenspital. Es ist die älteste Krankenhauseinrichtung, die in Europa ununterbrochen in Betrieb ist. Das Gebäude dient noch heute sozialen Zwecken. Hier arbeitete einst der Vater von Miguel Cervantes als eine Art Chirurg. Auch Ignacio de Loyola, der wichtigste Mitbegründer des Jesuitenordens, war hier während seiner Studentenzeit als Koch für die Kranken tätig. Heute fungiert die spanische Königin Sofía als Präsidentin dieser berühmten Institution. Ein Besuch lohnt sich wegen des stimmungsvollen kastilischen, efeuumrankten Patios aus dem 16. Jh.

Die berühmte Universität von Alcalá

Mo–Fr 10–14 und 16.30–20 Uhr, Eintritt frei. Calle Mayor 46.

Universidad/Colegio Mayor de San Ildefonso

Die prächtig ausgestattete Fassade des Hauptgebäudes der Universität unterstreicht deren Bedeutung im 16. Jh. Dahinter verbergen sich drei Innenhöfe. Der erste, der Patio de Santo Tomás y Villanueva, beherbergt einen Brunnen mit einem Schwanenmotiv (Wappenvogel des Universitätsgründers Kardinal Cisneros) und eine dreistöckige Galerie. Danach folgen der wiederaufgebaute Patio de Filósofos, der Innenhof der Philosophen, und der Patio Trilingüe. Er erinnert an die drei Vorlesungssprachen Hebräisch, Griechisch und Latein. Schließlich entstand in Alcalá bereits 1517 die erste mehrsprachige Bibel. Rechts vom Eingang befindet sich die Kirche San Ildefonso mit dem marmornen Renaissancegrab des 1517 gestorbenen Kardinals Cisneros. Auf dem Platz vor der Universität steht eine Bronzeplastik des Universitätsgründers. Das Kollegialgebäude, noch heute von der Universität genutzt, kann ohne Eintritt besichtigt werden. Bei Studenten ist die preiswerte Uni-Cafetería im Innenhof beliebt (Plaza de San Diego). Hier verleiht übrigens König Juan Carlos I. jährlich den Cervantes-Preis, eine der angesehensten Literaturauszeichnungen für spanische Autoren.

Die Räumlichkeiten können im Rahmen einer Führung täglich 10–19 Uhr besichtigt werden, Beginn meistens jeweils zur vollen Stunde. Auskünfte an der Pforte oder in der Oficina de Turismo (✆ 918856487). Eintritt 4 €, Kinder unter 16 J. und Rentner 2 €. Plaza de San Diego.

Rund um die Plaza del Palacio

Nicht gerade wie ein Palast, sondern vielmehr wie eine Wehranlage sieht der Sitz des Erzbischofs von Toledo, der **Palacio Arzobispal**, an der pittoresken Plaza del Palacio aus. Innerhalb dieser Mauern wurden Könige geboren und wichtige politische Entscheidungen getroffen. Hier fand auch die erste Begegnung zwischen der spanischen Königin Isabel und Christoph Kolumbus statt. Neben dem imposanten Gebäude, das im Wesentlichen im 14. und 16. Jh.

Die Universität als humanistische Kaderschmiede

Es war Kardinal Francisco Jiménez de Cisneros, der 1499, unweit eines kleinen Dorfes namens Madrid, eine Universität in Alcalá de Henares gründete. Der Franziskaner, nach dem König der mächtigste Mann in Spanien, wollte ein wissenschaftliches Zentrum für Theologie, Philosophie und Kunst schaffen. Vor allem sollte Alcalá eine Art theologisch-humanistische Kaderschmiede werden, die auch sozial benachteiligten Bevölkerungsschichten offenstand. Bereits 1508 wurde der Lehrbetrieb aufgenommen. Im 16. und 17. Jh. war die Universidad Complutense – der Name bezieht sich auf Complutum, wie Alcalá unter den Römern hieß – ein Zentrum der spanischen Literatur. Berühmtheiten wie Lope de Vega, Calderón de la Barca, Tirso de Molina oder Ignacio de Loyola nahmen am intellektuellen Leben der Hochschule teil. Die Universidad Complutense verlor jedoch im 18. und 19. Jh. an Einfluss. 1836 ließ Königin María Cristina de Borbón die Universität ins boomende Madrid verlegen. Heute zählt die renommierte Universidad Complutense in Madrid mit mehr als 100.000 Studenten zu den größten Universitäten Europas. Und in Alcalá de Henares wurde 1973 die alte Uni mit großem Erfolg neu gegründet.

erbaut wurde, liegen die Kirche und das Kloster **San Bernardo** (1617–1627), besser bekannt als Las Bernardas. Die Barockkirche beherbergt eine wichtige Sammlung italienischer Malerei aus dem 17. Jh. und ein Museum mit religiöser Kunst (am Wochenende Führungen: drei am Vormittag und drei am Nachmittag; Eintritt 2,50 €).

An der Plaza del Palacio befindet sich ein weiteres Sakralgebäude: der Convento de la Madre de Dios von 1576, der heute als archäologisches Museum (Museo Arqueológico Regional) dient. Die Sammlung zeigt vor allem römische Fundstücke aus Complutum (Di–Sa 11–19 Uhr, So 11–15 Uhr, Mo geschlossen; Eintritt frei).

Jenseits des Platzes liegt die schlichte, einschiffige Kirche **Oratorio de San Felipe Neri** (1698–1704). Ein paar Meter weiter trifft man auf die klassizistische **Puerta de Madrid** von 1788 und Reste der alten Festungsmauer. Der dazugehörige Park ist heute eine Art **Skulpturenmuseum** unter freiem Himmel.

Catedral Magistral

Das Gotteshaus wurde an der Stelle errichtet, an der die Kinder Justo und Pastor im Jahr 305 das Martyrium erlitten haben sollen. 1497 gab Kardinal Cisneros die Kirche in Auftrag. Kathedrale darf sie sich aber erst seit 1991 nennen, als das Bistum Alcalá wiederhergestellt wurde. Die spätgotische Kirche mit ihrem leicht geneigten Turm ist innen leider eher eine Enttäuschung. Die reiche Ausstattung wurde während des Spanischen Bürgerkriegs weitgehend zerstört. Der Kreuzgang und der Kapitelsaal dienen heute als Museum für sakrale Kunst.

Mo–Sa 10–13 und 18–20.30 Uhr. Calle del Cardenal Cisneros 10.

Complutum und Casa de Hippolytus

Die Überreste der römischen Stadt Complutum aus dem 4. Jh. n. Chr. liegen heute am Stadtrand von Alcalá (beim Sportzentrum El Juncal). Das Ausgrabungsgelände mit der Casa de Hippolytus, den Mosaiken und Thermen kann im Rahmen einer Führung besichtigt werden und ist per Bus oder Taxi zu erreichen.

Di–So 10–14 Uhr, Sa/So auch 17–20 Uhr, Mo geschlossen. Eintritt frei. Camino del Juncal (mit der Buslinie 1, Abfahrt an der Plaza de Cervantes, Zeiten bei der Oficina de Turismo).

Praktische Infos

Information

Oficina de Turismo, Callejón de Santa María (Plaza de Cervantes), ✆ 918892694. Täglich 10–14 und 16–18.30 Uhr, www.turismoalcala.com. Der Internetauftritt der Stadt ist www.ayto-alcaladehenares.es.

Verbindungen

Zug: Es verkehren laufend Cercanía-Züge der Linie C 2 von/nach Madrid-Atocha und Madrid-Chamartín (weitere Haltestellen sind Recoletos und Nuevos Ministerios). Die S-Bahnen fahren zwischen 5 und 23.30 Uhr, die einfache Fahrt dauert etwa 35 Min. Infos unter ✆ 915067067.

Tren de Cervantes: Von März bis Juni und von September bis Dezember fährt der „Cervantes-Zug". Man steigt am Madrider Bahnhof Atocha ein, und in Alcalá warten dann verschiedene Überraschungen und kleine Theateraufführungen auf die Cervantes-Fans. Abfahrt ist um 11 Uhr, zurück geht es um 19 Uhr. Infos bei der Renfe unter ✆ 915066356 oder in der Oficina de Turismo von Alcalá.

Essen & Trinken
3 El Balcón de Cervantes
4 Asador El Buen Paladar
5 El Casino
6 Rodillo
8 Casa Bayton
9 Hostería del Estudiante
11 Las Cuadras de Rocinante
12 Mesón Don José
13 Cervecería Kneipe
14 Gran Mesón La Casa Vieja

Übernachten
1 Hostal Jacinto
2 Hotel El Bedel
7 Parador
10 Hostal Miguel de Cervantes
15 Hospedería La Tercia

Alcalá de Henares

Bus: Die Linien 223, 227 und 229 fahren mehrmals täglich von Madrid – Haltstellen sind Avenida de América, Canillejas und Barajas Aeropuerto – nach Alcalá. Außerdem gibt es die Buslinie von Alsa. Sie fährt vom Intercambiador de Avenida de América (Metro: Avenida de América) in 40 Min. für 3 € nach Alcalá de Henares. Verbindung zwischen 6 und 22 Uhr.

Taxi in Alcalá de Henares: ✆ 918822188 oder 918822179.

Essen & Trinken

»› Mein Tipp: Hostería del Estudiante 9, von der Parador-Organisation betriebenes Restaurant in einem Gebäude aus dem 16. Jh., gilt als das eleganteste der Stadt. Passend zum stilvollen historischen Ambiente mit alten kastilischen Möbeln, wird dort feine Regionalküche gepflegt. Leckere Knoblauchsuppe und Braten. Im Sommer wird der Patio Trilingüe genutzt. Für ein Hauptgericht sollte man ca. 25 € rechnen. Calle de los Colegios 3. **«**

Casa Bayton 8, am zentralen Cervantes-Platz. Restaurant auf zwei Stockwerken im englischen Stil. Exzellente Tapas. Bekannt sind neben kastilischen Spezialitäten die Fischgerichte wie *arroz con marisco*. Nicht ganz billig. Di geschlossen. Plaza de Cervantes 21.

Gran Mesón La Casa Vieja 14, in der Nähe des Palacio Arzobispal in einem Haus aus dem 16. Jh., in Alcalá sehr beliebt. Hier lebte einst der bekannte Maler Félix Yuste (1875–1950). Heute ist das Haus Treffpunkt für Feinschmecker. Leckere Tapas, aber auch typische kastilische Gerichte aus dem Ofen und vom Grill. Gehobene Preisklasse. Calle de San Felipe Neri 7.

Asador El Buen Paladar 4, Altstadthaus in einer der schönsten Gassen der Stadt. Bekannt für seine Ofengerichte. Fischgerichte nach nordspanischer Art. Hummer mit Reis für zwei Personen gibt es für 35 €. Menüs kosten ansonsten 20 €. Calle de Santiago 42.

Rodillo 6, eine Art kastilische Fast-Food-Kette, die seit mehr als einem halben Jahrhundert leckere Sandwiches und Tapas serviert. Beliebt bei Studenten. Zentral gelegene Filiale in der Calle de Libreros 22.

El Balcón de Cervantes 3, elegantes Restaurant im historischen Zentrum. Es bietet preiswerte Mittagsmenüs. Im überdachten Patio zu sitzen macht Spaß. Hier werden auch regionale Produkte wie Olivenöl, Spargel etc. verkauft. Guter Kabeljau (*bacalao*). Calle de Cervantes 2.

Las Cuadras de Rocinante 11, bereits seit 1952 bestehendes Lokal im Zentrum (beim Cervantes-Haus), beliebt am Abend. Die Einheimischen schätzen insbesondere die Tapas. Calle de Carmen Calzado 1.

Cervecería Kneipe 13, Bierlokal mit deutschem Namen gegenüber vom Cervantes-Haus. Es ist bekannt für seine Wurstgerichte und Salate. Die bayerische Rautenflagge kündigt bereits den Schwerpunkt des Lokals an. Hier werden Dutzende verschiedener Biere angeboten. Preiswerte Mittagsmenüs. Calle Mayor 45.

El Casino 5, bekanntes Restaurant am Cervantes-Platz, das allerdings schon etwas in die Jahre gekommen ist. Nicht ganz preiswert. Älteres Publikum. Hauseigene Konditorei. Plaza de Cervantes.

>>> Mein Tipp: Mesón Don José 12, beliebter Treffpunkt der Einheimischen in der Altstadt. Das Backsteinhaus gegenüber vom Convento de la Madre de Dios ist bekannt für die Vielfalt und Qualität seiner Tapas. Hier gibt es auch preiswerte Mittagsmenüs. Calle de Santiago 4. «

Übernachten

*** **Hotel El Bedel** 2, im Zentrum der Stadt. Dieses Hotel der Husa-Gruppe liegt an dem vielleicht schönsten Platz des Colegio de San Ildefonso. Betagtes Interieur, ruhig und sauber, viele Geschäftsleute (Firmenseminare), angenehme Bar mit Ledersesseln. DZ 60–170 €, gute Wochenendtarife. Plaza de San Diego 6, ℘ 918893700, ℘ 918893716, www.husa.es.

>>> Mein Tipp: ** **Hostal Miguel de Cervantes** 10, in einer Seitengasse der Calle Mayor. Eines der stimmungsvollsten Häuser der Stadt und dabei nicht einmal teuer. Anfang der 1990er-Jahre wurde das Anwesen aus dem 16. Jh. aufwendig und stilvoll renoviert. Die Zimmer sind rustikal eingerichtet, alle mit Bad. Modern-elegantes Restaurant, bekannt für seine Fleischgerichte auf heißem Stein und für Fisch. Nur 13 Zimmer, frühzeitig reservieren! DZ ab 60 €, Calle de la Imagen 12, ℘ 918831277, ℘ 918830502, www.hostalmcervantes.com. «

>>> Mein Tipp: **** **Hospedería La Tercia** 15, mitten in der Altstadt, geschmackvolles, harmonisches Haus. Der Preis für die 14 Zimmer in dem historischen Gebäude aus dem sog. goldenen Zeitalter ist angemessen. Jeder Raum ist unterschiedlich eingerichtet, teilweise mit Himmelbetten. DZ ab 70 €, Suite ab 90 €. Calle la Tercia 8, ℘ 918796800, ℘ 918796662. «

* **Hostal Jacinto** 1, kleine, einfache Pension im ersten Stock in der Nähe des Bahnhofs. Nur 9 Zimmer. Ganzjährig geöffnet. DZ 49 € (mit Bad), auch preiswertere Zimmer nur mit Etagendusche. Paseo de la Estación 2, ℘ 918791432, www.hostalesalcala.es.

>>> Mein Tipp: **** **Parador** 7, endlich ein Parador mit moderner Innenarchitektur! Der 2009 eröffnete Parador von Alcalá de

Azulejos in Alcalá de Henares

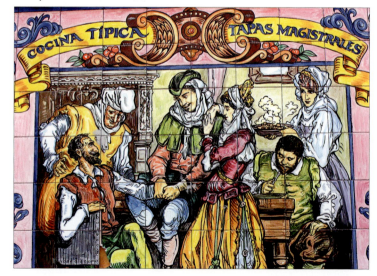

Henares glänzt in schönen Creme-Tönen mit modernen Designmöbeln. Das stilvolle Haus ist im ehemaligen Kolleg bzw. Dominikanerkonvent Santo Tomás aus dem 17. Jh. untergebracht. Erhalten geblieben ist nach dem Umbau die historische Hostería del Estudiante (s. o.), in der es sich vorzüglich speisen lässt. Um den Kreuzgang des Colegio de Santo Tomás herum liegen ein weiteres Restaurant, eine Bar und das Spa. Der Parador ist das einzige Innenstadt-Hotel mit einem eigenen Pool. DZ ab 138 €, es gibt viele Sonderangebote, insbesondere für junge und ältere Gäste. Calle de los Colegios 8, ✆ 918880330, ✉ 918880527, alcala@parador.es, www.parador.es. ⋘

Chinchón

Chinchón, das ist vor allem die Plaza Mayor. Diese staubige Arena, umringt von mehrstöckigen Häusern mit Balkonen, dient an Festtagen noch für den Stierkampf. Der malerische Platz, der durch keinen Neubau gestört wird, war wiederholt Kulisse für Spielfilme. Das historische Städtchen, 40 km südöstlich von Madrid, ist auch Liebhabern von Anisschnäpsen und -likören bekannt: Von hier stammt die berühmteste Sorte Spaniens.

Wie eine Oase der Ruhe wirkt die Kleinstadt mit gerade 5000 Einwohnern im Gegensatz zur hektischen Millionenmetropole Madrid. In Chinchón geht es gemächlich zu. Noch immer dominiert die Landwirtschaft das lokale Wirtschaftsgeschehen. Weinberge, Obstgärten, Olivenhaine und Getreidefelder prägen das Landschaftsbild. Besonders im Frühjahr, wenn der Mohn viele Wegränder und Felder leuchtend rot färbt, zeigt sich Chinchón von seiner besten Seite. Stolz sind die Einheimischen auf Produkte wie Knoblauch, Olivenöl und Rotwein aus der Garnacha-Traube (Bodegas Jesús del Nero, Calle de Benito Hortelano 6), die wegen ihrer Qualität nicht nur in Kastilien einen exzellenten Ruf genießen.

Lebhaft wird es erst am Wochenende. Viele Einwohner, die wochentags in Madrid leben, kehren in ihre Heimatstadt zurück. Aber auch viele Ausflügler besuchen den pittoresken Ort, dem erst 1916 die Stadtrechte verliehen wurden.

Anís de Chinchón: süß bis extra trocken

In ganz Spanien ist Chinchón bekannt. Der Name des schmucken kastilischen Städtchens steht für den berühmtesten Anisschnaps des Landes. Im Gegensatz zu manch anderen Anisgetränken in Europa wird hier nur der echte Anis gebrannt. Die Sociedad Alcoholera de Chinchón produziert den legendären Brand in einer großen, modernen Abfüllanlage außerhalb der Stadt. Woher die Pflanze ursprünglich stammt, ist ungeklärt. Am wahrscheinlichsten ist die These, die Araber hätten sie eingeführt und dann entsprechend kultiviert. Den Schnaps Anís de Chichón gibt es in verschiedenen Varianten. Am populärsten ist der süße mit 38 %. Er wird gerne nach dem Essen oder mit Eis getrunken. Als Digestif und Aperitif wird der trockene geschätzt. 45–50 % Alkohol hat dieser Anisschnaps, der auch gerne im Kaffee als *carajillo* getrunken wird. Die echten Kenner des Chinchón schwören jedoch auf die extra trockene Variante (*seco especial*), die allerdings in Läden und Restaurants nur selten zu finden ist. Vorsicht! Dieser Anisbrand zählt 74 % Alkohol. Wer ihm ein wenig die Schärfe nehmen möchte, zündet ihn an.

Sehenswertes

Plaza Mayor

Seit Jahrhunderten ist die Plaza Mayor der Hauptanziehungspunkt des Städtchens. Mit ihren typischen kastilischen Holzbalkonen und Arkaden ist die Plaza Mayor, die auch als Stierkampfarena genutzt wird, Treffpunkt für Einheimische und Touristen. Die Häuser rund um die leicht abfallende, im Sommer staubige Plaza sind unterschiedlich in ihrer Höhe, Größe und ihrem Zustand. Gerade die Heterogenität der Architektur macht den Charme und die Schönheit dieses außergewöhnlichen Platzes aus. Die ältesten Häuser stammen aus dem 15. Jh. Die Plaza, die als Musterbeispiel eines mittelalterlichen Platzes in Spanien gilt, wird seit 1683 komplett von Gebäuden umschlossen. Fünf Straßen treffen seitdem hier aufeinander. In der zweiten Hälfte des 16. Jh. wurde die Plaza für Ratsversammlungen genutzt. In dieser Zeit fanden erstmals auch die Stierkämpfe zu Ehren des Stadtheiligen San Roque statt. Das Schutzheiligenfest Mitte August ist heute ein Publikumsmagnet.

Iglesia de Nuestra Señora de la Asunción

Von der Plaza Mayor führt die steile Gasse Cuesta Palacio hinauf zu einer Esplanade, die von der mächtigen Kirche Nuestra Señora de la Asunción beherrscht wird. Dieses Gotteshaus mit gotischen und barocken Elementen entstand zwischen 1534 und 1626 und beherbergt ein Ölgemälde von Goya. Das Kunstwerk zeigt die „Asunción de la Virgen" (Himmelfahrt der Jungfrau Maria) und entstand 1812. In Chinchón lebte übrigens auch der Bruder Goyas, der Pfarrer Camilo. Links vom Haupteingang steht der sog. Uhrturm (Torre del reloj), Relikt einer 1809 abgebrannten Kirche.

Castillo de los Condes

Außerhalb des Zentrums, aber zu Fuß in 15 Min. zu erreichen, findet sich die Ruine der einstigen Burg von Chinchón. Die Wehranlage der Herzöge von Chinchón entstand Ende des 16. Jh. und wurde durch einen Brand zu Beginn des 18. Jh. zerstört. Eine Besichtigung lohnt sich, denn die erhaltenen Mauern geben einen guten Eindruck davon, wie eine mittelalterliche Burg in Kastilien ausgesehen hat.

Museo Entnologico La Posada

Das malerische Herrenhaus nur ein paar Schritte von der Plaza Mayor entfernt beherbergt ein kleines Heimatmuseum. In der Anfang des 19. Jh. erbauten Posada ist Handwerkskunst inklusive Weinherstellung zu sehen. Doch die eigentliche Attraktion ist das historische Gebäude selbst.

Di–Fr 11–14 Uhr und 16–20 Uhr, am Wochenende 11–15 Uhr und 16–20 Uhr. Eintritt 3 €, Kinder/Rentner 2 €. Calle Morata 5.

Praktische Infos

Information

Oficina de Turismo, Plaza Mayor 3, ✆ 918935323, www.ciudad-chinchon.com. Mo–Fr 10–19 Uhr (im Sommer bis 21 Uhr), Sa/So erst ab 11.30 Uhr.

Verbindungen

Es gibt keine Zug-, dafür aber exzellente **Busverbindungen** von Madrid nach Chinchón. In Madrid starten die Busse der privaten Gesellschaft La Veloz an der Avenida

Chinchón 237

del Mediterráneo 49 (Metro: Conde de Casal) jeweils zur vollen oder zur halben Stunde (zwischen 7 und 22 Uhr). Fahrzeit knapp 1 Stunde, 3,50 € einfach. Info unter ✆ 914097602. In Chinchón gib es vier **Taxifahrer**, darunter Jesús (✆ 679412232) und José Antonio (✆ 649608262).

Essen & Trinken

Mesón Cuevas del Vino, außergewöhnliches Restaurant mit rustikalem Ambiente in einer alten Olivenmühle. Nicht nur die Fleischgerichte werden von den vielen Stammgästen geschätzt, sondern auch die exzellenten Weine, viele aus der Gegend von Chinchón. Empfehlenswerte Gerichte sind: Cochinillo Asado (Spanferkel), Chorizo und der Edelschinken Jamón de Jabugo. Mittlere Preisklasse. So Ruhetag. Calle de Benito Hortelano 13 (5 Min. von der Plaza Mayor).

Mesón de la Virreina, an der Plaza Mayor, auch mit Balkon. Die Familie Clemente-Martínez serviert typische kastilische Gerichte. Leckere Speisen aus dem Ofen. Viele Berühmtheiten verkehrten in diesem Traditionshaus. Im Sommer abends lange geöffnet. Mittlere Preislage. Plaza Mayor 28.

Café de la Iberia, klassisches Restaurant an der Plaza Mayor, das bereits im Jahr 1879 gegründet wurde. Das im 18. Jh. erbaute Haus besitzt einen schönen Innenhof mit Arkaden. Auf der Veranda zu sitzen, die vorzüglichen Chorizos zu genießen, Lammkoteletts bei einem Glas Rotwein aus Kastilien zu verzehren ist ein echtes Vergnügen. Gute Rinderfilets, deren Fleisch aus Galicien kommt. Hier wird auch der leckere lokale Rotwein Jesús del Nero serviert. Netter Service. Mittlere Preisklasse. Plaza Mayor 17.

La Balconada, Traditionslokal links vom Torbogen an der Plaza Mayor. Natürlich gibt es leckere Fleischgerichte und hausgemachte Chorizos. Überdurchschnittlich ist allerdings die Weinkarte mit Weinen wie Santiago Ruíz, Protos, Vega Sicilia, aber auch lokalen Weinen wie Jesús Díaz aus dem benachbarten Colmenar de Oreja. Die Balkone zum Essen sind oft so schmal, dass der Kellner wahre Akrobatenstückchen beim Servieren vollführen muss. Mittleres Preisniveau. Plaza Mayor.

Panadería Manuel Vidal, historische Bäckerei an der Plaza Mayor. Wenn die Hauptstädter am Wochenende aufs Land nach Chinchón fahren, gehört ein Laib Brot für zu Hause zu den klassischen Mitbringseln. Die Bäckerei macht das beste Brot der Stadt. Zusammen mit Chorizo wird die Brotzeit zum kulinarischen Vergnügen. Plaza Mayor 34.

Übernachten

**** Parador de Chinchón, in einem früheren Augustiner-Kloster des 17. Jh. – nur ein paar Schritte von der Plaza Mayor und doch eine eigene Welt. Das Haus mit schönem Innenhof und malerischem Swimmingpool zählt (zu Unrecht) zu den unbekannteren Paradores in Kastilien. Das antiquarische Mobiliar, die Fresken und historischen Gemälde, der spartanische Terrakotta-Boden erzeugen eine ganz eigene, friedvolle, ja, fast klösterliche Atmosphäre. Das Restaurant pflegt kastilische Küche. Empfehlenswert: Knoblauchsuppe, Spanferkel und Lammgerichte. Nur 38 Zimmer (mit Bad und Aircondition), eine frühzeitige Reservierung vor allem an Wochenenden empfiehlt sich. DZ ab 130 €, zahlreiche Sonderangebote. Calle de Los Huertos 1, ✆ 918940836, 🖂 918940908, chinchon@parador.es, www.parador.es.

*** Hotel Condesa de Chinchón, in der Nähe der Plaza Mayor gelegenes Mittelklassehotel. Es versprüht nostalgischen Charme, die Zimmer mit dunklem Parkettboden sind stilvoll und sehr unterschiedlich eingerichtet. DZ ab 105 €. Avendia del Generalísimo 26, ✆ 918935400, 🖂 918941090, www.condesadechinchon.com.

** Hostal Chinchón, einfach, aber stimmungsvoll, bei der Plaza Mayor über einem Mesón gelegen. Von der renovierungsbedürftigen Fassade nicht abschrecken lassen. Die Pension verfügt nur über 10 Zimmer, die alle mit Aircondition ausgestattet sind. Hübsche Rezeption mit historischen Fotos. Im Sommer gibt es sogar einen Swimmingpool. DZ ab 48 €. Calle de José Antonio 12, ✆ 918935398, 🖂 918949108, www.hostalchinchon.com.

》》》 Mein Tipp: La Casa de los Soportales, Apartments direkt an der Plaza Mayor. Es werden drei kleine Wohnungen mit Balkon vermietet, die mit viel Liebe eingerichtet wurden. Sie verfügen über Küche, Klimaanlage, Fernseher etc. Die Schlafzimmer haben allerdings nur relativ kleine Fenster. Die malerische Lage ist nicht ganz preiswert. Die Apartments kosten 70–100 €, am Wochenende deutlich teurer. Plaza Mayor 41, ✆ 918940989, www.soportaleschinchon.com. 《《《

Aranjuez

Das „spanische Versailles" wurde das Städtchen am Tajo einmal genannt. Tatsächlich hat Aranjuez, heute als Weltkulturerbe von der UNESCO ausgezeichnet, mit seinen weitläufigen Gärten und seiner königlichen Sommerresidenz vieles mit dem französischen Gegenstück gemein.

Die knapp 50 km südlich von Madrid gelegene, 48.000 Einwohner große Stadt verdankt ihre Parkanlagen, Obsthaine und Gemüsefelder dem nahen Río Tajo. Unter den Habsburgern und Bourbonen war Aranjuez die Sommerresidenz der spanischen Könige. Deren Schlösser und Gärten sind heute die Hauptanziehungspunkte des Städtchens. Im Frühjahr allerdings pilgern die Madrileños wegen der hiesigen Erdbeeren und des berühmten Spargels hierher. Der sog. Erdbeerzug (s. u.), der *tren de las fresas*, fährt noch heute vom Madrider Bahnhof Atocha nach Aranjuez. 1851 wurde die Eisenbahnstrecke gebaut, um

Aranjuez – das spanische Versailles

die Hauptstadt mit landwirtschaftlichen Produkten aus der Umgebung zu beliefern und Ausflügler nach Aranjuez zu bringen. Heute besitzt die Dampfeisenbahn modern ausgestattete Waggons für über 300 Fahrgäste.

Zentrum von Aranjuez, das ab dem 18. Jh. planmäßig um die Palastanlagen errichtet wurde, ist die Plaza de San Rusiñol. Bereits im 13. Jh. existierte ein Palast, doch ein „Real Sitio" – ein königlicher Ort – wurde Aranjuez erst zur Zeit der katholischen Könige. Im 16. Jh. entstand das königliche Schloss mit seinen Gärten. Carlos V. schließlich beauftragte seinen Architekten, die landwirtschaftlich genutzte Fläche am Ufer des Tajo in eine königliche Residenz umzuwandeln. Und unter Felipe II. baute Juan de Herrera sozusagen ein heiteres Gegenstück zu dem Monumentalbau El Escorial in den Guadarrama-Bergen, der ebenfalls von ihm stammt.

Seit Anfang des 21. Jh. sind die historischen Gebäude in Aranjuez restauriert. Der weitläufige Schlosspark Jardín del Príncipe entlang des Tajo wird von Dutzenden von Gärtnern gepflegt. Das Städtchen besitzt eine ganze Reihe von Gartenanlagen: östlich des Königsschlosses der mit Statuen geschmückte Jardín del Parterre, auf einer Insel im Tajo der 1560 bereits unter Felipe II. entstandene Jardín de la Isla und südlich der Plaza de San Rusiñol der Jardín de Isabel II, Favorit der katholischen Königin.

Für einen Ausflug sollte man ausreichend Zeit mitbringen. Dann kann man auch den romantischen Spaziergang zur Casa del Labrador (s. u.), einem malerischen Landschloss, unternehmen. Dieses um 1800 entstandene architektonische Schmuckstück steht im Jardín del Príncipe und wird von den meisten Besuchern der Stadt vollkommen zu Unrecht vernachlässigt.

Feste in Aranjuez

Hauptfestlichkeit der Stadt ist die **Feria del Motín** in der ersten Septemberwoche, dann finden u. a. Konzerte in den Parks statt. Wichtig sind auch die **Fiestas de San Fernando**. Sie finden Ende Mai/Anfang Juni statt. Im Mittelpunkt stehen Konzerte in Kirchen und Schlössern, die auch viele Besucher aus Madrid anziehen.

Den Besuch von Aranjuez sollte man möglichst nicht auf einen Montag legen: Dann hat der Königspalast und mit ihm das halbe Städtchen geschlossen.

Die Arkaden des Königspalastes in Aranjuez

Sehenswertes

Palacio Real

Der nahe dem Zentrum gelegene Königspalast entstand ab 1560 unter König Felipe II. Die Baumeister waren keine geringeren als die späteren Escorial-Architekten Juan Bautista de Toledo und Juan de Herrera. König Carlos III. ließ die Sommerresidenz erweitern. Architekt Francesco Sabatini fügte dem Schloss zwei Seitenflügel hinzu. Die Innenräume sind verschwenderisch ausgestattet, darunter als ästhetischer Höhepunkt das Porzellanzimmer mit überschwänglicher Farbenpracht. Ein weiteres Schmuckstück ist neben den Repräsentationsräumen das chinesische Zimmer, ein Geschenk des Kaisers von China an Isabel II. Kunstliebhaber können außerdem Gemälde von Lucas Jordán und Philips Wouwerman bewundern. Der Palast, in dem auch immer wieder interessante Sonderausstellungen stattfinden, kann nur im Rahmen einer Führung besichtigt werden. Ein Rundgang gibt einen guten Einblick in das einstige höfische Leben. Das Museum zeigt u. a. auch zahlreiche Uniformen von Carlos III. bis Alfonso XIII.

April–Sept. Di–So 10–20 Uhr, Okt.–März Di–So 10–18 Uhr, Mo geschlossen (Achtung: die Kasse schließt eine Stunde vor Ende der Öffnungszeit). Eintritt mit dem Museo de Falúas und Casa Labrador 9 €, Studenten/Rentner 4 €, Mi und Do 17–20 Uhr (April–Sept.) oder 15–18 Uhr (Okt.–März) gratis.

Jardín de la Isla

Auf einer vom Fluss Tajo umspülten Insel, gegenüber vom Palacio Real, liegt der unter dem spanischen König Felipe II. geschaffene Park. Er gilt als eines der besten Beispiele für die spanische Gartenkunst Mitte des 16. Jh. Die beiden Architekten Juan Bautista de Toledo und Juan Holbeque ließen sich von italienischen und flämischen Vorbildern leiten.

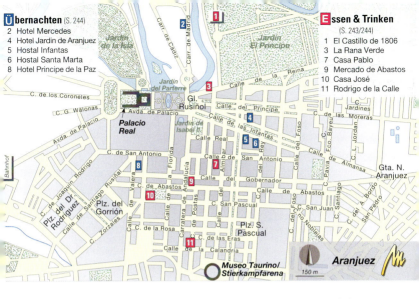

Jardín del Príncipe

Der größte und prächtigste der Gärten von Aranjuez entstand unter Carlos IV. zwischen 1789 und 1808. Hier stehen das Lustschlösschen Casa del Labrador und das 1963 erbaute Marinemuseum Museo de Falúas (Casa de Marinos). Für einen Rundgang durch den 150 ha großen Garten sollte man mindestens zwei Stunden einplanen, denn der Park mit seinen zahlreichen Brunnen und seinem interessanten Baumbestand birgt viele Überraschungen. Im Sommer kann sich der Besucher auch mit einem Boot den Tajo entlang schippern lassen. Stündlich gibt es eine Fahrt. Haltestellen sind: Puente de la Barca, Casa del Labrador und Casa de Marinos (Infos unter ☎ 908401791). Schon die spanischen Könige schätzten eine Fahrt über den Tajo. Mit welchem Aufwand diese Flussfahrten betrieben wurden, dokumentiert das kleine Marine-Museum **Museo de Falúas**, das in einem nüchternen Zweckbau untergebracht ist. Hier sind die reich verzierten Barkassen einiger Monarchen zu sehen.

Die 2,5 km vom Parkeingang gelegene **Casa del Labrador** ist ein kunsthistorisch wertvolles Schmuckstück des spanischen Klassizismus. Der ganz bescheiden „Haus des Landarbeiters" genannte Palast – zwischen 1794 und 1803 von Juan de Villanueva erbaut – mit seinen intimen Räumlichkeiten beherbergt auch eine interessante Bildersowie eine Skulpturensammlung griechischer Philosophen und Autoren. Faszinierend sind außerdem das mit viel Marmor, Bronze und Mahagoni aufwendig gestaltete Treppenhaus sowie die Böden und Deckenfresken in den einzelnen Salons. Auch der 1807 geschaffene Billardtisch aus Stahl und Bronze ist sehenswert. Eher kurios ist die reich ausgestattete Toilette des Palastes, die der Künstler Antonio Marzal kreierte.

Besonders eindrucksvoll ist der königliche Garten, wenn die Wasserspiele in Betrieb sind. Das ist in der Regel nur an Wochenenden und Feiertagen der Fall. Über die genauen Zeiten informiert die Kasse des Königspalastes.

Garten: im Winter Di–So 8–18.30 Uhr, im Sommer bis maximal 21.30 Uhr geöffnet, Mo geschlossen. Eintritt frei. ☎ 918910305. Museo de Falúas und Casa del Labrador sind im Kombiticket für den Palacio Real enthalten.

Ausflüge → Karte S. 201

Plaza de Toros/ Museo Taurino

An der Ende des 18. Jh. erbauten Plaza de Toros, die 15 Minuten vom Stadtzentrum entfernt liegt, kommen Liebhaber des Stierkampfs auf ihre Kosten. Die 9000 Zuschauer fassende Arena kann zusammen mit dem angeschlossenen **Museum** an der Puerta de Cuadrillas im Rahmen einer Führung besichtigt werden. Die besten Zeiten, eine Corrida in Aranjuez zu sehen, sind die Fiestas de San Fernando Anfang Mai und die Feria del Motín Anfang September. Höhepunkt ist die Fiesta San Fernando jedes Jahr am 30. Mai mit landesweit beachteten Stierkämpfen.

Führungen: Sa und So 11–19 Uhr insgesamt fünf Führungen, Mo drei Führungen. Die genauen Zeiten sind bei der Touristinfo oder unter ☏ 918921643 zu erfragen. Eintritt 5 €, ermäßigt 2 €. Plaza de Toros, Puerta de Cuadrillas.

Mercado de Abastos

Das auf den ersten Blick eher unscheinbare Gebäude im Stadtzentrum beherbergt den Mercado de Abastos. Der Ende des 19. Jh. von dem Architekten Enrique Sánchez Sedeno geschaffene Obst- und Gemüsemarkt gilt als eines der besten Beispiele der Stahlarchitektur aus dieser Epoche. Der Markt bietet auf 3000 Quadratmetern eine großartige Auswahl an Obst, Gemüse, kastilischen Schinken, Chorizo und anderen Spezialitäten zu Preisen, die deutlich unter denen von Madrid liegen.

Calle Abastos, → Karte S. 241, **9**.

Praktische Infos

→ Karte S. 241

Information

Oficina de Turismo, Plaza de San Antonio 9, ☏ 918910427, www.aranjuez.es. Mo–Fr 10–15 Uhr, Sa–So 10–18 Uhr.

Verbindungen

S-Bahn: mehrmals stündlich Cercanías der Linie C 3 von Madrid-Atocha (zwischen 5.50 und 3.30 Uhr). Die Fahrt dauert rund 40 Min. und kostet einfach 5,80 €. Aranjuez hat ei-

Im historischen Erdbeerzug nach Aranjuez

Bahn-Nostalgie pur: Im Juni und Juli sowie September und Oktober fährt jeweils am Samstag und Sonntag der Nachbau des legendären „Erdbeerzugs" (*tren de fresas*) von 1851. Abfahrt ist am Madrider Eisenbahnmuseum, Paseo de las Delicias 61 morgens, Rückkehr am Abend. Inhaber eines Zugtickets erhalten kostenlosen Eintritt zum königlichen Sommerpalast und in zahlreichen Restaurants von Aranjuez einen Preisnachlass. Fragen Sie nach dem aktuellen Infoblatt. Im Preis inbegriffen ist auch der Genuss von frischen Erdbeeren, die vom Bahnpersonal gereicht werden. Die Früchte versüßen die Fahrt auf den harten Holzbänken. Die Fahrtzeit beträgt heute wie damals nur 1,5 Stunden. Tickets für Erwachsene 29 €, Kinder ab 4 J. 21 €. Infos unter ✆ 902228822, www.museudeferrocarril.org.

nen schönen Art-déco-Bahnhof, etwa 1 km westlich des Zentrums. Die Buslinien 1 und 2 verbinden ihn mit dem Stadtzentrum. Eine Taxifahrt dorthin kostet rund 6 €. Zu Fuß braucht man ins Zentrum etwa 20 Min.

Bus: häufige Verbindungen (meist alle 20 Min.) mit Automnibus Interurbanos von/nach Madrid (Estación del Sur, Metro: Méndez Álvaro). Die Fahrtzeit beträgt knapp 1 Stunde. Einfach 3,50 €. Verbindungen in der Regel von 6.30 bis 23.30 Uhr. Informationen unter ✆ 902198788, www.also-grupo.com. Busstation in Aranjuez an der Avenida de las Infantas im Zentrum.

Fahrrad: Mit Unterstützung der Stadt Aranjuez wurde ein kommunales Fahrradverleihsystem namens Aranbike geschaffen. Dafür muss man sich per SMS registrieren. Die Tourist-Info hilft gerne weiter. Mehr Infos unter www.aranbike.es.

Essen & Trinken

Rodrigo de la Calle 🔟, das unscheinbare Äußere des Restaurants am Rand der Altstadt täuscht. Dahinter verbirgt sich einer der großen Innovatoren der spanischen Küche: Rodrigo de la Calle. Schon zu Zeiten der bourbonischen Sommerresidenz war der Adel mit Gemüse in Aranjuez gut versorgt. Der Schüler des berühmten baskischen Kochs Martin Berasategui besinnt sich auf die agrarische Tradition seiner Heimatstadt. Rodrigo de la Calle bezeichnet seine Küche als Gastrobotánica. Er ist ein Perfektionist. Hier kommt das frittierte Bündel eines Maiskolben mit einer Essenz aus mehr als 160 Kräutern auf den Tisch. Er zaubert Algenpralinen oder frittiert mit dem Bunsenbrenner exotische Mini-Auberginen. Nur eine Viertelstunde von seinem Lokal entfernt betreibt Rodrigo de la Calle seinen eigenen Gemüseanbau. Ein Menü mit Wein für 2 Personen kostet rund 150 €. Di–So 13.15–16 und 21–23 Uhr. Sonntagabend sowie Juli und August geschlossen. Reservierung empfehlenswert. Antigua

Wasserspeiender Frosch

Carretera de Andalucia 85, ☎ 918910807, www.restaurantedelacalle.com.

Casa Pablo 7, traditionelle, schlicht eingerichtete Taverne. Das Gasthaus mit klassischer kastilischer Küche wurde bereits 1941 gegründet. Vor allem die Fleischgerichte aus dem Ofen schmecken exzellent. Preiswert. Auch gute Tapas. Calle de Almíbar 42, www.casapablo.net.

》》 Mein Tipp: Casa José 10, geschmackvolles Haus an der Esplanade. „Cocina imaginativa", imaginative Küche, heißt hier das Konzept. Das 1958 gegründete Restaurant gehört zu den gastronomischen Highlights und hat seit Jahren eine treue Fangemeinde. Die Originalität und Qualität haben natürlich ihren Preis. Menüs kosten rund 50 €. Calle de Abastos 32, www.casajose.es. 《《《

La Rana Verde 3, zwischen Schloss und Park gelegen. Das Restaurant „Grüner Frosch" zählt seit Jahrzehnten zu den beliebtesten Ausflugszielen (gegründet 1903). Auch Hochzeiten werden gerne hier gefeiert. Mittlere Preislage. Menüs ab 18 €. Plaza de San Rusiñol.

El Castillo de 1806 1, im Jardín del Príncipe gegenüber dem Marine-Museum. Das Restaurant ist in einer unter König Carlos IV. errichteten Burg am Tajo untergebracht. Die efeuumrankte Wehranlage hatte nur dekorative Zwecke. Heute wird das elegante Ambiente gerne für Hochzeitsfeiern genutzt. Auch viele Besucher des Prinzen-Gartens lassen sich hier im Schatten nieder. Gutes, wenn auch nicht ganz preiswertes Essen. Camino de Colmenar, www.elcastillo.com.

Übernachten

**** Hotel Príncipe de la Paz 8, ausgezeichnete Lage gegenüber dem königlichen Schloss und seinen Gärten. Der modern gestylte Palast aus dem 18. bzw. 19. Jh. der NH-Gruppe ist die vornehmste Herberge, die Aranjuez zu bieten hat. EZ ab 70 €, DZ ab 80 € (die Preise schwanken stark je nach Nachfrage, am Wochenende und im Sommer gibt es gute Angebote), freies Wifi. Calle de San Antonio 22, ☎ 918099222, ✉ 918925999, www.nh-hoteles.es.

*** Hotel Jardín de Aranjuez 4, liebevoll geführte Herberge mit rosa Fassade. Sie besitzt nur einen Stern, doch die Ausstattung liegt weit darüber. Deshalb sind alle Betten schnell vergeben. Sämtliche Zimmer haben Bäder, Klimaanlage, Fernseher und Minibar. Im Erdgeschoss gibt es auch eine Cafetería „in irischem Stil", wie der Besitzer Jorge Juan Yanini Colas sagt. DZ 70 €. Avenida del Príncipe 26, ☎ 918754207, ✉ 918911149, www.hoteljardindearanjuez.com.

*** Hotel Restaurante Mercedes 2, der funktionale Bau unweit des königlichen Gartens überzeugt durch seine zentrale Lage, die Zimmer sind nüchtern, aber sauber und mit Klimaanlage. Weiterer Pluspunkt: das 3-Sterne-Hotel verfügt über einen Pool. Übernachtungspreis auf Anfrage, Halbpension kostet 21 € extra. Carretera de Madrid 15, ☎ 918910440, www.hotelmercedes.net.

*** Hostal Santa Marta 6, seit mehr als 150 Jahren in Familienbesitz, modern eingerichtete, aber nicht allzu große Zimmer bisweilen in starken Farben, im Erdgeschoss ein Café unter Bäumen, innen mit Stierkampfbildern dekoriert. Das Restaurant ist für seinen Kabeljau bekannt. DZ ab 48 €. Avenida de las Infantas 4, ☎ 918924767, ✉ 918917799, www.hostalsantamartaaranjuez.com.

** Hostal Infantas 5, zentrale und saubere Pension in einem fünfstöckigen Haus. DZ mit Aircondition. Im Erdgeschoss eine Cafetería, die guten Fisch serviert (z. B. Pulpo à la Gallega). DZ mit Dusche 48 €. Avenida de las Infantas 6, ☎ 918911341, ✉ 918916643.

Der Apollo-Brunnen im Garten von Aranjuez

Im bezaubernden Jardín del Príncipe in Aranjuez

# Etwas Spanisch

Für Ihre Ferien müssen Sie nicht unbedingt Spanisch lernen. Deutsch, Englisch und die Gebärdensprache reichen meist völlig aus, um einzukaufen, ein Auto oder Zimmer zu mieten. Wer aber näher mit den Menschen im Land in Kontakt kommen möchte, wird schnell merken, wie erfreut und geduldig Spanier reagieren, wenn man sich ein bisschen Mühe gibt. Der folgende kleine Spanisch-Sprachführer soll Ihnen helfen, sich in Standardsituationen besser zurechtzufinden. Vor Ort fällt es dann leicht, ein vorhandenes Grundvokabular weiter auszubauen. Scheuen Sie sich nicht, am Anfang auch einmal Sätze zu formulieren, die nicht gerade durch grammatikalischen Feinschliff glänzen – wer einfach drauflosredet, lernt am schnellsten.

Aussprache

c	vor a, o, u und Konsonanten wie k (caliente = kaliente), vor e und i wie engl. th (cero = thero)	ñ	wie nj (año = anjo)
		qu	wie k (queso = keso)
ch	wie tsch (mucho = mutscho)	v	wie leichtes b (vaso = baso), manchmal wie leichtes süddeutsches w (vino = wino)
h	ist stumm (helado = elado)		
j	wie ch (rojo = rocho)		
ll	wie j (calle = caje), manchmal auch wie lj	y	wie j (yo = jo)
		z	wie engl. th (zona = thona)

Zahlen

¼	un cuarto	13	trece	50	cincuenta
½	un medio	14	catorce	60	sesenta
0	cero	15	quince	70	setenta
1	un/una	16	dieciséis	80	ochenta
2	dos	17	diecisiete	90	noventa
3	tres	18	dieciocho	100	ciento, cien
4	cuatro	19	diecinueve	200	doscientos
5	cinco	20	veinte	300	trescientos
6	seis	21	veintiuno (-ún)	500	quinientos
7	siete	22	veintidós	1000	mil
8	ocho	23	veintitrés	2000	dos mil
9	nueve	30	treinta	5000	cinco mil
10	diez	31	treinta y uno	10.000	diez mil
11	once	32	treinta y dos	100.000	cien mil
12	doce	40	cuarenta	1.000.000	un millón

Elementares

Grüße

Guten Morgen	buenos días
Guten Tag (bis zum Abend)	buenas tardes
Guten Abend/ gute Nacht	buenas noches
Hallo	Hola (sehr gebräuchlich)
Auf Wiedersehen	adiós

Tschüss (= bis dann)	hasta luego
Gute Reise	buen viaje

In Ordnung/ passt so/ o.k. (auch als Frage sehr gebräuchlich)	vale? – vale!

Small Talk

Wie geht's?/ sonst:	qué tal? (bei Freunden), cómo está?
(Sehr) gut und Dir?	(muy) bién y tú?
Wie heißt Du?	cómo te llamas?
Ich heiße ...	mi nombre es ...
Woher kommst du?	de dónde vienes?
Ich komme aus ...	soy de ...
... Deutschland	Alemania
... Österreich	Austria
... Schweiz	Suiza
Sprechen Sie deutsch?	habla usted alemán?
englisch/französisch/ italienisch	inglés/francés/ italiano
Ich spreche nicht spanisch	yo no hablo español
Ich verstehe (nicht)	yo (no) comprendo/ entiendo
Verstehst du?	comprendes/entiendes?
Ist das schön!	qué bonito!
Ein bisschen langsamer, bitte	un poco más despacio, por favor

Minimal-Wortschatz

Ja	sí
Nein	no
Bitte	por favor
Vielen Dank	muchas gracias
Entschuldigung	perdón
Verzeihung	disculpe/permiso
groß/klein	grande/pequeño
gut/schlecht	bueno/malo
viel/wenig	mucho/poco
heiß/kalt	caliente/frío
oben/unten	arriba/abajo
Ich	yo
Du	tú
Sie	usted
Können Sie mir sagen, wo ...	podría decirme dónde está ...?
verboten	prohibido
Mädchen	Chica, nena
Junge	chico
Frau	señora
junge Frau	señorita
Herr	señor

Fragen & Antworten

Gibt es ...	hay?
Was kostet das?	cuánto cuesta esto?
Wie/wie bitte?	cómo?
Wissen Sie ... ?	sabe usted ...?
Ich weiß nicht ...	yo no sé
Wo?	dónde?
Von wo?	de dónde?
Wo ist ... ?	dónde está ...?
Haben Sie ... ?	tiene usted ...?
Ich möchte ...	quisiera ...
Um wie viel Uhr?	a qué hora?
Ist es möglich/ kann ich?	está posible?
Warum?	por qué?
Weil	porque

Orientierung

Nach ...	a/hacia
links	izquierda
rechts	derecha
geradeaus	recto
die nächste Straße	la próxima calle
hier	aquí
dort	allí, ahí
Adresse	dirección
Stadtplan	plano de la ciudad
Ist es weit?	está lejos?

Zeit

vormittag(s)	(por la) mañana
nachmittag(s)	(por la) tarde
abend(s)	(por la) noche
heute	hoy
morgen	mañana
übermorgen	pasado mañana
gestern	ayer
vorgestern	anteayer
Tag	el día
jeden Tag	todos los días
Woche	semana
Monat	mes
Jahr	año
stündlich	cada hora
Wann?	cuándo?

Wochentage

Montag	lunes
Dienstag	martes
Mittwoch	miércoles
Donnerstag	jueves
Freitag	viernes
Samstag	sábado
Sonntag	domingo

Jahreszeiten

Frühling	primavera
Sommer	verano
Herbst	otoño
Winter	invierno

Monate

Januar	enero
Februar	febrero
März	marzo
April	abril
Mai	mayo
Juni	junio
Juli	julio
August	agosto
September	septiembre
Oktober	octubre
November	noviembre
Dezember	diciembre

Uhrzeit

Stunde	hora
Um wie viel Uhr?	a qué hora?
Wie viel Uhr ist es?	Qué hora es?

Unterwegs

Wann kommt … an?	cuándo llega …?
Wie viel Kilometer sind es bis …?	cuántos kilómetros hay de aquí a …?
Ich möchte bitte aussteigen!	quisiera salir, por favor!
Hafen	puerto
Haltestelle	parada
Fahrkarte	tiket/boleto
Hin und zurück	ida y vuelta
Abfahrt	salida
Ankunft	llegada
Information	información
Kilometer	kilómetro
Straße	calle
Telefon	teléfono
Reservierung	reservación
Weg	camino, sendero
Autobus	bus
Bahnhof	estación de tren
Busbahnhof	terminal terrestre
Flughafen	aeropuerto
das (nächste) Flugzeug	el (próximo) avión
Hafen	puerto
Schiff	barco/yate
Deck	cubierta
Fährschiff	transbordador/ferry
Reisebüro	agencia de viajes
(der nächste) Bus	(el próximo) bús
Boot	lancha/fibra/panga/Zodiak

Auto/Zweirad

Ich möchte …	quisiera …
Wo ist …?	dónde está …?
… die nächste Tankstelle	… la próxima gasolinera
Bitte prüfen Sie, ob …	por favor, compruébe usted si …
Ich möchte mieten (für 1 Tag)	quisiera alquilar (por un día)
(die Bremse) ist kaputt	(los frenos) no funcionan
Wie viel kostet es (am Tag)?	cuánto cuesta (un día)
Benzin	gasolina
bleifrei	sin plomo
Diesel	diesel
(1/20) Liter	(un/veinte) litro(s)
Auto	carro/auto
Motorrad	moto
Moped	motoneta
Anlasser	starter
Auspuff	tubo de escape
Batterie	batería
Bremse	frenos
Ersatzteil	pieza de repuesto
Keilriemen	correa
Kühler	radiador
Kupplung	embrague
Licht	luces
Motor	motor
Öl	aceite
Reifen	rueda
Reparatur	reparación
Stoßdämpfer	amortiguador
Werkstatt	taller
Autobahn	autopista
Baustelle	obras
Kreuzung	cruce
Einbahnstraße	dirección única
Straße gesperrt	carretera cortada
Umleitung	desvío
parken	parquear/estacionar
kann ich hier parken?	puedo estacionar aquí?

Bank/Post/Telefon

Wo ist …	dónde está …
Ich möchte …	quisiera …
… ein Tel.-Gespräch	… una llamada
Wie viel kostet das?	cuánto cuesta?
Bank	banco
Postamt	correos
Brief	carta
Karte	tarjeta
Briefkasten	buzón
Briefmarke	estampilla
eingeschrieben	por certificado
Reisechecks	traveler cheques
Geld	dinero
mit Luftpost	por avión
Päckchen	pequeño paquete
Paket	paquete
postlagernd	lista de correos
Telefon	teléfono

Übernachten

Haben Sie …?	tiene usted …?
Gibt es …?	hay …?
Wie viel kostet es (das Zimmer)?	cuánto cuesta (la habitación)?
Ich möchte mieten (…)	quisiera alquilar (…)
für 5 Tage	por cinco días
Kann ich sehen …?	puedo ver …?
Kann ich haben …?	puedo tener …?
ein (billiges/gutes) Hotel	un hotel (barato/bueno)

Etwas Spanisch

Haben Sie nichts billigeres?	no tiene algo más barato?
Zimmer	habitación
ein Doppelzimmer	habitación doble
Einzelzimmer	habitación individual sencilla
Ehebettzimmer	habitación matrimonial
Bett	cama
Pension (Voll/Halb)	pensión (completa/media)
Haus	casa
Küche	cocina
Toilette	servicios higiénicos, baño
mit …	con …
ohne …	sin …
… Dusche/Bad	… ducha/baño
… Frühstück	… desayuno
Reservierung	reservación
Wasser (heiß/kalt)	agua (caliente/fría)
Hoch/Nebensaison	temporada alta/baja
Campingplatz	campamento
zelten („wild")	acampar (libre)
Zelt	carpa
Hauszelt	tienda familiar
Schlafsack	saco de dormir
Wohnmobil	casa rodante

Im Restaurant/In der Bar

Haben Sie …?	tiene usted …?
Ich möchte …	quisiera …
Speisekarte	menú
Wie viel kostet …?	cuánto cuesta …?
Ich möchte zahlen, bitte	quisiera pagar, por favor
Die Rechnung (bitte)	la cuenta (por favor) höflicher: la cuenta, quando pueda!
zum Mitnehmen	para llevar

Getränke

Glas/Flasche	vaso/botella
(Glas) Bier	cerveza
Weinglas	copa de vino
Mineralwasser (sprudelnd/still)	agua con/sin gas
Wasser	agua
Hauswein	vino de la casa
Rotwein	vino tinto
Weißwein	vino blanco
süß/herb	dulce/seco
Saft	jugo
Kaffee	café
Milchkaffee	café con leche
Zucker	azúcar
Tee	té
Milch	leche

Einkaufen

Was kostet …	cuánto cuesta …?
Haben Sie …?	tiene usted …?
geben Sie mir bitte	déme… por favor
klein/groß	pequeño/grande
1 Pfund	una libra
1 Kilo/Liter	un kilo/litro
100 Gramm	cien gramos
geöffnet	abierto
geschlossen	cerrado
Geschäft	tienda
Supermarkt	supermercado
Einkaufszentrum	centro comercial
Bäckerei	panadería
Konditorei	pastelería
Metzgerei	carnicería
Friseur	peluquería
Buchhandlung	librería
Apfel	manzana
Brot	pan
Butter	mantequilla

Ei(er)	huevo(s)
Essig	vinagre
Gurke	pepino
Honig	miél
Joghurt	yogurt
Käse	queso
Klopapier	papel higiénico
Knoblauch	ajo
Kuchen	pastel
Marmelade	mermelada
Milch	leche
Öl	aceite
Orange	naranja
Pfeffer	pimienta
Salz	sal
Seife	jabón
Shampoo	champú
Sonnenöl	bronceador
Streichhölzer	fosforos
Tomaten	tomates
Wurst	embutido
Zeitung	periódico
Zeitschrift	revista
Zucker	azúcar
Kleidung	vestidos
Bluse	blusa
Hemd	camisa
Hose	pantalones
Pullover	saco/jersey
Rock	falda
Schuhe	zapatos
Kann ich probieren?	puedo probar?
Es gefällt mir	me gusta
Ich nehme es	lo tomo

Hilfe & Krankheit

Hilfe!	ayuda!
Helfen Sie mir bitte	ayudeme por favor
Ich habe Schmerzen (hier)	me duele (aquí)
Gibt es hier …?	hay aquí …?
Ich habe verloren …	he perdido …
Haben Sie …?	tiene usted …?
Wo ist (eine Apotheke)?	dónde hay (una farmácia)
Um welche Uhrzeit hat der Arzt Sprechstunde?	A qué hora es la consulta?
Ich bin allergisch gegen …	yo soy alérgico a …
Deutsche Botschaft	embajada alemana
Polizei	policía
Tourist-Information	oficina de turismo
Arzt	médico
Krankenhaus	hospital
Unfall	accidente
Zahnarzt	dentista
Ich möchte (ein) …	quisiera (un/una) …
… Abführmittel	laxante
… Aspirin	aspirina
… die „Pille"	la píldora
… Kondom	preservativo, condón
… Penicillin	penicilina
… Salbe	pomada
… Tabletten	pastillas
… Watte	algodón
Ich habe …	yo tengo …
Ich möchte ein Medikament gegen	quiero una medicina contra …
… Durchfall	diarrea
… Fieber	fiebre
… Grippe	gripe
… Halsschmerzen	dolor de garganta
… Kopf …	dolor de cabeza
… Magen …	dolor de estómago
… Zahn …	dolor de muelas
… Schnupfen	catarro, resfriado
… Sonnenbrand	quemadura del sol
… Verstopfung	estreñimiento

MM-Wandern
informativ und punktgenau durch GPS

- für Familien, Einsteiger und Fortgeschrittene
- ausklappbare Übersichtskarte für die Anfahrt
- genaue Weg-Zeit-Höhen-Diagramme
- GPS-kartierte Touren (inkl. Download-Option für GPS-Tracks)
- Ausschnittswanderkarten mit Wegpunkten
- Konkretes zu Wetter, Ausrüstung und Einkehr

Übrigens: Unsere Wanderführer gibt es auch als App für iPhone™, WindowsPhone™ und Android™

- Allgäuer Alpen
- Andalusien
- Bayerischer Wald
- Chiemgauer Alpen
- Eifel
- Elsass
- Fränkische Schweiz
- Gardasee
- Gomera
- Korsika
- Korsika Fernwanderwege
- Kreta
- La Palma
- Ligurien
- Madeira
- Mallorca
- Münchner Ausflugsberge
- Östliche Allgäuer Alpen
- Pfälzerwald
- Piemont
- Provence
- Rund um Meran
- Sächsische Schweiz
- Sardinien
- Schwarzwald Mitte/Nord
- Schwarzwald Süd
- Sizilien
- Spanischer Jakobsweg
- Teneriffa
- Toscana
- Westliche Allgäuer Alpen
- Zentrale Allgäuer Alpen

Abruzzen • Ägypten • Algarve • Allgäu • Allgäuer Alpen • Altmühltal & Fränk. Seenland • Amsterdam • Andalusien • Andalusien • Apulien • Australien – der Osten • Azoren • Bali & Lombok • Barcelona • Bayerischer Wald • Bayerischer Wald • Berlin • Bodensee • Bretagne • Brüssel • Budapest • Chalkidiki • Chiemgauer Alpen • Chios • Cilento • Cornwall & Devon • Dresden • Dublin • Comer See • Costa Brava • Costa de la Luz • Côte d'Azur • Cuba • Dolomiten – Südtirol Ost • Dominikanische Republik • Ecuador • Eifel • Elba • Elsass • Elsass • England • Fehmarn • Franken • Fränkische Schweiz • Fränkische Schweiz • Friaul-Julisch Venetien • Gardasee • Gardasee • Genferseeregion • Golf von Neapel • Gomera • Gomera • Gran Canaria • Graubünden • Hamburg • Harz • Haute-Provence • Havanna • Ibiza • Irland • Island • Istanbul • Istrien • Italien • Italienische Adriaküste • Kalabrien & Basilikata • Kanada – Atlantische Provinzen • Karpathos • Kärnten • Katalonien • Kefalonia & Ithaka • Köln • Kopenhagen • Korfu • Korsika • Korsika Fernwanderwege • Korsika • Kos • Krakau • Kreta • Kreta • Kroatische Inseln & Küstenstädte • Kykladen • Lago Maggiore • La Palma • La Palma • Languedoc-Roussillon • Lanzarote • Lesbos • Ligurien – Italienische Riviera, Genua, Cinque Terre • Ligurien & Cinque Terre • Limnos • Liparische Inseln • Lissabon & Umgebung • Lissabon • London • Lübeck • Madeira • Madeira • Madrid • Mainfranken • Mainz • Mallorca • Mallorca • Malta, Gozo, Comino • Marken • Mecklenburgische Seenplatte • Mecklenburg-Vorpommern • Menorca • Midi-Pyrénées • Mittel- und Süddalmatien • Montenegro • Moskau • München • Münchner Ausflugsberge • Naxos • Neuseeland • New York • Niederlande • Niltal • Norddalmatien • Norderney • Nord- u. Mittelengland • Nord- u. Mittelgriechenland • Nordkroatien – Zagreb & Kvarner Bucht • Nördliche Sporaden – Skiathos, Skopelos, Alonnisos, Skyros • Nordportugal • Nordspanien • Normandie • Norwegen • Nürnberg, Fürth, Erlangen • Oberbayerische Seen • Oberitalien • Oberitalienische Seen • Odenwald • Ostfriesland & Ostfriesische Inseln • Ostseeküste – Mecklenburg-Vorpommern • Ostseeküste – von Lübeck bis Kiel • Östliche Allgäuer Alpen • Paris • Peloponnes • Pfalz • Pfälzer Wald • Piemont & Aostatal • Piemont • Polnische Ostseeküste • Portugal • Prag • Provence & Côte d'Azur • Provence • Rhodos • Rom • Rügen, Stralsund, Hiddensee • Rumänien • Rund um Meran • Sächsische Schweiz • Salzburg & Salzkammergut • Samos • Santorini • Sardinien • Sardinien • Schottland • Schwarzwald Mitte/Nord • Schwarzwald Süd • Schwäbische Alb • Shanghai • Sinai & Rotes Meer • Sizilien • Sizilien • Slowakei • Slowenien • Spanien • Span. Jakobsweg • St. Petersburg • Steiermark • Südböhmen • Südengland • Südfrankreich • Südmarokko • Südnorwegen • Südschwarzwald • Südschweden • Südtirol • Südtoscana • Südwestfrankreich • Sylt • Teneriffa • Teneriffa • Tessin • Thassos & Samothraki • Toscana • Toscana • Tschechien • Türkei • Türkei – Lykische Küste • Türkei – Mittelmeerküste • Türkei – Südägäis • Türkische Riviera – Kappadokien • Umbrien • Usedom • Venedig • Venetien • Wachau, Wald- u. Weinviertel • Westböhmen & Bäderdreieck • Wales • Warschau • Westliche Allgäuer Alpen und Kleinwalsertal • Wien • Zakynthos • Zentrale Allgäuer Alpen • Zypern

Reisehandbuch MM-City MM-Wandern

Register

Die (in Klammern gesetzten) Koordinaten verweisen auf die beigefügte Madrid-Karte.

ABC, Einkaufszentrum (G4) 155
Abendessen (cena) 50
Adressen 61
Aguardientes 55
Alfonso XII. 20
Alfonso XIII. 20
Almodóvar, Pedro 125
Ambulanz 61
Amerikanisch-Spanischer Krieg 20
Anís de Chinchón 235
Anreise 30
  Mit Auto und Motorrad 31
  Mit dem Bus 32
  Mit dem Flugzeug 30
  Mit der Bahn 32
Apotheken 62
Argüelles (B4) 162
Ärzte 62
Ärztliche Versorgung 61
Atocha (Bahnhof) 35
Ausflüge 192
Aznar, José María 24

Bahnverkehr 33
Banco Santander, Gebäude (G4) 154
Bar-Restaurantes 52
Bars 51
Basílica de San Francisco el Grande (B9) 94
Basílica Pontificia de San Miguel (C8) 81
Bautista de Toledo, Juan 194
Bergsteigen 69
Bocadillos 52
Bolsa, Börse (F7) 129
Bonaparte, Napoleon 19
Botschaften 62
Bourbonenherrschaft 19
Brandy 55
Bürgerkrieg 22
Busbahnhof, Madrid 35
Busverkehr 35

Cafeterías 52
Caixa-Forum (F9) 140
Calle de Alcalá (J3) 101
Camping 47
Campo de las Naciones, Messegelände 188
Capitol, Kino (Edificio Carrión) (D7) 111
Carlos I. (Karl V.) 17
Carlos II. 19
Carlos IV. 19
Casa de Campo (A7) 186
Casa de la Panedería (D8) 79
Casa de San Isídro (D8) 95
Casa Longoria (E6) 121
Casa Museo de Lope de Vega (E8) 104
Casón del Buen Retiro (G8) 137
Catalana Occidente, Hochhaus (G3) 156
Catedral de San Isidro (D8) 97
Catedral de Santa María la Real de la Almudena (B8) 88
cena (Abendessen) 50
Centro (D8) 74
Cercanías (S-Bahnen) 33
Cerralbo, Marquis Enrique de 169
Cervantes, Miguel de 110, 228, 230
Cervantes-Denkmal (C6) 110
Chamartín (Bahnhof) 35
Chocolate 55
Chueca (E6) 116

Cibeles-Brunnen (F7) 128
Círculo de Bellas Artes (E7) 102
Cisneros, Francisco Jiménez de 231
City Tours 35
Ciudad Universitaria (A1) 165
Cocido madrileño (Eintopf) 50
Comida (Mittagessen) 50
Cortes, Parlament (E8) 103
Cuatro Torres, vier Hochhäuser 181

Dalí, Salvador 145
desayuno (Frühstück) 50
Diplomatische Vertretungen 62
Drogen 62

Edificio Carrión, Gebäude (Kino Capitol) (D7) 111
Einkaufen 62
Eislaufen 70
El Greco 220, 221, 222
El Jardín de Serrano, Einkaufszentrum (G6) 160
El Pardo 187
El Viso (G1) 174, 178
Ermäßigungen 63
Essen und Trinken 49
Estación de Atocha, Bahnhof (F/G10) 141
Estadio Santiago Bernabéu, Fußballstadion 179
Estancos, Tabakläden 63
ETA, baskische Terrororganisation 26

Fahrräder 37
Falange Española 21
Faro de Moncloa (A3) 164
Felipe II. 17

Register

Felipe III. 18
Felipe IV. 18
Felipe V.
(Philippe d' Anjou) 19
Fernando II. de Aragón. 17
Fernando IV. 20
Feste 63
Franco, Francisco 22
Frühstück (desayuno) 50
Fuente de Neptuno (F8) 137
Fundación Lázaro Galdiano (G3) 157
Fundbüro 64
Fußball 56, 69

García Lorca, Federico 107
Gepäckaufbewahrung 64
Geschichte 16
Getränke 54
Godoy, Manuel de 19
Golf 70
González, Felipe 23
Goya, Francisco de 94, 103, 135, 157, 168
Gran Vía (D6) 108
Granizados 55
Gris, Juan 145

Haustiere 64
Herrera, Juan de 79, 82, 194, 240
Hostales 44
Hotels 38
   Aparthotels 46
   Design 41
   Luxus 38
   Mittlere Preisklasse 42
   Obere Preisklasse 40
   Untere Preisklasse 44
Hunde 64

Iglesia de San Andrés (D5) 96
Iglesia de San Ginés (E7) 78
Iglesia de San Jerónimo el Real (F8) 137
Iglesia de San José (E7) 113
Iglesia de San Nicolás (C7) 82
Iglesia de San Pedro el Viejo (C8) 96
Iglesia San Antonio de los Alemanes (D6) 111
Information 66
Internet 66
Isabel I. de Castilla 17
Isabel II. 20

Jardín Botánico, Botanischer Garten (F9) 140
Jardines de Sabatini (B7) 89
Jardines del Descubrimiento (G6) 152
Juan Carlos I. 23
Jugendherbergen 46

Karl V. (Carlos I.) 17
Karlistenkriege 20
Klima 66
Krankenhäuser 62
Krankenversicherung 61
Kriminalität 67
Kultur 56

Literatur 67
Los Jerónimos (F8) 137

Machado, Antonio 209
Malasaña (D5) 116
Marisquerías 52
Märkte 62
Matadero Madrid 56
Medizinische Versorgung 61
Mengs, Raphael 86
Mercado de San Miguel (C8) 92
Mercado La Latina (C9) 96
Metro 33
Mietwagen 37
Ministerio de Economía y de Hacienda (E7) 103
Miró, Joan 145
Mittagessen (comida) 50
Monasterio de la Encarnación (C7) 83
Monasterio de las Descalzas Reales (D7) 78
Moncloa (A3) 162
Movida 120
Museo Arqueológico Nacional (G6) 154
Museo Cerralbo (B6) 169
Museo de América (A2) 164
Museo de Cera (F6) 152
Museo de Escultura al Aire Libre (G4) 155
Museo de Historia (E5) 119
Museo de los Orígenes (C8) 95
Museo del Romanticismo 120
Museo Municipal de Arte Contemporáneo (C5) 118
Museo Nacional Centro de Arte Reina Sofía (F9) 143
Museo Nacional de Antropología (G9) 148
Museo Nacional de Artes Decorativas (G7) 129
Museo Nacional de Ciencias Naturales (G2) 176
Museo Nacional del Ferrocarril 142
Museo Nacional del Prado (F8) 131
Museo Naval (F7) 128
Museo Sorolla (F3) 156
Museo Taurino, Stierkampfmuseum 186
Museo Thyssen-Bornemisza (F8) 138

Nachtleben 57
Notruf 61
Nuevos Ministerios (F1) 176

Oratorio de Caballero de Gracia (E7) 112

Paella 53
Palacio de la Prensa (D7) 111
Palacio de la Zarzuela 187
Palacio de Liria (H8) 117
Palacio de Santa Cruz (D8) 81

Palacio Real de
El Pardo 187
Palacio Real,
Königspalast (B7) 84
Pan blanco 54
Pannenhilfe 36
Panteón de Hombres
Ilustres (H10) 148
Paradores 47
Parken 37
Parque de Atracciones 186
Parque de El Capricho 188
Parque de Enrique
Tierno Galván 188
Parque del Oeste (A4) 165
Parque del Retiro (H8) 146
Parque Juan Carlos I. 188
Partido Popular (PP) 24
Partido Socialista
del Obrero Español
(PSOE) 23
Philippe d' Anjou
(Felipe V.) 19
Picasso, Pablo 145
Planetarium 188
Plaza de Chueca (E6) 123
Plaza de Cibeles
(F7) 113, 128
Plaza de Colón (H1) 151
Plaza de España (G7) 109
Plaza de la Villa (F7) 81
Plaza de la Villa de Paris
(F5) 121
Plaza de Lavapiós (E9) 97
Plaza de Moncloa (A3) 164
Plaza de Oriente (C7) 82
Plaza de Santa Ana
(H1) 105
Plaza de Tirso de Molina
(D8) 97
Plaza de Toros
de Las Ventas,
Stierkampfarena 185
Plaza Dos de Mayo
(D5) 118
Plaza Mayor (C8) 79
Polizei 69
Polizeinotruf 36
Post 69

Primo de Rivera, José
Antonio (Gründer der
Falange Española) 21
Primo de Rivera, Miguel
(General) 21
Puerta de Alcalá (G7) 128
Puerta de Europa 180
Puerta de Toledo (C10) 94
Puerta del Sol (D7) 76

Rauchen 69
Real Academia de
Bellas Artes de San
Fernando (E7) 103
Real Academia
Española de
la Historia (E8) 104
Real Fábrica de Tapices
(H10) 148
Reconquista 16
Reisezeit 66
Reiten 70
Renfe (spanische
Staatsbahn) 34
Residencia de
Estudiantes (G2) 177
Restaurantes 52
Restauration 20
Retiro (G7) 126
Reyes Católicos 17

Sabatini, Francesco 89
Salamanca (H4) 150
Sangría 55
S-Bahnen (Cercanías) 33
Senado (Senat) (C6) 110
Sidra 54
Siglo de Oro 18
Skifahren 70
Sorolla, Joaquín 156
Spanische Erbfolgekrieg 19
Sport 69
Stierkampf 64, 70, 185, 242
Stierkampfarena 185
Suárez, Adolfo 23

Tapas 52
Taxis 31, 36
Teatro Español (E8) 106

Teatro Real, Opernhaus
(C7) 83
Teatro Valle-Inclán (E9) 98
Telefónica, Hochhaus
(D7) 111
Telefonieren 70
Templo de Debod (B6) 170
Tiepolo, Giovanni
Battista 136
Torre Caja Madrid,
Hochhaus 181
Torre de Cristal,
Hochhaus 181
Torre Espacio,
Hochhaus 181
Torre Picasso,
Hochhaus 178
Torre Sacyr Vallehermoso,
Hochhaus 181, 182
Tortillas 53
Trinkgeld 51

U-Bahn 33
Übernachten 38
Übernachtungs-Tipps 48
Unterwegs in Madrid 33
| Mit dem Auto 36
| Mit dem Bus 35
| Mit dem Motorrad 36
| Mit dem Taxi 36
| Mit der Bahn 33
| Mit der Metro 33

Valle-Inclán, Ramón
María del 98
Vega, Lope de 104, 105
Velázquez, Diego 134
Veranstaltungen 63
Vicente, Esteban 209
Villanueva, Juan de
80, 104, 132, 241

Wandern 69
Weihnachtsmarkt 64

Zapatero, José Luis
Rodríguez 25
Zeittafel 27
Zeitungen 71
Zoo 187
Züge 33

Blick auf Toledo

Register Umgebung Madrids

Alcalá de Henares 228
- Casa de Hippolytus 232
- Catedral Magistral 232
- Colegio Mayor de San Ildefonso 231
- Complutum 232
- Convento de la Madre de Dios (Museo Arqueológico) 232
- Convento de San Bernardo 232
- Hospital de Antezana 230
- Museo Arqueológico Regional (Convento de la Madre de Dios) 232
- Museo Casa Natal de Miguel de Cervantes 229
- Museo Cisneriano 229
- Palacio Arzobispal 231
- Palacio de Laredo 229

Aranjuez 238
- Casa de Marinos (Museo de Falúas) 241
- Casa del Labrador 241
- Jardín del Príncipe 240, 241
- Museo de Falúas (Casa de Marinos) 241
- Museo Taurino 242
- Palacio Real 240
- Plaza de Toros, Stierkampfarena 242

Casita del Príncipe 199
Casita del Infante 199

Chinchón 235
- Castillo de los Condes 236
- Iglesia de Nuestra Señora de la Asunción 236
- Plaza Mayor 236

El Escorial 194
- Architekturmuseum 196
- Gemäldemuseum 197
- Monasterio de San Lorenzo de El Escorial 194
- Palacio de los Austrias 197
- Panteón de los Infantes 198
- Panteón de los Reyes 198

La Granja de San Ildefonso 214
- Real Fábrica de Cristales de La Granja 216

Manzanares el Real 202
  Castillo de los Mendoza 202
Monasterio de Santa María
  de El Paular 200
Navacerrada 200
Riofrío 216

Segovia 205
  Acueducto (Aquädukt) 206
  Alcázar 206
  Casa de los Picos 209
  Casa Museo de Antonio Machado 209
  Catedral 206
  Convento de los Carmelitas
    Descalzos 208
  Diözesanmuseum 206
  Iglesia de la Vera Cruz 208
  Iglesia de San Esteban 207
  Iglesia de San Lorenzo 208
  Iglesia de San Marcos 208
  Iglesia de San Martín 207
  Iglesia de San Millán 207
  Monasterio de El Parral 208
  Monasterio de Santa Cruz 208
  Museo de Arte Contemporáneo
    Esteban Vicente 209
  Museo del Real Colegio
    de Artillería 206
  Museo Zuloaga (San Juan
    de los Caballeros) 207
  Palacio Episcopal 209
  San Juan de los Caballeros
    (Museo Zuloaga) 207
  Santuario Vírgen de La Fuencisla 208
  Torreón de Lozoya 209

Silla de Felipe II 199
Sierra de Guadarrama 194

Toledo 217
  Alcázar 218
  Casa Museo de El Greco 221
  Catedral de Santa María de Toledo 219
  Hospital y Museo de Santa Cruz 221
  Iglesia de Santo Tomé 220
  Monasterio de San Juan
    de los Reyes 221
  Museo de los Concilios y la Cultura
    Visigoda 221
  Museo Sefardí
    (Sinagoga del Tránsito) 221
  Museo Vicotrio Macho 222
  Sinagoga de Santa María la Blanca 221
  Sinagoga del Tránsito
    (Museo Sefardí) 221

Valle de los Caídos 200

Die in diesem Reisebuch enthaltenen Informationen wurden vom Autor nach bestem Wissen erstellt und von ihm und dem Verlag mit größtmöglicher Sorgfalt überprüft. Dennoch sind, wie wir im Sinne des Produkthaftungsrechts betonen müssen, inhaltliche Fehler nicht mit letzter Gewissheit auszuschließen. Daher erfolgen die Angaben ohne jegliche Verpflichtung oder Garantie des Autors bzw. des Verlags. Autor und Verlag übernehmen keinerlei Verantwortung bzw. Haftung für mögliche Unstimmigkeiten. Wir bitten um Verständnis und sind jederzeit für Anregungen und Verbesserungsvorschläge dankbar.

ISBN 978-3-89953-801-4

© Copyright Michael Müller Verlag GmbH, Erlangen 2010–2014. Alle Rechte vorbehalten. Alle Angaben ohne Gewähr. Druck: Stürtz GmbH, Würzburg.

Aktuelle Infos zu unseren Titeln, Hintergrundgeschichten zu unseren Reisezielen sowie brandneue Tipps erhalten Sie in unserem regelmäßig erscheinenden Newsletter, den Sie im Internet unter **www.michael-mueller-verlag.de** kostenlos abonnieren können.